中国著名科学家手稿珍藏档案选

ZHONGGUO ZHUMING KEXUEJIA SHOUGAO ZHENCANG DANG'AN XUAN

中国科学院档案馆 编

SPM
南方出版传媒
广东教育出版社
·广州·

图书在版编目（CIP）数据

中国著名科学家手稿珍藏档案选／中国科学院档案馆编．—广州：广东教育出版社，2019.9

ISBN 978-7-5548-3020-8

Ⅰ．①中… Ⅱ．①中… Ⅲ．①科学家—手稿—中国—选集 Ⅳ．①K826.1

中国版本图书馆CIP数据核字（2019）第195176号

策　　划：李敏怡
责任编辑：李敏怡　熊力闻
责任技编：黄　康
装帧设计：陈国梁

广东教育出版社出版发行
（广州市环市东路472号12—15楼）
邮政编码：510075
网址：http://www.gjs.cn
广东新华发行股份有限公司经销
广州市岭美文化科技有限公司印刷
（广州市荔湾区花地大道南海南工商贸易区A幢）
889毫米×1194毫米　16开本　18.25印张　320 000字
2019年9月第1版　2019年9月第1次印刷
ISBN 978-7-5548-3020-8
定价：198.00元
质量监督电话：020-87613102　邮箱：gjs-quality@nfcb.com.cn
购书咨询电话：020-87615809

谨以此书献给

中华人民共和国成立70周年

中国科学院建院70周年

主　　编：汪克强
执行主编：潘亚男
编　　委：翟　瑶　王扬宗　陈　雨

前　言

中国科学院自成立以来，与祖国同行，与科学共进，荟萃了我国现代科学技术主要领域的奠基人，汇聚了一大批德高学富、功勋卓著的科学家，可谓大师云集，星光璀璨。值此中华人民共和国成立70周年和中国科学院建院70周年之际，中国科学院档案馆精选70位著名科学家的近百份珍贵手稿档案，编辑成书，以飨读者。

档案见证历史。本书收录的70位著名科学家中，有新中国科学技术事业的开创者，有“两弹一星”功勋奖章和国家最高科学技术奖等奖项的获得者，还有许多科学技术重要领域的战略科学家和科技领军人才。他们献身科学，服务国家，造福人民，为新中国科学技术事业的开创和发展做出了彪炳史册的卓越贡献。这些手稿档案不仅是科学家个人学术生涯的生动记录，也从侧面展示了新中国科学技术事业筚路蓝缕、走向辉煌的历程，是新中国科学技术发展史的重要组成部分。

手迹传承精神。这些手稿档案中，有代表性的科研论文和著作，有学术交流报告和科研实验记录，也有对我国科技工作的真知灼见和意见建议等；有端正秀逸的小楷、俊美潇洒的行书，有矫若惊龙的毛笔书法，也有行云流水的外文手迹，还有大量严谨缜密的公式推导和精益求精的手绘图表。一篇一页、一句一字、一笔一画，虽各具风采，皆一丝不苟，体现出科学家们勇攀高峰的执着追求和严谨认真的学术风范。精心选配的科学家寄语和感言，更展现了他们献身科学、报国为民的科学精神和爱国情怀。

大师之风，山高水长。这些弥足珍贵的手稿档案中，流淌着丰沛的创新智慧，散发着鲜活的历史气息，洋溢着浓郁的科学芬芳，更充盈着醇厚的家国情怀。开卷展读，让人心动不已，受益良多；掩卷沉思，令人钦敬之余，景仰有加。相信本书的编辑出版，对于感召和引领广大后学继承优良传统、建设科技强国，特别是对于弘扬新时代科学家精神、加强作风和学风建设，具有鲜活生动的楷模示范作用和丰富深刻的启迪教育意义。

编　者

2019年9月

目录

（按姓氏笔画排序）

目录

（按姓氏笔画排序）

珍藏檔案

王大珩

（1915 — 2011）

应用光学家。生于日本东京，祖籍江苏苏州。1936年毕业于清华大学物理系。1955年被选聘为中国科学院学部委员（院士），1994年当选为中国工程院院士。曾任中国科学院长春光学精密机械研究所所长。1999年被授予“两弹一星”功勋奖章，2018年被追授“改革先锋”称号。

科学的一项最根本准则就是在认知客观事物上的诚实性。“知之为知之，不知为不知，是知也。”科学绝不容许那种强不知以为知，经不起实际验证的说教，这就是科学的严格性，是科学与非科学的分水岭。因此，科学提倡实事求是的工作作风。

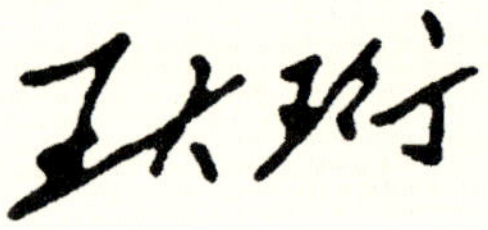

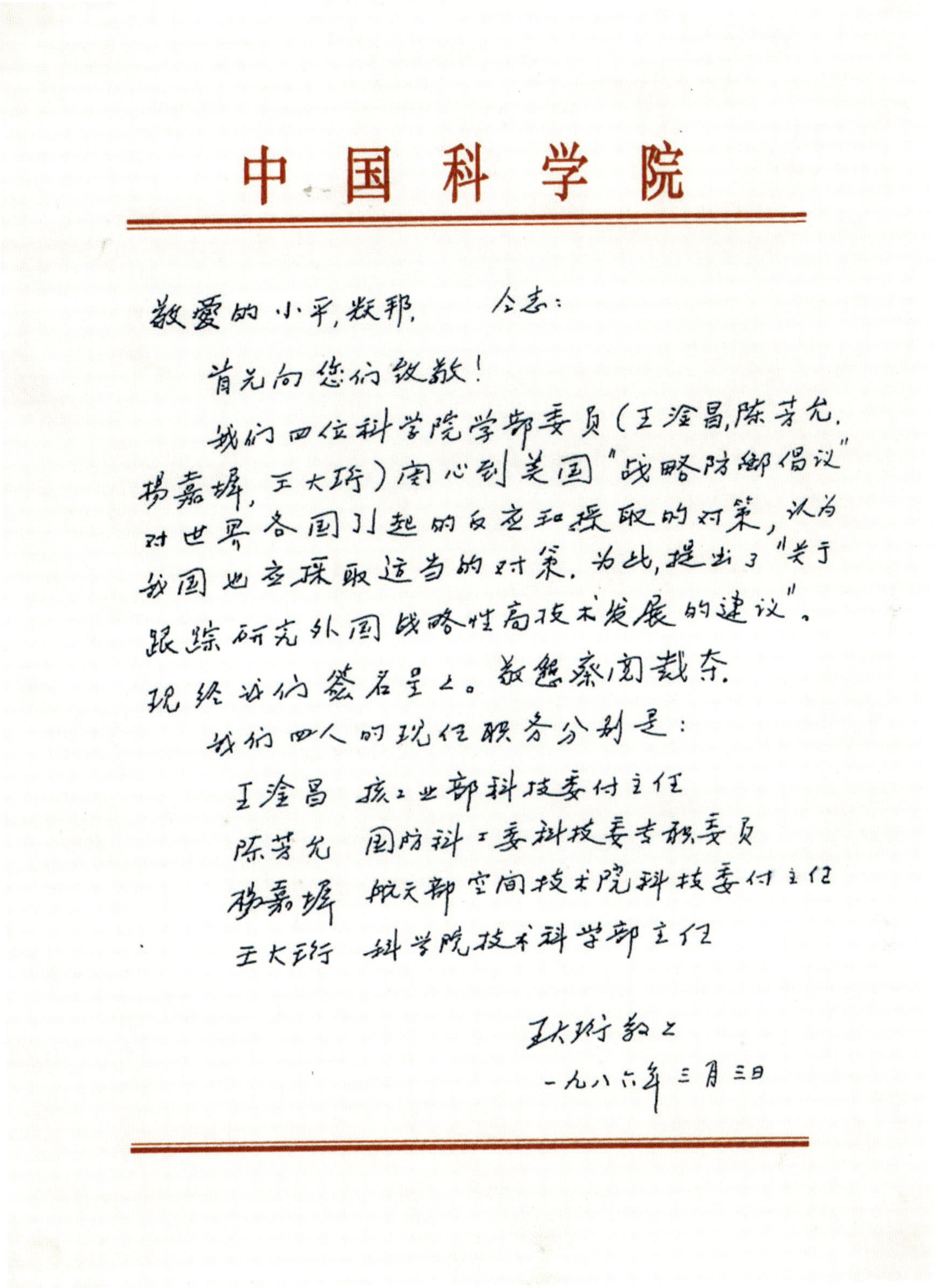

中国科学院

敬爱的小平，耀邦 同志：

首先向您们致敬！

我们四位科学院学部委员（王淦昌，陈芳允，杨嘉墀，王大珩）关心到美国"战略防御倡议"对世界各国引起的反应和采取的对策，认为我国也应采取适当的对策。为此，提出了"关于跟踪研究外国战略性高技术发展的建议"。现经我们签名呈上。敬恳察阅裁夺。

我们四人的现任职务分别是：

王淦昌　核工业部科技委付主任

陈芳允　国防科工委科技委专职委员

杨嘉墀　航天部空间技术院科技委付主任

王大珩　科学院技术科学部主任

王大珩 敬上

一九八六年三月三日

图为王大珩1986年3月3日关于跟踪研究外国战略性高技术发展的建议致国家领导人的信。该建议由王大珩与王淦昌、陈芳允、杨嘉墀联名提出，邓小平对此作出“此事宜速作决断，不可拖延”的重要批示。之后，国家制定并实施了“高技术研究发展计划”（简称“863计划”）。

（来源：邓小平故居陈列馆）

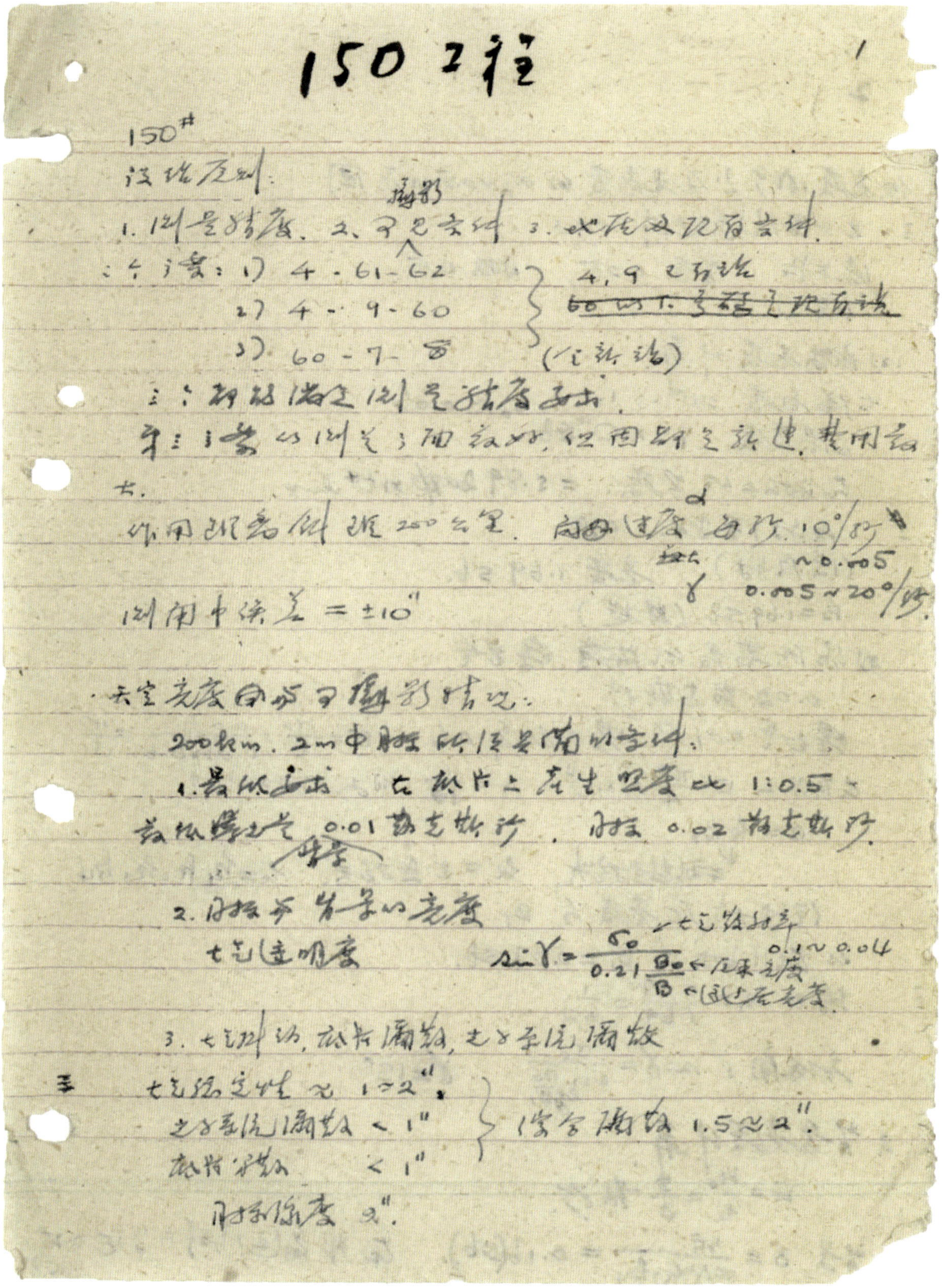

图为王大珩领导研制我国第一台大型精密光学跟踪电影经纬仪时的工作笔记手稿，共108页。

（来源：中国科学院长春光学精密机械与物理研究所）

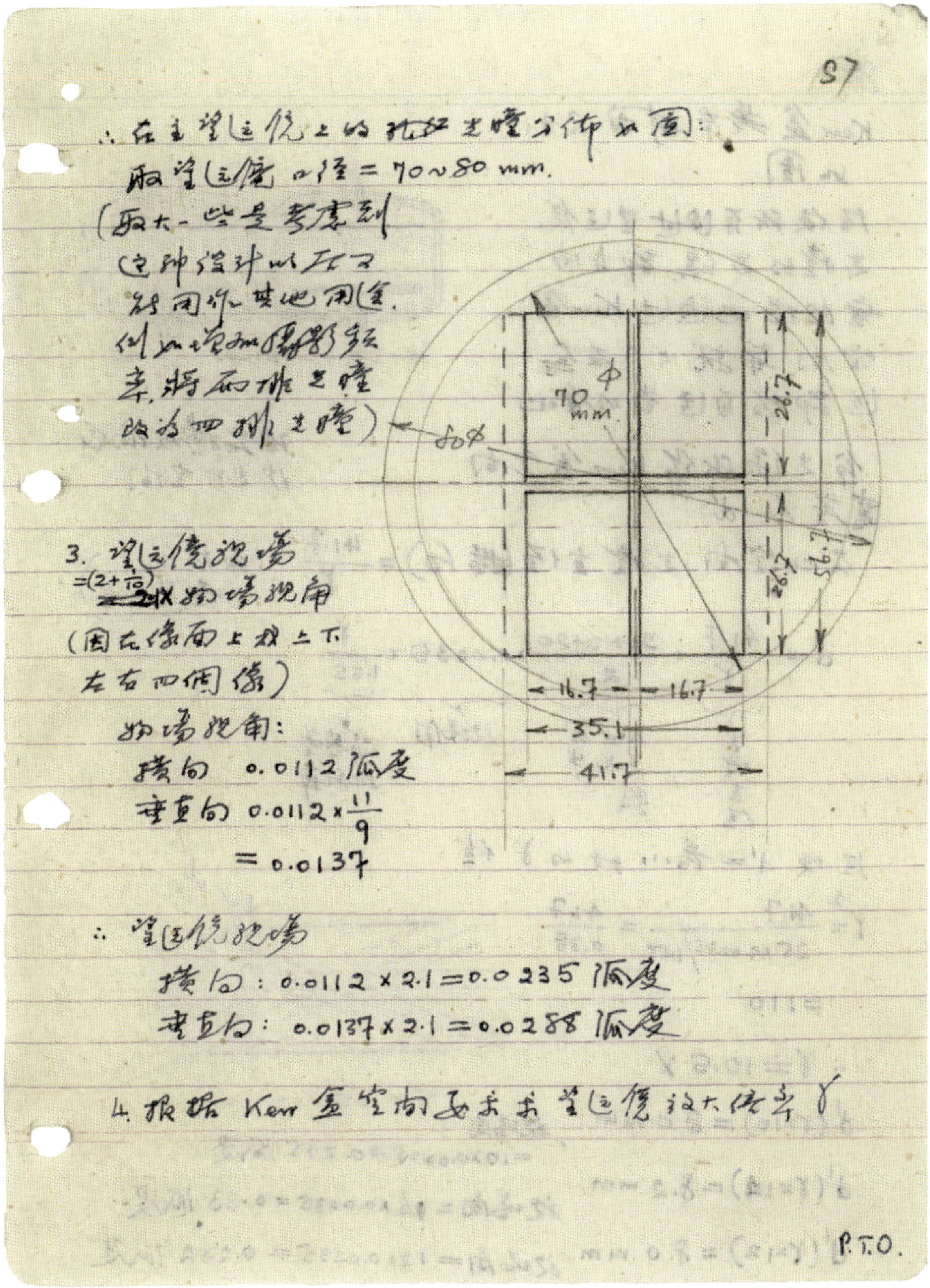

图为王大珩领导研制我国第一台大型精密光学跟踪电影经纬仪时的工作笔记手稿。

王文采

（1926 —　　）

植物分类学家。生于山东济南。1949年毕业于北京师范大学生物系。1993年当选为中国科学院院士。中国科学院植物研究所研究员。1987年和2009年分别获国家自然科学奖一等奖。

不管逆境顺境，不管屈辱荣誉，统统都化解在学问之中，化解在学术追求之中。

王文采

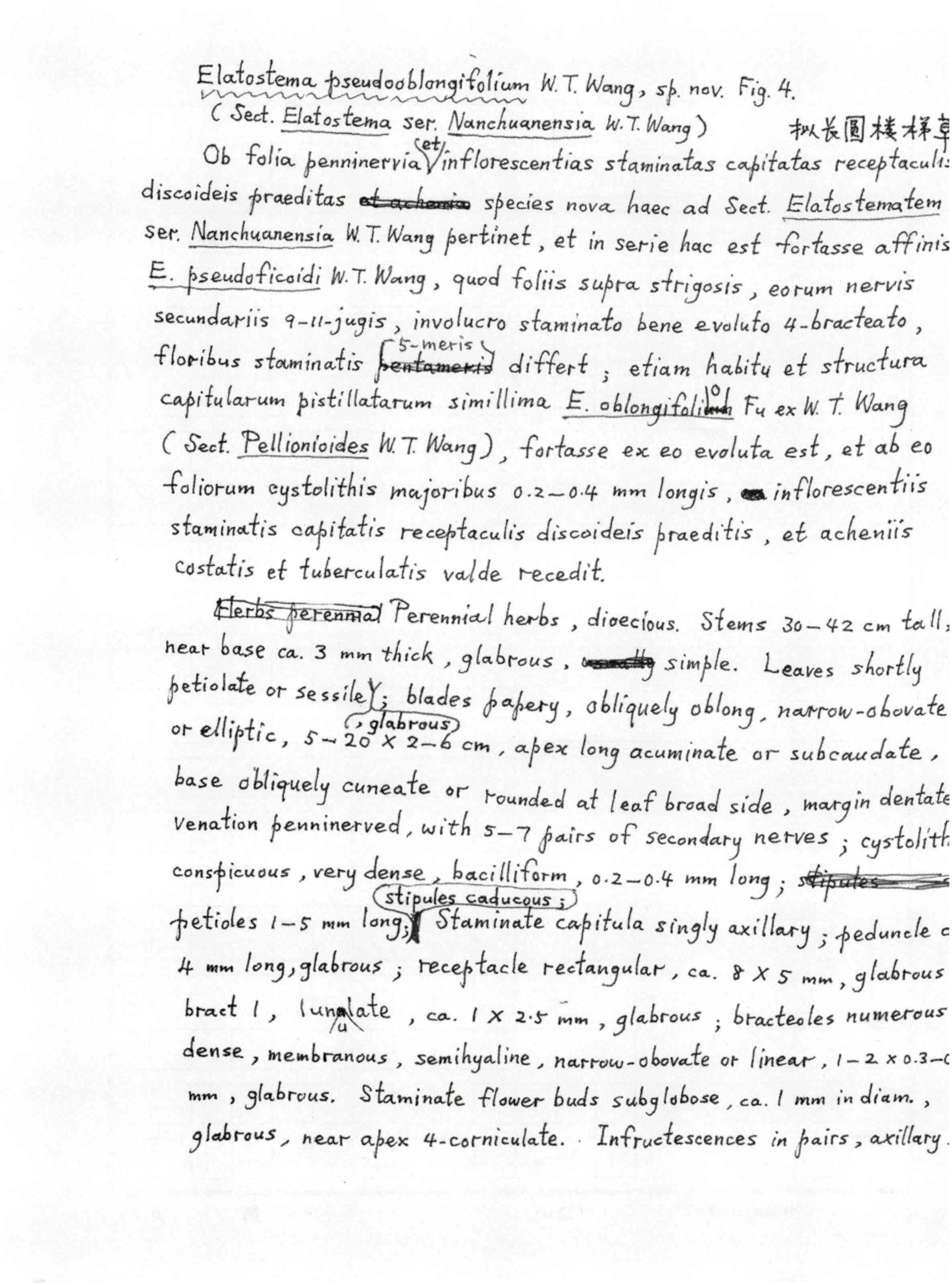

Elatostema pseudooblongifolium W. T. Wang, sp. nov. Fig. 4.
(Sect. Elatostema ser. Nanchuanensia W. T. Wang) 拟长圆楼梯草

Ob folia penninervia et inflorescentias staminatas capitatas receptaculis discoideis praeditas ~~et achenio~~ species nova haec ad Sect. Elatostematem ser. Nanchuanensia W. T. Wang pertinet, et in serie hac est fortasse affinis E. pseudoficoidi W. T. Wang, quod foliis supra strigosis, eorum nervis secundariis 9-11-jugis, involucro staminato bene evoluto 4-bracteato, floribus staminatis ~~pentameris~~ 5-meris differt; etiam habitu et structura capitularum pistillatarum simillima E. oblongifolio Fu ex W. T. Wang (Sect. Pellionioides W. T. Wang), fortasse ex eo evoluta est, et ab eo foliorum cystolithis majoribus 0.2–0.4 mm longis, inflorescentiis staminatis capitatis receptaculis discoideis praeditis, et acheniis costatis et tuberculatis valde recedit.

~~Herbs perennial~~ Perennial herbs, dioecious. Stems 30–42 cm tall, near base ca. 3 mm thick, glabrous, simple. Leaves shortly petiolate or sessile, glabrous; blades papery, obliquely oblong, narrow-obovate or elliptic, 5–20 × 2–6 cm, apex long acuminate or subcaudate, base obliquely cuneate or rounded at leaf broad side, margin dentate; venation penninerved, with 5–7 pairs of secondary nerves; cystoliths conspicuous, very dense, bacilliform, 0.2–0.4 mm long; stipules caducous; petioles 1–5 mm long. Staminate capitula singly axillary; peduncle ca. 4 mm long, glabrous; receptacle rectangular, ca. 8 × 5 mm, glabrous; bract 1, lunulate, ca. 1 × 2.5 mm, glabrous; bracteoles numerous, dense, membranous, semihyaline, narrow-obovate or linear, 1–2 × 0.3– mm, glabrous. Staminate flower buds subglobose, ca. 1 mm in diam., glabrous, near apex 4-corniculate. Infructescences in pairs, axillary.

图为王文采《中国楼梯草属植物》著作拉丁文手稿，共342页。该书2014年由青岛出版社出版。

（来源：中国科学院植物研究所）

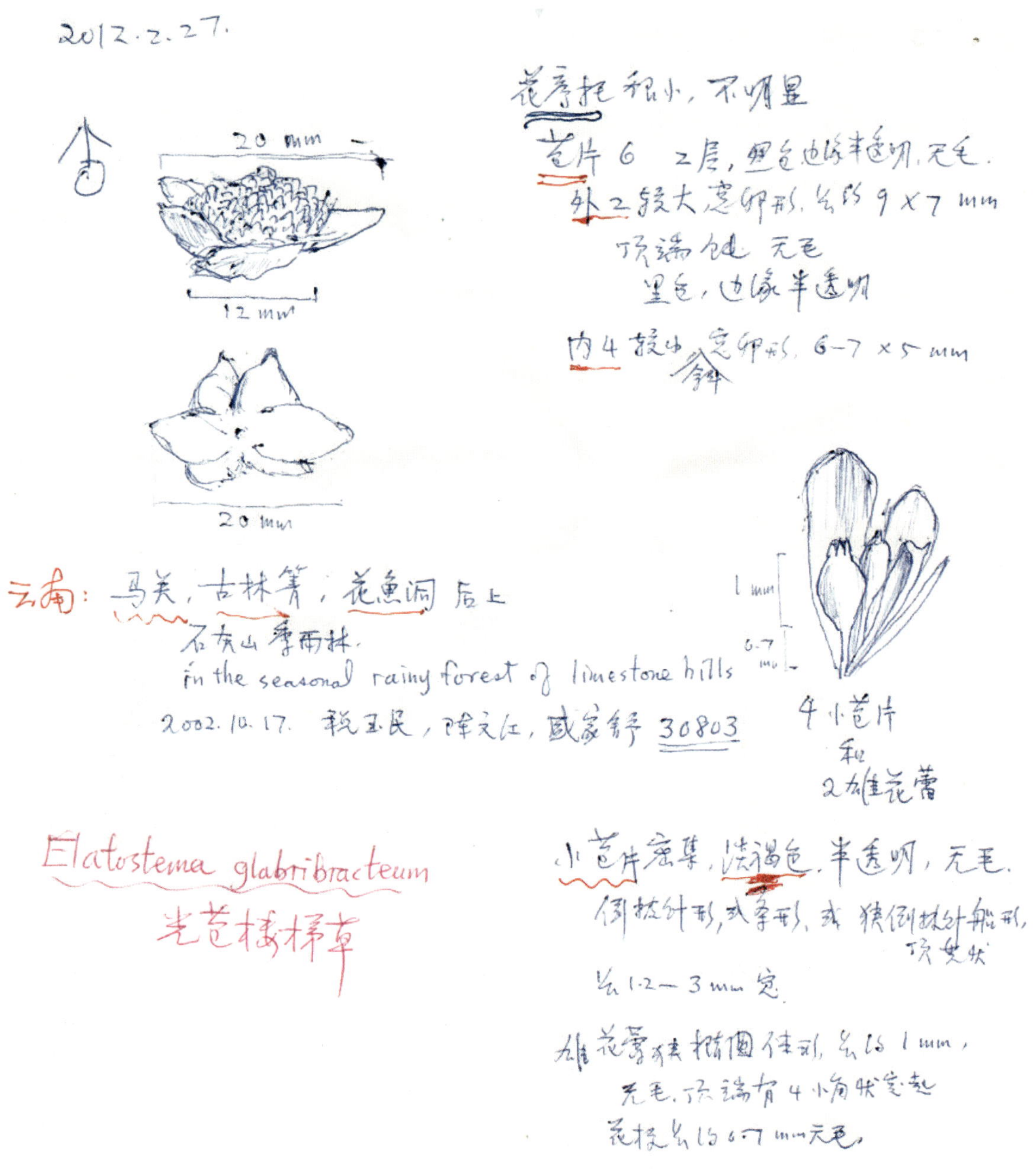
2012.2.27.

♂

20 mm

12 mm

20 mm

花序托很小，不明显

苞片 6 2层，黑色边缘半透明，无毛

外2较大 宽卵形，长约 9×7 mm

顶端钝 无毛

黑色，边缘半透明

内4较小 宽卵形，6–7×5 mm

1 mm

0.7 mm

4小苞片

和

2雄花蕾

云南：马关，古林箐，花鱼洞 后上

石灰山季雨林

in the seasonal rainy forest of limestone hills

2002.10.17. 税玉民，陈文红，盛家舒 30803

Elatostema glabribracteum

光苞楼梯草

小苞片密集，淡褐色，半透明，无毛，

倒披针形，或条形，或狭倒披针船形，

顶兜状

长1.2–3 mm 宽

雄花蕾狭椭圆倒卵形，长约1 mm，

无毛，顶端有4小角状突起

花梗长约0.7 mm无毛

图为王文采《中国楼梯草属植物》著作手稿。

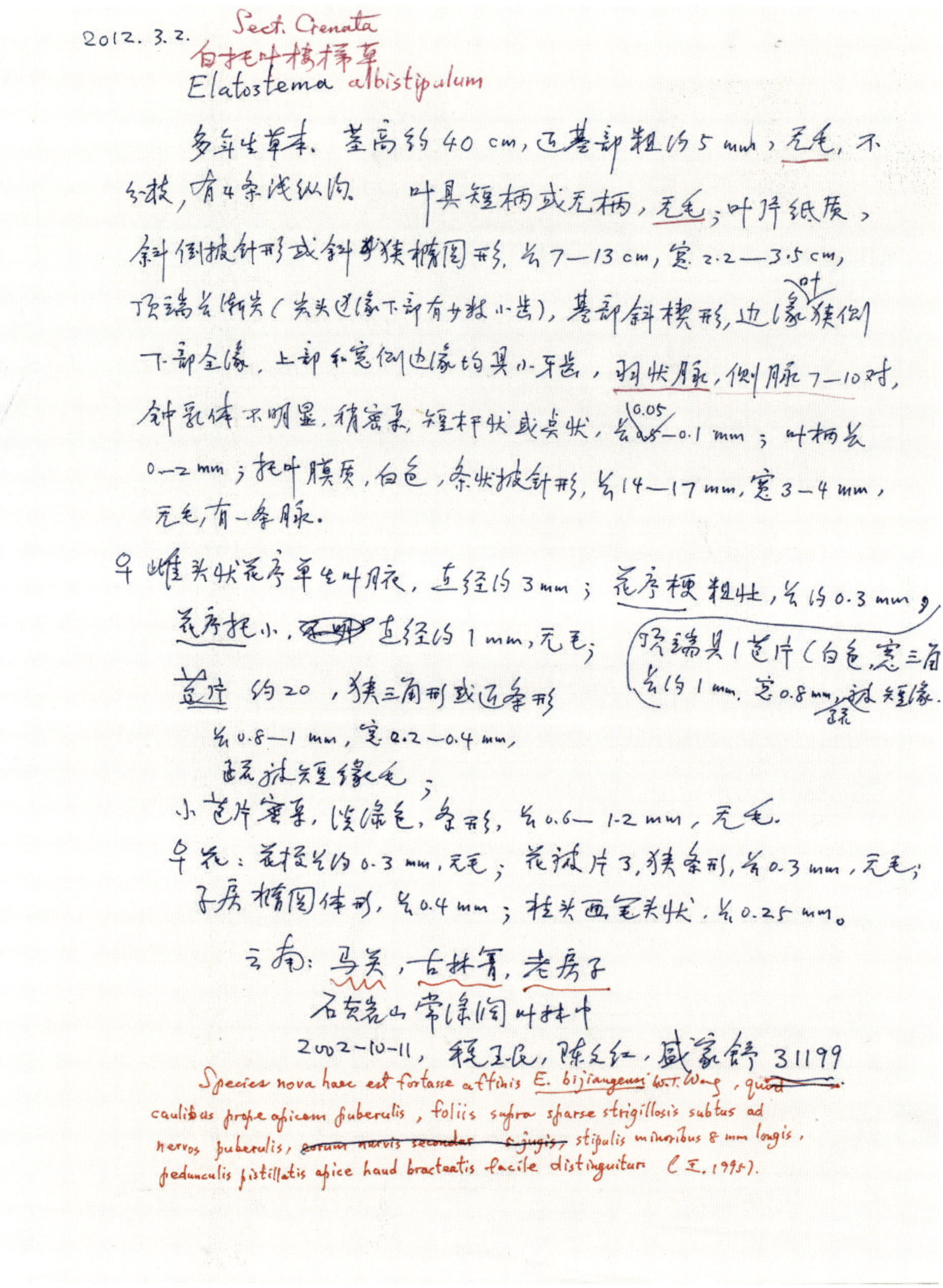
2012. 3. 2.　Sect. Crenata
白托叶楼梯草
Elatostema albistipulum

多年生草本。茎高约40 cm，近基部粗约5 mm，无毛，不分枝，有4条浅纵沟。叶具短柄或无柄，无毛；叶片纸质，斜倒披针形或斜狭椭圆形，长7—13 cm，宽2.2—3.5 cm，顶端长渐尖（尖头边缘下部有少数小齿），基部斜楔形，边缘叶狭侧下部全缘，上部和宽侧边缘均具小牙齿，羽状脉，侧脉7—10对，钟乳体不明显，稍密集，短杆状或点状，长0.05—0.1 mm；叶柄长0—2 mm；托叶膜质，白色，条状披针形，长14—17 mm，宽3—4 mm，无毛，有一条脉。

雌头状花序单生叶腋，直径约3 mm；花序梗粗壮，长约0.3 mm，花序托小，~~[illegible]~~直径约1 mm，无毛；顶端具1苞片（白色，宽三角形，长约1 mm，宽0.8 mm，被疏短缘毛）；苞片约20，狭三角形或近条形，长0.8—1 mm，宽0.2—0.4 mm，疏被短缘毛；小苞片密集，淡绿色，条形，长0.6—1.2 mm，无毛。雌花：花梗长约0.3 mm，无毛；花被片3，狭条形，长0.3 mm，无毛；子房椭圆体形，长0.4 mm；柱头画笔头状，长0.25 mm。

云南：马关，古林箐，老房子
石灰岩山常绿阔叶林中
2002-10-11，税玉民，陈文红，盛家舒 31199

Species nova haec est fortasse affinis E. bijiangensi W.T. Wang, quo caulibus prope apicem puberulis, foliis supra sparse strigillosis subtus ad nervos puberulis, ~~eorum nervis secondar. [illegible] jugis,~~ stipulis minoribus 8 mm longis, pedunculis pistillatis apice haud bracteatis facile distinguitur. (王, 1995).

图为王文采《中国楼梯草属植物》著作手稿。

（中间为王淦昌）

王淦昌

（1907 — 1998）

核物理学家。生于江苏常熟。1929年毕业于清华大学，1933年获德国柏林大学博士学位。1955年被选聘为中国科学院学部委员（院士）。曾任浙江大学教授、中国科学院近代物理研究所副所长、苏联杜布纳联合原子核研究所副所长、中国工程物理研究院副院长、中国原子能科学研究院院长、第二机械工业部副部长等职。1982年获国家自然科学奖一等奖，1999年被追授“两弹一星”功勋奖章。

科学家本身的秉性，他们那超越物质条件之外的理性之光和对科学执着的热爱之火，往往更为重要。

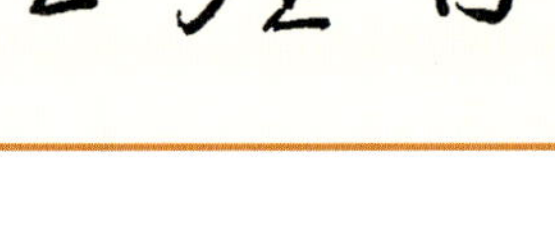

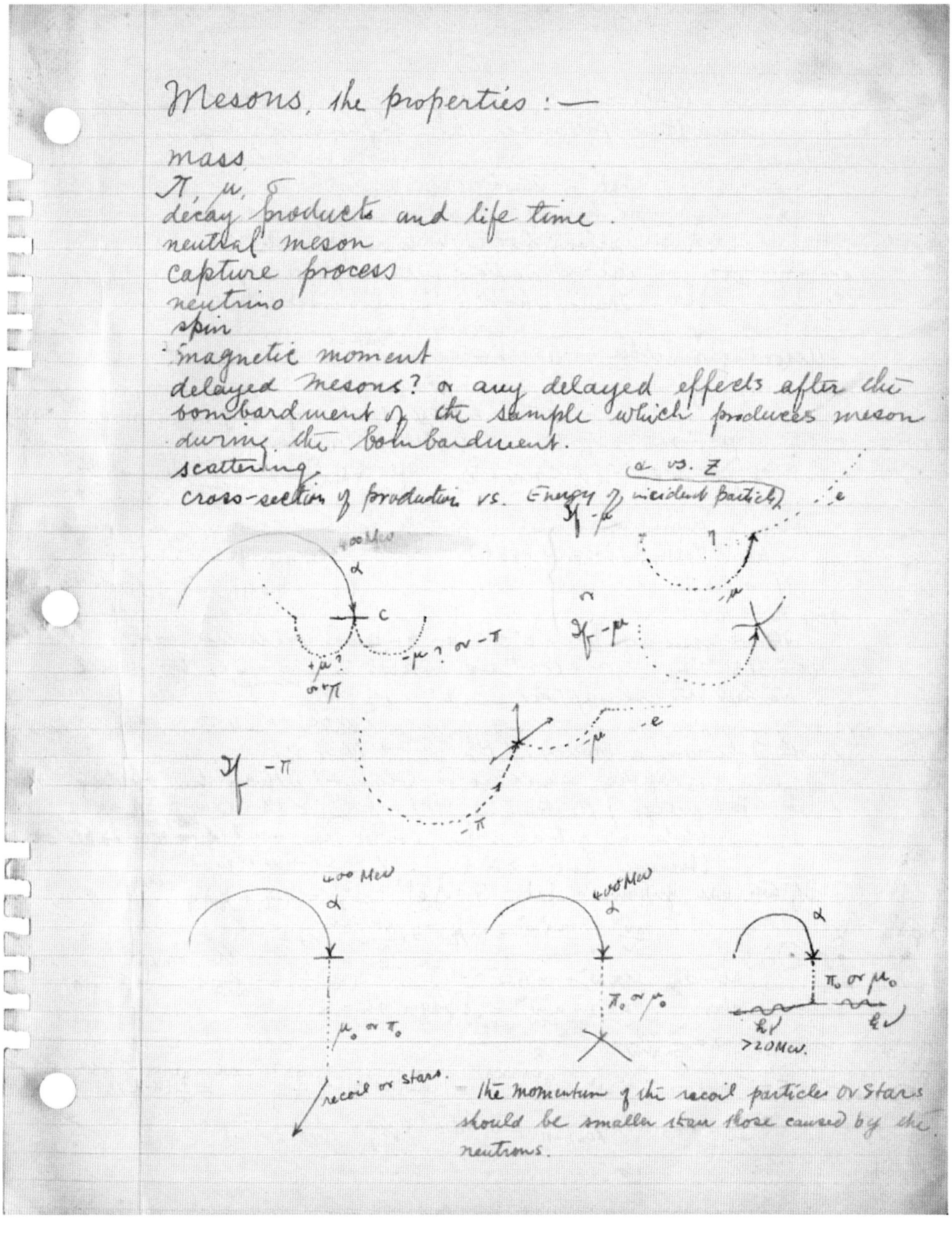

Mesons, the properties:—

mass
π, μ, τ
decay products and life time.
neutral meson
capture process
neutrino
spin
magnetic moment
delayed mesons? or any delayed effects after the bombardment of the sample which produces meson during the bombardment.
scattering
cross-section of production vs. Energy of incident particles

the momentum of the recoil particles or stars should be smaller than those caused by the neutrons.

图为王淦昌在浙江大学讲授物理学课程的讲义英文手稿，共238页。

（来源：常熟市档案馆）

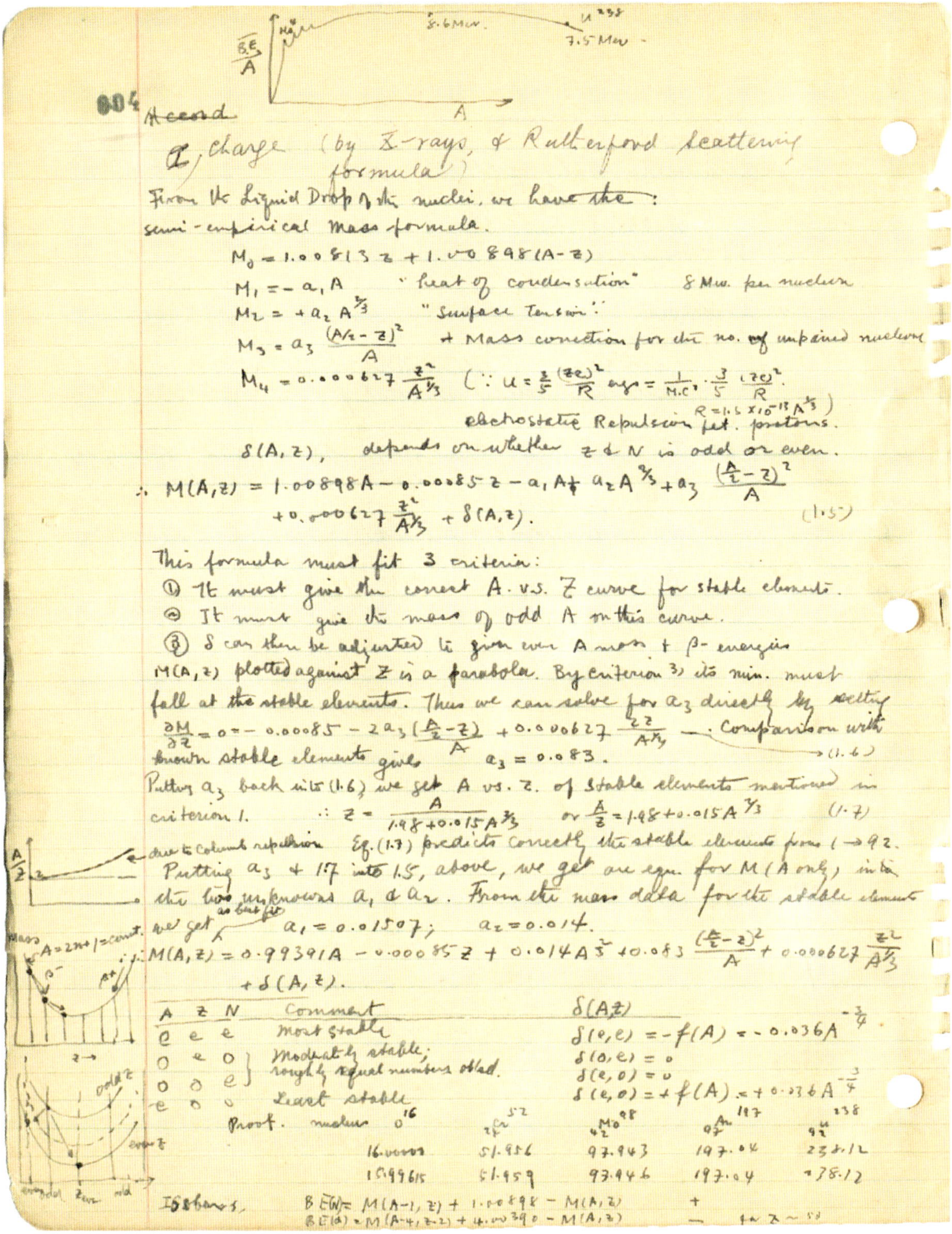

004

B.E./A — 8.6 Mev — U^{238} 7.5 Mev — A

~~Accord~~

α, charge (by X-rays, & Rutherford scattering formula)

From the Liquid Drop of the nuclei, we ~~have the~~: semi-empirical mass formula.

$M_0 = 1.00813Z + 1.00898(A-Z)$

$M_1 = -a_1 A$ "heat of condensation" 8 Mev per nucleon

$M_2 = +a_2 A^{2/3}$ "Surface Tension"

$M_3 = a_3 \frac{(A/2-Z)^2}{A}$ + Mass correction for the no. of unpaired nucleons

$M_4 = 0.000627 \frac{Z^2}{A^{1/3}}$ $\left(\because U = \frac{3}{5}\frac{(Ze)^2}{R} \text{ ergs} = \frac{1}{M.C^2}\cdot\frac{3}{5}\frac{(Ze)^2}{R}\right)$ $R = 1.5\times10^{-13}A^{1/3}$

electrostatic Repulsion pet. protons.

$\delta(A,Z)$, depends on whether Z & N is odd or even.

$\therefore M(A,Z) = 1.00898A - 0.00085Z - a_1A + a_2A^{2/3} + a_3\frac{(\frac{A}{2}-Z)^2}{A} + 0.000627\frac{Z^2}{A^{1/3}} + \delta(A,Z).$ (1.5)

This formula must fit 3 criteria:

① It must give the correct A vs. Z curve for stable elements.

② It must give the mass of odd A on this curve.

③ δ can then be adjusted to give even A mass & β- energies

M(A,Z) plotted against Z is a parabola. By criterion 3) its min. must fall at the stable elements. Thus we can solve for a_3 directly by setting

$\frac{\partial M}{\partial Z} = 0 = -0.00085 - 2a_3\frac{(\frac{A}{2}-Z)}{A} + 0.000627\frac{2Z}{A^{1/3}}$ — Comparison with known stable elements gives $a_3 = 0.083$. (1.6)

Putting a_3 back into (1.6) we get A vs. Z of stable elements mentioned in criterion 1. $\therefore Z = \frac{A}{1.98+0.015A^{2/3}}$ or $\frac{A}{Z} = 1.98+0.015A^{2/3}$ (1.7)

due to Coulomb repulsion. Eq. (1.7) predicts correctly the stable elements from 1 → 92.

Putting a_3 & 1.7 into 1.5, above, we get an eqn. for M (A only) in the two unknowns a_1 & a_2. From the mass data for the stable elements we get (as best fit) $a_1 = 0.01507$; $a_2 = 0.014$.

$\therefore M(A,Z) = 0.99391A - 0.00085Z + 0.014A^{2/3} + 0.083\frac{(\frac{A}{2}-Z)^2}{A} + 0.000627\frac{Z^2}{A^{1/3}} + \delta(A,Z).$

A	Z	N	Comment	δ(A,Z)
e	e	e	most stable	$\delta(e,e) = -f(A) = -0.036A^{-3/4}$
o	e	o	Moderately stable; roughly equal numbers obs'd.	$\delta(o,e) = 0$
o	o	e		$\delta(e,o) = 0$
e	o	o	Least stable	$\delta(o,o) = +f(A) = +0.036A^{-3/4}$

Proof. nucleus	O^{16}	$_{24}Cr^{52}$	$_{42}Mo^{98}$	$_{79}Au^{197}$	$_{92}U^{238}$
	16.0000	51.956	97.943	197.04	238.12
	15.99615	51.959	97.946	197.04	238.12

Isobars, $BE(n) = M(A-1,Z) + 1.00898 - M(A,Z)$ +

$BE(\alpha) = M(A-4,Z-2) + 4.00390 - M(A,Z)$ − for Z ~ 50

图为王淦昌在浙江大学讲授物理学课程的讲义英文手稿。

手稿

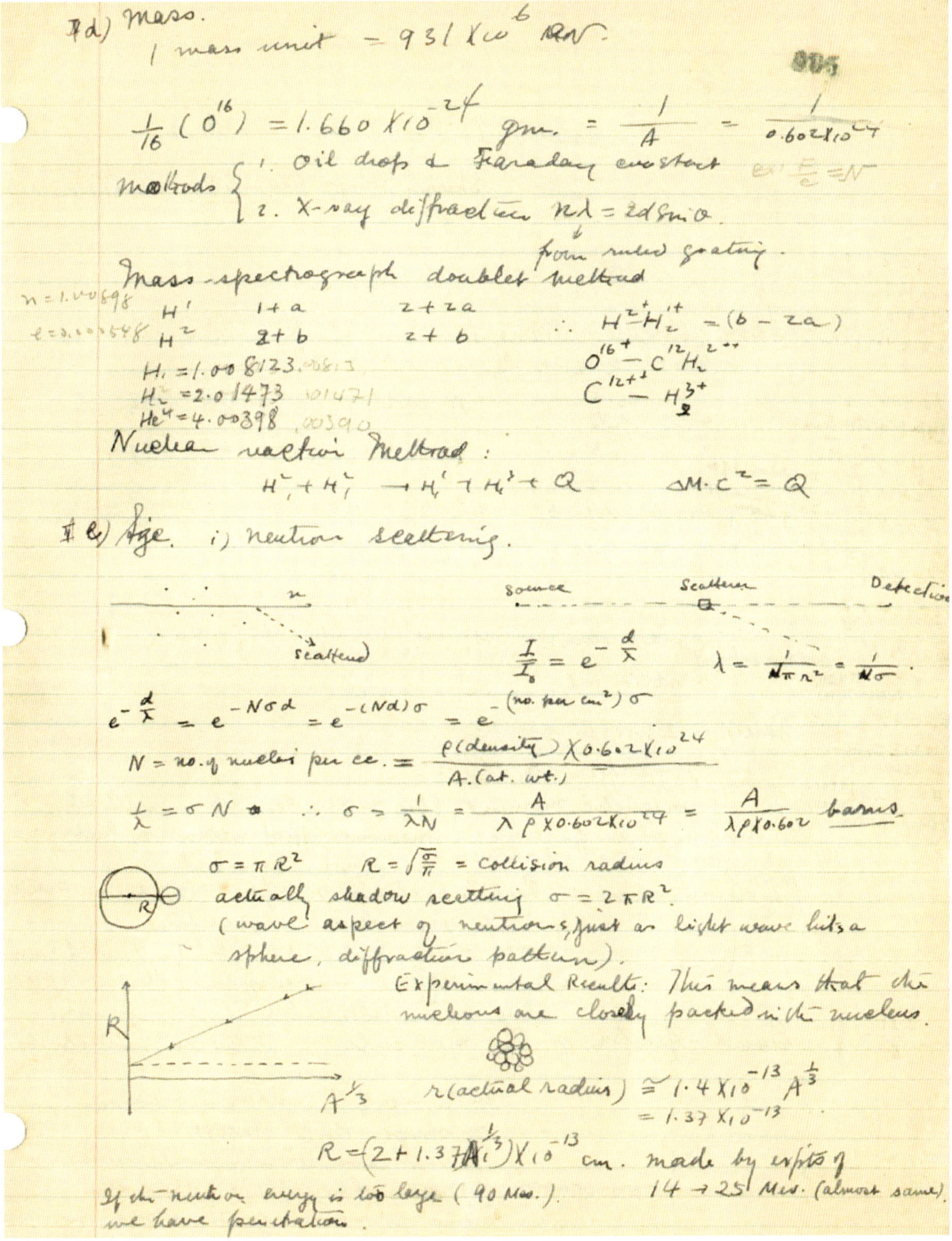

d) Mass.

1 mass unit $= 931 \times 10^6$ eV.

006

$\frac{1}{16}(O^{16}) = 1.660 \times 10^{-24}$ gm. $= \frac{1}{A} = \frac{1}{0.602 \times 10^{24}}$

methods { 1. Oil drop & Faraday constant
2. X-ray diffraction $n\lambda = 2d\sin\theta$
from ruled grating.

Mass-spectrograph doublet method

$n = 1.00898$, $e = 0.00548$

H^1	$1+a$	$2+2a$	$\therefore H^{2+} - H_2^{1+} = (b-2a)$
H^2	$2+b$	$2+b$	$O^{16+} - C^{12}H_2^{2++}$
			$C^{12++} - H_2^{3+}$

$H_1 = 1.008123$ .00813
$H_2 = 2.01473$ .01471
$He^4 = 4.00398$ .00390

Nuclear reaction Method:

$H_1^2 + H_1^2 \rightarrow H_1^1 + H_1^3 + Q$ $\qquad \Delta M \cdot c^2 = Q$

e) Size. i) neutron scattering.

source — scatterer — detector; n; scattered

$\frac{I}{I_0} = e^{-\frac{d}{\lambda}}$ $\qquad \lambda = \frac{1}{N\pi r^2} = \frac{1}{N\sigma}$.

$e^{-\frac{d}{\lambda}} = e^{-N\sigma d} = e^{-(Nd)\sigma} = e^{-(\text{no. per cm}^2)\sigma}$

N = no. of nuclei per cc. $= \frac{\rho(\text{density}) \times 0.602 \times 10^{24}}{A.(\text{at. wt.})}$

$\frac{1}{\lambda} = \sigma N \quad \therefore \sigma = \frac{1}{\lambda N} = \frac{A}{\lambda\rho \times 0.602 \times 10^{24}} = \frac{A}{\lambda\rho \times 0.602}$ barns.

$\sigma = \pi R^2 \qquad R = \sqrt{\frac{\sigma}{\pi}}$ = collision radius

actually shadow scattering $\sigma = 2\pi R^2$.
(wave aspect of neutrons, just as light wave hits a sphere, diffraction pattern).

Experimental Results: This means that the nucleons are closely packed in the nucleus.

R; $A^{1/3}$

r(actual radius) $\cong 1.4 \times 10^{-13} A^{\frac{1}{3}}$
$= 1.37 \times 10^{-13}$

$R = (2 + 1.37 A^{\frac{1}{3}}) \times 10^{-13}$ cm. made by expts of 14 → 25 Mev. (almost same).

If the neutron energy is too large (90 Mev.), we have penetration.

图为王淦昌在浙江大学讲授物理学课程的讲义英文手稿。

王绶琯

（1923 — ）

天文学家。生于福建福州。1943年在重庆毕业于马尾海军学校，1945年赴英国留学。1980年当选为中国科学院学部委员（院士）。曾任中国科学院北京天文台台长。

人重才品节，学贵安钻迷。积跬步以致千里，勤温故以求创新。

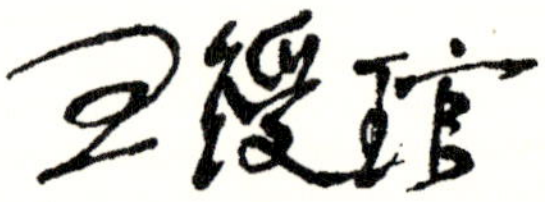

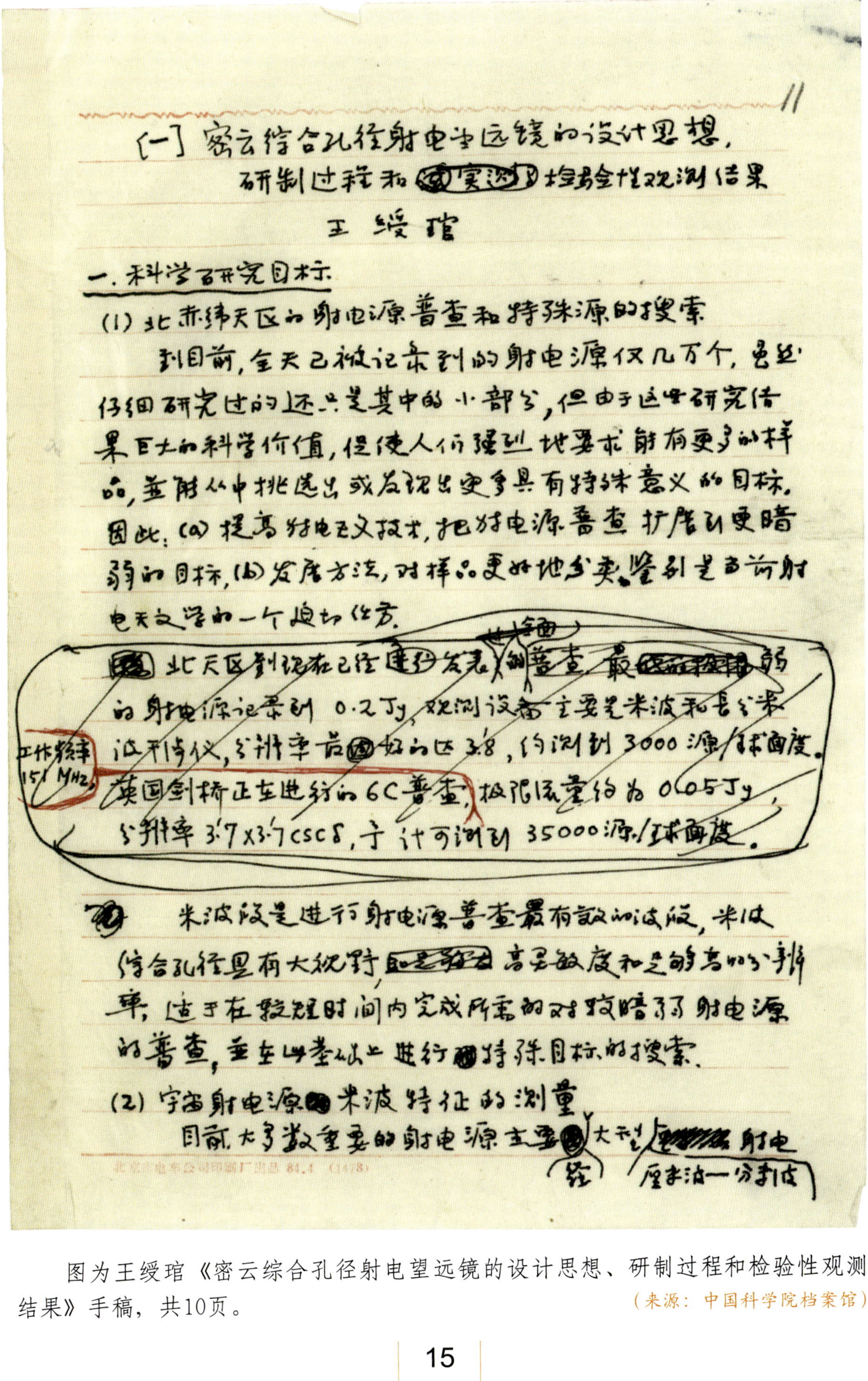

图为王绶琯《密云综合孔径射电望远镜的设计思想、研制过程和检验性观测结果》手稿，共10页。（来源：中国科学院档案馆）

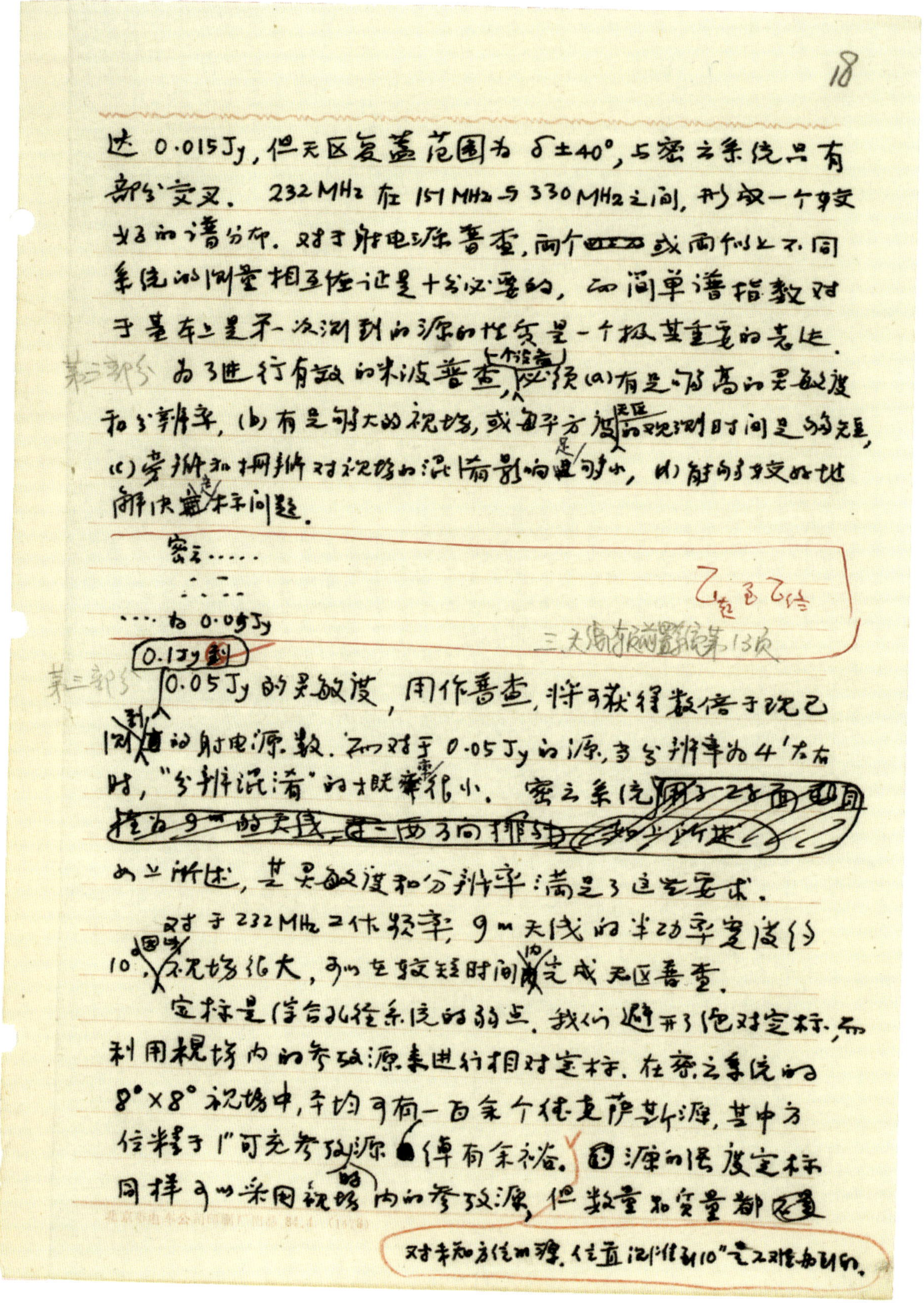

18

达0.015Jy，但天区覆盖范围为δ±40°，与密云系统只有部分交叉。232MHz在151MHz与330MHz之间，形成一个较好的谱分布。对于射电源普查，两个或两个以上不同系统的测量相互验证是十分必要的，而简单谱指数对于基本上是不一次测到的源的性质是一个极其重要的考虑。

第二部分 为了进行有效的米波普查，一个设备必须(a)有足够高的灵敏度和分辨率，(b)有足够大的视场，或每平方度天区的观测时间足够短，(c)旁瓣和栅瓣对视场的混淆影响足够小，(d)射频干扰较好地解决[或]干扰问题。

密云……

……为0.05Jy

乙在3乙信

三大局有关测量系统第13页

0.1Jy到

第二部分 0.05Jy的灵敏度，用作普查，将可获得数倍于现已测到的射电源数。而对于0.05Jy的源，当分辨率为4′左右时，"分辨混淆"的概率很小。密云系统如上所述，其灵敏度和分辨率满足了这些要求。

对于232MHz工作频率，9m天线的半功率宽度约10°，因此视场很大，可以在较短时间内完成天区普查。

定标是综合孔径系统的弱点。我们避开了绝对定标，而利用视场内的参考源来进行相对定标。在密云系统的8°×8°视场中，平均可有一百余个德克萨斯源，其中方位精于1″可充参考源，使得有余裕。源的强度定标同样可以采用视场内的参考源，但数量和质量都[不]差

对未知方位的源，位置测准到10″完全没有问题。

图为王绶琯《密云综合孔径射电望远镜的设计思想、研制过程和检验性观测结果》手稿。

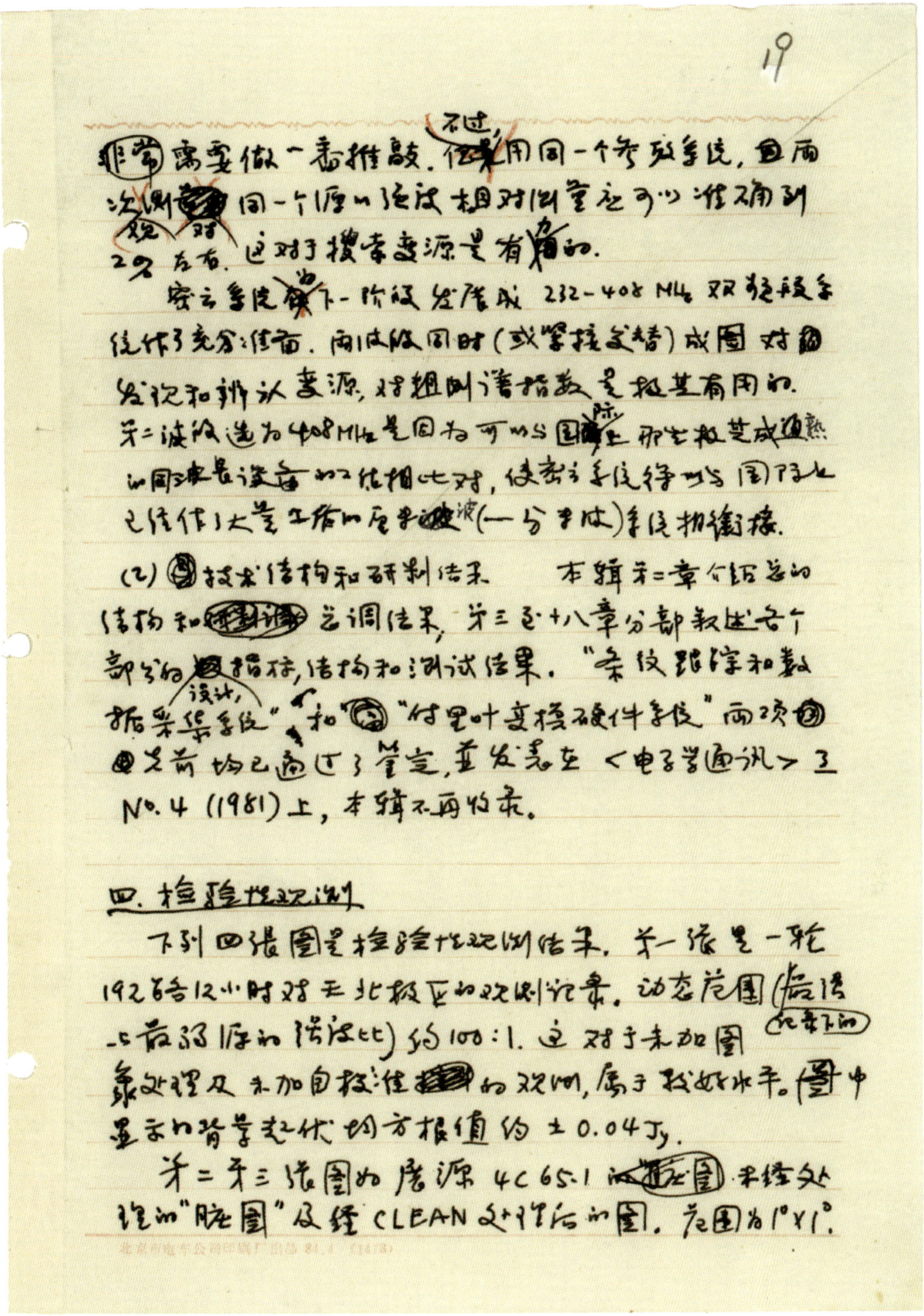
19

非常需要做一番推敲。不过，用同一个参数系统，因而次测量同一个源的绝对相对测量在可以准确到2%左右。这对于搜索变源是有益的。

密云系统为下一阶段发展成232-408 MHz双频段系统作了充分准备。两波段同时（或紧接交替）成图对于发现和辨认变源，对粗测谱指数是极其有用的。第二波段选为408 MHz是因为可以与国际上那些极其成熟的同波长设备加以比对，使密云系统得以与国际上已经作了大量工作的米波（一分米波）系统相衔接。

(2) 技术结构和研制结果　本辑第二章介绍总的结构和总调结果，第三至十八章分部叙述各个部分的指标，结构和测试结果。"条纹跟踪和数据采集（设计）系统"和"付里叶变换硬件系统"两项之前均已通过了鉴定，并发表在<电子学通讯>3 No.4 (1981)上，本辑不再收录。

四. 检验性观测

下列四张图是检验性观测结果。第一张是一轮192台12小时对天北极区的观测记录。动态范围（最强与最弱源的强度比）约100:1。这对于未加图像处理及未加自校准的观测，属于较好水平。图中显示的背景起伏均方根值约±0.04Jy。

第二第三张图为射电源4C65.1未经处理的"脏图"及经CLEAN处理后的图。范围为1°×1°。

北京市电车公司印刷厂出品 84.4 (1478)

图为王绶琯《密云综合孔径射电望远镜的设计思想、研制过程和检验性观测结果》手稿。

王德宝

（1918 — 2002）

生物化学家。生于江苏泰兴。1940年毕业于重庆中央大学，1951年获美国西部保留地大学博士学位。1980年当选为中国科学院学部委员（院士）。曾任中国科学院上海生物化学与细胞生物学研究所研究员。1987年获国家自然科学奖一等奖。

振兴伟大祖国，再现中华雄风。科技是关键，根本在教育。

王德宝

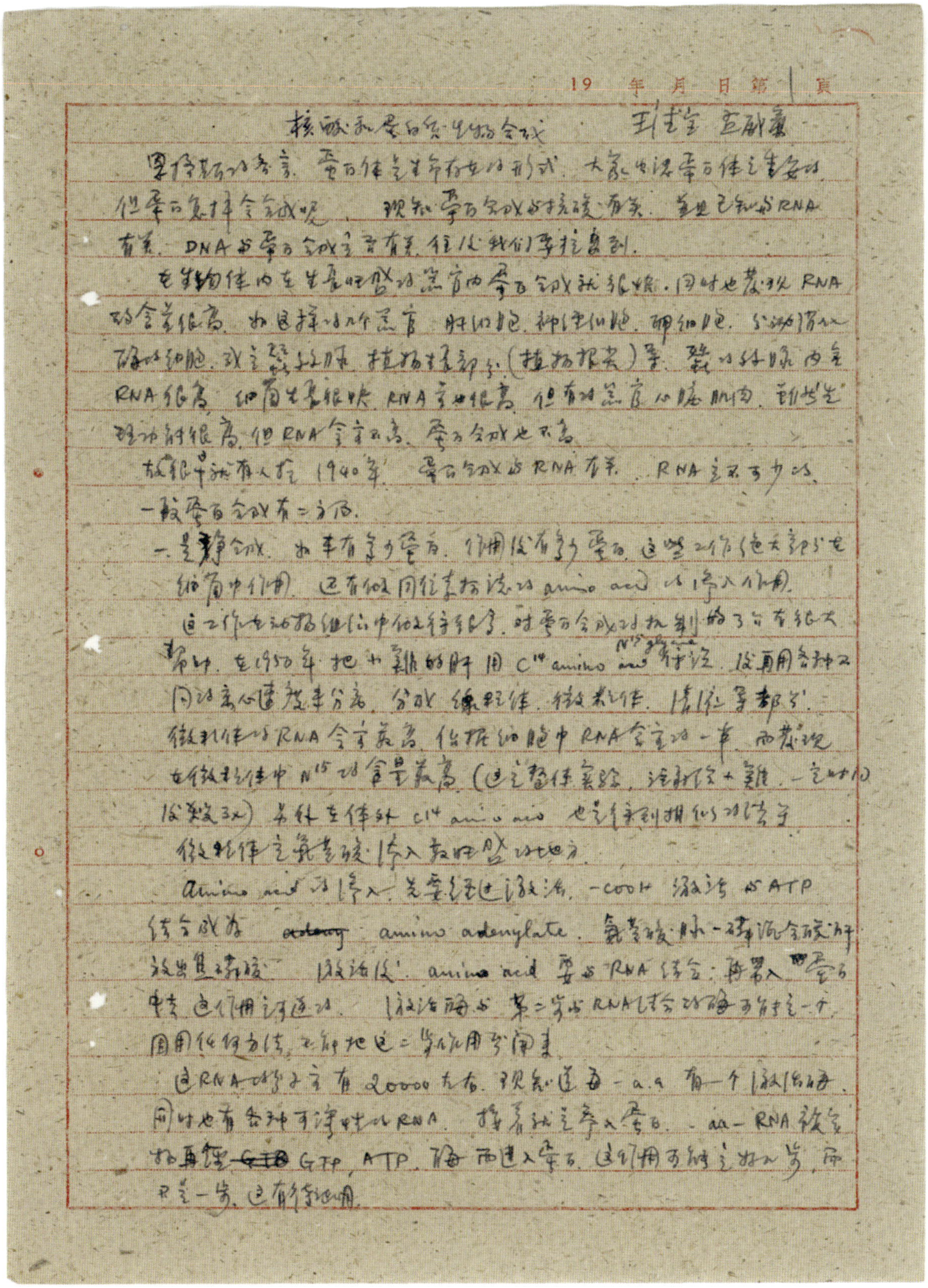
核酸和蛋白质生物合成 王德宝 孟威廉

图为王德宝《核酸和蛋白质生物合成》论文手稿，共3页。该文由他与孟威廉共同发表于《科学通报》1960年04期。（来源：中国科学院档案馆）

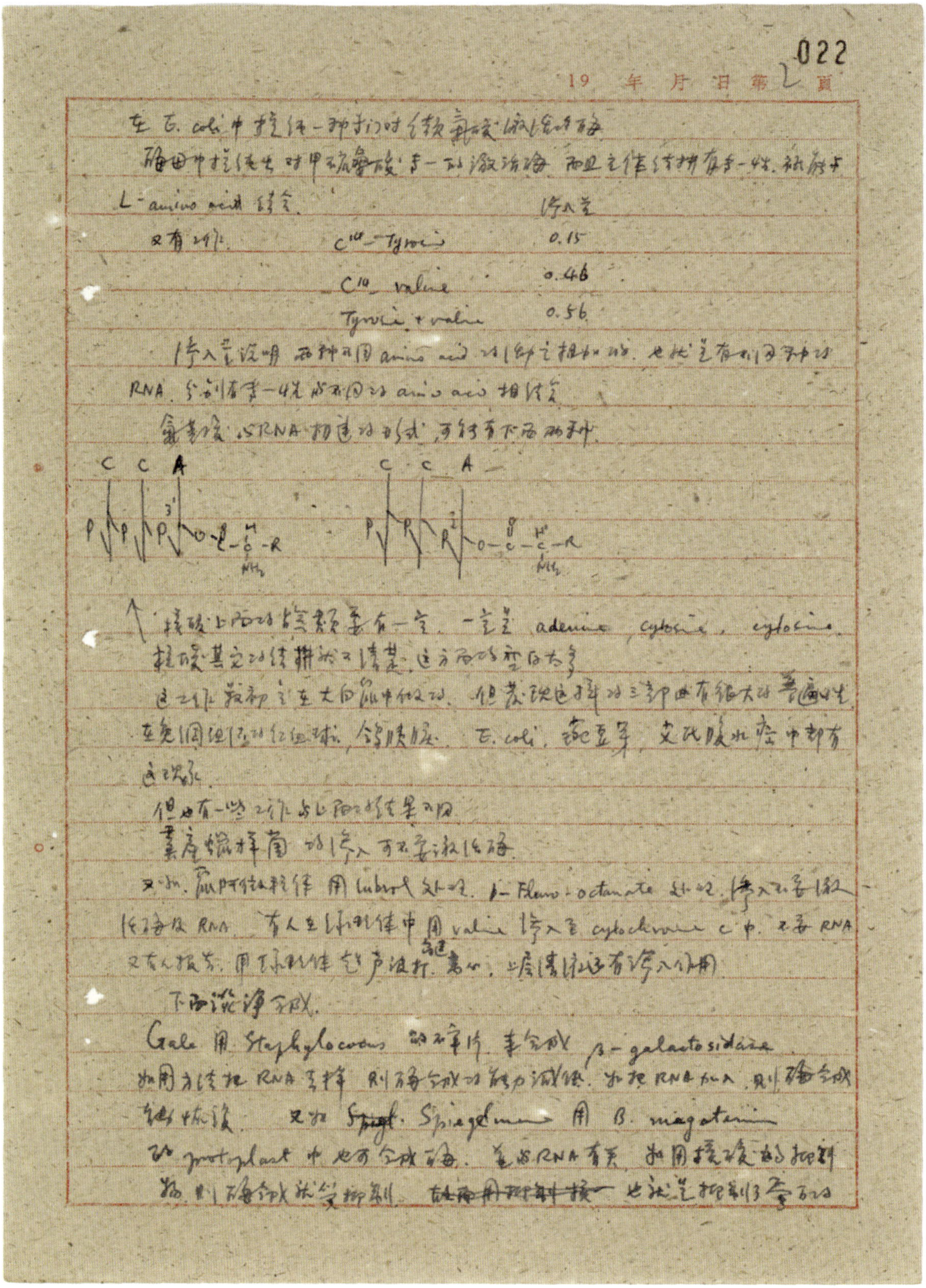

022

19 年 月 日 第 2 頁

在 E. coli 中提纯一种对酪氨酸激活酶

鸡蛋中提纯出对甲硫氨酸专一的激活酶，而且它能结合在专一性 sRNA 与 L-amino acid 结合。

		掺入量
又有 sRNA.	C^{14}-Tyrosine	0.15
	C^{14}-valine	0.46
	Tyrosine + valine	0.56

掺入量说明两种不同 amino acid 的掺入是相加的，也就是有不同的两种的 RNA 分别专一地与不同的 amino acid 相结合。

氨基酸与 sRNA 相连的形式，可能有下面两种。

C C A　　　　C C A

P P P —O—C—C—R (NH₂)　　　　P P R —O—C—C—R (NH₂)

↑ 核酸上面的核苷酸是有一定，一定是 adenine，cytosine，cytosine。

核酸其它的结构还不清楚，这方面的工作很多。

这工作最初是在大白鼠肝中做的，但发现这样的三部曲有很大的普遍性，在兔网织红细胞的红血球，胰脏，E. coli，豌豆等，各种酵母中都有这现象。

但也有一些工作与上面的结果不同。

金黄色葡萄球菌的掺入可不要激活酶。

又如，肝脏微粒体用 lubrol 处理，p-Fluoro-octanoate 处理，掺入不要激活酶及 RNA。有人在线粒体中用 valine 掺入至 cytochrome c 中，不要 RNA。又有人报告，用线粒体超声波打碎离心，上清液没有掺入作用。

下面谈谈合成。

Gale 用 Staphylococcus 的碎片来合成 β-galactosidase，如用方法把 RNA 去掉，则酶合成的能力减低，如把 RNA 加入，则酶合成能力恢复。又如 ~~Spiegl.~~ Spiegelman 用 B. megaterium 的 protoplast 中也可合成酶，并与 RNA 有关，如用核酸酶的抑制剂，则酶合成就受抑制。~~[illegible]~~ 也就是抑制了蛋白合成

图为王德宝《核酸和蛋白质生物合成》论文手稿。

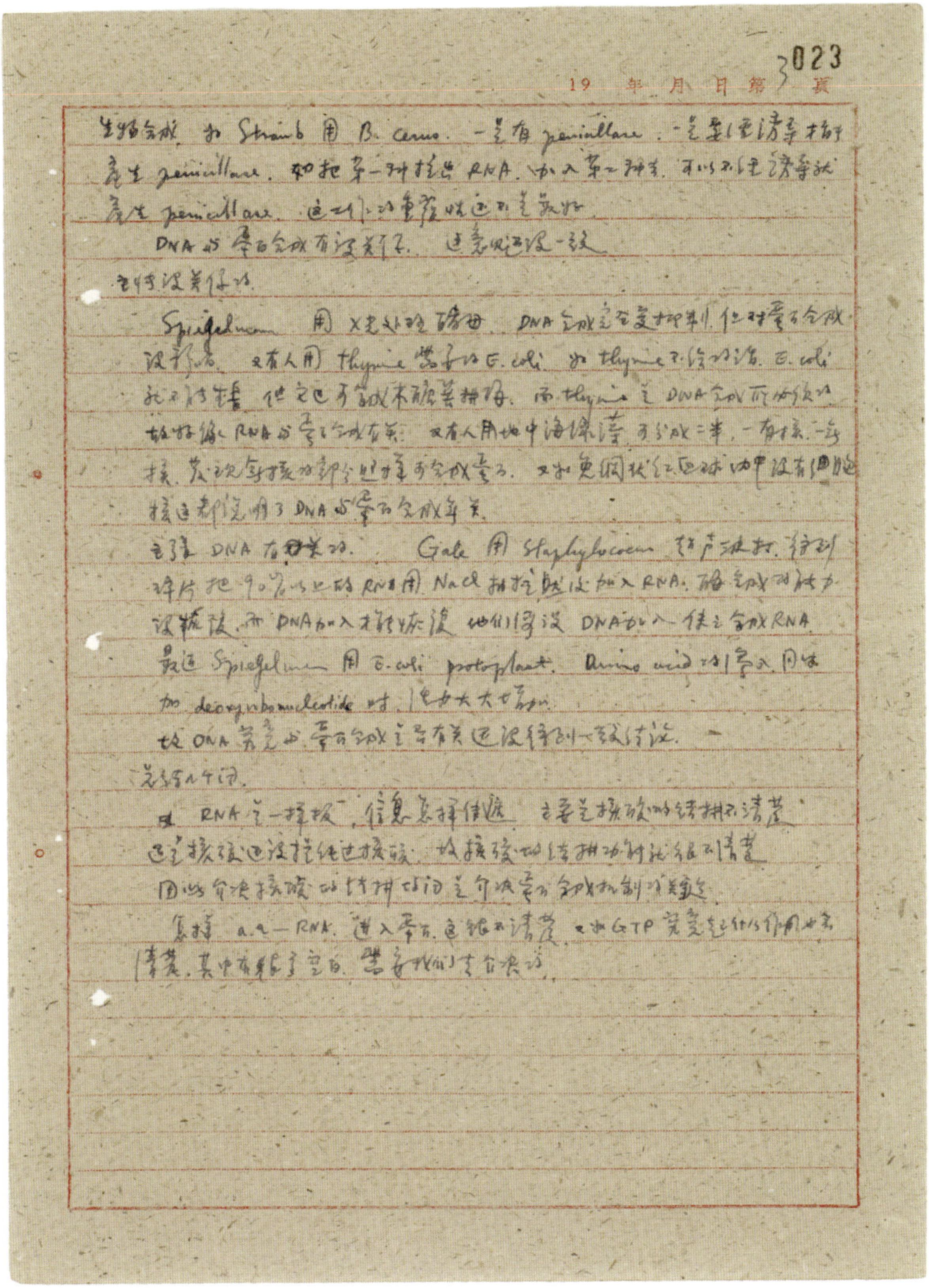
3023

19 年 月 日第 3 页

生物合成. 如 Strauss 用 B. cereus. 一是有 penicillinase. 一是要经诱导才能产生 penicillinase. 如把第一种提出 RNA. 加入第二种中. 可以不经诱导就产生 penicillinase. 这工作的重复性还不是很好.

DNA 与蛋白合成有没有关系. 这意见还没一致.

主张没关系的.

Spiegelman 用 X光处理细菌. DNA 合成完全受抑制. 但对蛋白合成没影响. 又有人用 thymine 需要的 E. coli 如 thymine 不给的话. E. coli 就不能生长 但它也可合成不规则排列. 而 thymine 是 DNA 合成所必须的 故好像 RNA 与蛋白合成无关. 又有人用地中海伞藻 可分成二半, 一有核, 一无核. 发现无核的部分照样可合成蛋白. 又如兔网状红血球内中没有细胞核 这都说明了 DNA 与蛋白合成无关.

主张 DNA 有关的. Gale 用 Staphylococcus 超声波打, 得到碎片 把 90% 以上的 RNA 用 NaCl 抽提后 加入 RNA. 能合成蛋白 没核酸. 而 DNA 加入才能恢复 他们得出 DNA 加入 能合成 RNA.

最近 Spiegelman 用 E. coli protoplast. Amino acid 的掺入 同时加 deoxyribonucleotide 时. 便大大增加.

故 DNA 究竟与蛋白合成是否有关还没得到一致结论.

总结几个问题.

① RNA 是一种模板. 信息怎样传递 这要看核酸的结构不清楚 还是核酸还没提纯出核酸. 故核酸的结构的研究还不清楚 因此解决核酸的结构问题是解决蛋白合成机制的关键.

怎样 a.a—RNA. 进入蛋白. 这都不清楚. 又如 GTP 究竟起什么作用也不清楚. 其中有很多空白. 需要我们去解决的.

图为王德宝《核酸和蛋白质生物合成》论文手稿。

贝时璋

（1903 — 2009）

生物学家。生于浙江镇海。1921年毕业于上海同济医工专门学校医预科，1928年获德国图宾根大学自然科学博士学位。1948年当选为中央研究院院士，1955年被选聘为中国科学院学部委员（院士）。曾任浙江大学生物系主任、理学院院长，中国科学院生物物理研究所所长等职。

一个真实的科学家，是忠于科学，热爱科学的。他热爱科学，不是为名为利，而是求知，爱真理，为国家做贡献，为人民谋福利。

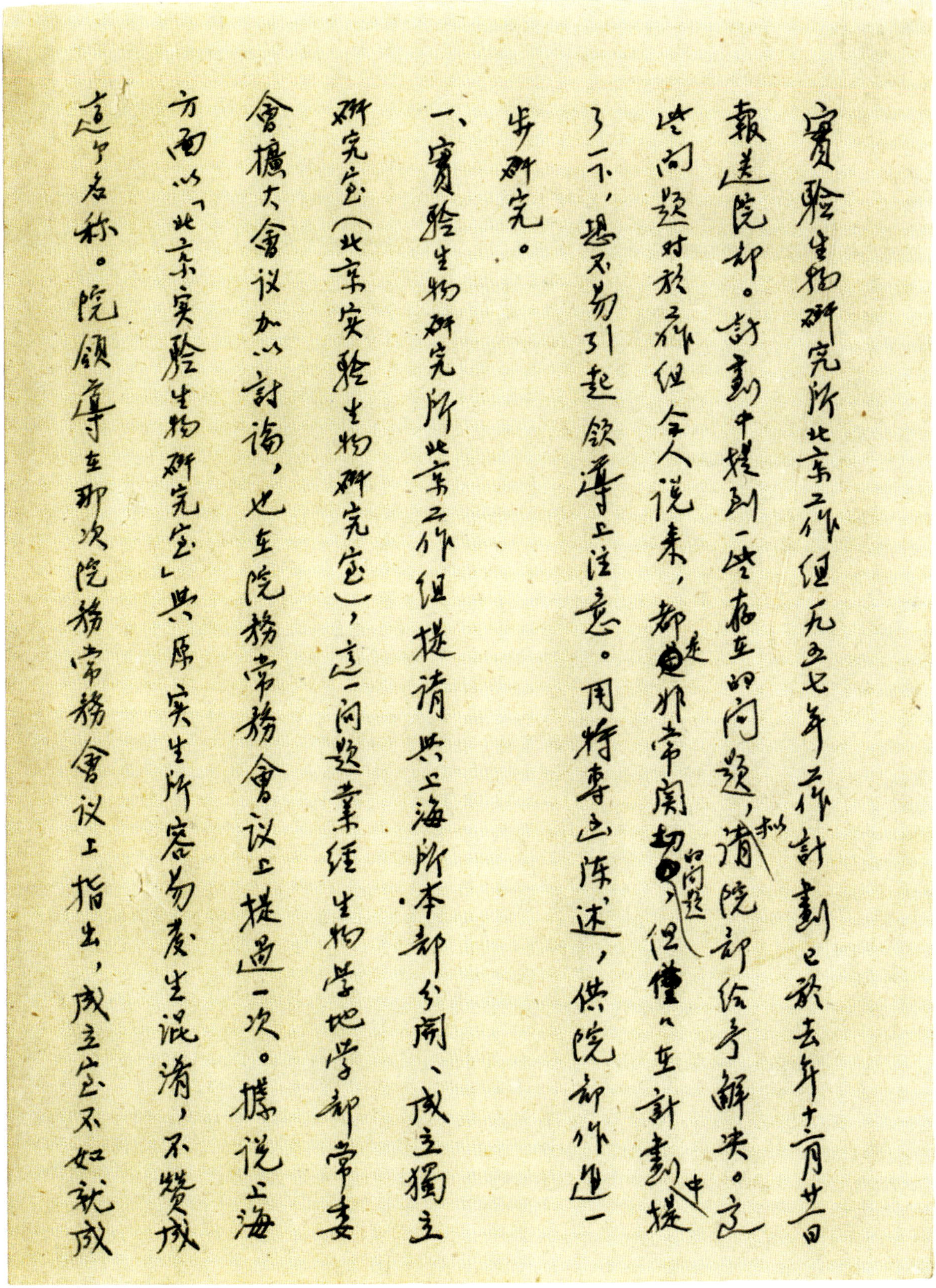
實驗生物研究所北京工作組五七年工作計劃已於去年十二月廿日
報送院部。計劃中提到一些存在的問題，擬請院部給予解決。這
些問題對於工作組全人說來，都是非常關切的問題，但僅在計劃中提
了一下，恐不易引起領導上注意。因特專函陳述，供院部作進一
步研究。
一、實驗生物研究所北京工作組提請與上海所本部分開，成立獨立
研究室（北京實驗生物研究室），這一問題業經生物學地學部常委
會擴大會議加以討論，也在院務常務會議上提過一次。據說上海
方面以「北京實驗生物研究室」與原實生所容易發生混淆，不贊成
這個名稱。院領導在那次院務常務會議上指出，成立室不如就成

图为贝时璋1957年2月6日撰写的《关于提请成立北京实验生物研究所的报告》手稿，共5页。

（来源：中国科学院档案馆）

图为贝时璋1997年手绘的细胞线粒体生长发育示意图，共2页。

（来源：中国科学院生物物理研究所）

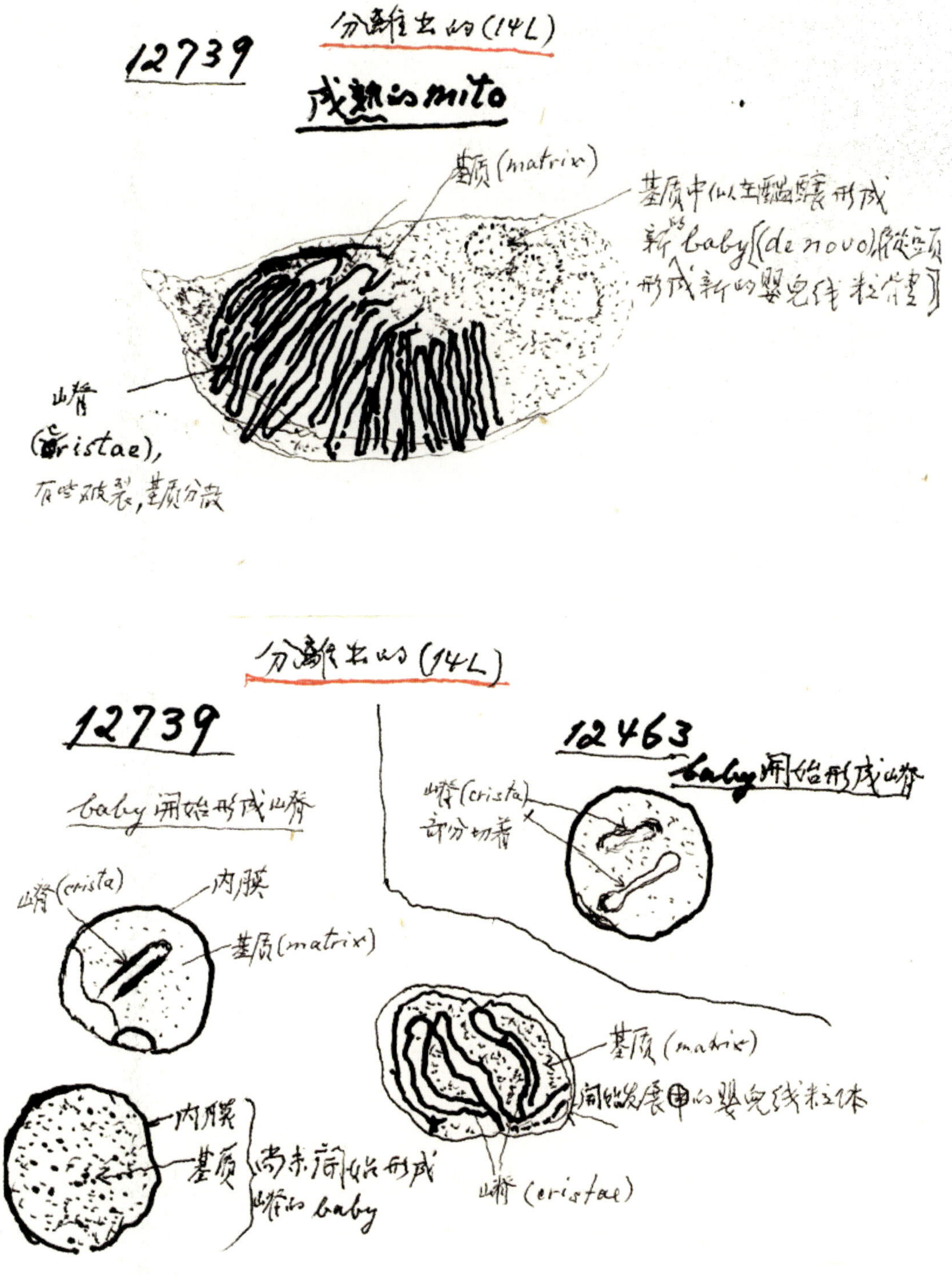

图为贝时璋1997年手绘的细胞线粒体生长发育示意图。

卢嘉锡

（1915 — 2001）

物理化学家。生于福建厦门。1934年毕业于厦门大学化学系，1939年获英国伦敦大学哲学博士学位。1955年被选聘为中国科学院学部委员（院士）。曾任中国科学院福建物质结构研究所所长、中国科学院院长等职。

做学问，搞研究，一定要看远一些，走前一些，搞深一些。坚持数年，不要气馁，必有好处。

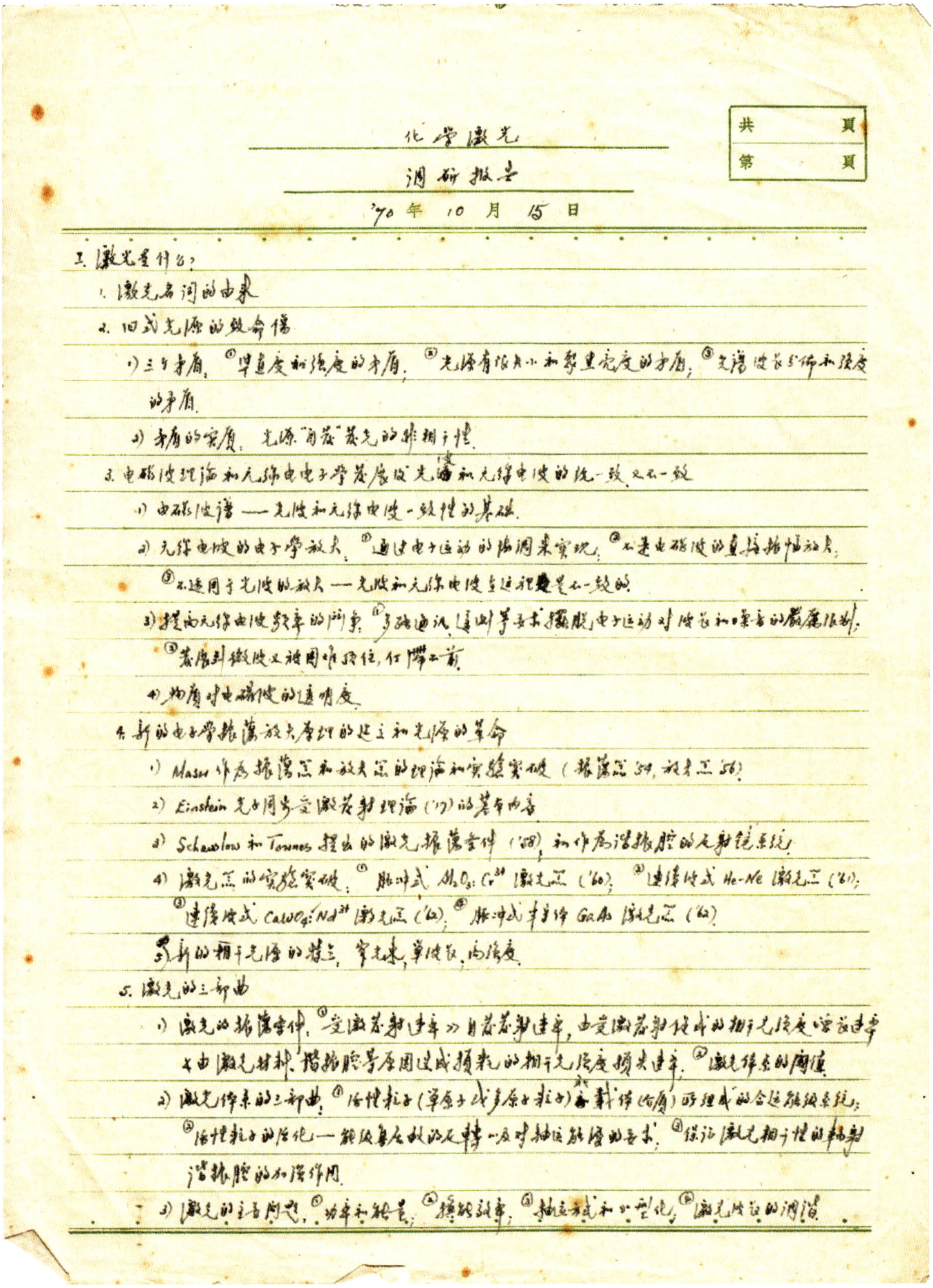

化学激光

调研报告

'70年 10月 15日

共　頁
第　頁

I. 激光是什么？

1. 激光名词的由来

2. 旧式光源的致命伤

1) 三个矛盾：①单色度和强度的矛盾；②光源有限大小和聚焦亮度的矛盾；③光谱波长分布和强度的矛盾。

2) 矛盾的实质：光源"自发"发光的非相干性。

3. 电磁波理论和无线电电子学发展使光波和无线电波的统一致又不一致

1) 电磁波谱——光波和无线电波一致性的基础。

2) 无线电波的电子学放大：①通过电子运动的调制来实现；②不是电磁波的直接振幅放大；③不适用于光波的放大——光波和无线电波在这里是不一致的。

3) 提高无线电波频率的障碍：①多路通讯、遥测等要求摆脱电子运动对波长和噪音的严重限制；②发展到微波又被同样障碍所阻，停止不前。

4) 物质对电磁波的透明度。

4. 新的电子学振荡放大原理的建立和光源的革命

1) Maser作为振荡器和放大器的理论和实验突破（振荡器'54，放大器'56）

2) Einstein光子同步受激发射理论（'17）的基本内容

3) Schawlow和Townes提出的激光振荡条件（'58），和作为谐振腔的反射镜系统。

4) 激光器的实验突破：①脉冲式 $Al_2O_3:Cr^{3+}$ 激光器（'60）；②连续波式He-Ne激光器（'61）；③连续波式 $CaWO_4:Nd^{3+}$ 激光器（'62）；④脉冲式半导体GaAs激光器（'62）

5) 新的相干光源的特点：窄光束，单波长，高强度。

5. 激光的三部曲

1) 激光的振荡条件：①受激发射速率>>自发发射速率，由受激发射造成的相干光强度增长速率大于由激光材料、谐振腔等原因造成损耗的相干光强度损失速率；②激光体系的阈值。

2) 激光体系的三部曲：①活性粒子（单原子或多原子粒子）和载体（介质）所组成的合适能级系统；②活性粒子的活化——能级集居数的反转，及对抽运能源的要求；③保证激光相干性的辐射谐振腔的加强作用。

3) 激光的主要问题：①功率和能量；②转换效率；③相应技术和小型化；④激光波长的调谐。

图为卢嘉锡1970年10月15日撰写的《化学激光调研报告》手稿，共4页。

（来源：中国科学院福建物质结构研究所）

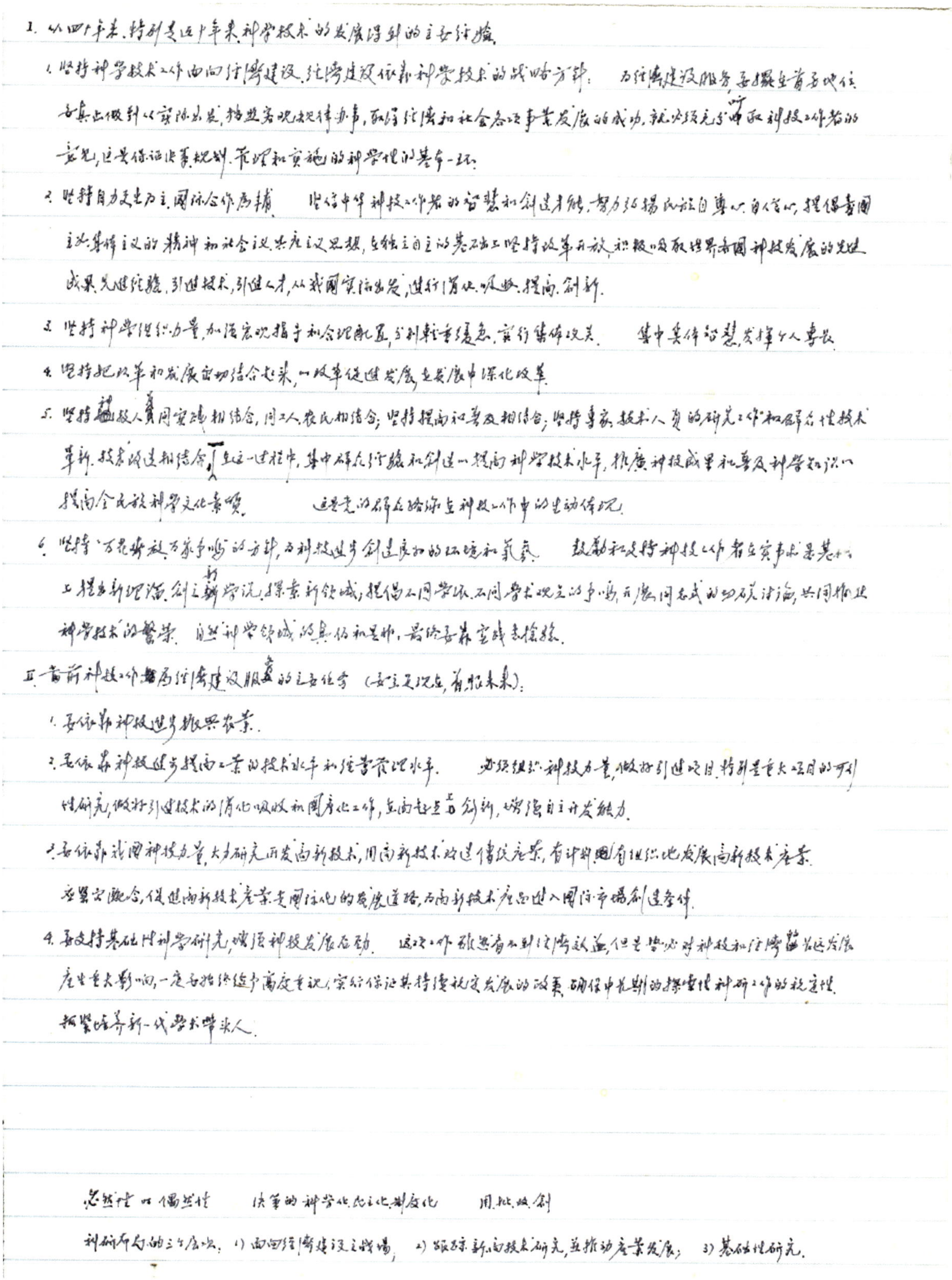

Ⅰ. 从四十年来，特别是近十年来科学技术的发展得到的主要经验。

1. 坚持科学技术工作面向经济建设、经济建设依靠科学技术的战略方针。 为经济建设服务，要摆在首要地位。要真正做到从实际出发，按照客观规律办事，取得经济和社会各项事业发展的成功，就必须充分听取科技工作者的意见，这是保证决策、规划、计划和实施的科学性的基本一环。

2. 坚持自力更生为主，国际合作为辅。 坚信中华科技工作者的智慧和创造才能，努力弘扬民族自尊心、自信心，提倡爱国主义、集体主义的精神和社会主义共产主义思想，在独立自主的基础上坚持改革开放，积极吸取世界各国科技发展的先进成果、先进经验，引进技术，引进人才，从我国实际出发，进行消化、吸收、提高、创新。

3. 坚持科学组织力量，加强宏观指导和合理配置，分别轻重缓急，实行集体攻关。 集中集体智慧，发挥个人专长。

4. 坚持把改革和发展密切结合起来，以改革促进发展，在发展中深化改革。

5. 坚持科技人员同实践相结合，同工人、农民相结合；坚持提高和普及相结合；坚持专家、技术人员的研究工作和群众性技术革新、技术改造相结合，在这一过程中，集中群众经验和创造以提高科学技术水平，推广科技成果和普及科学知识以提高全民族科学文化素质。 这是党的群众路线在科技工作中的生动体现。

6. 坚持"百花齐放、百家争鸣"的方针，为科技进步创造良好的环境和气氛。 鼓励和支持科技工作者在实事求是基础上提出新理论，创立新学说，探索新领域；提倡不同学派、不同学术观点的争鸣，开展同志式的切磋讨论，共同推进科学技术的繁荣。 自然科学领域的真伪和是非，最终要靠实践来检验。

Ⅱ. 当前科技工作面向经济建设服务的主要任务（要立足现在，着眼未来）：

1. 要依靠科技进步振兴农业。

2. 要依靠科技进步提高工业的技术水平和经营管理水平。 必须组织科技力量，做好引进项目、特别是重大项目的可行性研究，做好引进技术的消化吸收和国产化工作，并由此走上创新，增强自主开发能力。

3. 要依靠我国科技力量，大力研究开发高新技术，用高新技术改造传统产业，有计划有组织地发展高新技术产业。 要紧密配合，促进高新技术产业走国际化的发展道路，为高新技术产品进入国际市场创造条件。

4. 要支持基础性科学研究，增强科技发展后劲。 这项工作虽然看不到经济效益，但是势必对科技和经济的长远发展产生重大影响，一定要始终给予高度重视，实行保证其持续稳定发展的政策，确保中长期的探索性科研工作的稳定性，抓紧培养新一代学术带头人。

必然性 vs 偶然性　　决策的科学化、民主化、制度化　　周、批、改、创

科研布局的三个层次：1）面向经济建设主战场；2）跟踪新高技术研究，并推动产业发展；3）基础性研究。

图为卢嘉锡于1989年中华人民共和国成立四十周年时撰写的《关于我国科学技术几点想法提纲》手稿。（来源：中国科学院福建物质结构研究所）

手稿

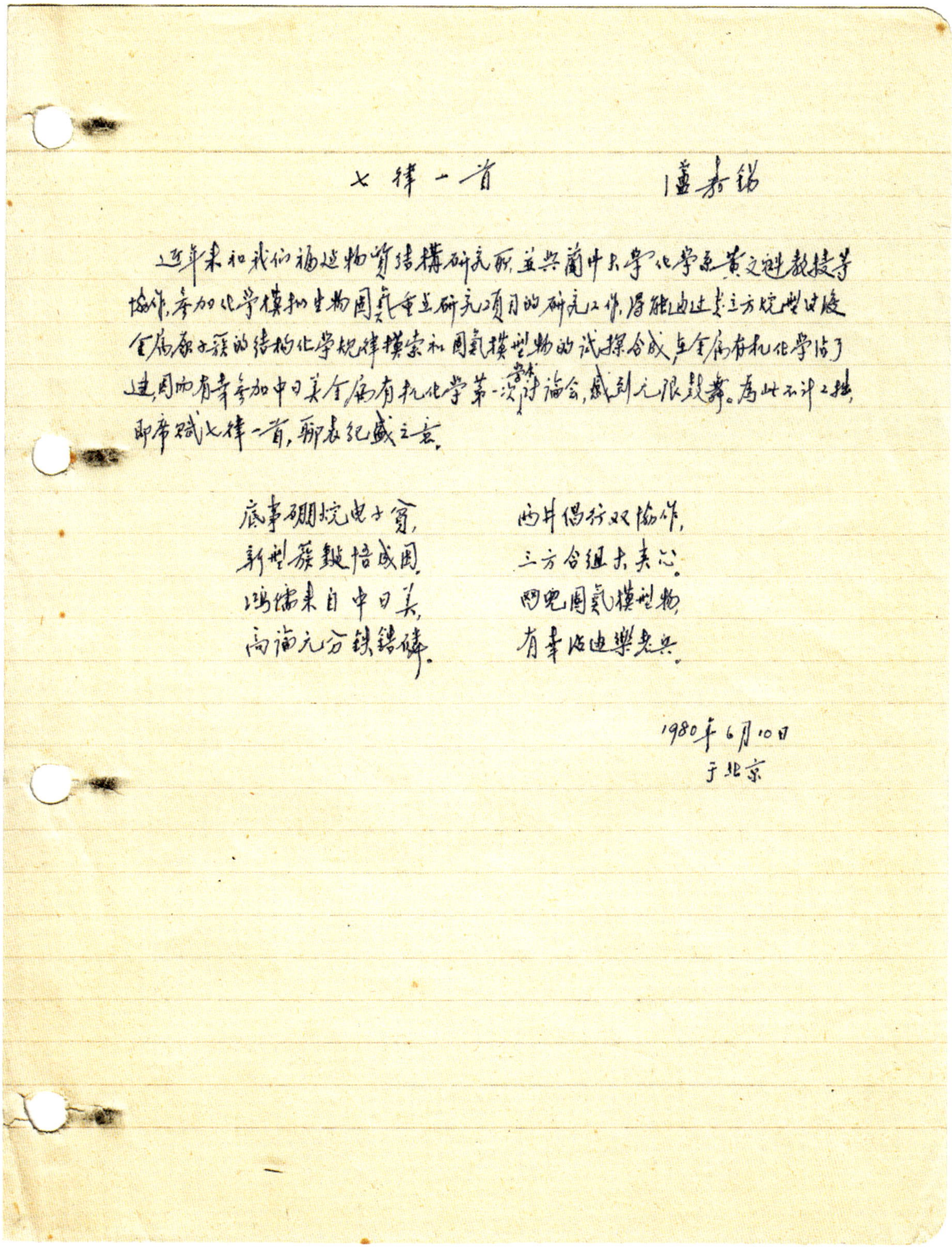

七律一首　卢嘉锡

近年来和我们福建物质结构研究所並与兰州大学化学系黄文魁教授等协作，参加化学模拟生物固氮重点研究项目的研究工作，得能由这三方统一过渡金属原子簇的结构化学规律摸索和固氮模型物的试探合成，在金属有机化学沾了边，因而有幸参加中日美金属有机化学第一次学术讨论会，感到无限鼓舞。为此不计工拙，即席赋七律一首，聊表纪盛之意。

底事硼烷电子穷，
新型簇键倍威风。
鸿儒来自中日美，
高论无分铁锡锋。
西北偶行双协作，
三方合组共关心。
网兜固氮模型物，
有幸沾边乐老兵。

1980年6月10日
于北京

图为卢嘉锡于1980年6月10日参加中日美金属有机化学第一次学术讨论会时作的《七律一首》手稿。

（来源：中国科学院福建物质结构研究所）

叶笃正

（1916 — 2013）

气象学家。生于天津。1940年毕业于西南联合大学，1948年获美国芝加哥大学博士学位。1980年当选为中国科学院学部委员（院士）。曾任中国科学院大气物理研究所所长、中国科学院副院长等职。1987年获国家自然科学奖一等奖，2003年获世界气象组织最高奖“国际气象组织奖”，获2005年度国家最高科学技术奖。

贵在积累，去伪存真，还要敢于否定自己以前的工作。

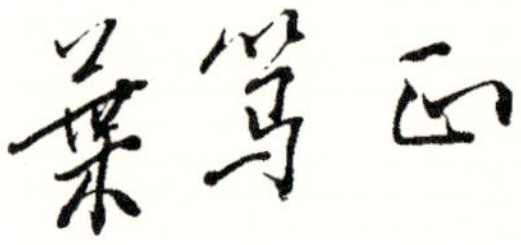

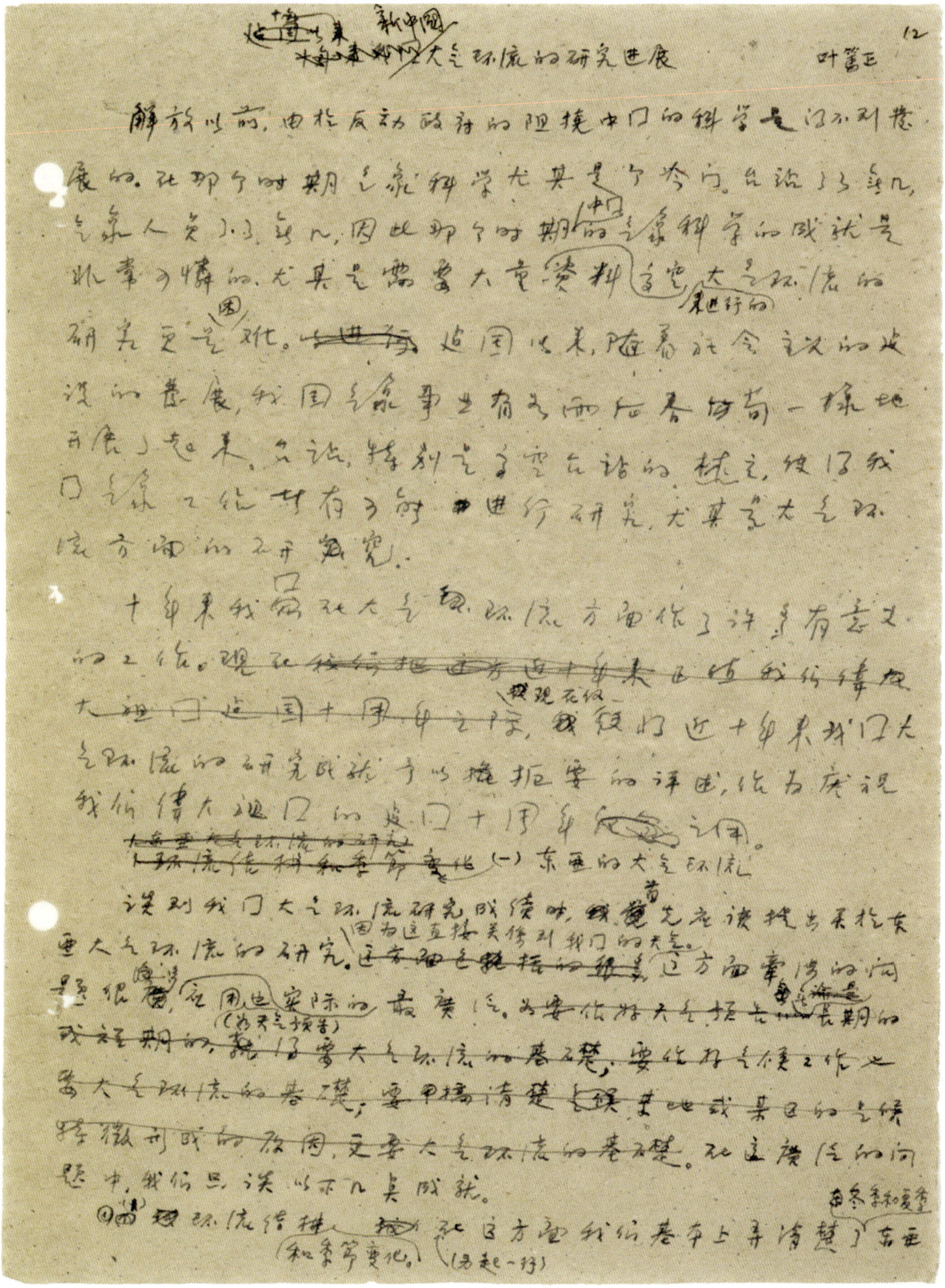

图为叶笃正《新中国大气环流的研究进展》论文手稿，共12页。该文发表于《科学通报》1959年16期。

（来源：中国科学院档案馆）

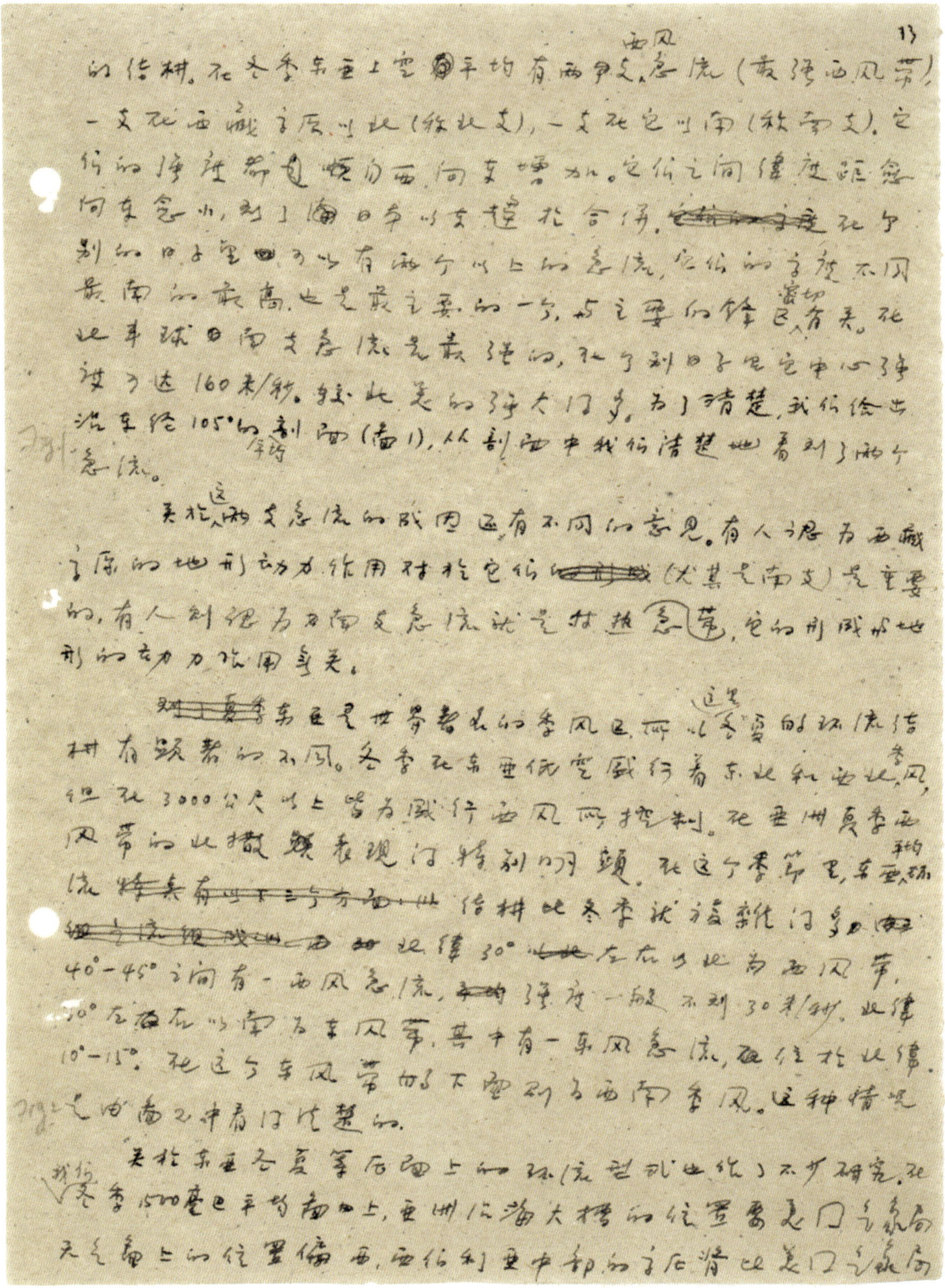
13

的结构。在冬季东亚上空平均有两支西风急流（或称西风带），一支在西藏高原以北（称北支），一支在它以南（称南支）。它们的强度都是由西向东增加。它们之间纬度距离向东减小，到了日本以东逐渐合并，在个别的日子里可以有两个以上的急流，它们的高度不同，最南的最高，也是最主要的一个，与主要的锋区密切有关。在北半球南支急流是最强的，在个别日子它中心强度可达160米/秒。虽然北支的强度大得多，为了清楚，我们绘出沿东经105°的剖面（图1），从剖面中我们清楚地看到了两个急流。

关于这两支急流的成因还有不同的意见。有人认为西藏高原的地形动力作用对于它们（尤其是南支）是重要的，有人则认为南支急流就是副热带急流，它的形成与地形的动力作用无关。

东亚是世界著名的季风区，所以这里的环流结构有显著的不同。冬季在东亚低空盛行着东北和西北季风，但在3000公尺以上皆为盛行西风所控制。在亚洲夏季西风带的北撤表现得特别明显。在这个季节里，东亚和南亚环流结构比冬季就复杂得多。北纬30°左右以北为西风带，40°-45°之间有一西风急流，强度一般不到30米/秒。30°左右以南为东风带，其中有一东风急流，位于北纬10°-15°。在这个东风带的下面则为西南季风。这种情况是由图2中看得很清楚的。

关于东亚冬夏等压面上的环流已做了不少研究。在冬季500毫巴平均图上，亚洲沿海大槽的位置要比以前气候图上的位置偏西，而我们到亚中部的高压脊也比以前气候图

图为叶笃正《新中国大气环流的研究进展》论文手稿。

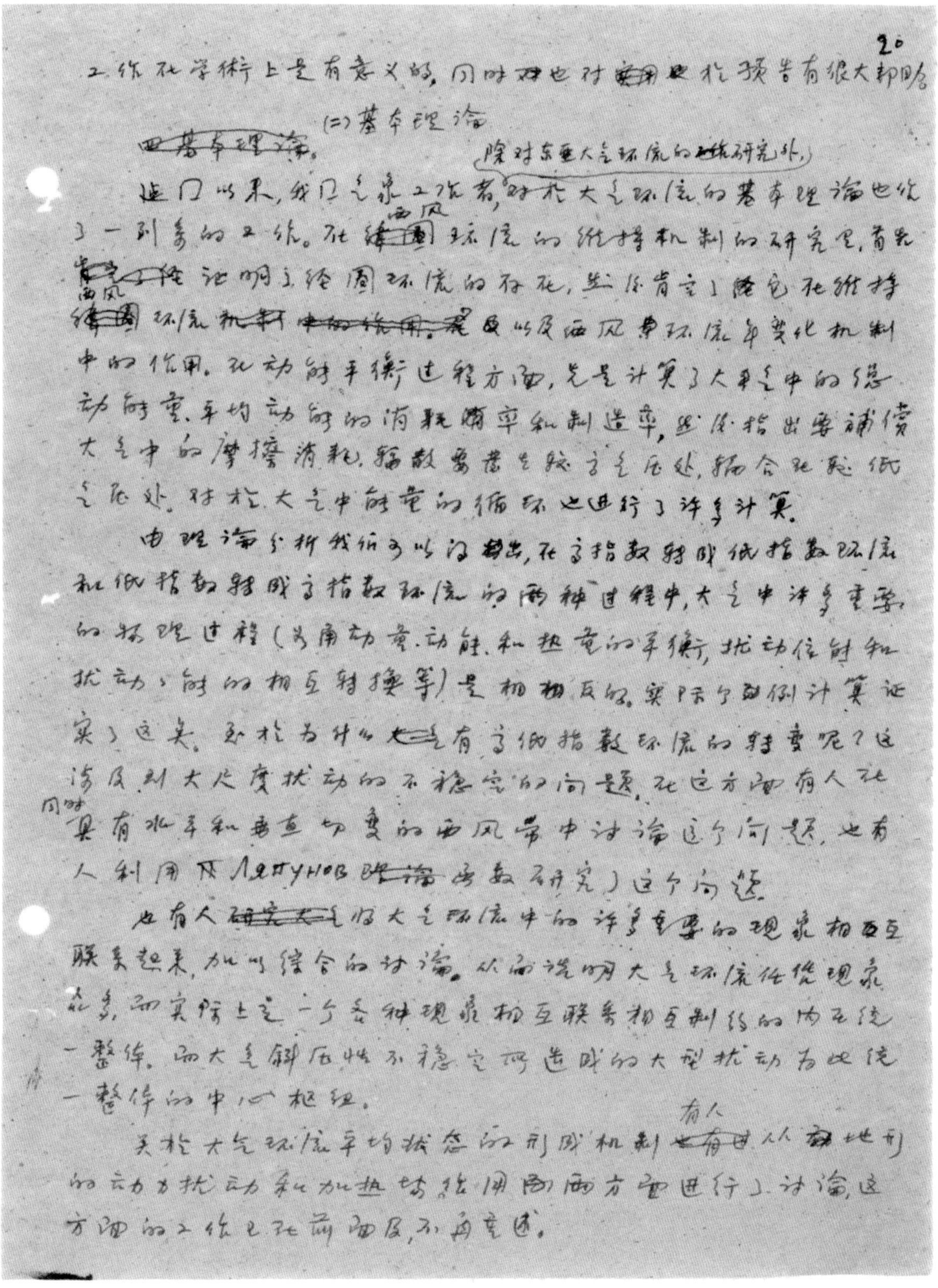
20

工作在学術上是有意义的，同时也对於预告有很大帮助。

（二）基本理论

~~四 基本理論。~~

除对东亚大气环流的研究外，近几年来，我国气象工作者对於大气环流的基本理论也做了一系列的工作。在西风环流的维持机制的研究里，首先证明了纬圈环流的存在，並且肯定了它在维持西风环流以及西风带环流年变化机制中的作用。在动能平衡过程方面，先是计算了大气中的總动能量、平均动能的消耗率和制造率，並且指出要补偿大气中的摩擦消耗，辐散要发生在高空气压处，辐合在低气压处。对於大气中能量的循环也进行了许多计算。

由理论分析我们可以得出，在高指数转成低指数环流和低指数转成高指数环流的两种过程中，大气中许多重要的物理过程（为角动量、动能、和热量的平衡，扰动位能和扰动动能的相互转换等）是相反的。实际个例计算证实了这点。至於为什么大气有高低指数环流的转变呢？这涉及到大尺度扰动的不稳定的问题。在这方面有人在同时具有水平和垂直切变的西风带中讨论这个问题，也有人利用 Ляпунов 函数研究了这个问题。

也有人将大气环流中的许多重要的现象相互联系起来，加以综合的讨论。从而说明大气环流能现象众多，而实际上是一个各种现象相互联系相互制约的統一整体。而大气斜压性不稳定所造成的大型扰动为此統一整体的中心枢纽。

关於大气环流平均状态的形成机制有人从地形的动力扰动和加热场作用两方面进行了讨论，这方面的工作已在前面提及，不再赘述。

图为叶笃正《新中国大气环流的研究进展》论文手稿。

叶渚沛

（1902 — 1971）

冶金学家。生于菲律宾马尼拉，祖籍福建厦门。获美国芝加哥大学硕士学位和宾夕法尼亚州立大学金属物理化学博士学位。1955年被选聘为中国科学院学部委员（院士）。曾任中国科学院化工冶金研究所所长。

我们这些长期漂泊海外的游子，从此有了自己的国家。为祖国争荣誉，振兴中华的抱负可以实现了。

叶渚沛

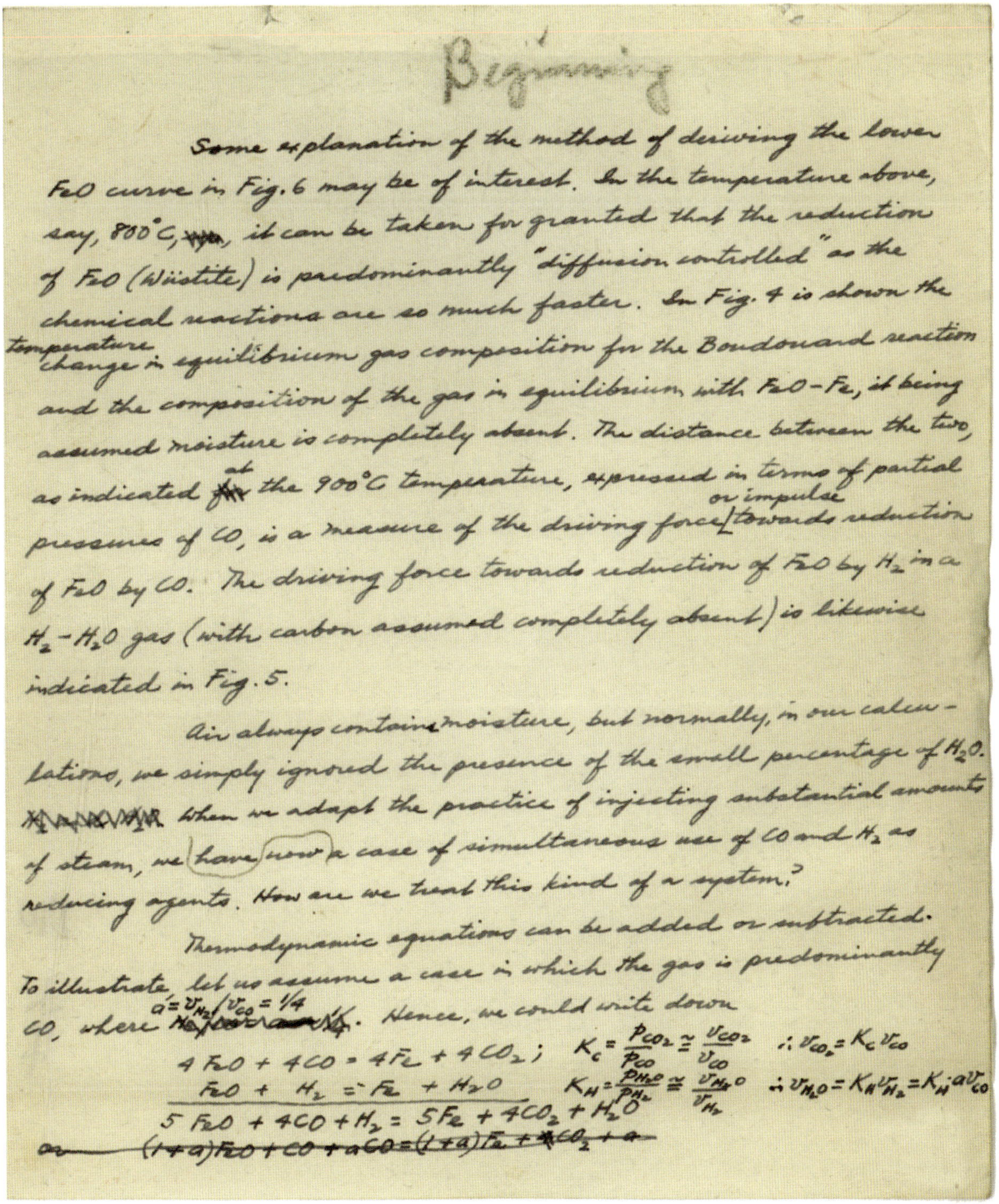

Beginning

Some explanation of the method of deriving the lower FeO curve in Fig. 6 may be of interest. In the temperature above, say, 800°C, it can be taken for granted that the reduction of FeO (Wüstite) is predominantly "diffusion controlled" as the chemical reactions are so much faster. In Fig. 4 is shown the temperature change in equilibrium gas composition for the Boudouard reaction and the composition of the gas in equilibrium with FeO-Fe, it being assumed moisture is completely absent. The distance between the two, as indicated at the 900°C temperature, expressed in terms of partial pressures of CO, is a measure of the driving force or impulse towards reduction of FeO by CO. The driving force towards reduction of FeO by H_2 in a H_2-H_2O gas (with carbon assumed completely absent) is likewise indicated in Fig. 5.

Air always contains moisture, but normally, in our calculations, we simply ignored the presence of the small percentage of H_2O. When we adapt the practice of injecting substantial amounts of steam, we have now a case of simultaneous use of CO and H_2 as reducing agents. How are we treat this kind of a system?

Thermodynamic equations can be added or subtracted. To illustrate, let us assume a case in which the gas is predominantly CO, where $a = v_{H_2}/v_{CO} = 1/4$. Hence, we could write down

$$4FeO + 4CO = 4Fe + 4CO_2; \quad K_c = \frac{p_{CO_2}}{p_{CO}} \cong \frac{v_{CO_2}}{v_{CO}} \quad \therefore v_{CO_2} = K_c v_{CO}$$

$$FeO + H_2 = Fe + H_2O \quad K_H = \frac{p_{H_2O}}{p_{H_2}} \cong \frac{v_{H_2O}}{v_{H_2}} \quad \therefore v_{H_2O} = K_H v_{H_2} = K_H a v_{CO}$$

$$5FeO + 4CO + H_2 = 5Fe + 4CO_2 + H_2O$$

~~or (1+a)FeO + CO + aCO = (1+a)Fe + CO$_2$ + a~~

图为叶渚沛《论强化高炉冶炼过程的基本问题》著作英文手稿，共36页。该著作中文版1959年由科学出版社出版。 （来源：中国科学院档案馆）

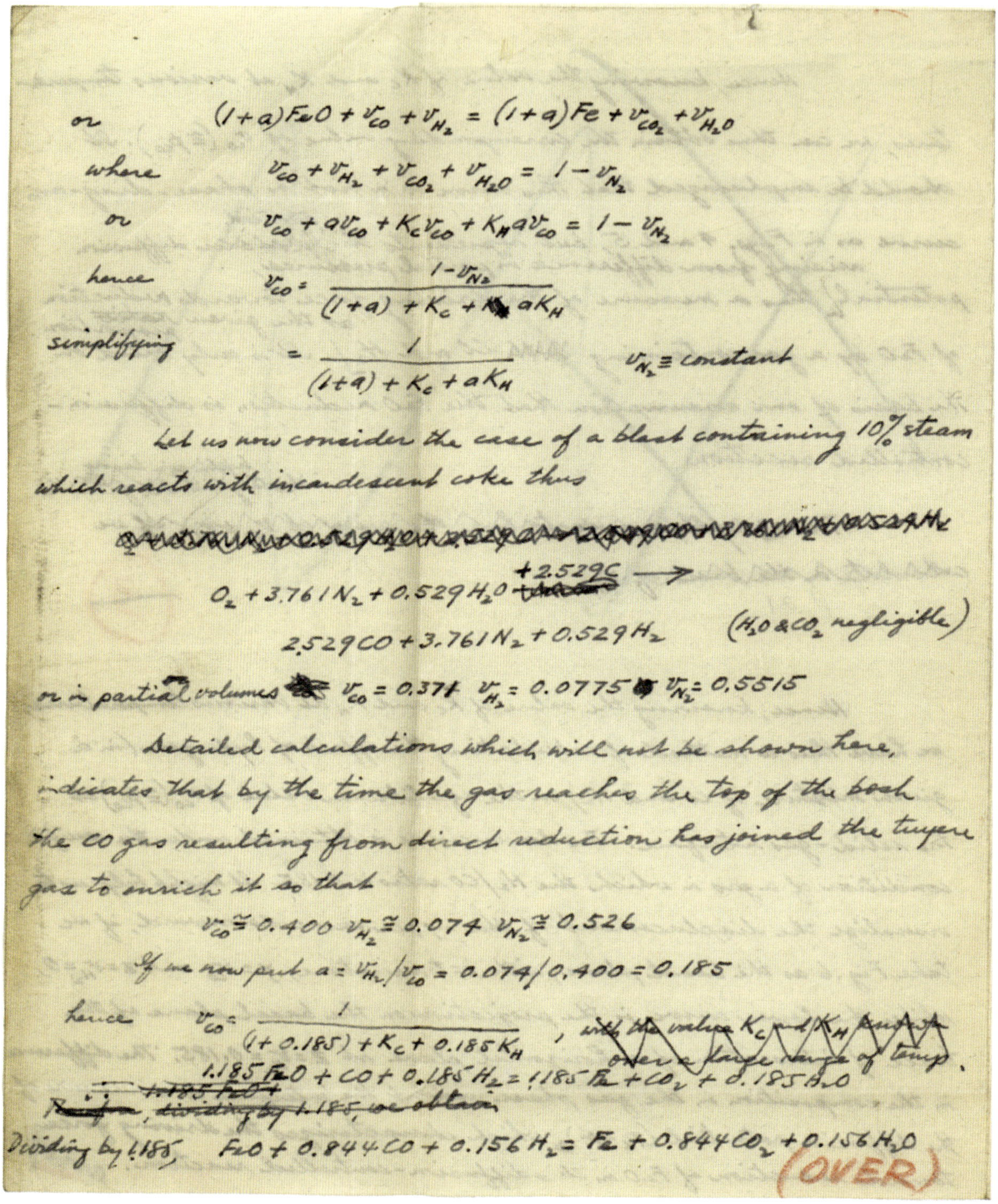

or $(1+a)FeO + v_{CO} + v_{H_2} = (1+a)Fe + v_{CO_2} + v_{H_2O}$

where $v_{CO} + v_{H_2} + v_{CO_2} + v_{H_2O} = 1 - v_{N_2}$

or $v_{CO} + a v_{CO} + K_c v_{CO} + K_H a v_{CO} = 1 - v_{N_2}$

hence $v_{CO} = \frac{1 - v_{N_2}}{(1+a) + K_c + aK_H}$

simplifying $= \frac{1}{(1+a) + K_c + aK_H}$ $v_{N_2} \equiv$ constant

Let us now consider the case of a blast containing 10% steam which reacts with incandescent coke thus

$O_2 + 3.761N_2 + 0.529H_2O + 2.529C \rightarrow$

$2.529CO + 3.761N_2 + 0.529H_2$ (H_2O & CO_2 negligible)

or in partial volumes $v_{CO} = 0.371$ $v_{H_2} = 0.0775$ $v_{N_2} = 0.5515$

Detailed calculations which will not be shown here, indicates that by the time the gas reaches the top of the bosh the CO gas resulting from direct reduction has joined the tuyere gas to enrich it so that

$v_{CO} \cong 0.400$ $v_{H_2} \cong 0.074$ $v_{N_2} \cong 0.526$

If we now put $a = v_{H_2}/v_{CO} = 0.074/0.400 = 0.185$

hence $v_{CO} = \frac{1}{(1+0.185) + K_c + 0.185K_H}$, ~~with the values K_c and K_H ... over a large range of temp.~~

$1.185FeO + CO + 0.185H_2 = 1.185Fe + CO_2 + 0.185H_2O$

Dividing by 1.185, $FeO + 0.844CO + 0.156H_2 = Fe + 0.844CO_2 + 0.156H_2O$

(OVER)

图为叶渚沛《论强化高炉冶炼过程的基本问题》著作英文手稿。

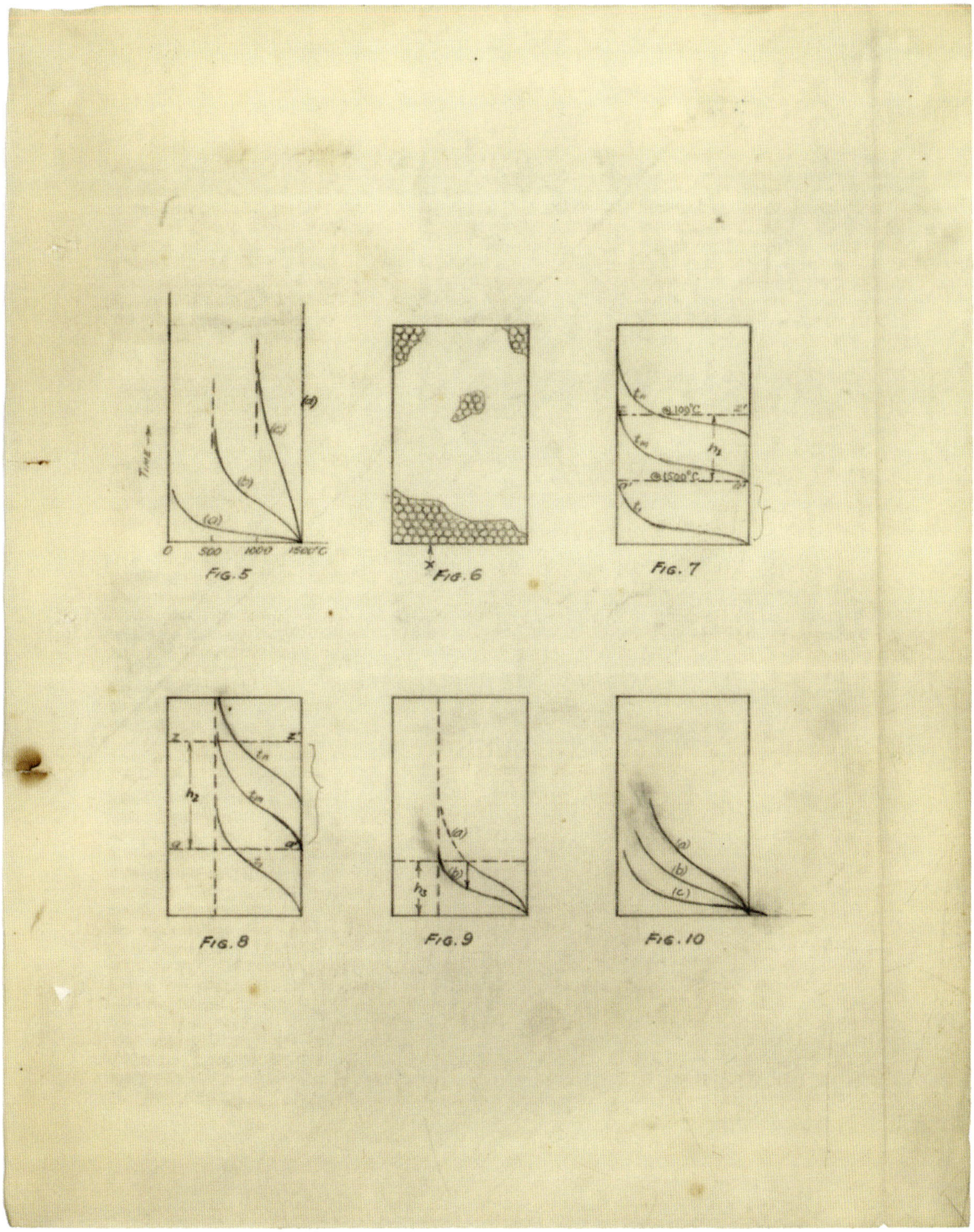

图为叶渚沛《论强化高炉冶炼过程的基本问题》著作英文手稿。

白春礼

（1953 — ）

化学家、纳米科技专家。生于辽宁丹东。1978年毕业于北京大学化学系催化专业，1985年获中国科学院化学研究所结构化学专业博士学位。1997年当选为中国科学院院士。现任中国科学院院长、党组书记，中国科学院大学、中国科学技术大学名誉校长等职。

科学发现是创造性思维的结果，这必然与科学家的文化素养、知识水平、心理结构、性格特征密切相关。

白春礼

手稿

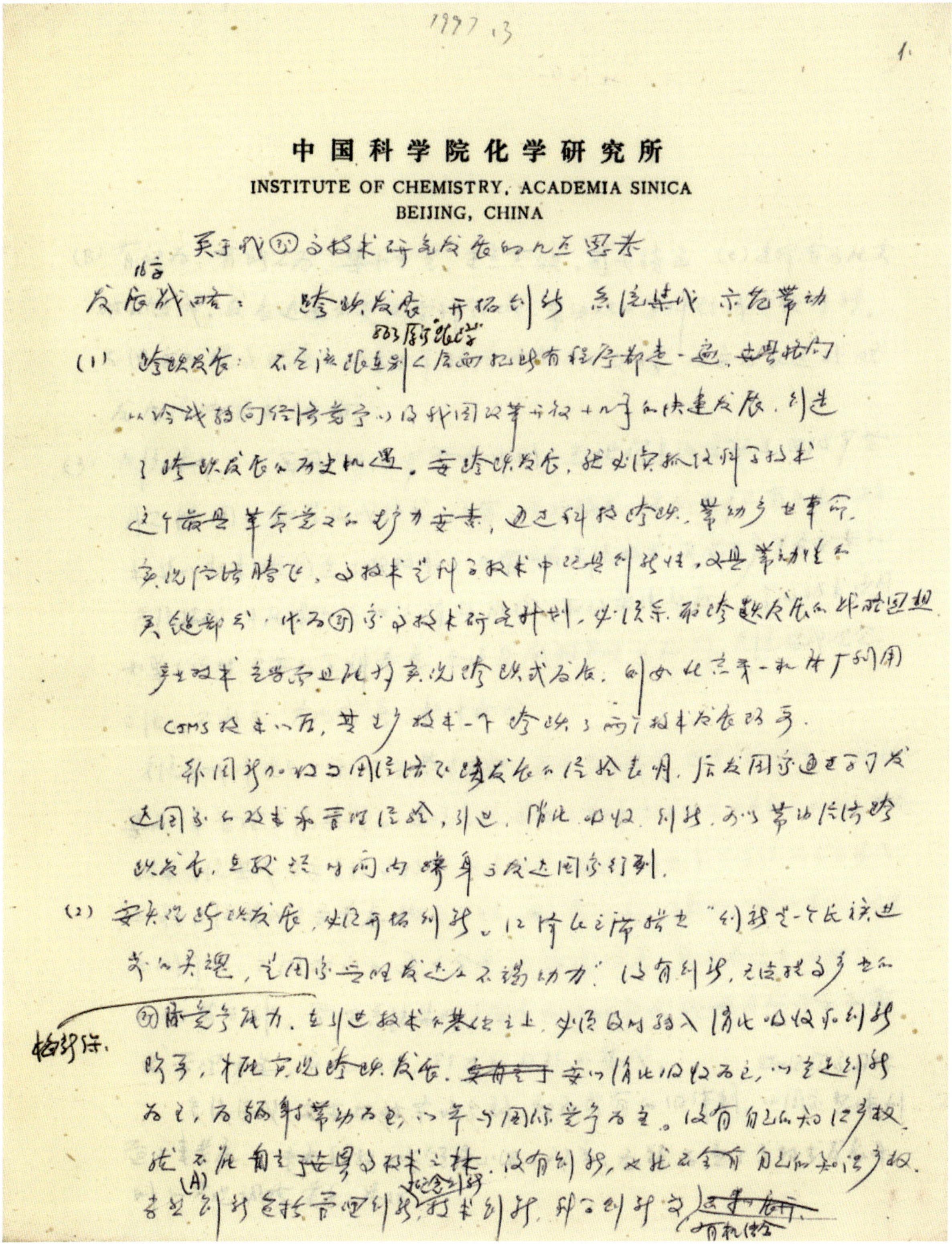
1997.3

1.

中国科学院化学研究所
INSTITUTE OF CHEMISTRY, ACADEMIA SINICA
BEIJING, CHINA

关于我国高技术研究发展的几点思考

发展战略：跨跃发展 开拓创新 系统集成 示范带动

图为白春礼1997年撰写的《关于我国高技术研究发展的几点思考》论文手稿，共5页。

（来源：中国科学院档案馆）

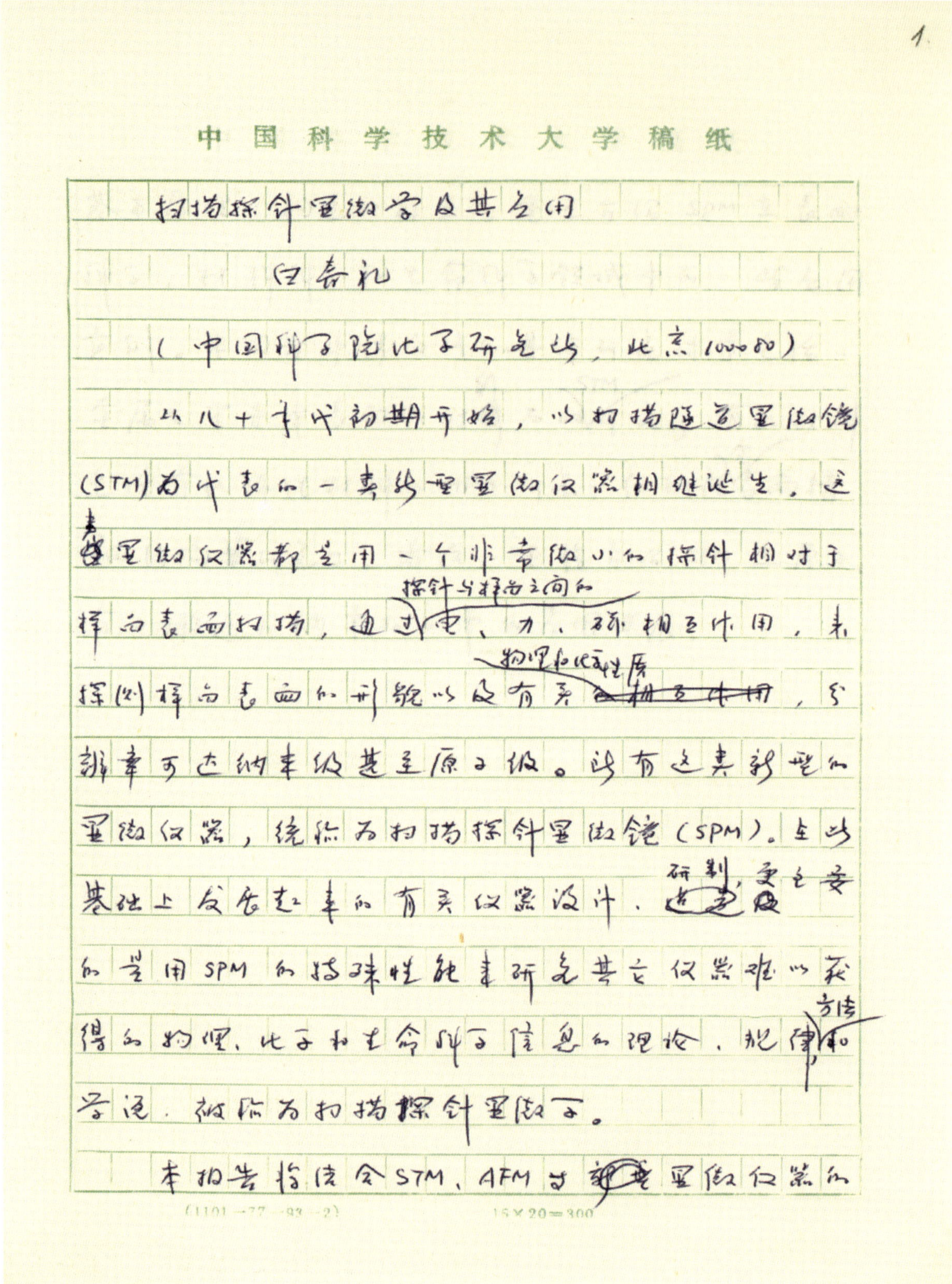

1.

中国科学技术大学稿纸

扫描探针显微学及其应用

白春礼

（中国科学院化学研究所，北京100080）

从八十年代初期开始，以扫描隧道显微镜(STM)为代表的一类新型显微仪器相继诞生。这类显微仪器都是用一个非常微小的探针相对于样品表面扫描，通过探针与样品之间的电、力、磁相互作用，来探测样品表面的形貌以及有关物理和化学性质，分辨率可达纳米级甚至原子级。所有这类新型的显微仪器，统称为扫描探针显微镜(SPM)。在此基础上发展起来的有关仪器设计、研制，更主要的是用SPM的特殊性能来研究其它仪器难以获得的物理、化学和生命科学信息的理论、方法和学说，被称为扫描探针显微学。

本报告将结合STM、AFM等新型显微仪器的

(1101—77—93—2)　15×20=300

图为白春礼《扫描探针显微学及其应用》论文摘要手稿，共2页。

（来源：中国科学院档案馆）

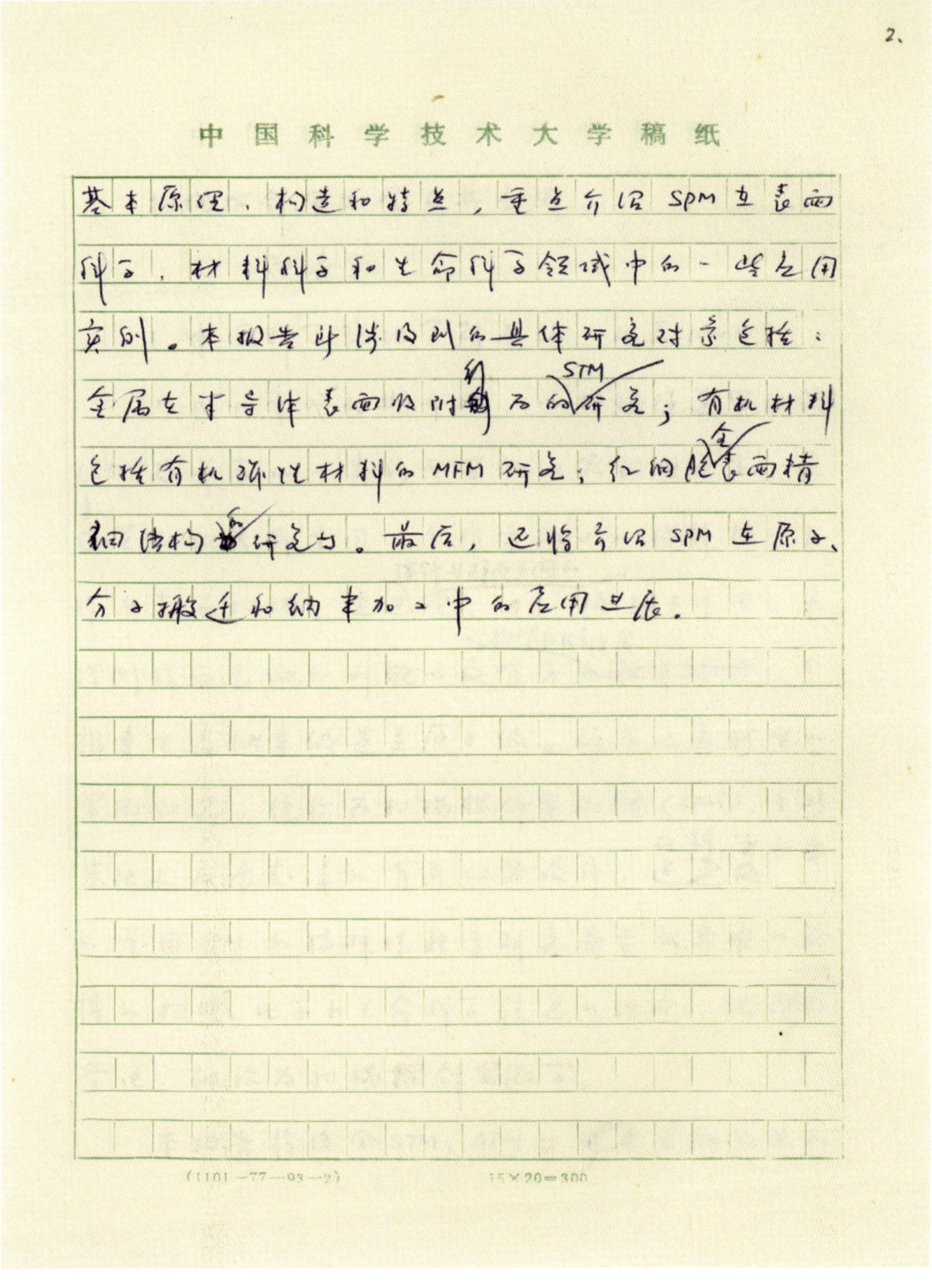
2、

中国科学技术大学稿纸

基本原理、构造和特点，重点介绍SPM在表面科学、材料科学和生命科学领域中的一些应用实例。本报告所涉及到的具体研究对象包括：金属和半导体表面吸附原子的STM研究；有机材料包括有机磁性材料的MFM研究；红细胞全表面精细结构的研究等。最后，还将介绍SPM在原子、分子搬迁和纳米加工中的应用进展。

(1101—77—93—2)　　15×20=300

图为白春礼《扫描探针显微学及其应用》论文摘要手稿。

冯　康

（1920 — 1993）

数学家。生于江苏南京。1944年毕业于重庆中央大学，1951年至1953年在苏联斯捷克洛夫数学研究所进修。1980年当选为中国科学院学部委员（院士）。曾任中国科学院计算中心主任。1997年获国家自然科学奖一等奖。

独立思考，旨在求实。

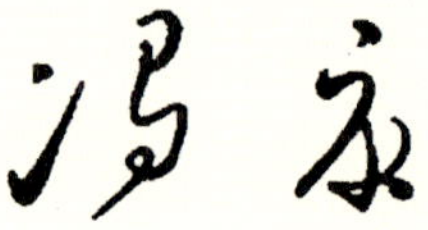

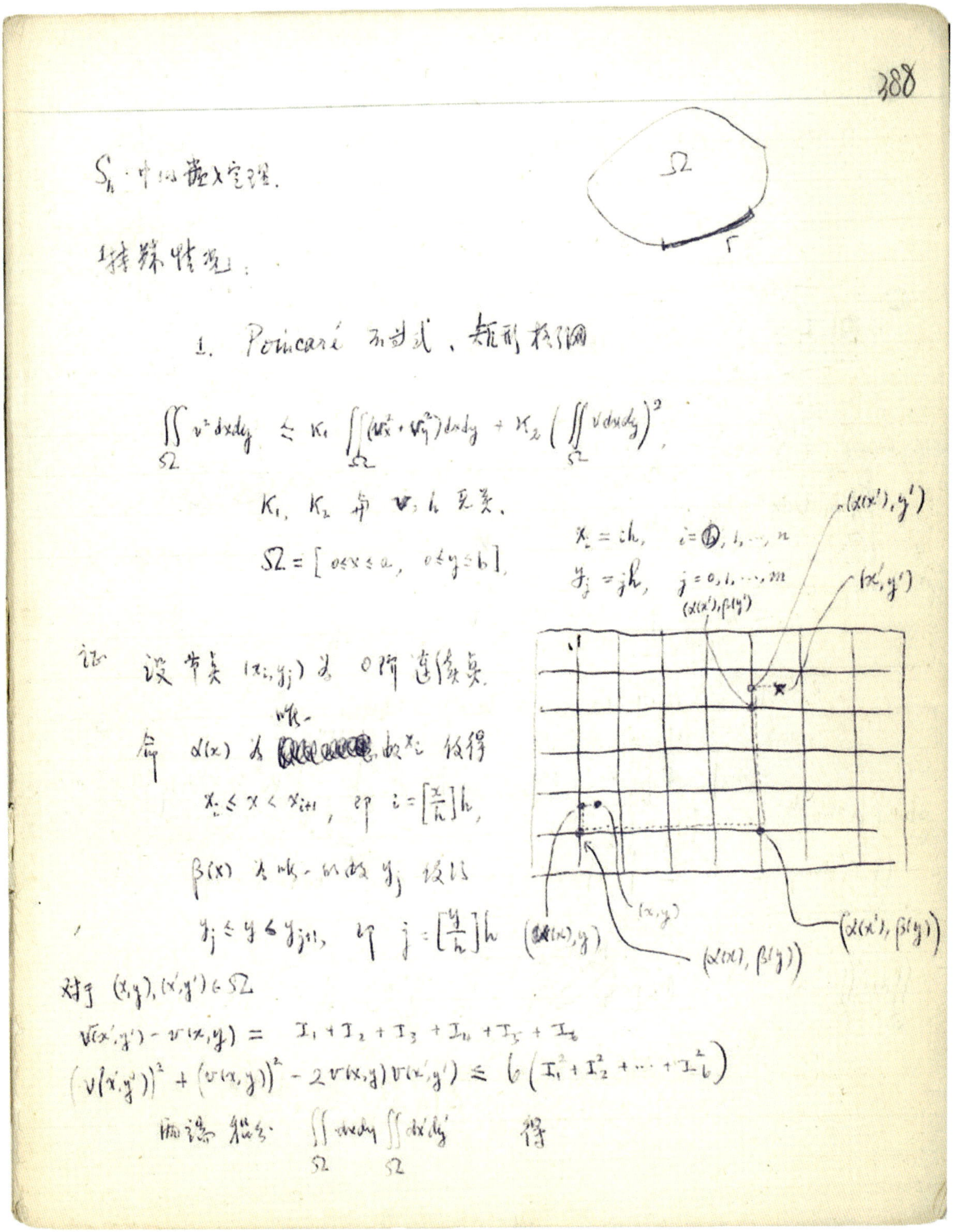

388

S_h 中的嵌入定理.

特殊情况:

1. Poincaré 不等式, 矩形格网

$$\iint_\Omega v^2\,dxdy \le K_1 \iint_\Omega (v_x^2+v_y^2)\,dxdy + K_2\left(\iint_\Omega v\,dxdy\right)^2,$$

K_1, K_2 与 v, h 无关.

$\Omega = [0\le x\le a,\ 0\le y\le b]$.

$x_i = ih,\quad i=0,1,\dots,n$

$y_j = jh,\quad j=0,1,\dots,m$

证 设节点 (x_i,y_j) 为 0阶连续点.

命 $\alpha(x)$ 为唯一的数 x_i 使得 $x_i \le x < x_{i+1}$, 即 $i=\left[\frac{x}{h}\right]h$,

$\beta(x)$ 为唯一的数 y_j 使得 $y_j \le y < y_{j+1}$, 即 $j=\left[\frac{y}{h}\right]h$

对于 $(x,y),(x',y')\in\Omega$

$v(x',y') - v(x,y) = I_1+I_2+I_3+I_4+I_5+I_6$

$(v(x',y'))^2 + (v(x,y))^2 - 2v(x,y)v(x',y') \le 6(I_1^2+I_2^2+\cdots+I_6^2)$

两端积分 $\iint_\Omega dxdy \iint_\Omega dx'dy'$ 得

图为冯康《非协调有限元》科研笔记手稿，共58页。

（来源：中国科学院数学与系统科学研究院）

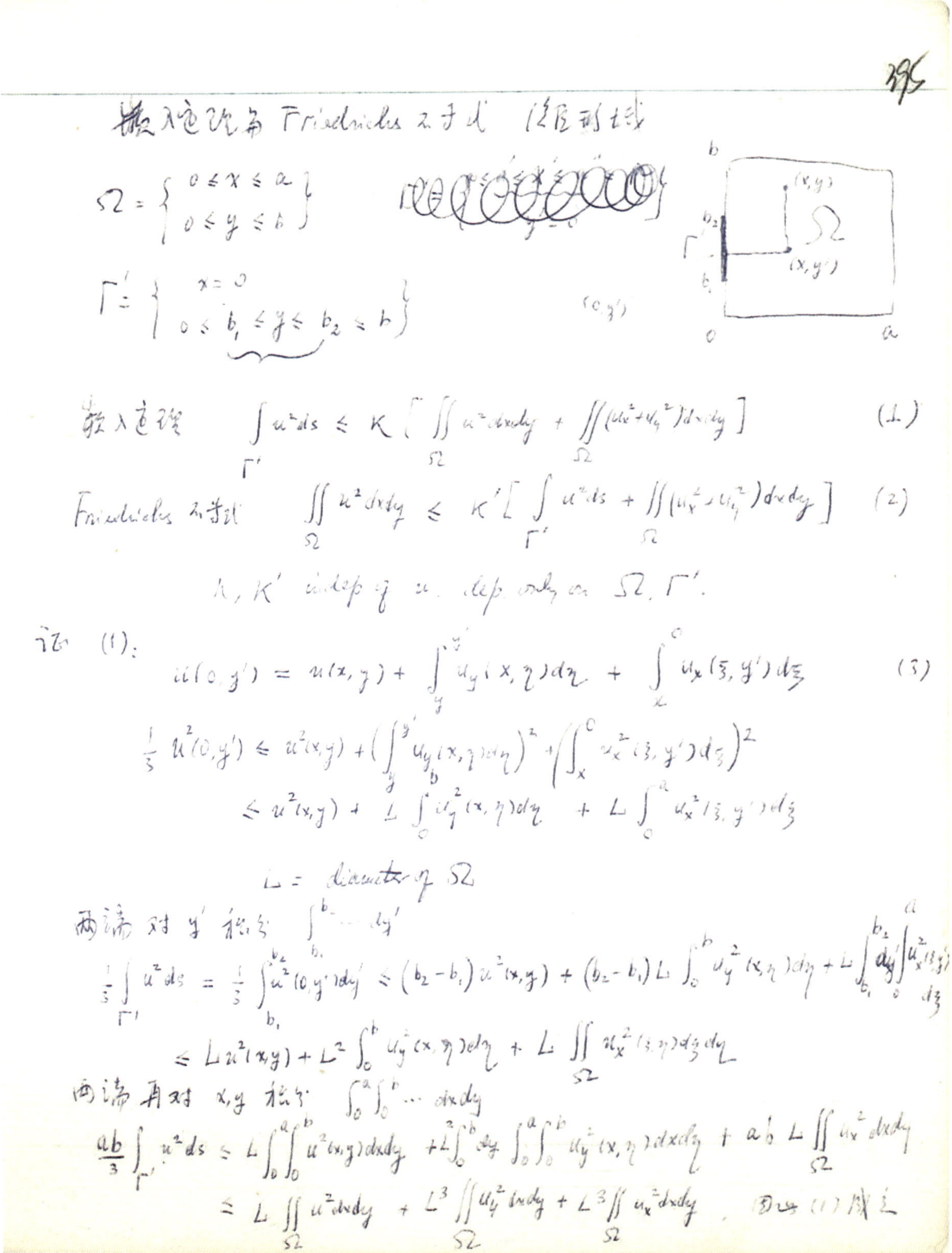

395

嵌入定理与 Friedrichs 不等式 (矩形区域)

$$\Omega = \left\{ \begin{array}{l} 0 \le x \le a \\ 0 \le y \le b \end{array} \right\}$$

$$\Gamma' = \left\{ \begin{array}{l} x = 0 \\ 0 \le b_1 \le y \le b_2 \le b \end{array} \right\}$$

嵌入定理 $$\int_{\Gamma'} u^2 ds \le K\left[\iint_\Omega u^2 dxdy + \iint_\Omega (u_x^2+u_y^2)dxdy\right] \quad (1)$$

Friedrichs 不等式 $$\iint_\Omega u^2 dxdy \le K'\left[\int_{\Gamma'} u^2 ds + \iint_\Omega (u_x^2+u_y^2)dxdy\right] \quad (2)$$

K, K' indep of u, dep only on Ω, Γ'.

证 (1):

$$u(0,y') = u(x,y) + \int_y^{y'} u_y(x,\eta)d\eta + \int_x^0 u_x(\xi,y')d\xi \quad (3)$$

$$\frac{1}{3}u^2(0,y') \le u^2(x,y) + \left(\int_y^{y'} u_y(x,\eta)d\eta\right)^2 + \left(\int_x^0 u_x(\xi,y')d\xi\right)^2$$

$$\le u^2(x,y) + L\int_0^b u_y^2(x,\eta)d\eta + L\int_0^a u_x^2(\xi,y')d\xi$$

L = diameter of Ω

两端对 y' 积分 $\int_{b_1}^{b_2}\cdots dy'$

$$\frac{1}{3}\int_{\Gamma'} u^2 ds = \frac{1}{3}\int_{b_1}^{b_2} u^2(0,y')dy' \le (b_2-b_1)u^2(x,y) + (b_2-b_1)L\int_0^b u_y^2(x,\eta)d\eta + L\int_{b_1}^{b_2}dy'\int_0^a u_x^2(\xi,y')d\xi$$

$$\le L u^2(x,y) + L^2\int_0^b u_y^2(x,\eta)d\eta + L\iint_\Omega u_x^2(\xi,\eta)d\xi d\eta$$

两端再对 x,y 积分 $\int_0^a\int_0^b \cdots dxdy$

$$\frac{ab}{3}\int_{\Gamma'} u^2 ds \le L\int_0^a\int_0^b u^2(x,y)dxdy + L^2\int_0^b dy\int_0^a\int_0^b u_y^2(x,\eta)dxd\eta + abL\iint_\Omega u_x^2 dxdy$$

$$\le L\iint_\Omega u^2 dxdy + L^3\iint_\Omega u_y^2 dxdy + L^3\iint_\Omega u_x^2 dxdy$$ 因此 (1) 成立。

图为冯康《非协调有限元》科研笔记手稿。

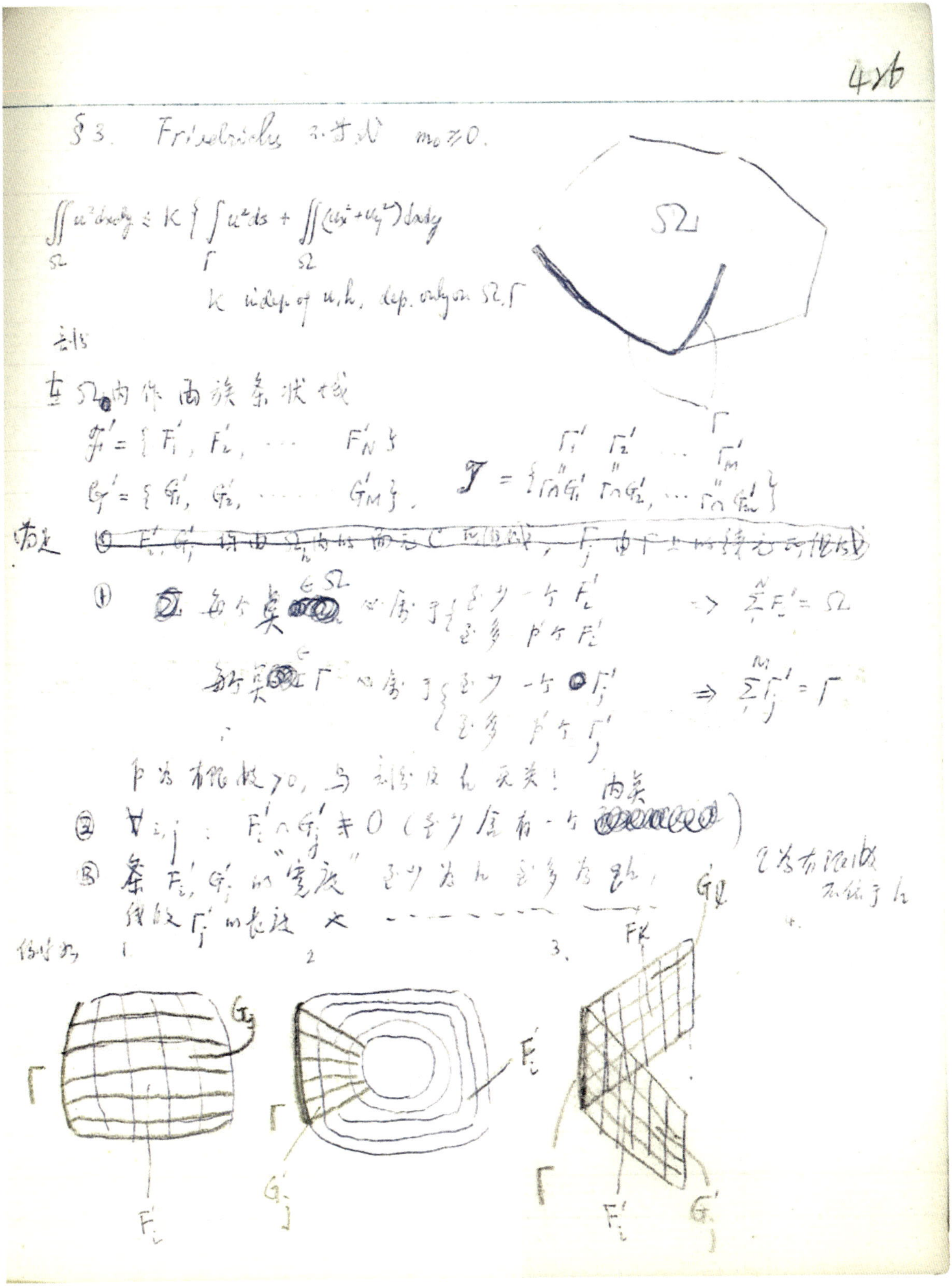

4x6

§3. Friedrichs 不等式 $m_0 \neq 0$.

$$\iint_\Omega u^2 dxdy \le K\{\int_\Gamma u^2 ds + \iint_\Omega (u_x^2+u_y^2)dxdy\}$$

K indep. of u, h, dep. only on Ω, Γ

证

在Ω内作两族条状域

$\mathcal{F}' = \{F_1', F_2', \cdots F_N'\}$

$\mathcal{G}' = \{G_1', G_2', \cdots G_M'\}$. $\mathcal{T} = \{\Gamma\cap G_1', \Gamma\cap G_2', \cdots \Gamma\cap G_M'\}$

假定

① 每个点 ∈ Ω 必属于 {至少一个 F_i', 至多 p 个 F_i'} ⇒ $\sum_{i}^{N} F_i' = \Omega$

新点 ∈ Γ 必属于 {至少一个 Γ_j', 至多 p 个 Γ_j'} ⇒ $\sum_{j}^{M} \Gamma_j' = \Gamma$

p 为有限数 >0，与剖分及 h 无关！

② ∀ i, j: $F_i' \cap G_j' \neq 0$（至少含有一个两点）

③ 条 F_i', G_j' 的"宽度"至少为 h 至多为有限数，条线 Γ_j' 的长度 ... 至多为有限数，不依于 h

例如 1 2 3 4

图为冯康《非协调有限元》科研笔记手稿。

师昌绪

（1918 — 2014）

金属学及材料科学家。生于河北徐水。1945年毕业于西北工学院，1952年获美国欧特丹大学博士学位。1980年当选为中国科学院学部委员（院士），1994年当选为中国工程院院士。曾任中国科学院金属研究所所长、国家自然科学基金委员会副主任、中国工程院副院长等职。获2010年度国家最高科学技术奖。

做人要海纳百川，诚信为本，忍让为先；做事要认真负责，持之以恒，淡泊名利；做学问要实事求是，勇于探索，重在发现与创新。

師昌緒

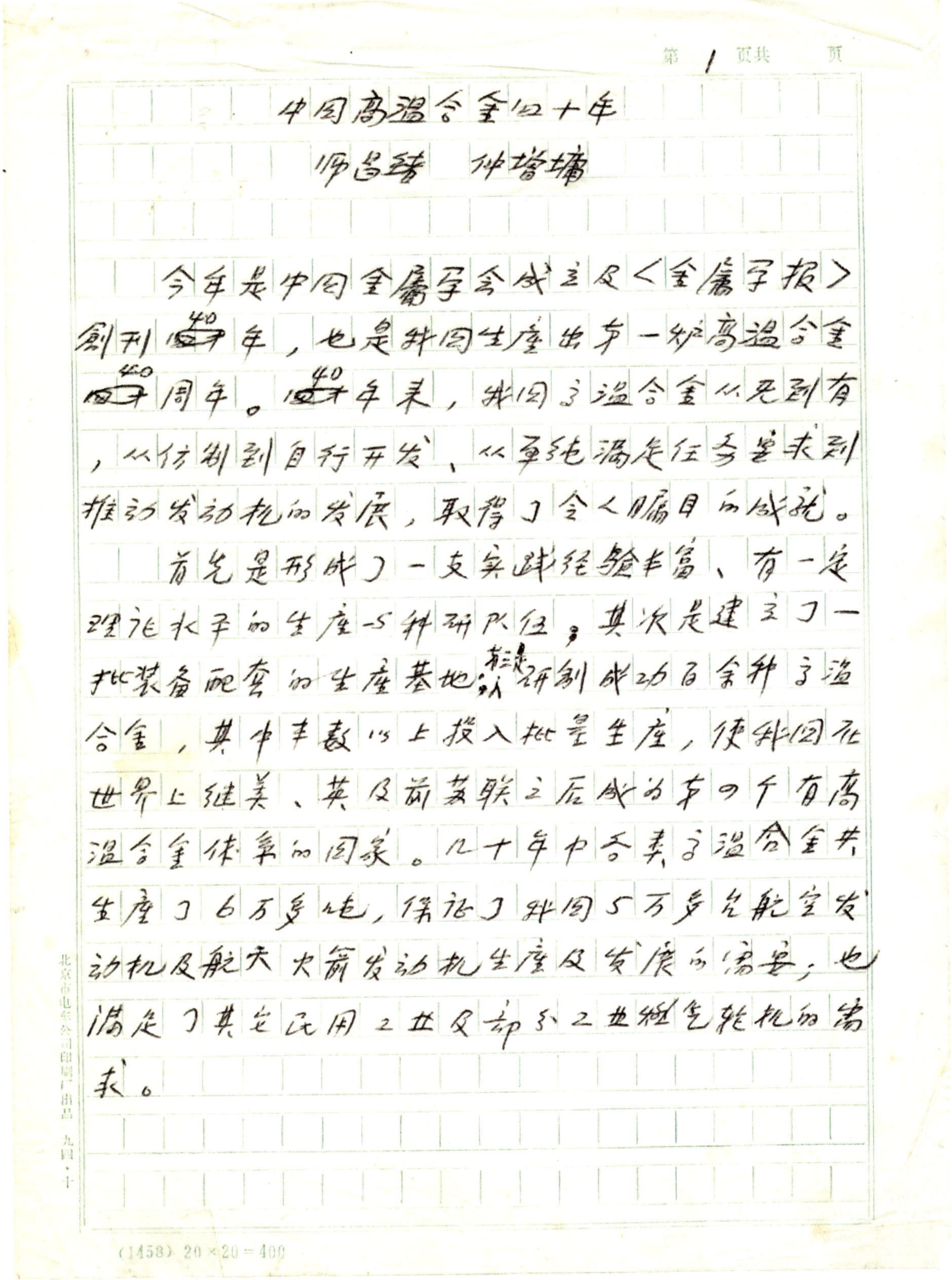

第 1 页共 页

中国高温合金四十年

师昌绪 仲增墉

今年是中国金属学会成立及《金属学报》创刊40年，也是我国生产出第一炉高温合金40周年。40年来，我国高温合金从无到有，从仿制到自行开发，从单纯满足任务要求到推动发动机的发展，取得了令人瞩目的成就。

首先是形成了一支实践经验丰富、有一定理论水平的生产与科研队伍，其次是建立了一批装备配套的生产基地，先后研制成功百余种高温合金，其中半数以上投入批量生产，使我国在世界上继美、英及前苏联之后成为第四个有高温合金体系的国家。几十年中各类高温合金共生产了6万多吨，保证了我国5万多台航空发动机及航天火箭发动机生产及发展的需要；也满足了其它民用工业及部分工业燃气轮机的需求。

北京市电车公司印刷厂出品 九四·十

(1458) 20×20=400

图为师昌绪《中国高温合金四十年》论文手稿，共20页。该文由他与仲增墉共同发表于《金属学报》1997年第33卷第1期。 （来源：中国科学院金属研究所）

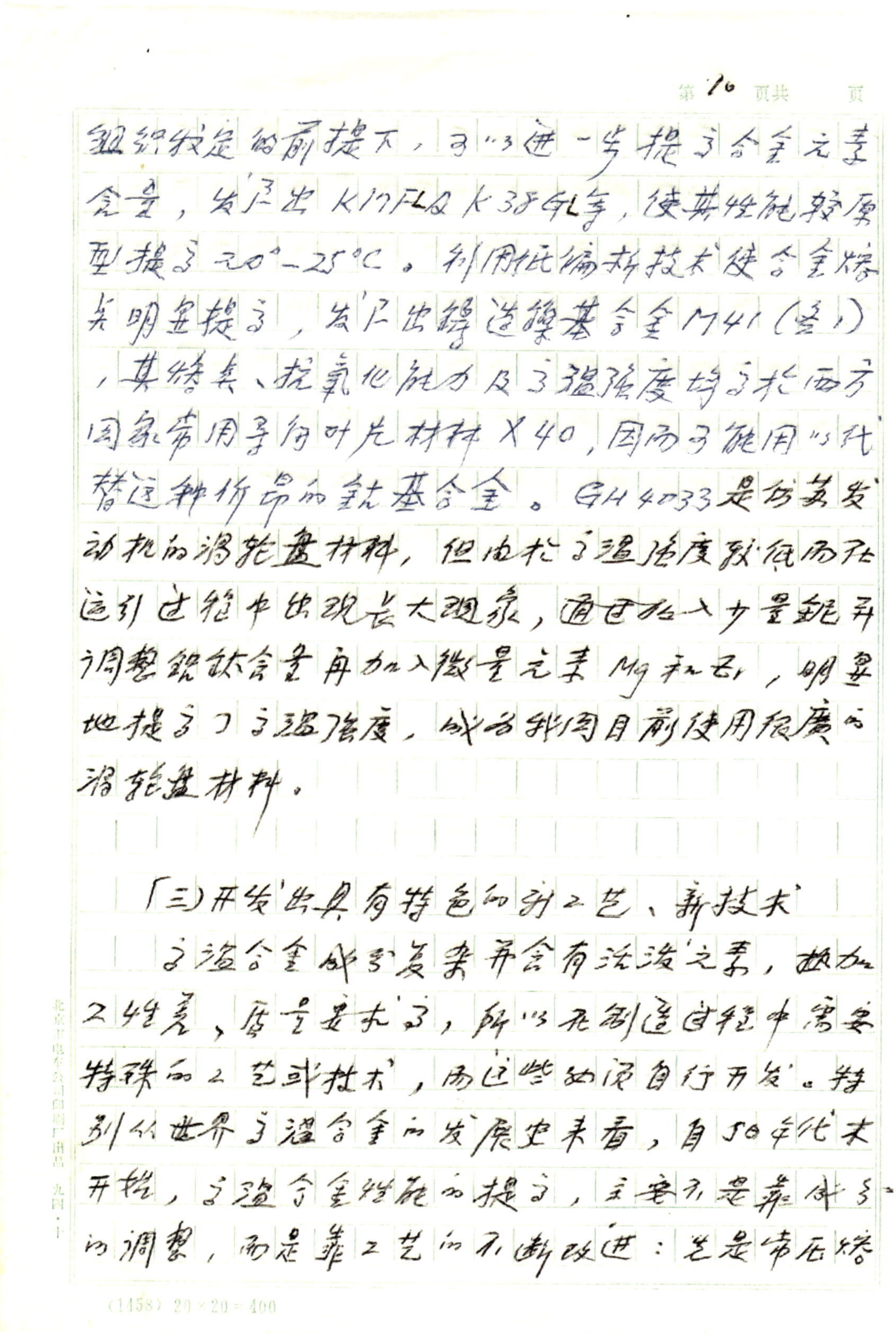

第 16 页共 页

组织稳定的前提下，可以进一步提高合金元素含量，发展出K17F及K38G等，使其性能较原型提高20°-25°C。利用低偏析技术使合金焊接性明显提高，发展出铸造镍基合金M41（图1），其持久、抗氧化能力及高温强度均高于西方国家常用导向叶片材料X40，因而可能用以代替这种价昂的钴基合金。GH4033是苏联发动机的涡轮盘材料，但由于高温强度较低而在运行过程中出现长大现象，通过加入少量铌并调整铝钛含量再加入微量元素Mg和Zr，明显地提高了高温强度，成为我国目前使用很广的涡轮盘材料。

（三）开发出具有特色的新工艺、新技术

高温合金成分复杂并含有活泼元素，热加工性差，质量要求高，所以在制造过程中需要特殊的工艺或技术，而这些需自行开发。特别从世界高温合金的发展史来看，自50年代末开始，高温合金性能的提高，主要不是靠成分的调整，而是靠工艺的不断改进：先是常压熔

北京市电车公司印刷厂出品 九四·十

(1458) 20×20=400

图为师昌绪《中国高温合金四十年》论文手稿。

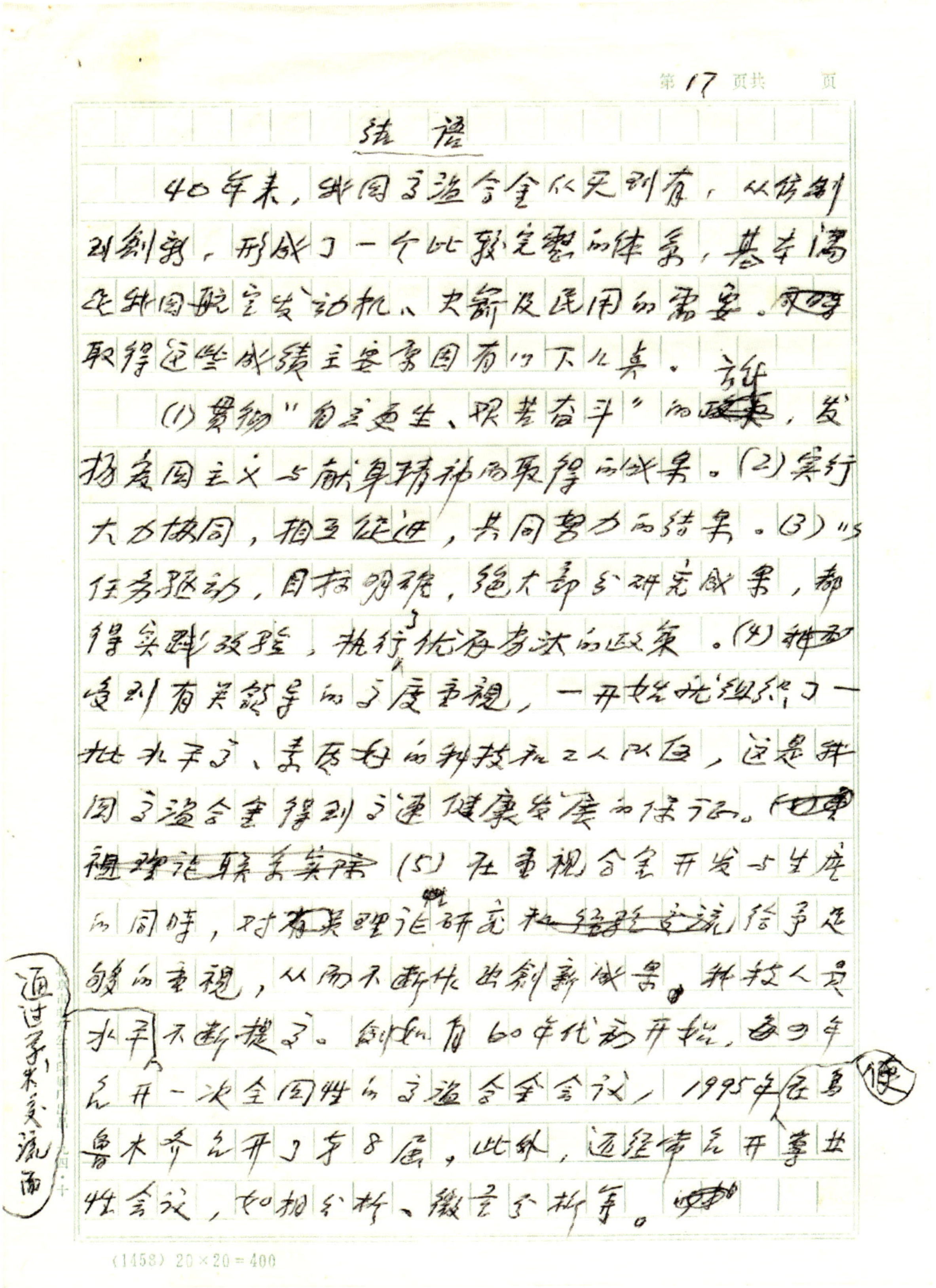

结语

40年来，我国高温合金从无到有，从仿制到创新，形成了一个比较完整的体系，基本满足我国航空发动机、火箭及民用的需要。取得这些成绩主要原因有以下几点。

(1)贯彻"自力更生、艰苦奋斗"的方针，发扬爱国主义与献身精神所取得的成果。(2)实行大力协同，相互促进，共同努力的结果。(3)以任务驱动，目标明确，绝大部分研究成果，都得到实践考验，执行了优存劣汰的政策。(4)受到有关领导的高度重视，一开始就组织了一批水平高、素质好的科技和工人队伍，这是我国高温合金得到了迅速健康发展的保证。(5)在重视合金开发与生产的同时，对理论研究给予足够的重视，从而不断作出创新成果。通过学术交流而科技人员水平不断提高。例如自60年代开始，每3年召开一次全国性的高温合金会议，1995年在乌鲁木齐召开了第8届，此外，还经常召开专业性会议，如相分析、微量分析等。

图为师昌绪《中国高温合金四十年》论文手稿。

华罗庚

（1910 — 1985）

数学家。生于江苏金坛。1948年当选为中央研究院院士，1955年被选聘为中国科学院学部委员（院士）。曾任清华大学教授，中国科学院数学研究所、应用数学研究所所长，中国科学技术大学副校长，中国科学院副院长等职。1956年获中国科学院科学奖金（首届国家自然科学奖）一等奖。

科学上没有平坦的大道，真理的长河中有无数礁石险滩，只有不畏攀登的采药者，只有不怕巨浪的弄潮儿，才能登上高峰采得仙草，深入水底觅得骊珠！

华罗庚

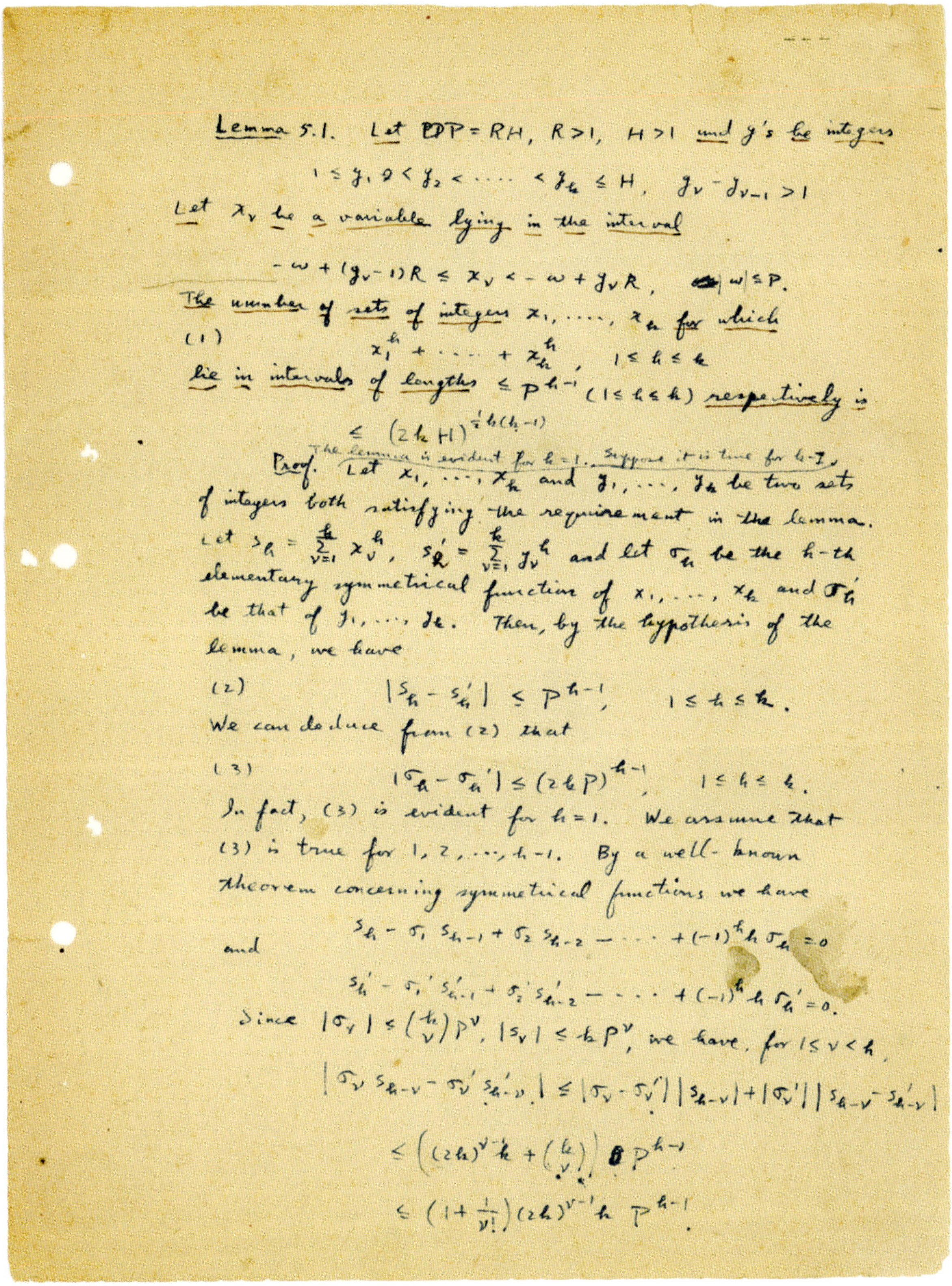
Lemma 5.1. Let PDP = RH, R > 1, H > 1 and y's be integers

$$1 \le y_1 < y_2 < \cdots < y_k \le H, \quad y_v - y_{v-1} > 1$$

Let x_v be a variable lying in the interval

$$-\omega + (y_v - 1)R \le x_v < -\omega + y_v R, \quad |\omega| \le P.$$

The number of sets of integers $x_1, \dots, x_k$ for which

(1) $$x_1^h + \cdots + x_k^h, \quad 1 \le h \le k$$

lie in intervals of lengths $\le P^{h-1}$ $(1 \le h \le k)$ respectively is

$$\le (2kH)^{\frac{1}{2}k(k-1)}$$

Proof. The lemma is evident for $k=1$. Suppose it is true for $k-1$. Let $x_1, \dots, x_k$ and $y_1, \dots, y_k$ be two sets of integers both satisfying the requirement in the lemma. Let $s_h = \sum_{v=1}^{k} x_v^h$, $s'_h = \sum_{v=1}^{k} y_v^h$ and let σ_h be the h-th elementary symmetrical function of $x_1, \dots, x_k$ and σ'_h be that of $y_1, \dots, y_k$. Then, by the hypothesis of the lemma, we have

(2) $$|s_h - s'_h| \le P^{h-1}, \quad 1 \le h \le k.$$

We can deduce from (2) that

(3) $$|\sigma_h - \sigma'_h| \le (2kP)^{h-1}, \quad 1 \le h \le k.$$

In fact, (3) is evident for $h=1$. We assume that (3) is true for $1, 2, \dots, h-1$. By a well-known theorem concerning symmetrical functions we have

$$s_h - \sigma_1 s_{h-1} + \sigma_2 s_{h-2} - \cdots + (-1)^h h \sigma_h = 0$$

and

$$s'_h - \sigma'_1 s'_{h-1} + \sigma'_2 s'_{h-2} - \cdots + (-1)^h h \sigma'_h = 0.$$

Since $|\sigma_v| \le \binom{k}{v} P^v$, $|s_v| \le k P^v$, we have, for $1 \le v < h$,

$$|\sigma_v s_{h-v} - \sigma'_v s'_{h-v}| \le |\sigma_v - \sigma'_v||s_{h-v}| + |\sigma'_v||s_{h-v} - s'_{h-v}|$$

$$\le \left((2k)^{v-1} k + \binom{k}{v}\right) P^{h-1}$$

$$\le \left(1 + \frac{1}{v!}\right)(2k)^{v-1} k P^{h-1}.$$

图为华罗庚《堆垒素数论》著作英文手稿，共157页。该书是20世纪经典数论著作之一，由华罗庚于1940年在西南联合大学任教时完成，1947年在苏联出版俄文版，1953年由中国科学院出版中文版。（来源：中国科学院档案馆）

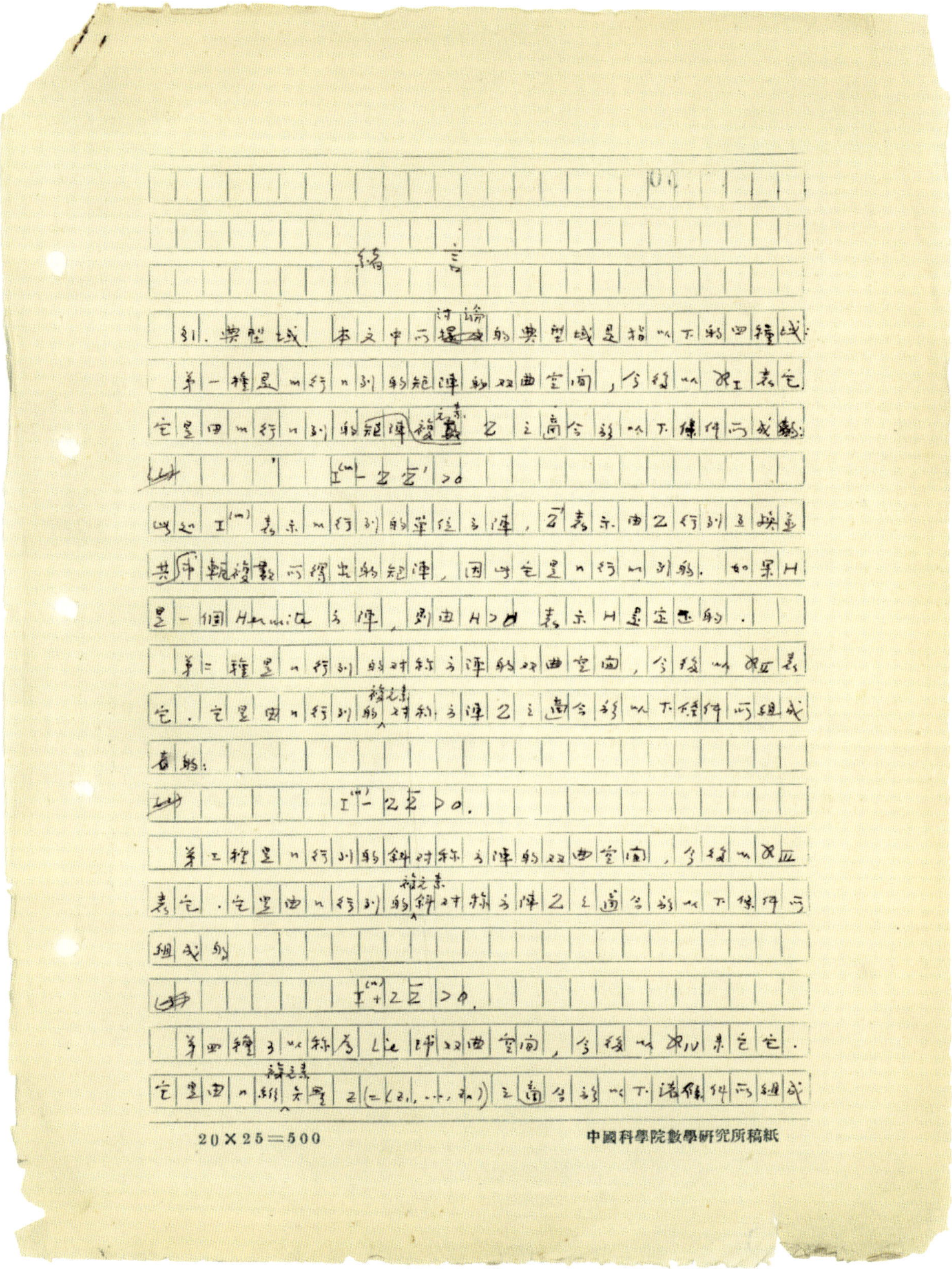

绪言

§1. 典型域 本文中所讨论的典型域是指以下的四种域:

第一种是m行n列的矩阵的双曲空间，今后以 $\mathfrak{R}_I$ 表它。它是由m行n列的矩阵复数元素 Z 之适合于以下条件所成的:

(1.1) $I^{(m)} - Z\bar{Z}' > 0$

此处 $I^{(m)}$ 表示m行列的单位方阵，$\bar{Z}'$ 表示由Z行列互换且共轭复数所得出的矩阵，因此它是n行m列的。如果H是一个Hermitian方阵，则由 $H>0$ 表示H是正定的。

第二种是n行列的对称方阵的双曲空间，今后以 $\mathfrak{R}_{II}$ 表它。它是由n行列的复数元素对称方阵 Z 之适合于以下条件所组成者的:

(1.2) $I^{(n)} - Z\bar{Z} > 0.$

第三种是n行列的斜对称方阵的双曲空间，今后以 $\mathfrak{R}_{III}$ 表它。它是由n行列的复数元素斜对称方阵 Z 之适合于以下条件所组成的

(1.3) $I^{(n)} + Z\bar{Z} > 0.$

第四种是以称为Lie球双曲空间，今后以 $\mathfrak{R}_{IV}$ 表它。它是由n维复数元素向量 $z\,(=(z_1,\dots,z_n))$ 之适合于以下诸条件所组成

20×25=500　　中國科學院數學研究所稿紙

图为华罗庚1955年撰写的《多复变数函数论中的典型域的调和分析》著作手稿，共236页。该书1958年由科学出版社出版。（来源：中国科学院档案馆）

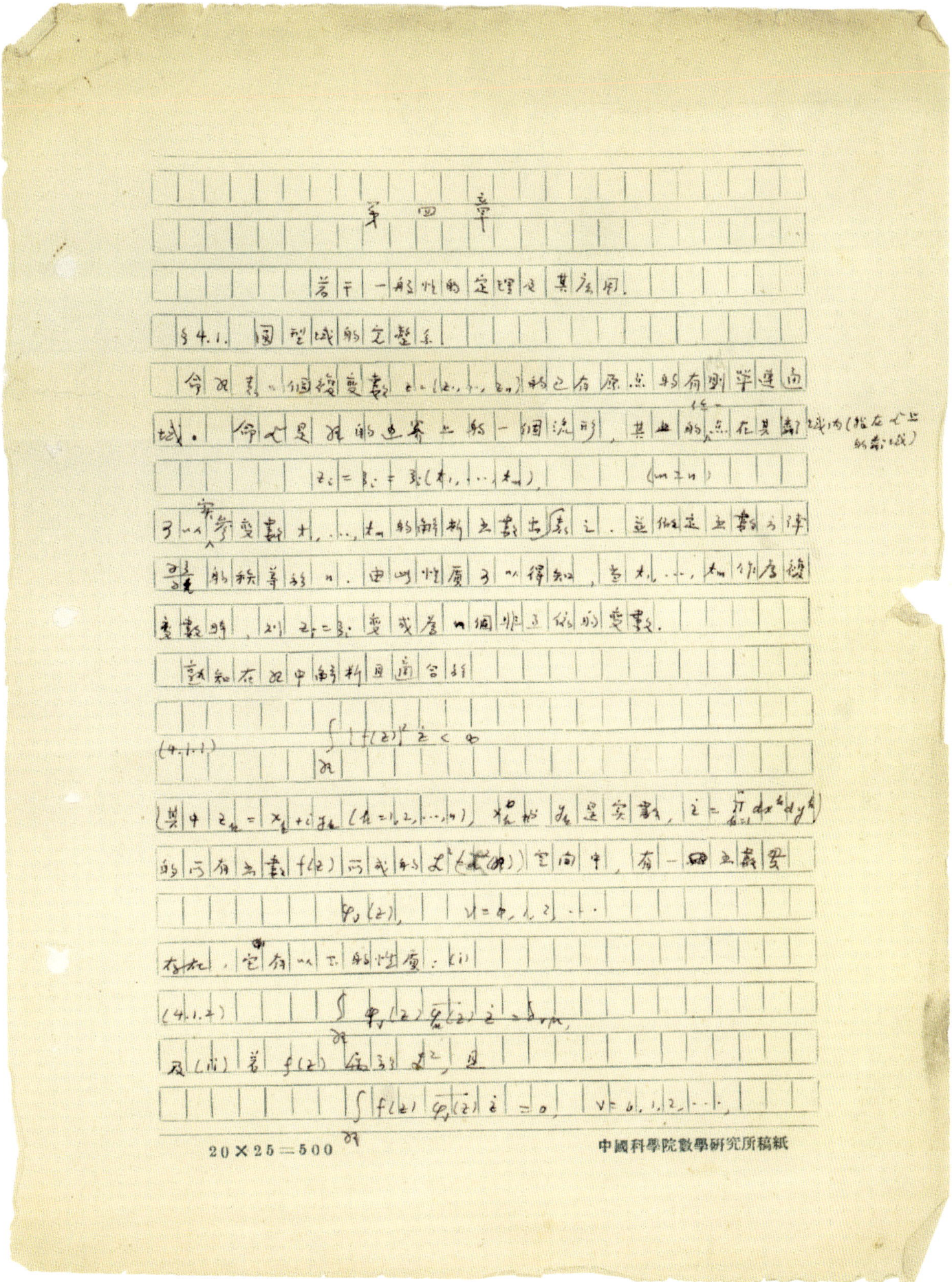

第四章

若干一般性的定理及其应用

§4.1. 圆型域的完整系

令 $\mathfrak{R}$ 表 n 个复变数 $z=(z_1,\ldots,z_n)$ 的包含原点的有界单连通圆域。令 $\mathfrak{C}$ 是 $\mathfrak{R}$ 的边界上的一个流形，其上的点在其特征流形（指在 $\mathfrak{C}$ 上的特征域）

$$z_i = \xi_i + \xi_i(t_1,\ldots,t_m), \quad (m \geq n)$$

可以实参变数 $t_1,\ldots,t_m$ 的解析函数表之。并假定函数矩阵的秩等于 n。由此性质可以得知，当 $t_1,\ldots,t_m$ 作为复变数时，则 $z_i=\xi_i$ 变成为 n 个独立的变数。

熟知在 $\mathfrak{R}$ 中解析且适合

$$(4.1.1) \quad \int_{\mathfrak{R}} |f(z)|^2 \dot{z} < \infty$$

（其中 $z_k = x_k + iy_k$ $(k=1,2,\ldots,n)$，x_k 与 y_k 是实数，$\dot{z}=\prod_{k=1}^{n} dx_k dy_k$）的所有函数 $f(z)$ 所成的 $\mathfrak{L}^2(\mathfrak{R})$ 空间中，有一组函数

$$\varphi_\nu(z), \quad \nu=0,1,2,\ldots$$

存在，它有以下的性质：(i)

$$(4.1.2) \quad \int_{\mathfrak{R}} \varphi_\nu(z)\overline{\varphi_\mu(z)}\dot{z} = \delta_{\nu\mu},$$

及 (ii) 若 $f(z)$ 属于 $\mathfrak{L}^2$，且

$$\int_{\mathfrak{R}} f(z)\overline{\varphi_\nu(z)}\dot{z} = 0, \quad \nu=0,1,2,\ldots,$$

20×25=500　　中國科學院數學研究所稿紙

图为华罗庚《多复变数函数论中的典型域的调和分析》著作手稿。

刘东生

（1917 — 2008）

第四纪地质学、环境地质学家。生于辽宁沈阳。1942年毕业于西南联合大学地质系。1980年当选为中国科学院学部委员（院士）。曾任中国科学院地质与地球物理研究所研究员、中国科学技术馆馆长、国际第四纪研究联合会主席等职。1987年获国家自然科学奖一等奖，2002年获世界环境科学最高奖“泰勒环境成就奖”，获2003年度国家最高科学技术奖。

登山运动像科学研究一样是人类征服大自然与自然和谐相处的一种运动。而科学考察、科学研究和登山运动一样，是一项没有现场观众为之鼓掌欢呼的运动。

刘东生

手稿

图为刘东生于1946年勘查拟议中的长江三峡坝址工程地质时的野外手绘图。

（来源：中国科学院地质与地球物理研究所）

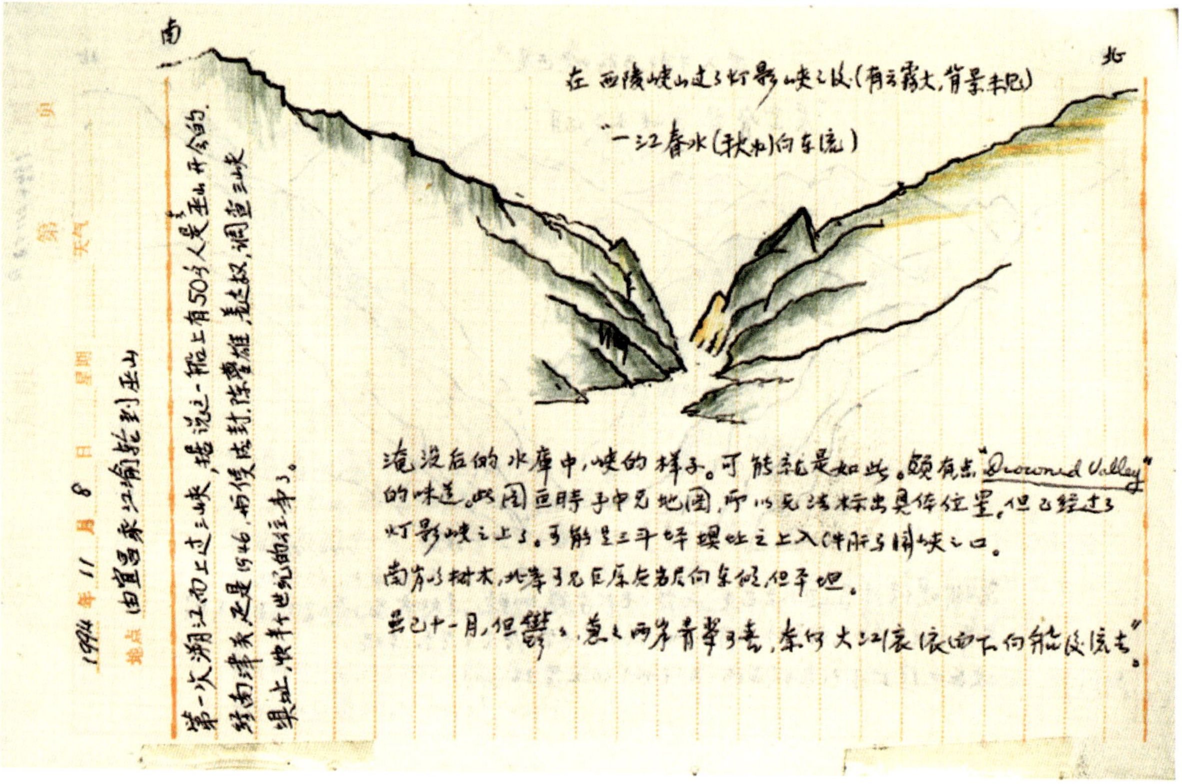

图为刘东生于1994年再次到三峡考察时的野外手绘图。

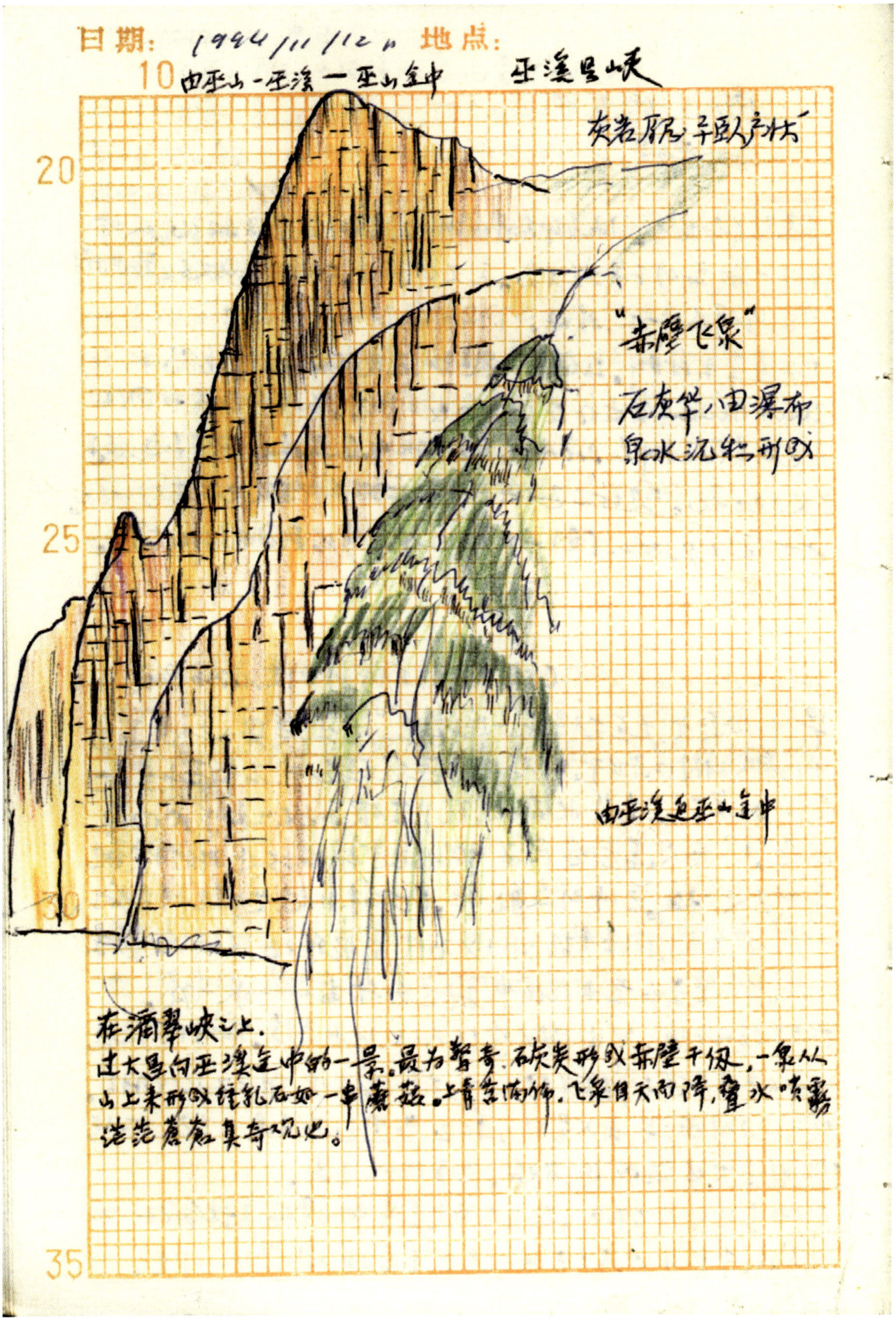

图为刘东生于1994年再次到三峡考察时的野外手绘图。

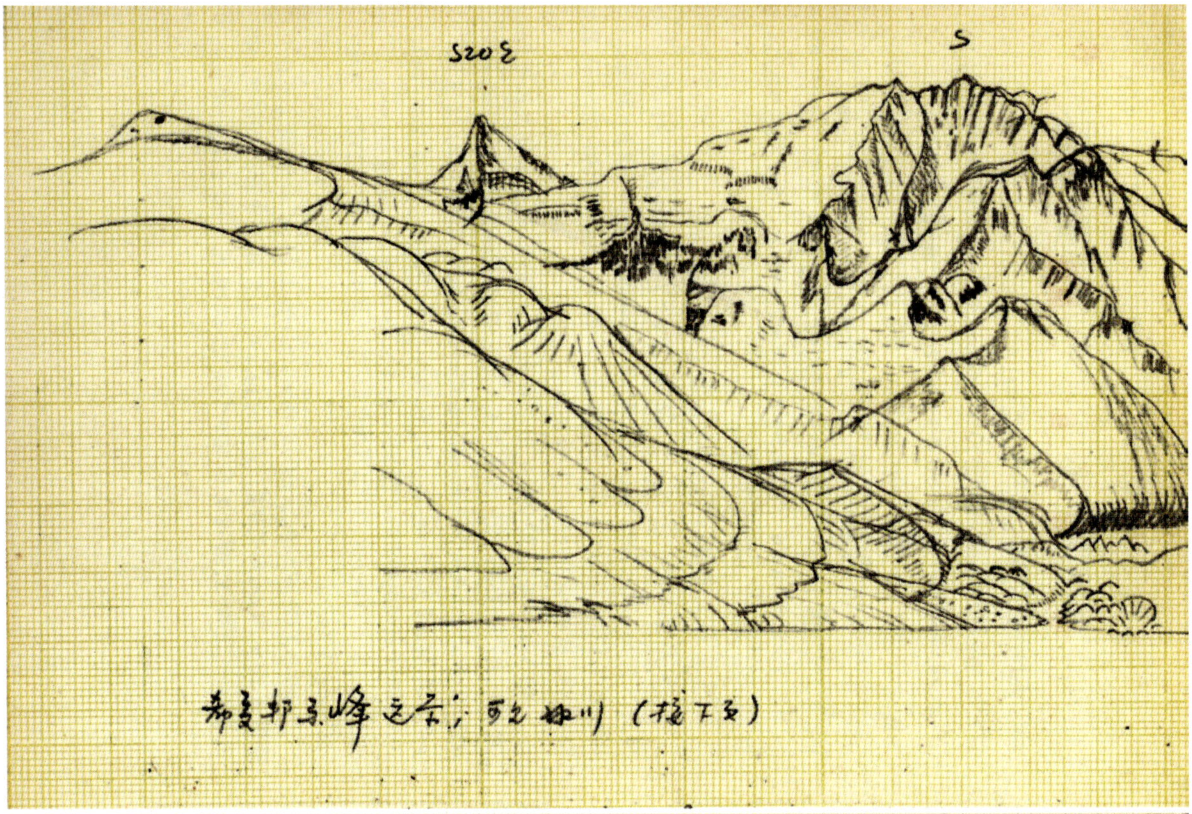

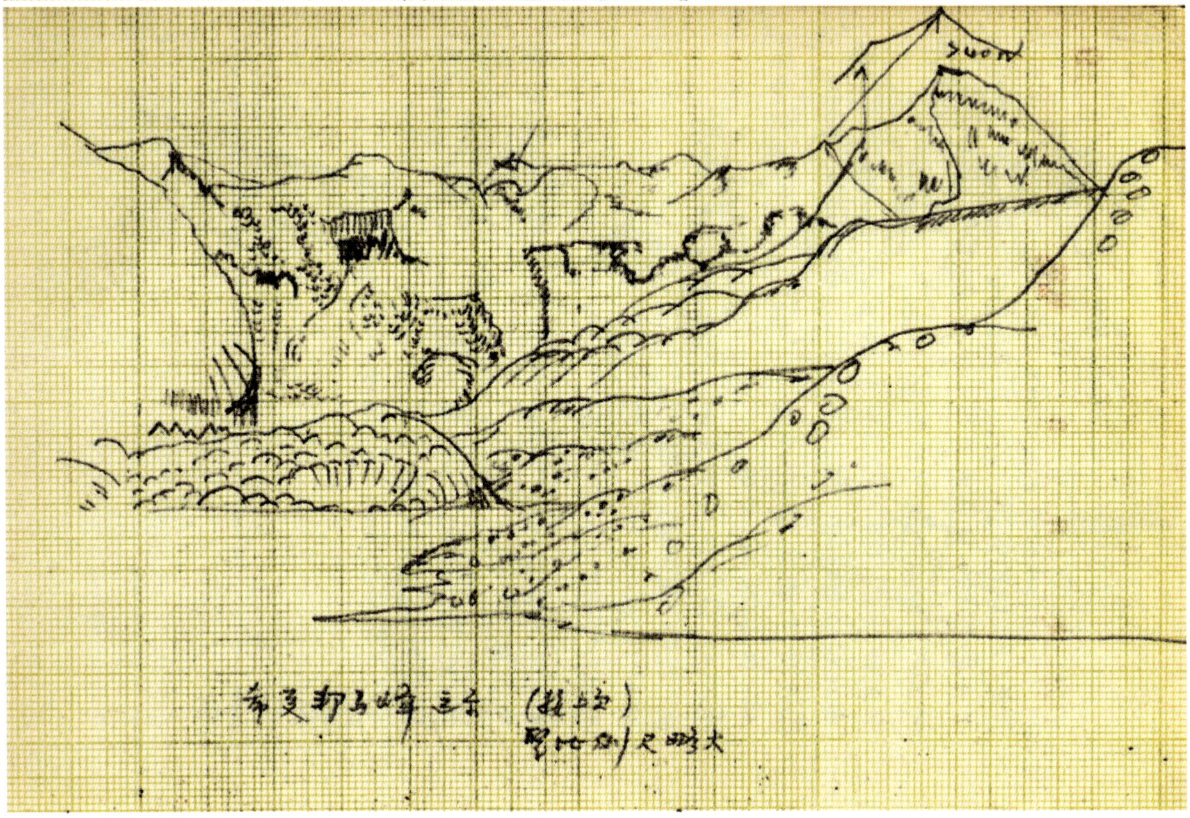

图为刘东生于1964年在希夏邦马峰科学考察时的手绘远景图。

（来源：中国科学院地质与地球物理研究所）

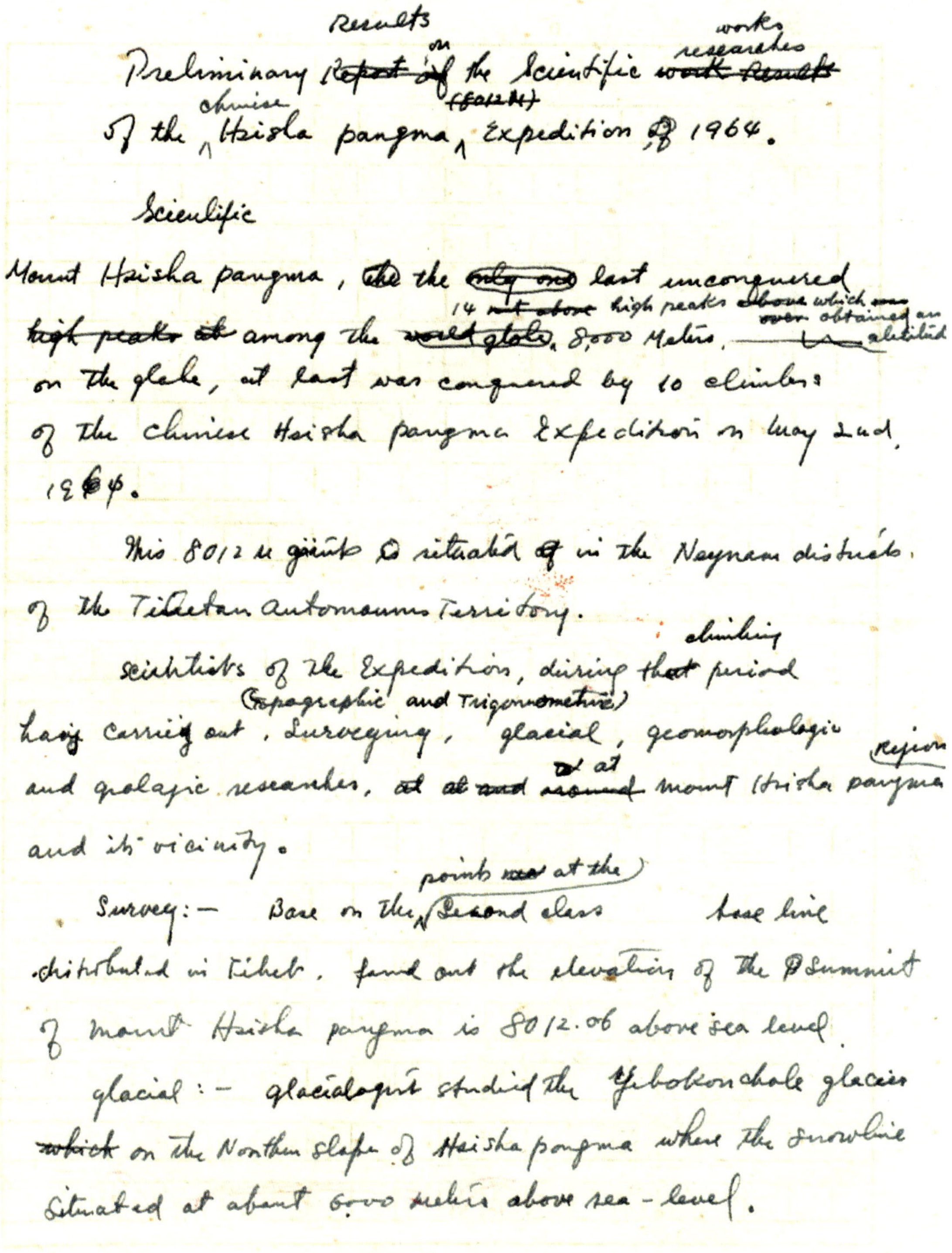

Preliminary Results on the Scientific researches works
of the Chinese Hsisha pangma Expedition of 1964.

Scientific

Mount Hsisha pangma, the the last unconquered 14 high peaks which over obtained an altitude among the 8,000 Meters on the globe, at last was conquered by 10 climbers of the Chinese Hsisha pangma Expedition on May 2nd, 1964.

This 8012 m giant is situated in the Nyenam district of the Tibetan automanous Territory.

scientists of the Expedition, during that climbing period have carried out, Surveying (topographic and Trigonometric), glacial, geomorphologic and geologic researches, at around mount Hsisha pangma region and its vicinity.

Survey:— Base on the points at the second class base line distributed in Tibet, found out the elevation of the summit of mount Hsisha pangma is 8012.06 above sea level.

glacial:— glaciologist studied the Yebokanchale glacier on the Northern slope of Hsisha pangma where the snowline situated at about 6000 meters above sea-level.

图为刘东生《1964年希夏邦马峰综合科学考察初步结果》论文英文手稿，共5页。该文中文版由他与施雅风共同发表于《科学通报》1964年10期。

（来源：中国科学院地质与地球物理研究所）

严东生

（1918 — 2016）

材料科学家。生于上海。1939年毕业于燕京大学化学系，1949年获美国伊利诺伊大学陶瓷学博士学位。1980年当选为中国科学院学部委员（院士），1994年当选为中国工程院院士。曾任中国科学院硅酸盐化学与工学研究所所长、中国科学院副院长等职。

为国民经济的发展，为国家的强盛服务，是我毕生的责任和动力。

嚴東生

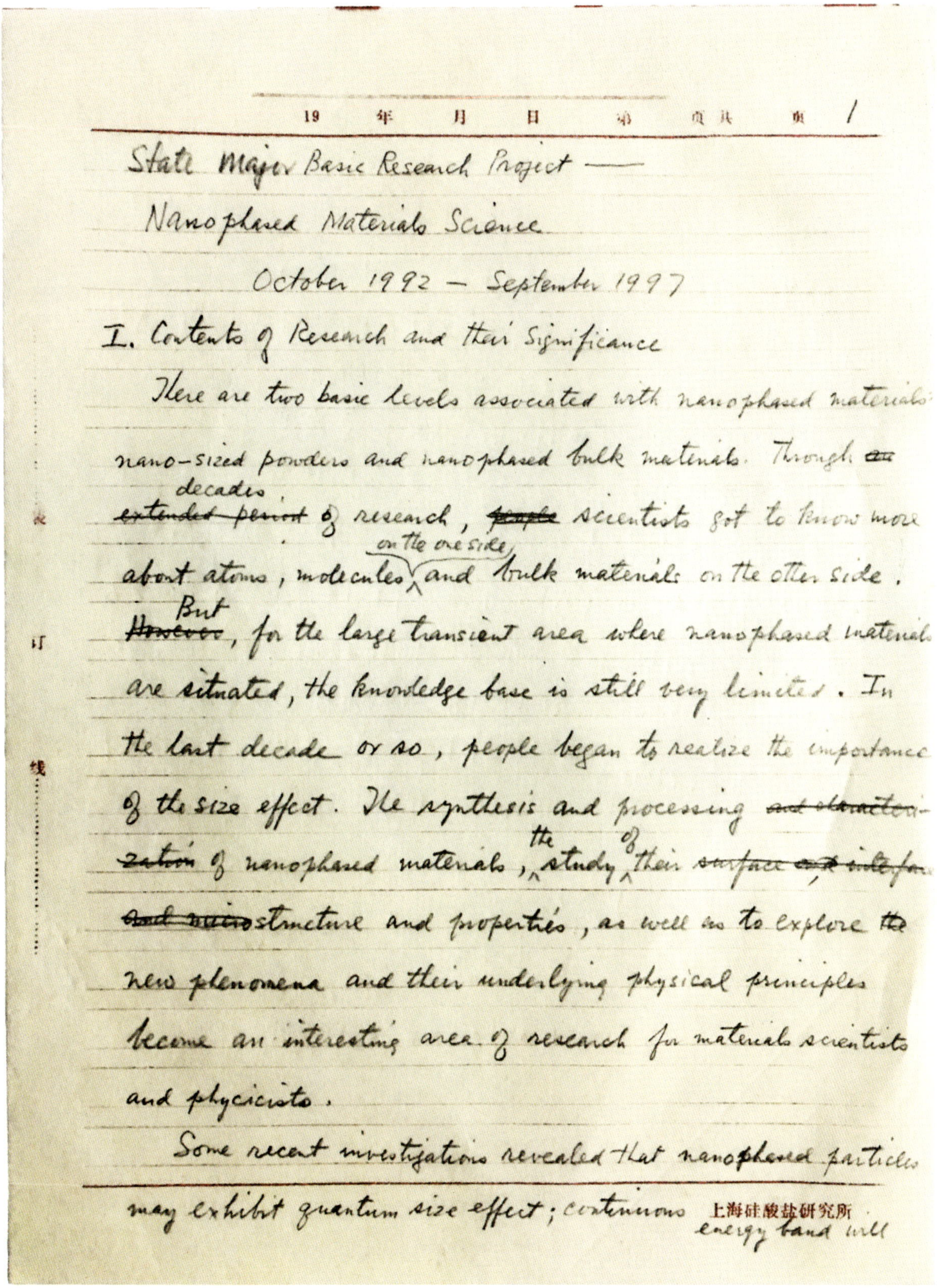

19 年 月 日 第 页 共 页 1

State Major Basic Research Project —

Nanophased Materials Science

October 1992 — September 1997

I. Contents of Research and their Significance

There are two basic levels associated with nanophased materials: nano-sized powders and nanophased bulk materials. Through ~~an extended period~~ decades of research, ~~people~~ scientists got to know more about atoms, molecules on the one side, and bulk materials on the other side. ~~However~~ But, for the large transient area where nanophased materials are situated, the knowledge base is still very limited. In the last decade or so, people began to realize the importance of the size effect. The synthesis and processing ~~and characterization~~ of nanophased materials, the study of their ~~surface and interface and micro~~structure and properties, as well as to explore the new phenomena and their underlying physical principles become an interesting area of research for materials scientists and phycicists.

Some recent investigations revealed that nanophased particles may exhibit quantum size effect; continuous energy band will

上海硅酸盐研究所

图为严东生《国家“攀登计划”——纳米材料科学项目总体计划（1992年10月—1997年9月）》英文手稿，共8页。

（来源：中国科学院上海硅酸盐研究所）

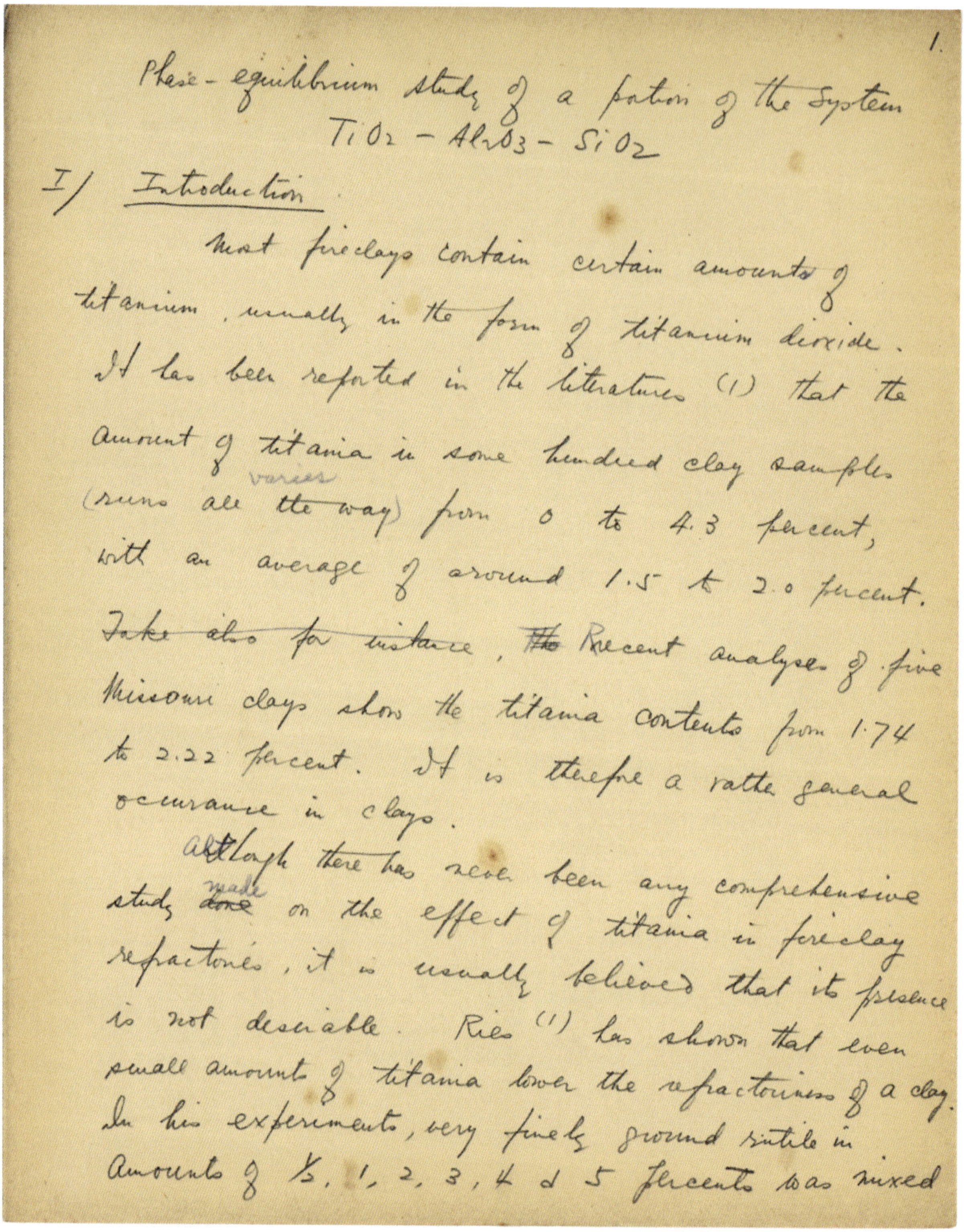

1.

Phase-equilibrium study of a portion of the System
$TiO_2 - Al_2O_3 - SiO_2$

I/ Introduction

Most fireclays contain certain amounts of titanium, usually in the form of titanium dioxide. It has been reported in the literatures (1) that the amount of titania in some hundred clay samples (~~runs all the way~~ varies) from 0 to 4.3 percent, with an average of around 1.5 to 2.0 percent. ~~Take also for instance, the~~ Recent analyses of five Missouri clays show the titania contents from 1.74 to 2.22 percent. It is therefore a rather general occurance in clays.

Although there has never been any comprehensive study ~~done~~ made on the effect of titania in fireclay refractories, it is usually believed that its presence is not desirable. Ries (1) has shown that even small amount of titania lower the refractoriness of a clay. In his experiments, very finely ground rutile in amounts of 1/2, 1, 2, 3, 4 & 5 percents was mixed

图为严东生1949年撰写的博士论文《高温氧化物系统相平衡研究》英文手稿，共99页。

（来源：中国科学院上海硅酸盐研究所）

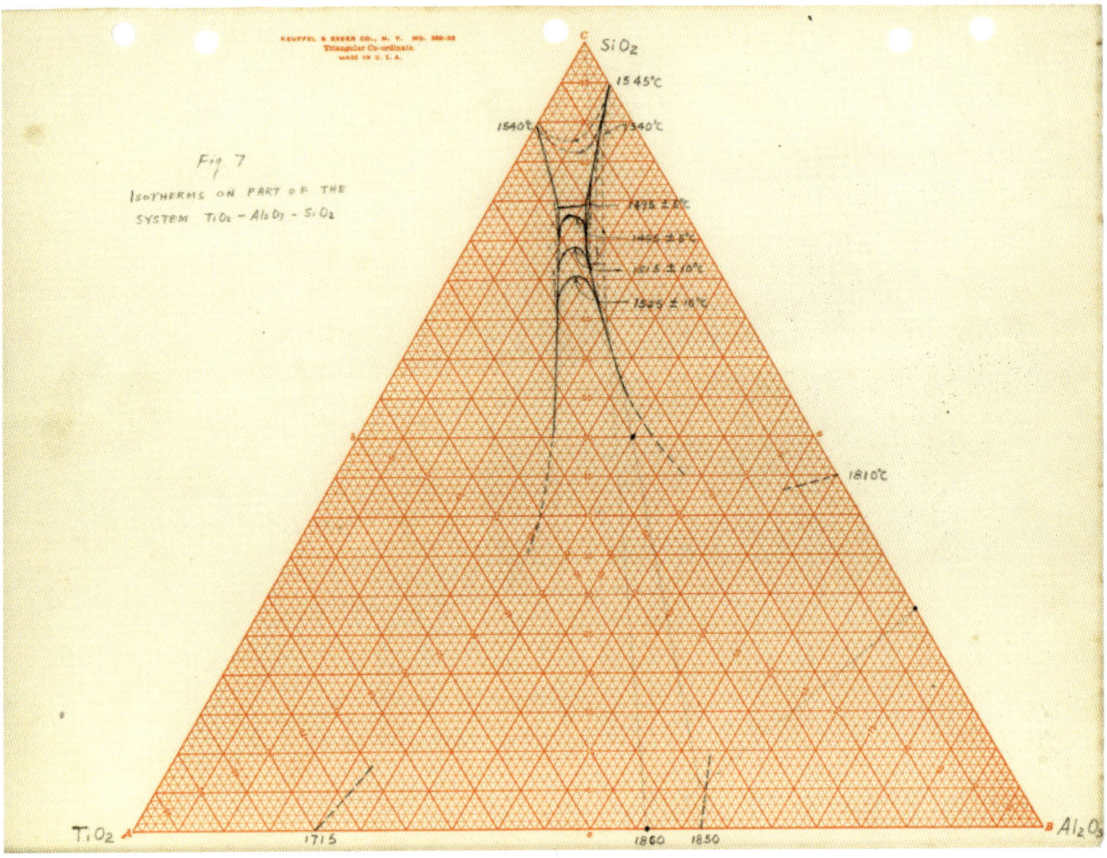

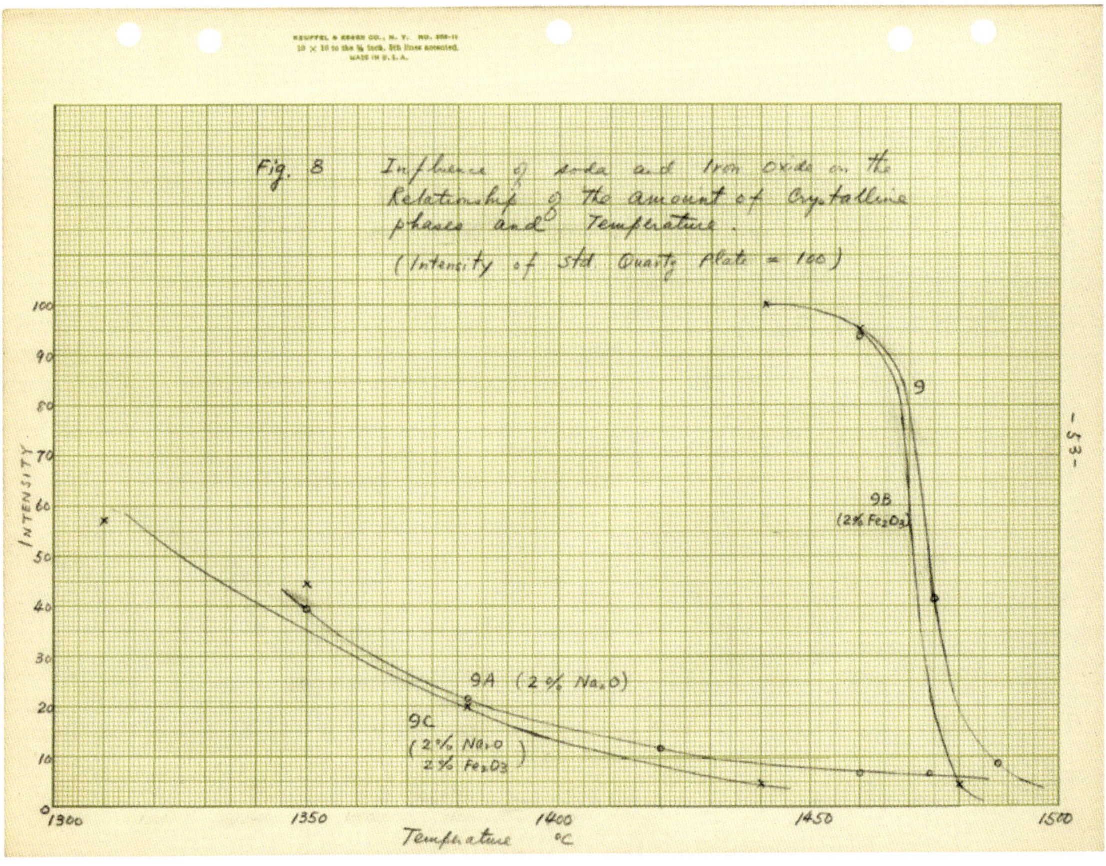

图为严东生博士论文《高温氧化物系统相平衡研究》英文手稿。

严济慈

（1901 — 1996）

物理学家。生于浙江东阳。1923年毕业于南京高等师范学校数理化部和东南大学物理系，1927年获法国国家科学博士学位。1948年当选为中央研究院院士，1955年被选聘为中国科学院学部委员（院士）。曾任北平研究院物理研究所所长、中国科学院应用物理研究所所长、中国科学院副院长、中国科学技术大学校长等职。

我们说的研究工作，就是要创新。研究的结果应该是从未有过，而又能被别人重复的；得到的看法应该是从来没有人提出过，而又能被别人接受的，完全是自己创造出来的。

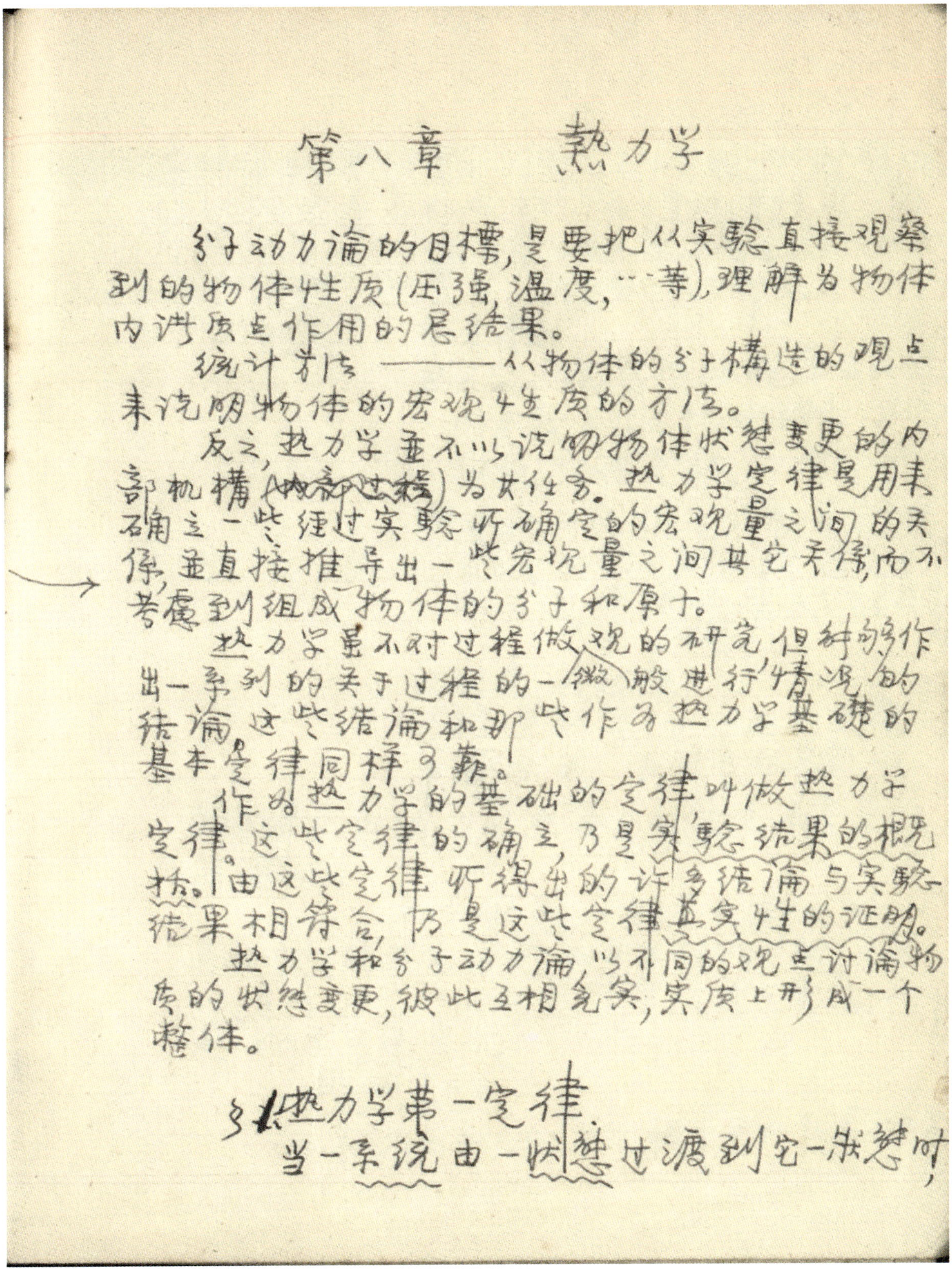

第八章　熱力学

分子动力论的目標，是要把从实驗直接观察到的物体性质（压强，温度，……等），理解为物体内部质点作用的总结果。

统计方法——从物体的分子構造的观点来说明物体的宏观性质的方法。

反之，热力学並不以说明物体状態变更的内部机構（~~内部过程~~）为其任务。热力学定律是用来确立一些经过实驗所确定的宏观量之间的关係，並直接推导出一些宏观量之间其它关係，而不考慮到组成物体的分子和原子。

热力学虽不对过程做微观的研究，但能够作出一系列的关于过程的一般进行情况的结论，这些结论和那些作为热力学基础的基本定律同样可靠。

作为热力学的基础的定律叫做热力学定律。这些定律的确立，乃是实驗结果的概括。由这些定律所得出的许多结论与实驗结果相符合，乃是这些定律真实性的证明。

热力学和分子动力论以不同的观点讨论物质的状態变更，彼此互相充实，实质上形成一个整体。

§1.热力学第一定律

当一系统由一状態过渡到另一状態时，

图为严济慈在中国科学技术大学讲授物理学课程的讲义手稿，共120页。

（来源：中国科学技术大学档案馆）

达到 H_2 的临界温度。同样，氢的低压沸腾不能达到 He 的临界温度。

这些气体的临界温度低于所能得到的最冷物体的温度，那么单用和最冷物体作热交换的方法，是不济事的。必须再加以绝热膨胀或焦耳-汤姆孙效应的冷却方法。

(c) 绝热膨胀（对外作功）：

液化空气（克劳德法）

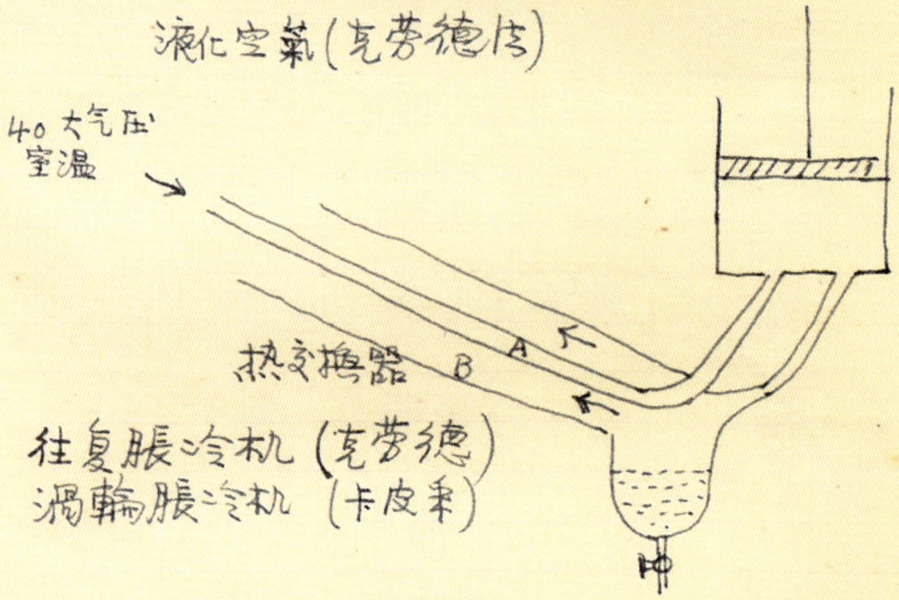

往复膨冷机（克劳德）
涡轮膨冷机（卡皮查）

(d) ~~要依~~焦耳-汤姆孙效应（没有工作的膨胀）。

要使效应是正的，起初温度 T_1 应该足够低，
起初比容 V_1 应该足够小。

足够小的 V_1 是由预先用压气机压缩气体来获得。
" "低的 T_1" " " " 在冷却器内冷却气体来获得。

图为严济慈在中国科学技术大学讲授物理学课程的讲义手稿。

液化空气(林德).

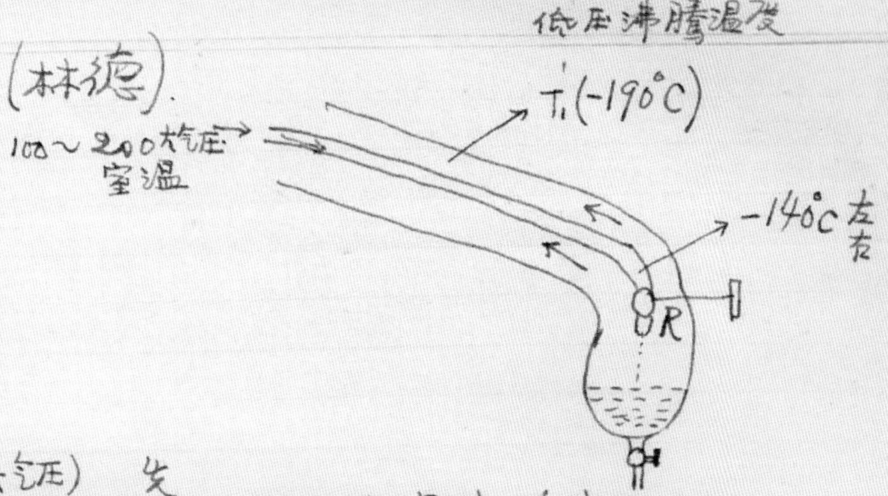

(190大气压) 先
液化氢氧时,用液体空气来冷却。

液化He时,先用液氢把它冷到14°K,再无功地膨胀。

液体空气的用处 a)致寒
b)分离氧与氮

	沸腾温度	临界温度
O_2	-181°C(书中-183°C)	-119°C
N_2	-196°C	-145°C

氮首先汽化掉。

如果液态空气的$\frac{2}{3}$汽化掉,剩下的液体中所含的氧占53%.

液态氧能浸过的棉花和木炭是非常强烈的炸药。

液氧做燃料

部分汽化法从空气中提取稀有气体。

图为严济慈在中国科学技术大学讲授物理学课程的讲义手稿。

李 薰

（1913 — 1983）

物理冶金学家。生于湖南邵阳。1936年毕业于湖南大学，1940年和1951年分别获英国谢菲尔德大学冶金学院哲学博士学位和冶金学科学博士学位。1955年被选聘为中国科学院学部委员（院士）。曾任中国科学院金属研究所所长、中国科学院副院长等职。

不要轻易舍弃科学实验中任何一个异常数据，要分析，要穷追其原因。

搞科研工作不要满足于“瓮中捉鳖”，要去“五洋捉鳖”。

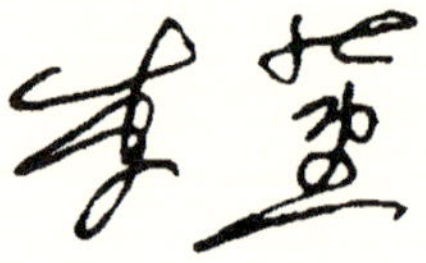

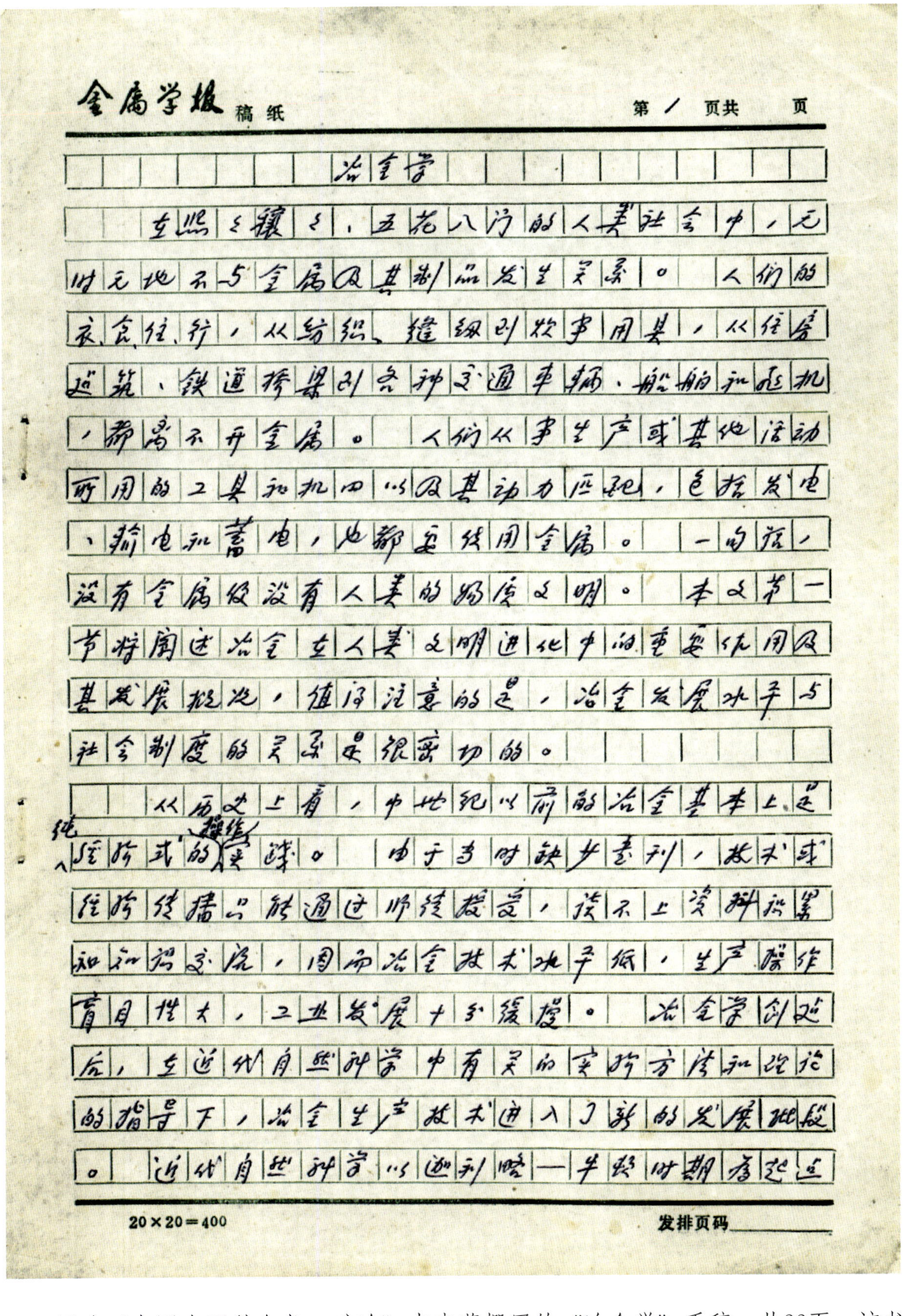

金属学报 稿纸　　第1页共　页

冶金学

在熙熙攘攘、五花八门的人类社会中，无时无地不与金属及其制品发生关系。人们的衣、食、住、行，从纺织、缝纫到炊事用具，从住房建筑、铁道桥梁到各种交通车辆、船舶和飞机，都离不开金属。人们从事生产或其他活动所用的工具和机器以及其动力源泉，包括发电、输电和蓄电，也都要使用金属。一句话，没有金属就没有人类的物质文明。本文第一节将阐述冶金在人类文明进化中的重要作用及其发展概况，值得注意的是，冶金发展水平与社会制度的关系是很密切的。

从历史上看，中世纪以前的冶金基本上是纯经验式的操作。由于当时缺少刊物，技术或经验传播只能通过师徒授受，谈不上资料积累和知识交流，因而冶金技术水平低，生产操作盲目性大，工业发展十分缓慢。冶金学创建后，在近代自然科学中有关的实验方法和理论的指导下，冶金生产技术进入了新的发展阶段。近代自然科学以伽利略—牛顿时期为起迄

20×20=400　　发排页码

图为《中国大百科全书·矿冶》中李薰撰写的《冶金学》手稿，共33页。该书1984年由中国大百科全书出版社出版。

（来源：中国科学院金属研究所）

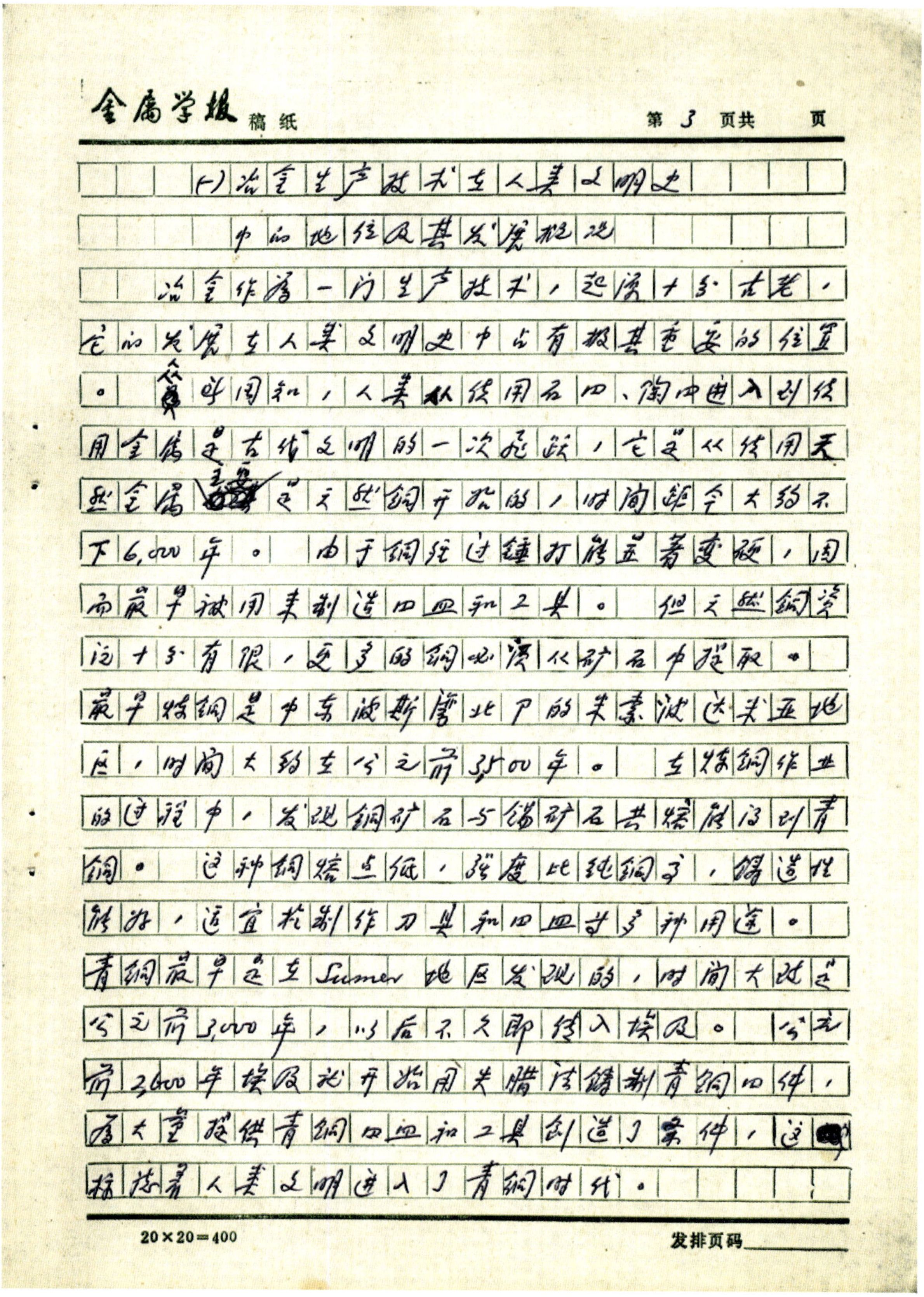
金属学报 稿纸 第3页共 页

(一)冶金生产技术在人类文明史中的地位及其发展概况

冶金作为一门生产技术，起源十分古老。它的发展在人类文明史中占有极其重要的位置。众所周知，人类从使用石器、陶器进入到使用金属是古代文明的一次飞跃，它是从使用天然金属主要是天然铜开始的，时间距今大约不下6,000年。由于铜经过锤打能显著变硬，因而最早被用来制造器皿和工具。但天然铜资源十分有限，更多的铜必须从矿石中提取。最早炼铜是中东波斯湾北边的米索波达米亚地区，时间大约在公元前3500年。在炼铜作业的过程中，发现铜矿石与锡矿石共熔能得到青铜。这种铜熔点低，强度比纯铜高，铸造性能好，适宜于制作刀具和器皿等多种用途。青铜最早是在Sumer地区发现的，时间大致是公元前3000年，以后不久即传入埃及。公元前2600年埃及就开始用失腊法铸制青铜器件，为大量提供青铜器皿和工具创造了条件，这标志着人类文明进入了青铜时代。

20×20=400 发排页码

图为《中国大百科全书·矿冶》中李薰撰写的《冶金学》手稿。

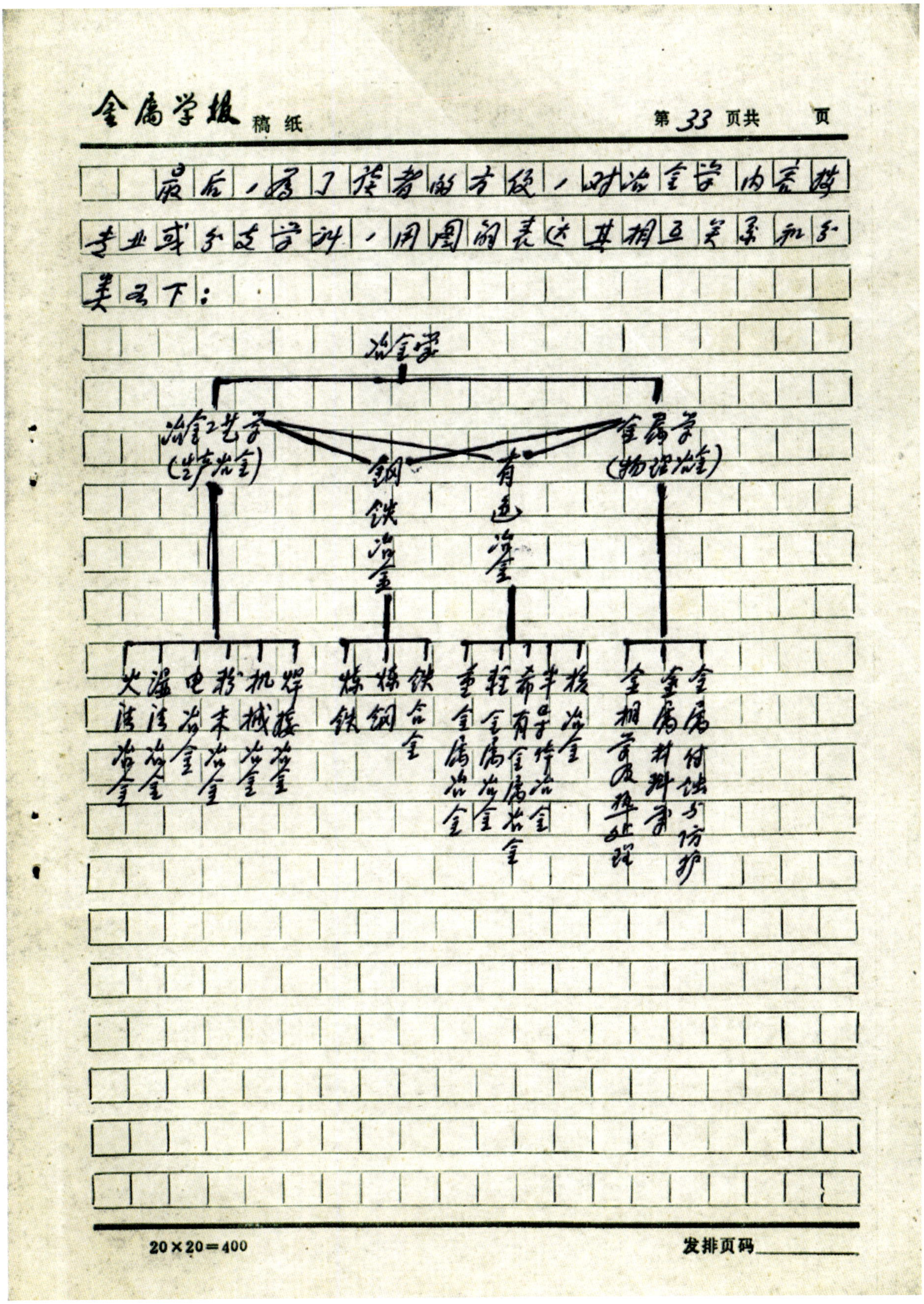

图为《中国大百科全书·矿冶》中李薰撰写的《冶金学》手稿。

李四光

（1889—1971）

地质学家。生于湖北黄冈。1918年和1931年分别获英国伯明翰大学硕士和博士学位。1948年当选为中央研究院院士，1955年被选聘为中国科学院学部委员（院士）。曾任北京大学教授、中央研究院地质研究所所长、中国科学院副院长、地质部部长等职。1982年获国家自然科学奖一等奖。

真正的科学精神，是要从正确的批评和自我批评中发展出来的。真正的科学成果，是要经得起事实考验的。有了这样的双重保障，我们就可以放心大胆地做去，不会自掘妄自尊大的陷阱。

手稿

1

DISTORTION OF CONTINENTAL ASIA

~~INTRA-TETHYAN ARCS VERSUS VIS-A-VIS GONDWANA LINEAMENTS~~

by J. S. LEE

[Abstract]

Asiatic arcs are capable of being divided into several classes according to type and distribution. Those which run along and parallel to the pacific border, or the peri-pacific type, form several parallel chains, including the festoon islands, of individual arcs each with its simple convex front facing south-east. It is found that these arcs have resulted from modified waves of anticlinoria of Neo-Cathaysian or generally NNE trend due to the interception and repression at regular intervals by powerful E.-W. zones of compression. The second class to which the greater part of space is devoted in the present paper because of its ~~to~~ important bearing on the problem under consideration, comprises chains of sinusoidal fold-zones arranged on the whole east-west. The individual arc in this case generally conforms with the ε type of structure with its main convex front facing south. These arcs are traced right across the Asiatic continent from the pacific border to eastern Mediterranean

图为李四光《受了歪曲的亚洲大陆》论文英文手稿，共70页。该文发表于《古植物学家（萨尼纪念册）》，中文版发表于《地质论评》1951年第16卷第1期。

（来源：自然资源部）

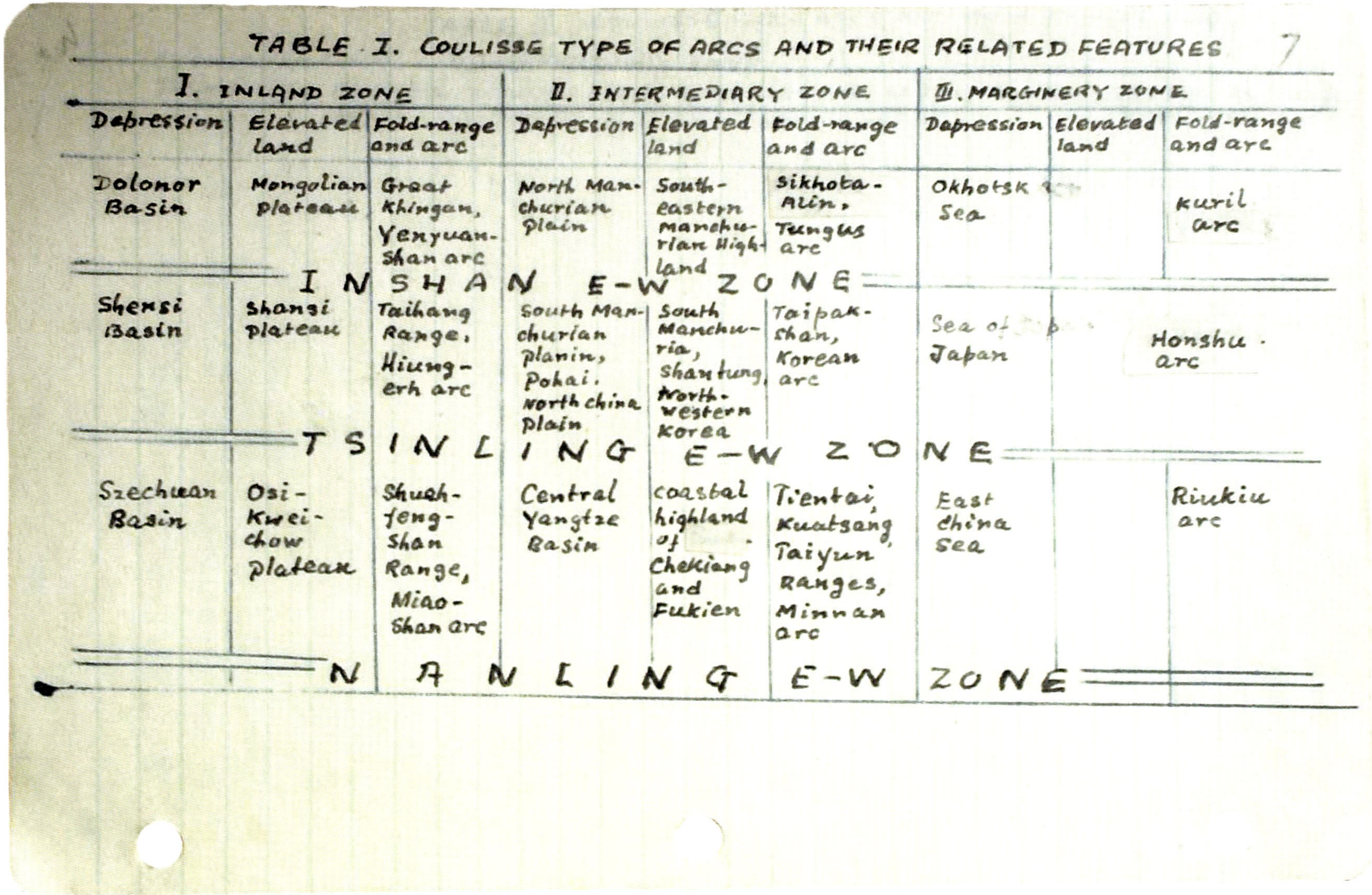

TABLE I. COULISSE TYPE OF ARCS AND THEIR RELATED FEATURES 7

I. INLAND ZONE			II. INTERMEDIARY ZONE			III. MARGINERY ZONE		
Depression	Elevated land	Fold-range and arc	Depression	Elevated land	Fold-range and arc	Depression	Elevated land	Fold-range and arc
Dolonor Basin	Mongolian plateau	Great Khingan, Yenyuan-Shan arc	North Manchurian plain	South-eastern Manchurian Highland	Sikhota-Alin, Tungus arc	Okhotsk Sea		Kuril arc
INSHAN E-W ZONE								
Shensi Basin	Shansi plateau	Taihang Range, Hiung-erh arc	South Manchurian planin, Pohai, North china plain	South Manchuria, Shantung, North-western Korea	Taipak-shan, Korean arc	Sea of Japan		Honshu arc
TSINLING E-W ZONE								
Szechuan Basin	Osi-Kwei-chow plateau	Shueh-feng-Shan Range, Miao-Shan arc	Central Yangtze Basin	coastal highland of Chekiang and Fukien	T'ientai, Kuatsang Taiyun Ranges, Minnan arc	East china sea		Riukiu arc
NANLING E-W ZONE								

图为李四光《受了歪曲的亚洲大陆》论文英文手稿。

手稿

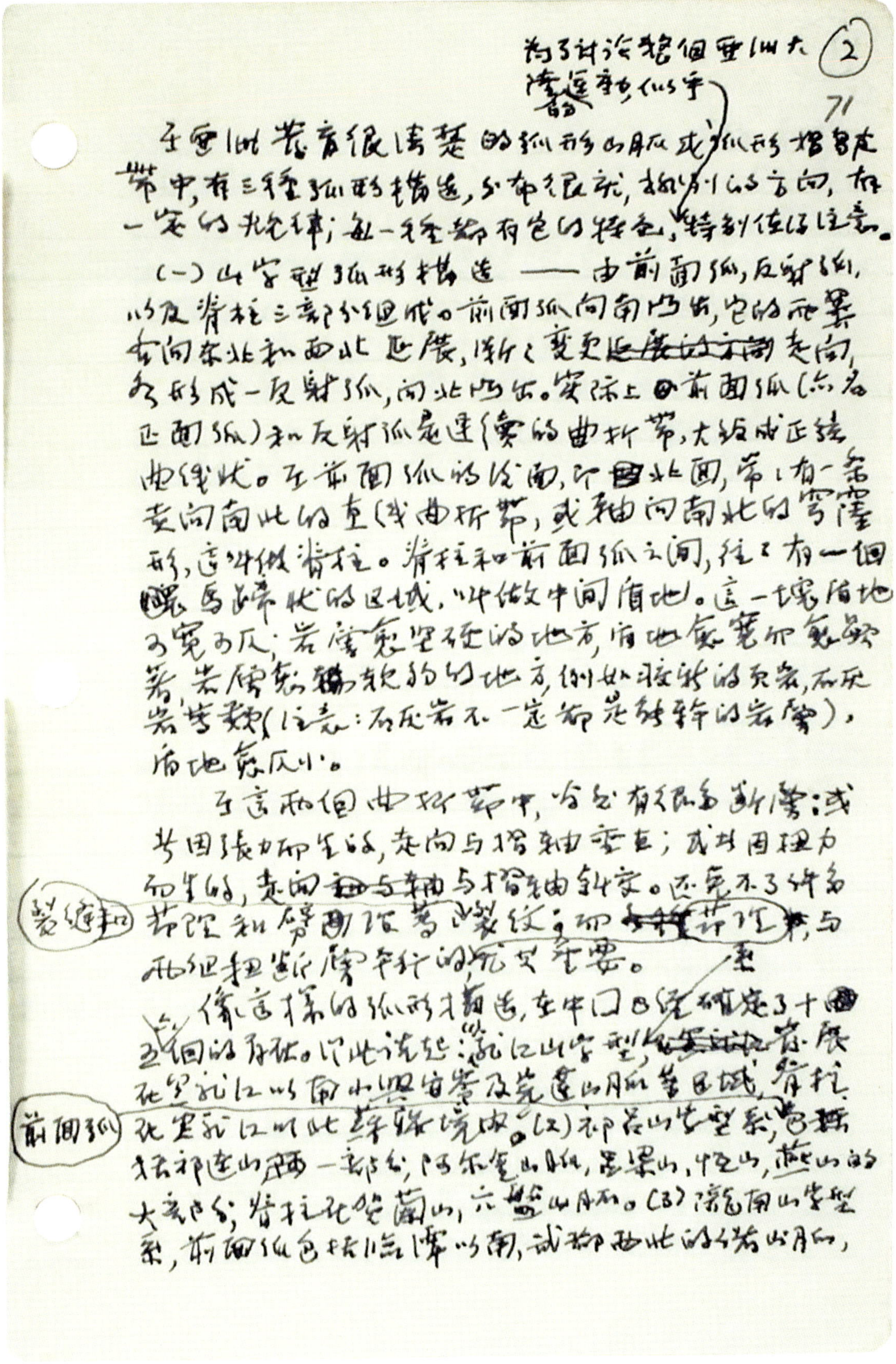
(2)

71

在亚洲也发育很清楚的弧形山脉或弧形褶皱带中，有三种弧形构造，分布很广，排列的方向，有一定的规律；每一种都有它的特色，特别值得注意。

(一)山字型弧形构造——由前面弧，反射弧，以及脊柱三部分组成。前面弧向南凸出，它的两翼分向东北和西北延展，渐渐变更走向，各形成一反射弧，向北凸出。实际上前面弧(亦名正面弧)和反射弧是连续的曲折带，大致成正弦曲线状。在前面弧的后面，即北面，常常有一条走向南北的直线曲折带，或轴向南北的穹窿形，这叫做脊柱。脊柱和前面弧之间，往往有一个比较平静的区域，叫做中间盾地。这一块盾地可宽可仄；岩层愈坚硬的地方，盾地愈宽而愈弱；岩层愈软弱的地方，例如较新的页岩，石灰岩等类(注意：石灰岩不一定都是软弱的岩层)，盾地愈仄小。

在这两个曲折带中，常常有很多断层：或是因张力而生的，走向与褶轴垂直；或是因扭力而生的，走向与褶轴斜交。还免不了许多节理和劈面及裂纹；而节理与两组扭断层平行的尤其重要。

像这样的弧形构造，在中国已经确定了十五个的存在。仅此说起：(1)淮阳山字型，前面弧展布在长江以南……及芜湖山脉等区域，脊柱在长江以北……。(2)祁吕山字型系，包括祁连山西一部分，阿尔金山脉，吕梁山，恒山，燕山的大部分；脊柱在贺兰山，六盘山脉。(3)淮南山字型系，前面弧包括临澧以南，武汉西北的诸山脉，

图为李四光《受了歪曲的亚洲大陆》论文中文手稿。

李振声

（1931 —　　）

遗传学家。生于山东淄博。1951年毕业于山东农学院农学系。1991年当选为中国科学院学部委员（院士）。曾任中国科学院遗传研究所所长、中国科学院副院长等职。获2006年度国家最高科学技术奖。

科学的作用就是了解了自然规律以后，运用这个自然规律改造自然。

当一个人通过自己的实践或研究，发现前人的结论有某些不完备、不确切或不正确的时候，就是他创造性工作的起点。

李振声

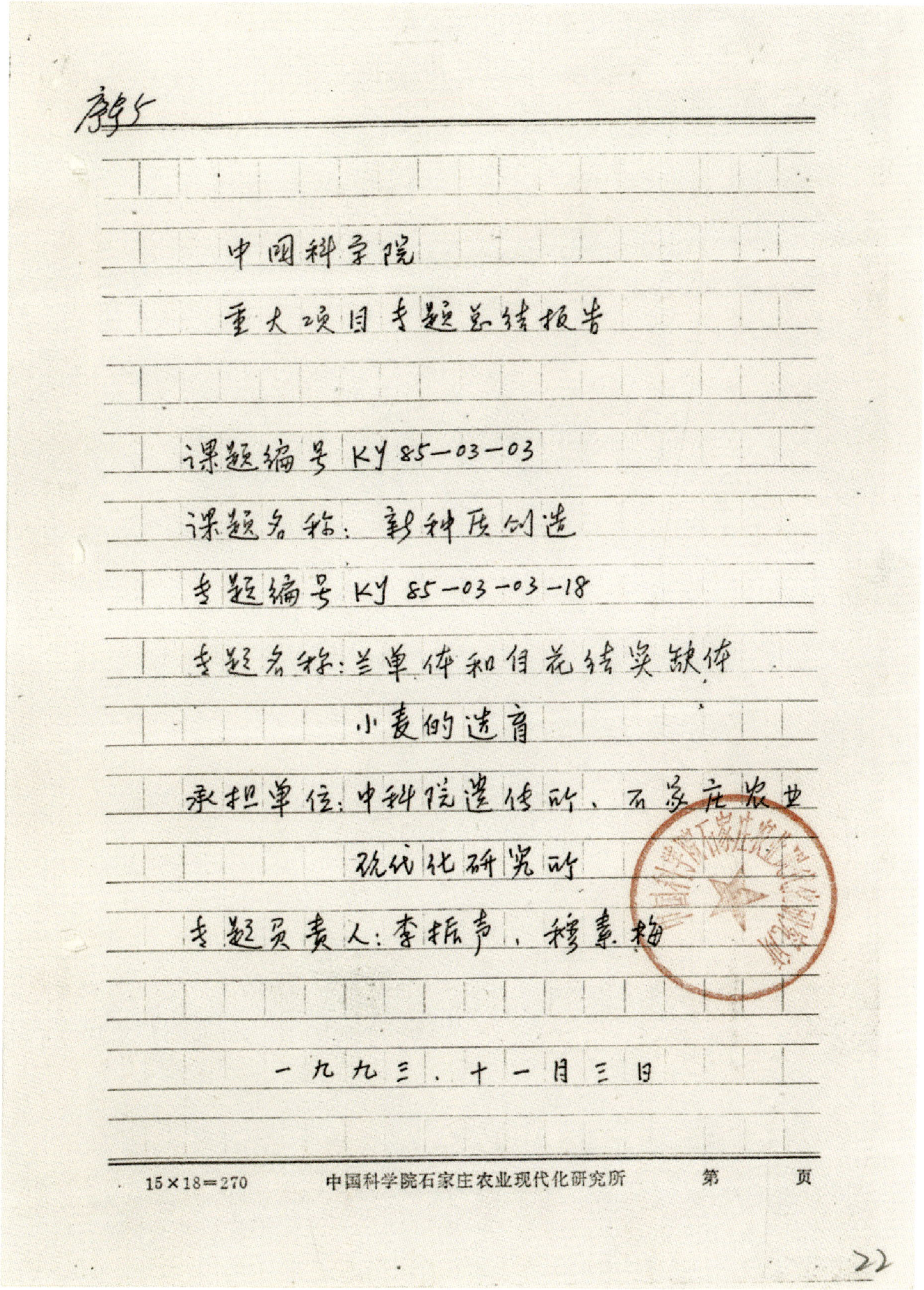
序5

中国科学院

重大项目专题总结报告

课题编号 KY 85-03-03

课题名称：新种质创造

专题编号 KY 85-03-03-18

专题名称：兰單体和自花结实缺体小麦的选育

承担單位：中科院遗传所、石家庄农业现代化研究所

专题负责人：李振声、穆素梅

一九九三．十一月三日

15×18=270　中国科学院石家庄农业现代化研究所　第　页

22

图为李振声1993年撰写的《中国科学院重大项目专题“兰单体和自花结实缺体小麦的选育”总结报告》手稿，共5页。（来源：中国科学院档案馆）

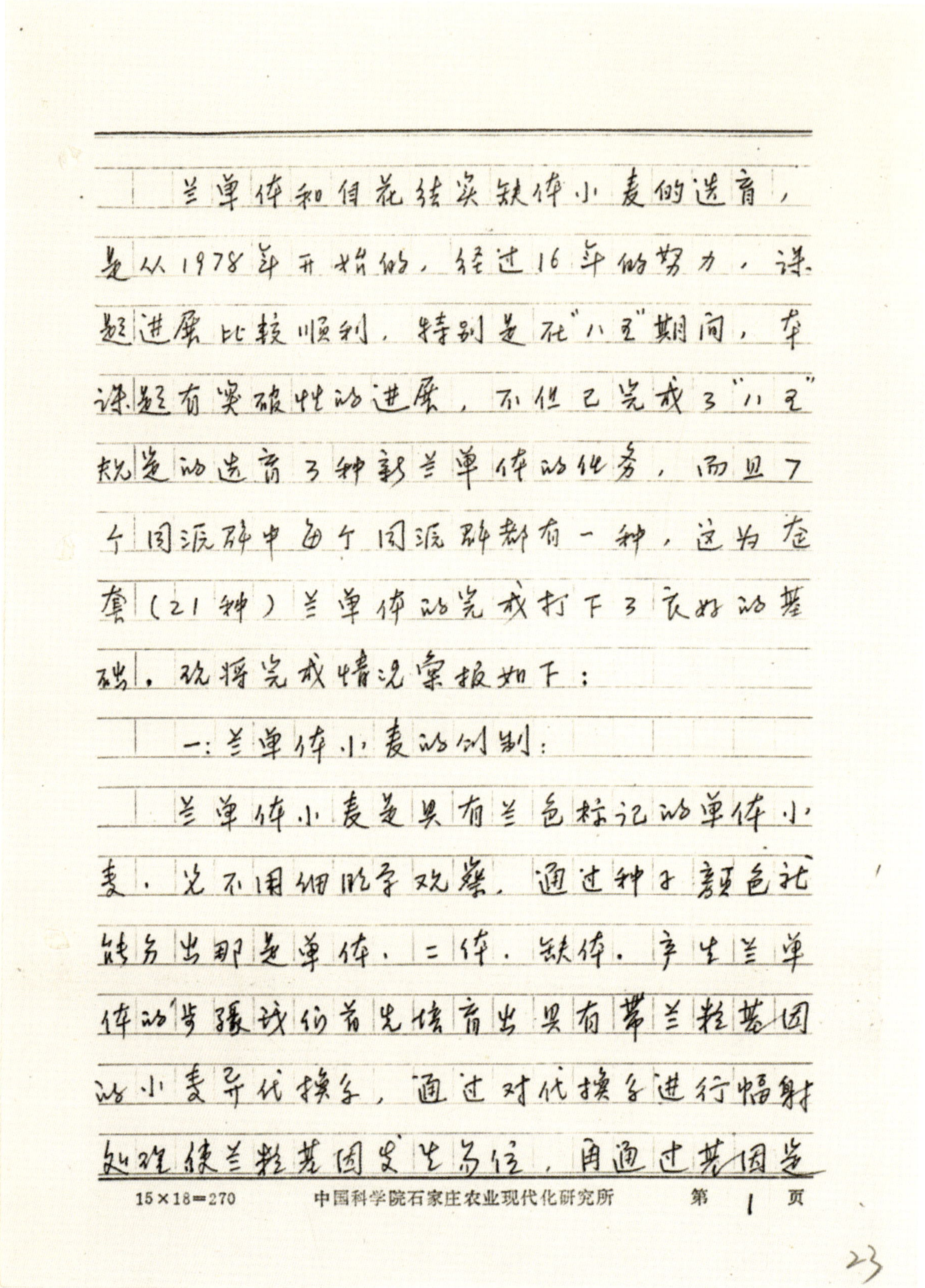

兰单体和自花结实缺体小麦的选育，是从1978年开始的，经过16年的努力，课题进展比较顺利，特别是在"八五"期间，本课题有突破性的进展，不但已完成了"八五"规定的选育3种新兰单体的任务，而且7个同源群中每个同源群都有一种，这为全套（21种）兰单体的完成打下了良好的基础。现将完成情况汇报如下：

一：兰单体小麦的创制：

兰单体小麦是具有兰色标记的单体小麦，它不用细胞学观察，通过种子颜色就能分出那是单体、二体、缺体。产生兰单体的步骤是我们首先培育出具有带兰粒基因的小麦异代换系，通过对代换系进行辐射处理使兰粒基因发生易位，再通过基因定

15×18=270　中国科学院石家庄农业现代化研究所　第 1 页

23

图为李振声《中国科学院重大项目专题"兰单体和自花结实缺体小麦的选育"总结报告》手稿。

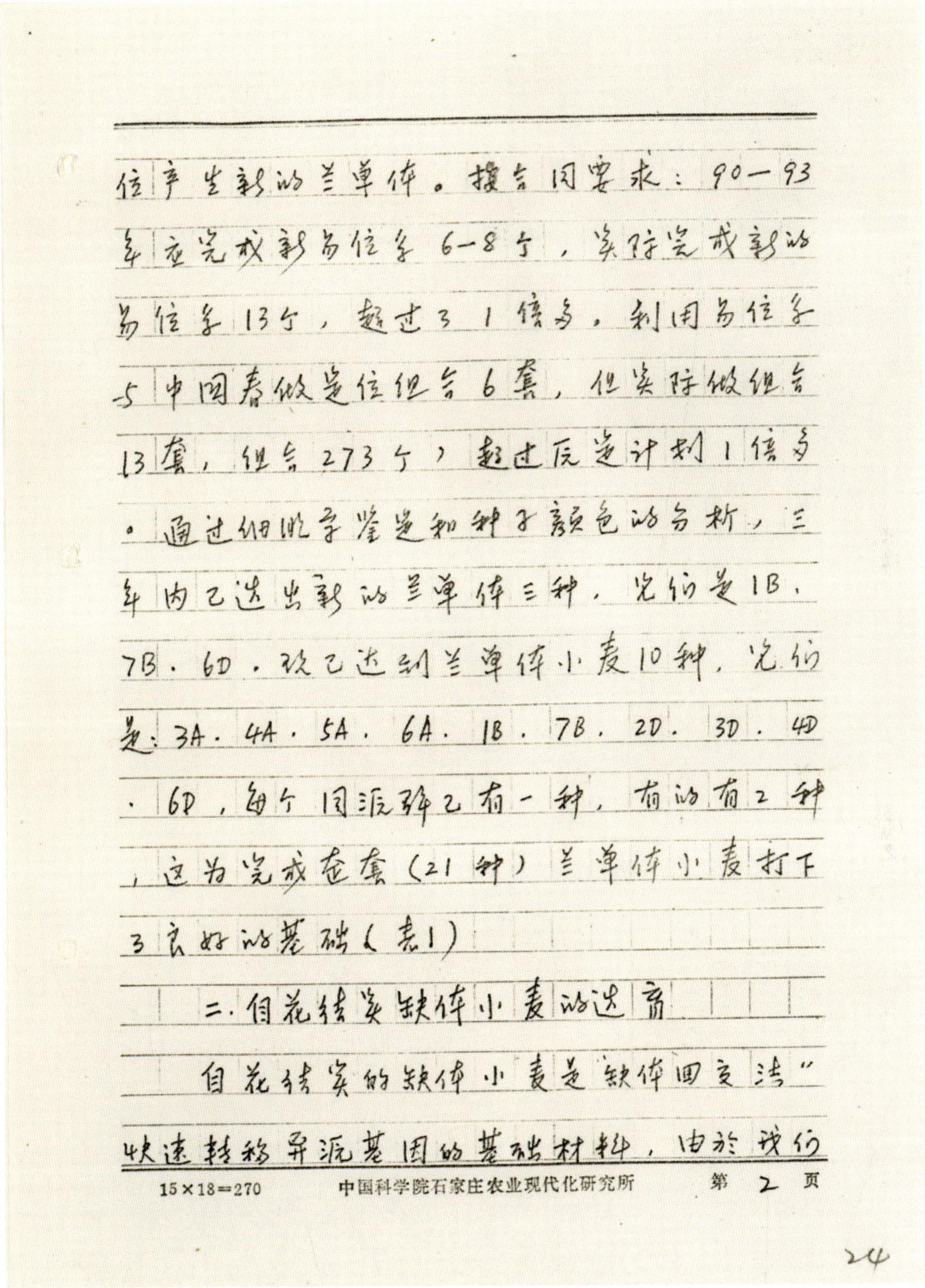

位产生新的兰单体。按合同要求：90—93年应完成新易位系6—8个，实际完成新的易位系13个，超过了1倍多。利用易位系与中国春做选位组合6套，但实际做组合13套，组合273个）超过原定计划1倍多。通过细胞学鉴定和种子颜色的分析，三年内已选出新的兰单体三种，它们是1B、7B、6D。现已选到兰单体小麦10种，它们是：3A、4A、5A、6A、1B、7B、2D、3D、4D、6D，每个同源群已有一种，有的有2种，这为完成全套（21种）兰单体小麦打下了良好的基础（表1）

二、自花结实缺体小麦的选育

自花结实的缺体小麦是缺体回交法"快速转移异源基因的基础材料，由于我们

15×18=270　中国科学院石家庄农业现代化研究所　第 2 页

24

图为李振声《中国科学院重大项目专题“兰单体和自花结实缺体小麦的选育”总结报告》手稿。

杨钟健

（1897 — 1979）

地质学、古生物学家。生于陕西华县。1923年毕业于北京大学地质系，1927年获德国慕尼黑大学哲学博士学位。1948年当选为中央研究院院士，1955年被选聘为中国科学院学部委员（院士）。曾任西北大学校长、中国科学院古脊椎动物与古人类研究所所长、北京自然博物馆馆长等职。

中国在科学事业上，到处都是新眼界、新天地，不必羡慕人家，而当开拓我们的前途。所谓困难，都是可以克服的。

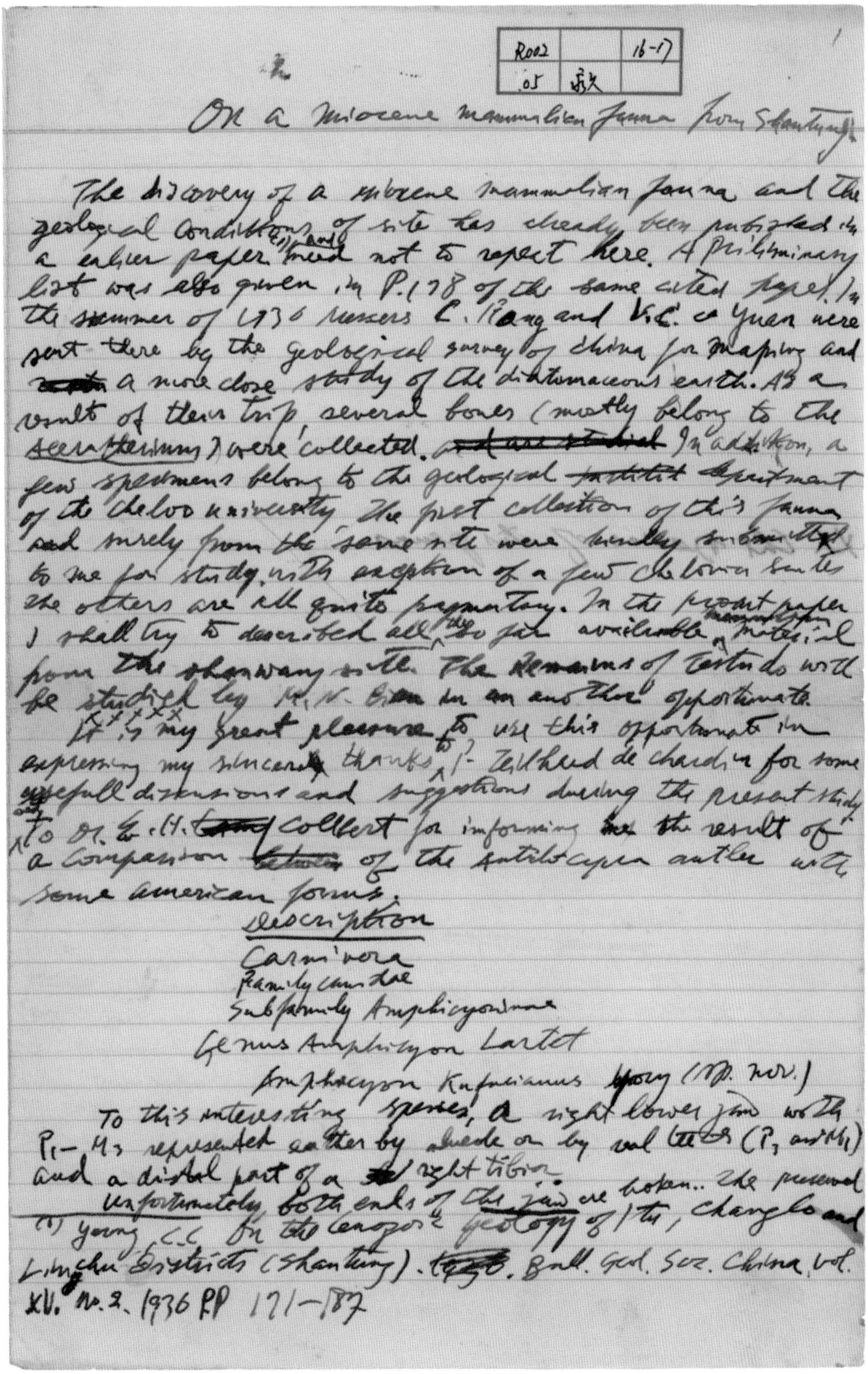
R002 | 16-17
.05 | 永久

On a Miocene mammalian fauna from Shantung

The discovery of a miocene mammalian fauna and the geological conditions of site has already been published in a earlier paper (1) and need not to repeat here. A preliminary list was also given in P.178 of the same cited paper. In the summer of 1936 messers C. Pang and Y.C. Yuan were sent there by the geological survey of China for mapping and a more close study of the diatomaceous earth. As a result of their trip several bones (mostly belong to the [illegible]) were collected. In addition, a few specimens belong to the geological department of the Cheloo university. The first collection of this fauna and surely from the same site were kindly submitted to me for study. With exception of a few Chelonian [illegible] the others are all quite fragmentary. In the present paper I shall try to described all the so far available mammalian material from the Shanwang site. The remains of Tortoise will be studied by [illegible] in another opportunity.

It is my great pleasure to use this opportunity in expressing my sincere thanks to P. Teilhard de Chardin for some useful discussions and suggestions during the present study and to Dr. E.H. Colbert for informing me the result of a comparison of the antilocapra antler with some american forms.

Description

Carnivora

Family Canidae

Subfamily Amphicyoninae

Genus Amphicyon Lartet

Amphicyon Confucianus Young (sp. nov.)

To this interesting species, a right lower jaw with P1–M3 represented either by alveole or by real teeth (P3 and M1) and a distal part of a right tibia. Unfortunately both ends of the jaw are broken. The preserved

(1) Young C.C. On the Cenozoic geology of Itu, Changlo and Linchu Districts (Shantung). Bull. Geol. Soc. China Vol. XV. No. 2. 1936 PP 171–187

图为杨钟健《山东中新统哺乳动物群》论文英文手稿，共17页。该文发表于《中国地质学会志》1937年第17卷02期。（来源：中国科学院档案馆）

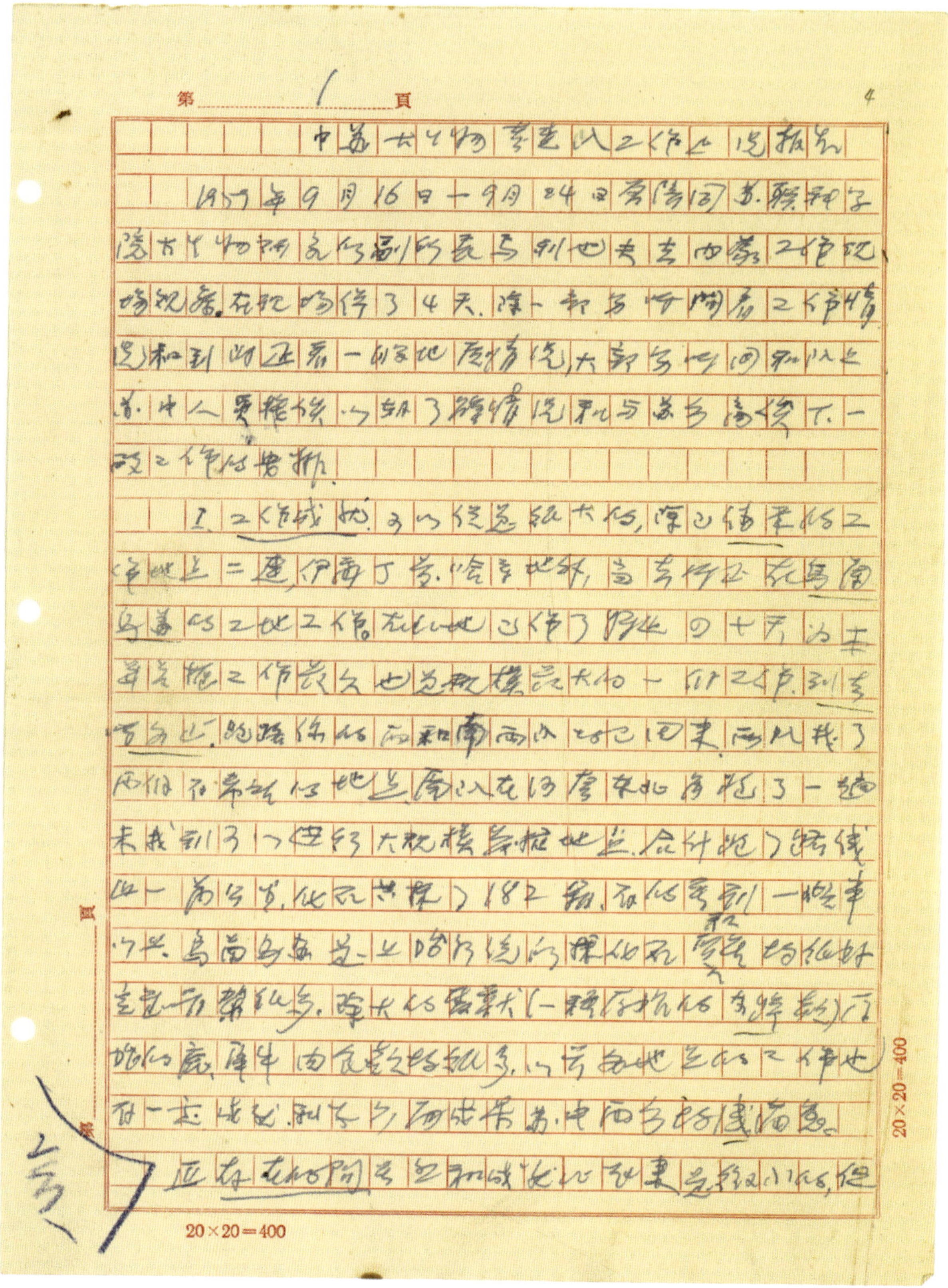

第 1 頁

中苏古生物考查队工作近况报告

图为杨钟健1959年10月2日撰写的《中苏古生物考查（察）队工作近况报告》手稿，共4页。

（来源：中国科学院档案馆）

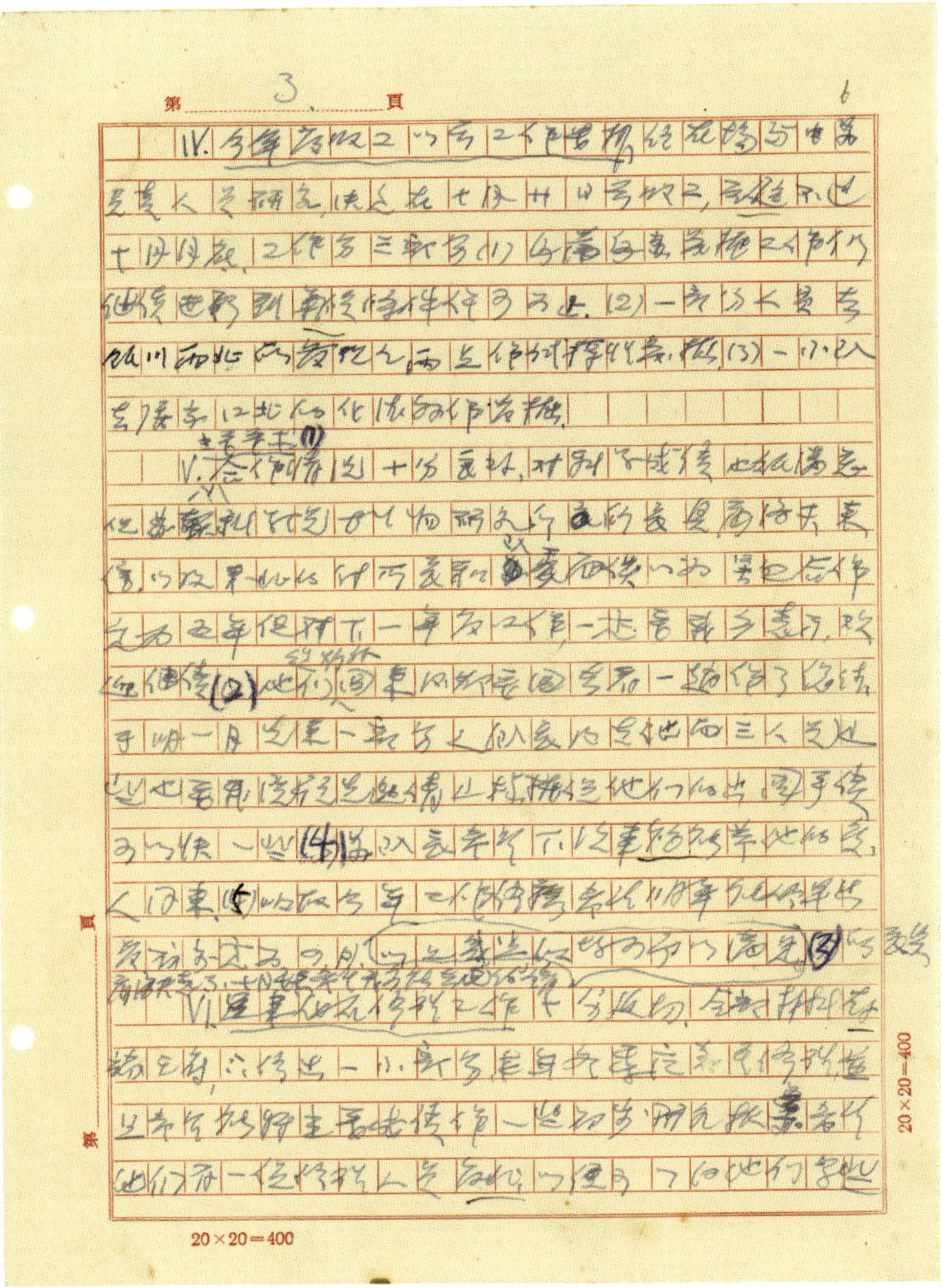

图为杨钟健《中苏古生物考查（察）队工作近况报告》手稿。

杨嘉墀

（1919 — 2006）

航天技术和自动控制专家。生于江苏吴江。1941年毕业于交通大学，1949年获美国哈佛大学博士学位。1980年当选为中国科学院学部委员（院士）。曾任中国科学院自动化研究所副所长、中国空间技术研究院副院长等职。1999年被授予“两弹一星”功勋奖章。

争名当争国家名，计利当计人民利。面对国际竞争日趋激烈的当今社会，每一步都如逆水行舟，不进则退。必须抓住每一天，利用机遇，迎接挑战，将国家的航天事业推向一个新阶段。

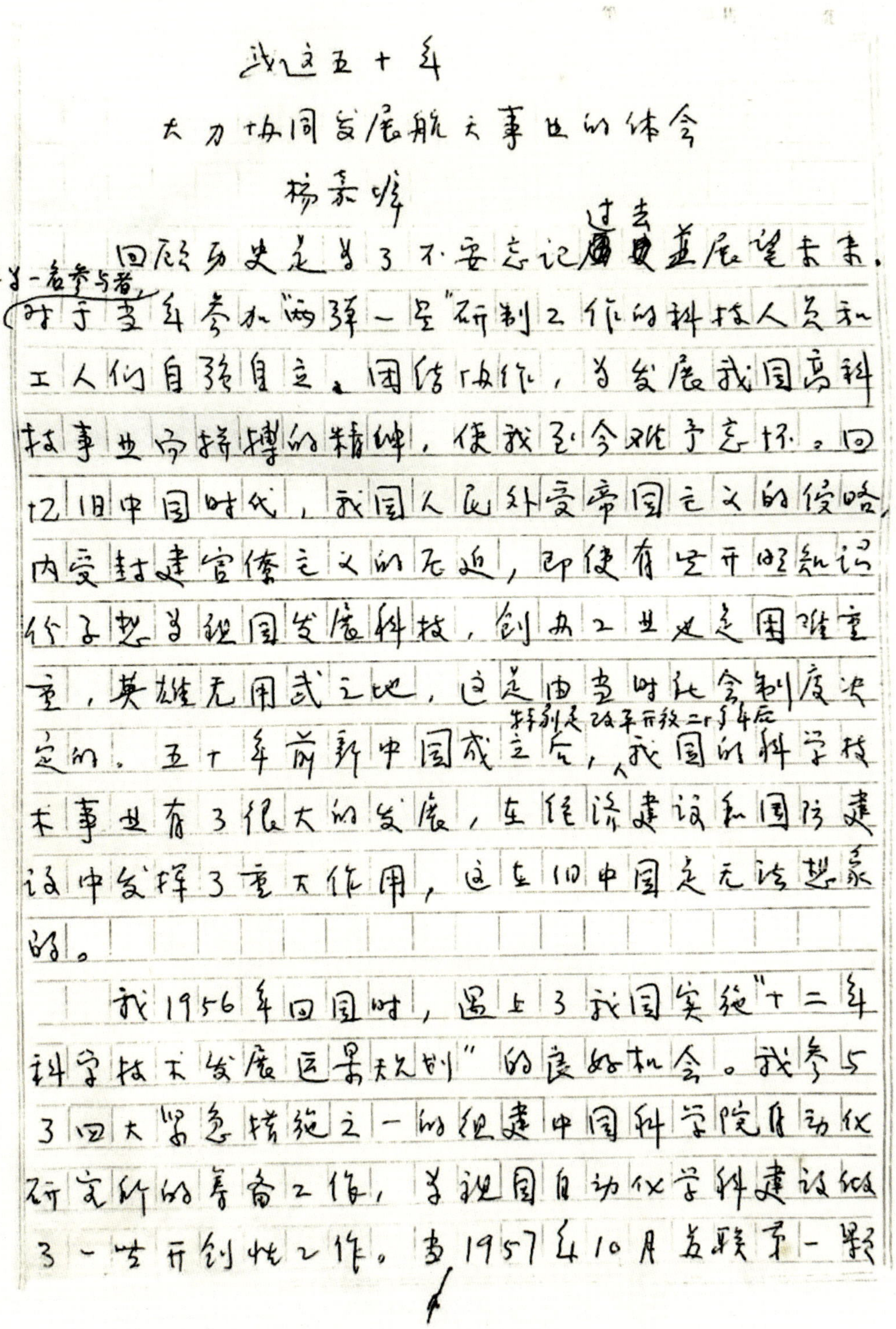

我这五十年

大力协同发展航天事业的体会

杨嘉墀

回顾历史是为了不要忘记过去并展望未来。我作为一名参与者，对于当年参加"两弹一星"研制工作的科技人员和工人们自强自立，团结协作，为发展我国高科技事业而拼搏的精神，使我至今难于忘怀。回忆旧中国时代，我国人民外受帝国主义的侵略，内受封建官僚主义的压迫，即使有些开明知识份子想为祖国发展科技，创办工业，是困难重重，英雄无用武之地，这是由当时社会制度决定的。五十年前新中国成立后，特别是改革开放二十多年后，我国的科学技术事业有了很大的发展，在经济建设和国防建设中发挥了重大作用，这在旧中国是无法想象的。

我1956年回国时，遇上了我国实施"十二年科学技术发展远景规划"的良好机会。我参与了四大紧急措施之一的组建中国科学院自动化研究所的筹备工作，为祖国自动化学科建设做了一些开创性工作。当1957年10月苏联第一颗

图为杨嘉墀《我这五十年大力协同发展航天事业的体会》手稿，共3页。该文刊登于1999年9月21日《光明日报》。（来源：中国空间技术研究院）

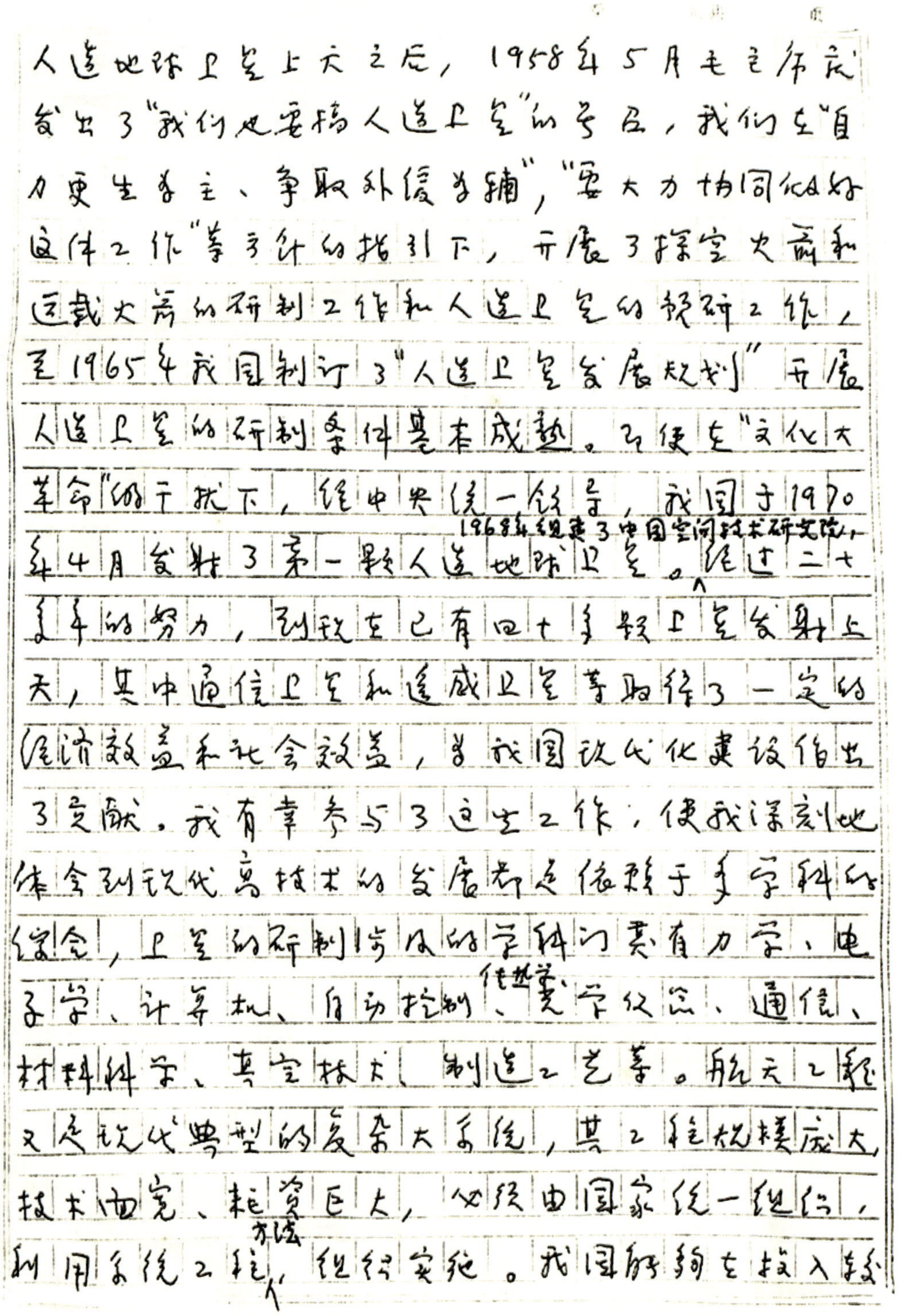

人造地球卫星上天之后，1958年5月毛主席发出了"我们也要搞人造卫星"的号召，我们在"自力更生为主、争取外援为辅"，"要大力协同做好这件工作"等方针的指引下，开展了探空火箭和运载火箭的研制工作和人造卫星的预研工作，至1965年我国制订了"人造卫星发展规划"开展人造卫星的研制条件基本成熟。即使在"文化大革命"的干扰下，经中央统一领导，我国于1970年4月发射了第一颗人造地球卫星。1968年组建了中国空间技术研究院，经过二十多年的努力，到现在已有四十多颗卫星发射上天，其中通信卫星和遥感卫星等取得了一定的经济效益和社会效益，为我国现代化建设作出了贡献。我有幸参与了这些工作，使我深刻地体会到现代高技术的发展都是依赖于多学科的综合，卫星的研制涉及的学科门类有力学、电子学、计算机、自动控制、传感器、光学仪器、通信、材料科学、真空技术、制造工艺等。航天工程又是现代典型的复杂大系统，其工程规模庞大，技术密集、耗资巨大，必须由国家统一组织，利用系统工程方法，组织实施。我国能够在投入较

图为杨嘉墀《我这五十年大力协同发展航天事业的体会》手稿。

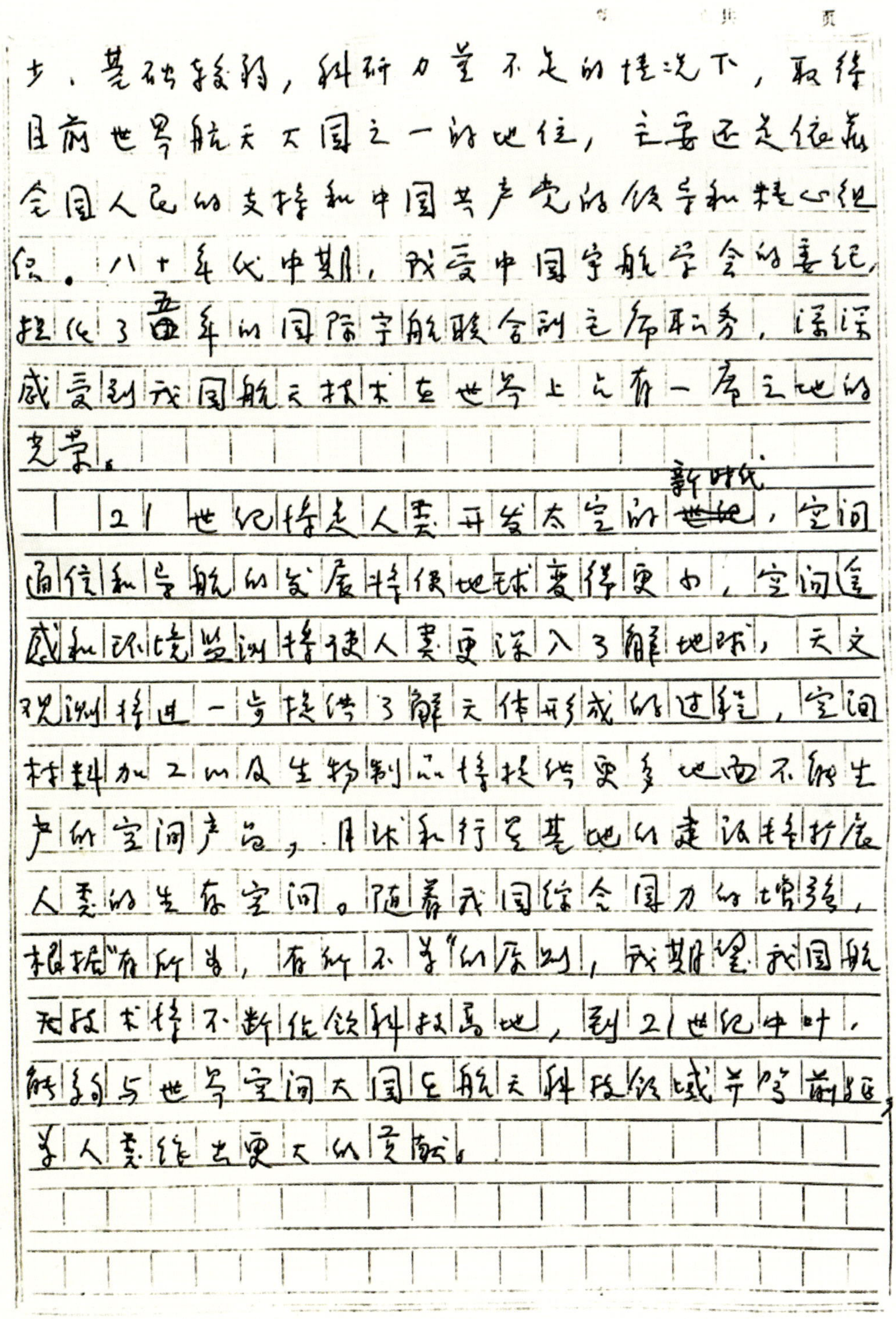

步，基础较弱，科研力量不足的情况下，取得目前世界航天大国之一的地位，主要还是依靠全国人民的支持和中国共产党的领导和精心组织。八十年代中期，我受中国宇航学会的委托，担任了五年的国际宇航联合副主席职务，深深感受到我国航天技术在世界上占有一席之地的光荣。

21世纪将是人类开发太空的新时代，空间通信和导航的发展将使地球变得更小，空间遥感和环境监测将使人类更深入了解地球，天文观测将进一步推动了解天体形成的过程，空间材料加工以及生物制品将提供更多地面不能生产的空间产品，月球和行星基地的建设将会扩展人类的生存空间。随着我国综合国力的增强，根据"有所为，有所不为"的原则，我期望我国航天技术将不断占领科技高地，到21世纪中叶，能够与世界空间大国在航天科技领域并驾齐驱，为人类作出更大的贡献。

图为杨嘉墀《我这五十年大力协同发展航天事业的体会》手稿。

杨澄中

（1913 — 1987）

核物理学家。生于江苏武进。1937年毕业于中央大学，1950年获英国利物浦大学哲学博士学位。1980年当选为中国科学院学部委员（院士）。曾任中国科学院近代物理研究所所长。

爱国报国，无怨无悔。

杨澄中

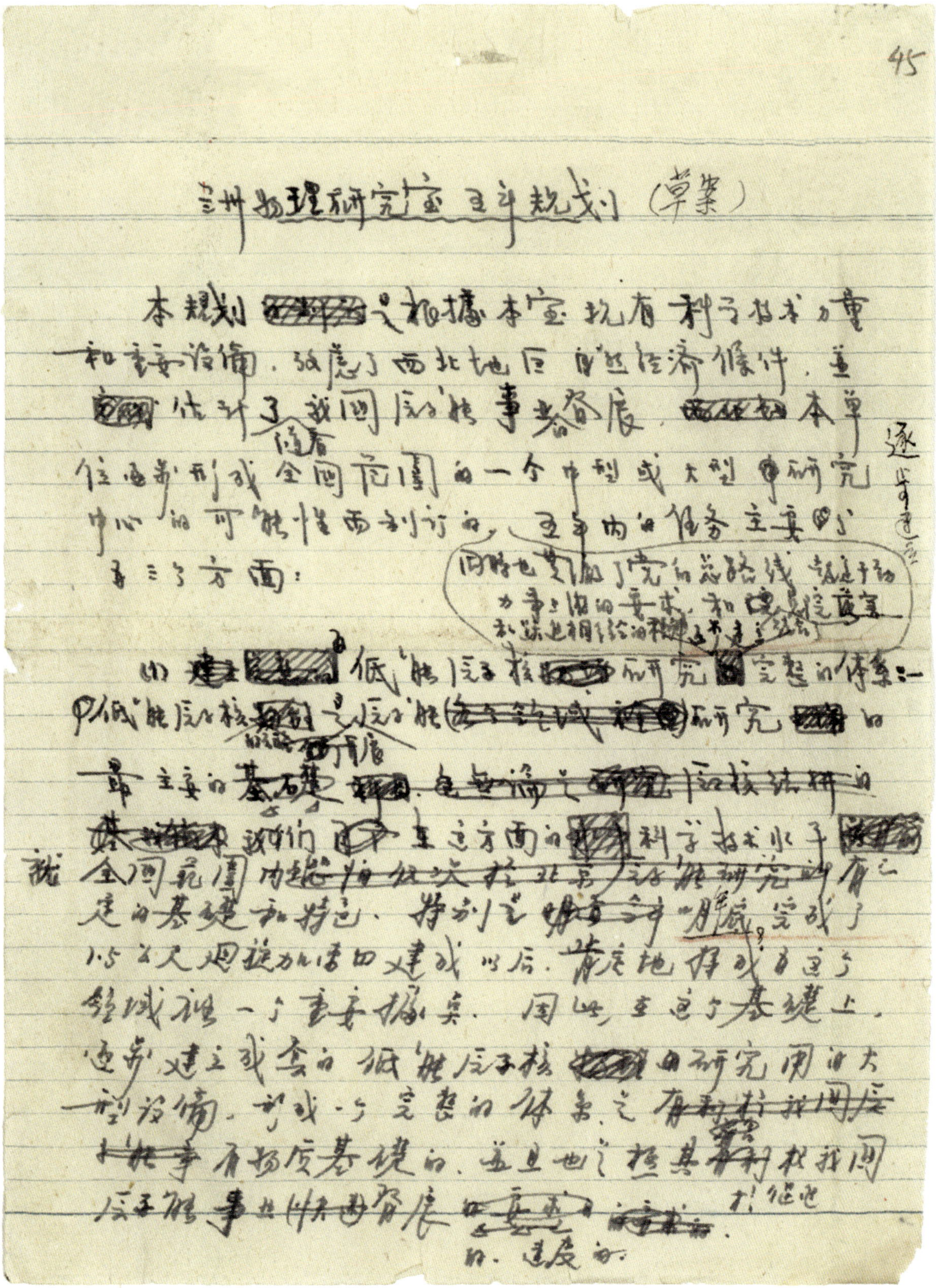

兰州物理研究室五年规划（草案）

本规划是根据本室现有科学技术力量和重要设备，考虑了西北地区的经济条件，并估计了我国原子能事业发展，本单位逐步形成全国范围的一个中型或大型研究中心的可能性而制订的。五年内的任务主要的有三个方面：

（1）低能原子核研究完整的体系：低能原子核是原子能研究的重要的基础。我们在这方面的科学技术水平在全国范围内有一定的基础和特色，特别是1.5公尺回旋加速器建成以后，肯定地将成为这个领域的一个重要据点。因此，在这个基础上，逐步建立成套的低能原子核的研究用的大型设备，形成一个完整的体系，是有物质基础的，并且也适合我国原子能事业发展的速度的。

图为杨澄中《兰州物理研究室五年规划（草案）》手稿，共8页。

（来源：中国科学院档案馆）

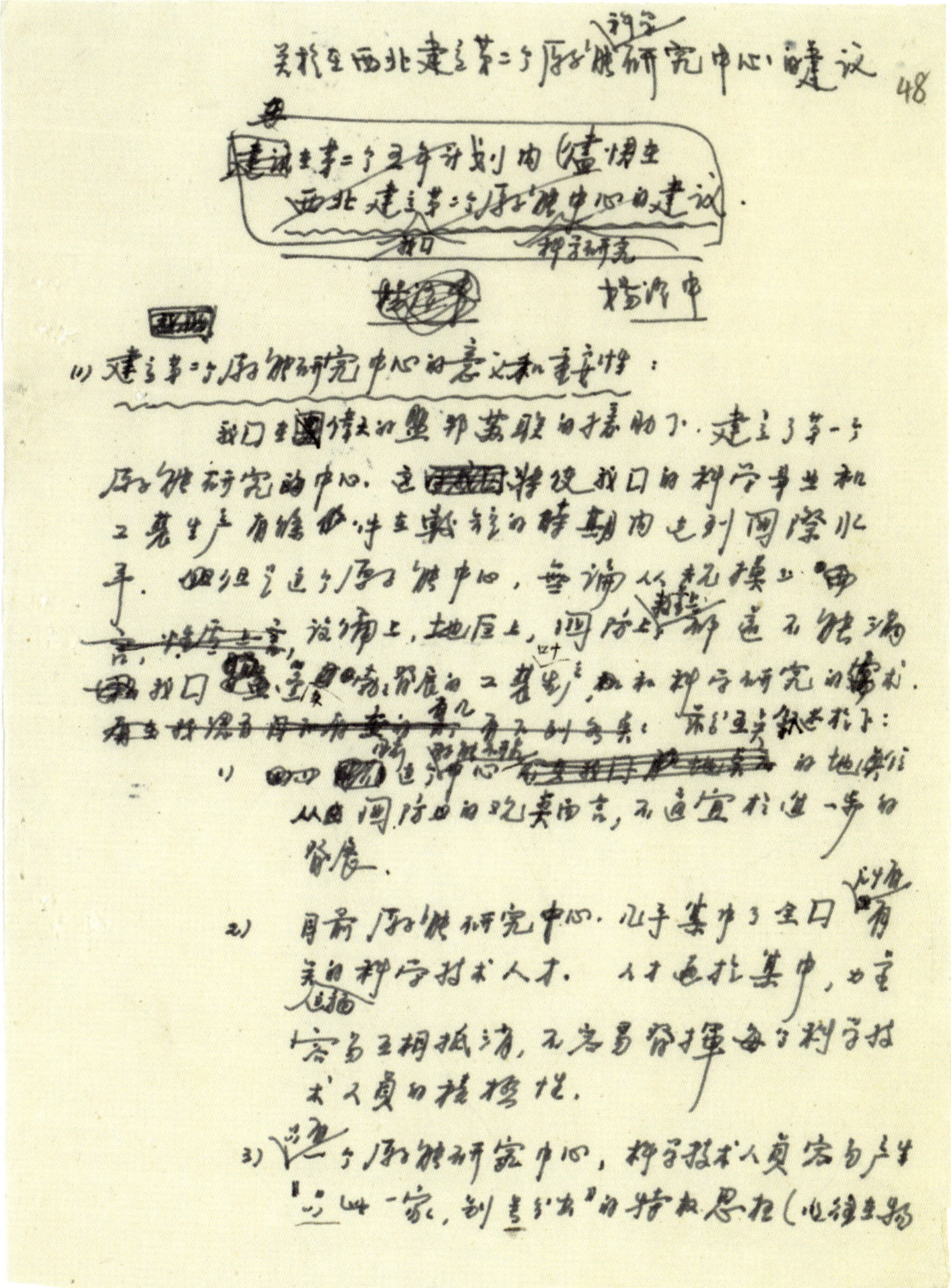
关于在西北建立第二个原子能科学研究中心的建议 48

建议在第二个五年计划内尽快在西北建立第二个原子能科学研究中心的建议

杨澄中

(1) 建立第二个原子能研究中心的意义和重要性：

我们在伟大的苏联帮助下，建立了第一个原子能研究的中心。它将使我们的科学事业和工农业生产有条件在较短的时期内达到国际水平。但只有这个原子能中心，无论从规模上、设备上、地区上、国防上都远不能满足我们迅速发展的工业化和科学研究的需求。我们认为主要缺点如下：

1) [illegible]的地点，从国防的观点而言，不适宜于进一步的发展。

2) 目前原子能研究中心几乎集中了全国所有的科学技术人才。人才过于集中，容易互相抵消，不容易发挥每个科学技术人员的积极性。

3) 只一个原子能研究中心，科学技术人员容易产生"只此一家，别无分店"的特权思想（[illegible]

图为杨澄中《关于在西北建立第二个原子能科学研究中心的建议》手稿，共5页。

（来源：中国科学院档案馆）

手稿

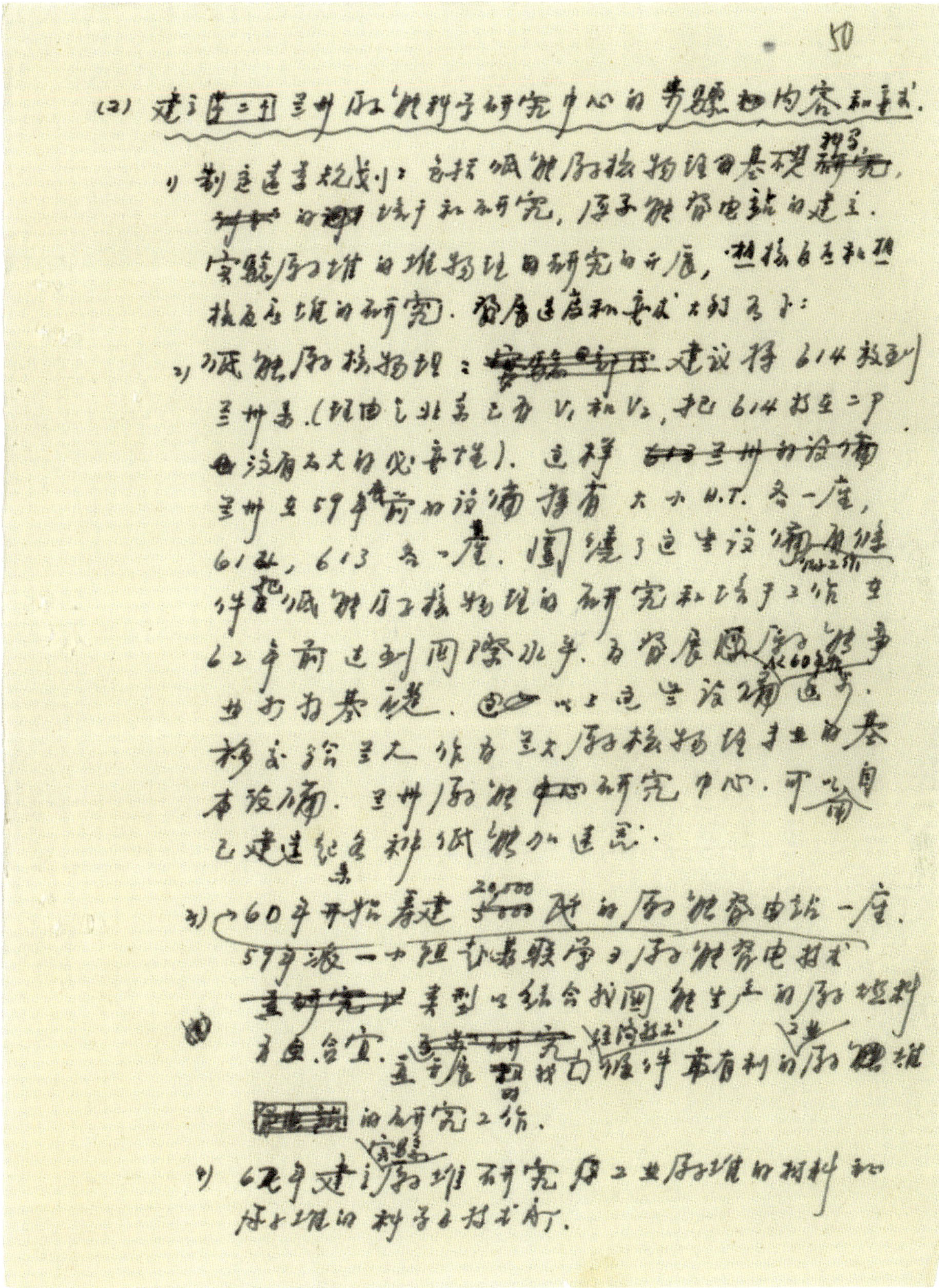

50

(2) 建立第二个兰州原子能科学研究中心的步骤和内容和意见.

1) 制定远景规划：包括低能原子核物理的基础研究、的培养和研究，原子能发电站的建立，实验原子堆的堆物理的研究与开展，热核反应和热核反应堆的研究。发展速度和意见大致如下：

2) 低能原子核物理：建议将614搬到兰州去。(理由是北京已有V_1和V_2，把614放在二部没有太大的必要性)。这样兰州在59年前的设备将有大小H.T.各一座，614，613各一座。围绕了这些设备展开低能原子核物理的研究和培养工作，在62年前达到国际水平，为发展原子能事业打好基础。以上这些设备还可移交给兰大作为兰大原子核物理专业的基本设备。兰州原子能研究中心可以自己建造能量稍高的低能加速器。

3) 60年开始筹建20000瓩的原子能发电站一座。59年派一个组赴苏联学习原子能发电技术，选型以结合我国能生产的原子燃料为适宜。并开展对我国条件有利的原子能堆的研究工作。

4) 62年建立实验原子堆研究原子工业原子堆的材料和原子堆的材料及技术问题。

图为杨澄中《关于在西北建立第二个原子能科学研究中心的建议》手稿。

吴文俊

（1919 — 2017）

数学家。生于上海。1940年毕业于交通大学，1949年获法国国家科学博士学位。1957年被选聘为中国科学院学部委员（院士）。曾任中国科学院数学与系统科学研究院研究员。1956年获中国科学院科学奖金（首届国家自然科学奖）一等奖，获2000年度国家最高科学技术奖。

我们的年轻人应该开创自己的领域，提出自己的问题。要有创新，要有自己的思想，自己的方法，这更重要。最重要的是要开创属于我们自己的研究领域，创立自己的研究方法，提出自己的研究问题。

吴文俊

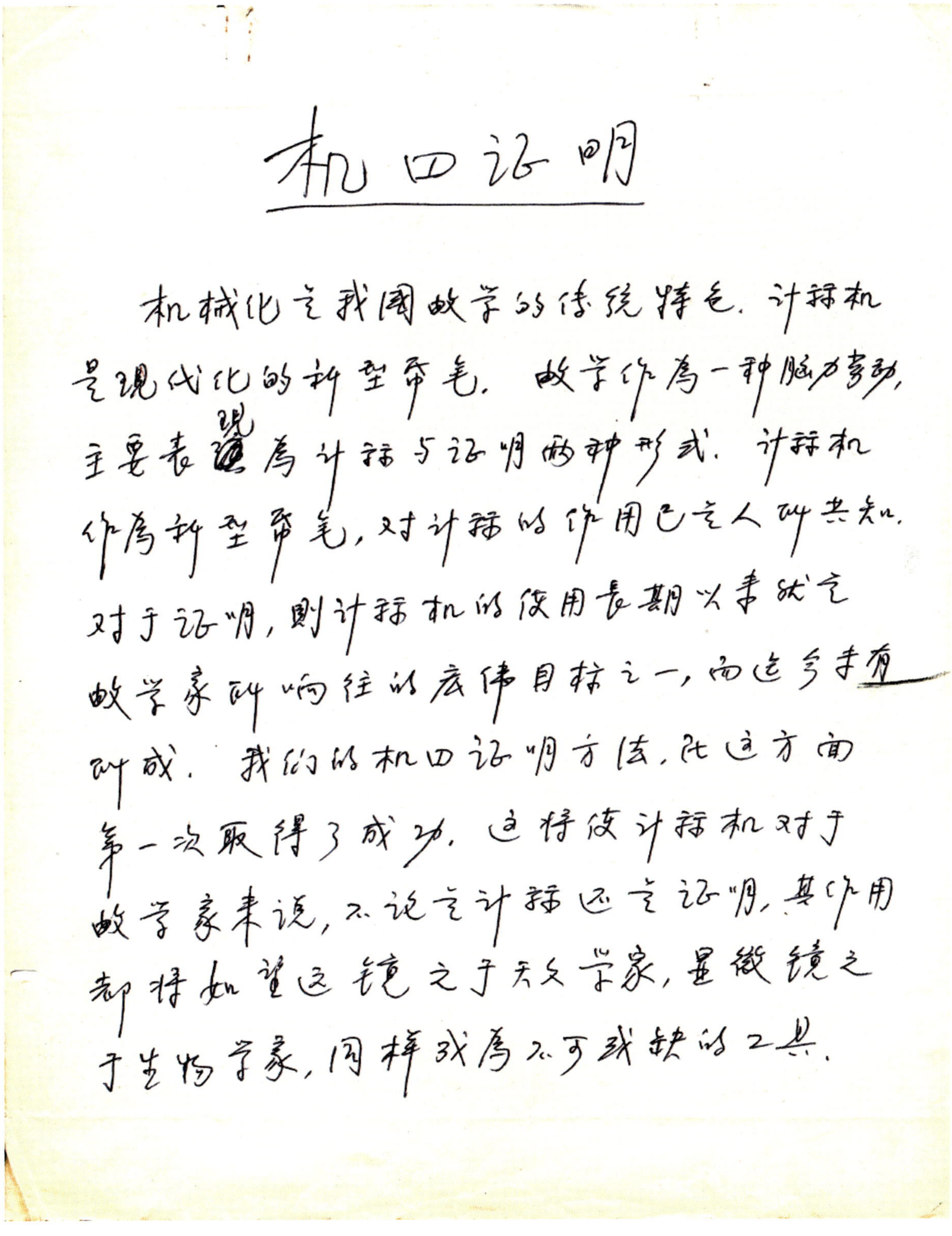
机器证明

机械化是我国数学的传统特色。计算机是现代化的新型工具。数学作为一种脑力劳动，主要表现为计算与证明两种形式。计算机作为新型工具，对计算的作用已为人所共知。对于证明，则计算机的使用长期以来就是数学家所向往的宏伟目标之一，而近年来有所成。我们的机器证明方法，在这方面第一次取得了成功。这样使计算机对于数学家来说，不论是计算还是证明，其作用都将如望远镜之于天文学家，显微镜之于生物学家，同样成为不可或缺的工具。

图为吴文俊《数学机械化》学术交流材料手稿，共45页。

（来源：中国科学院数学与系统科学研究院）

机器发明之一

固定一个夹线。任两直线与这一个夹线交成一等腰三角形时，称为反倾线。

问题：考虑反倾线的几何性质。

经过推测与机器证明，发现以下两个定理：

反倾中心定理：过三角形的三顶点所作对边的反倾线必共交于一点。

称这一点为三角形的反倾中心。

反倾中心线定理：任意四直线所成四个三角形的四个反倾中心必同在一直线上。

这两定理在HP1000上证明的时间各为1分多钟与4分多钟。

图为吴文俊《数学机械化》学术交流材料手稿。

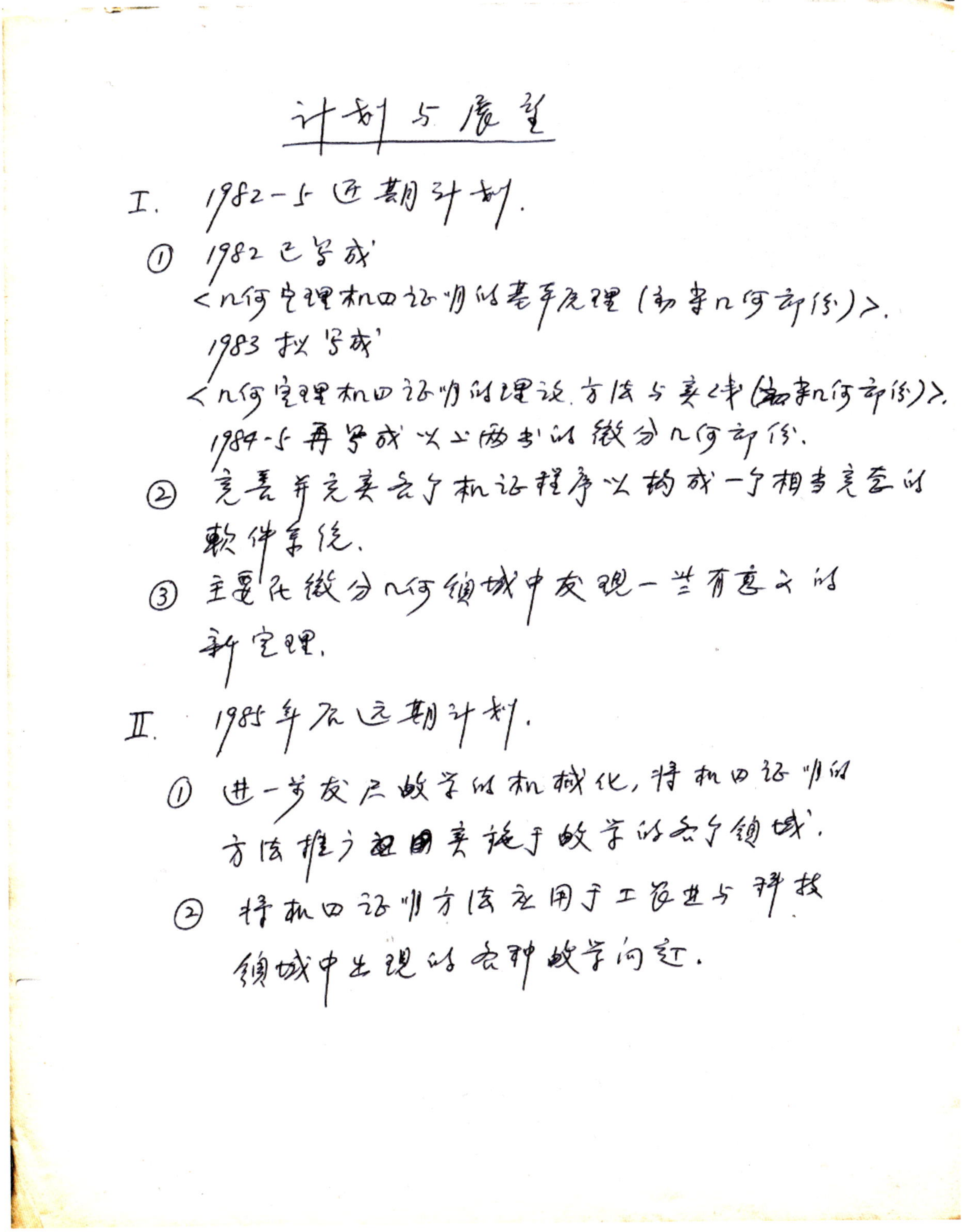
计划与展望

I. 1982-5近期计划.

① 1982已写成
《几何定理机器证明的基本原理(初等几何部分)》.
1983拟写成
《几何定理机器证明的理论、方法与实践(初等几何部分)》.
1984-5再写成以上两书的微分几何部分.

② 完善并充实各个机证程序以构成一个相当完整的软件系统.

③ 主要在微分几何领域中发现一些有意义的新定理.

II. 1985年后远期计划.

① 进一步发展数学的机械化，将机器证明的方法推广应用于数学的各个领域.

② 将机器证明方法应用于工农业与科技领域中出现的各种数学问题.

图为吴文俊《数学机械化》学术交流材料手稿。

吴仲华

（1917 — 1992）

工程热物理学家。生于上海。1940年毕业于西南联合大学，1947年获美国麻省理工学院博士学位。1957年被选聘为中国科学院学部委员（院士）。曾任清华大学教授、中国科学院工程热物理研究所所长等职。

中国人搞出来的理论首先要为中国服务。

V. 非正交曲线座标与正交曲线座标下的相对运动方程　　72.11.18

1. 相对运动方程的基本形式　$\vec{W}\times(\nabla\times\vec{V}) = \nabla I - T\nabla s$　V.(1)

对于方程(1)，我们取下述各表达式较为方便：

$\vec{W}=w^i\vec{e}_i$ (2)，$\nabla\times\vec{V}\equiv\vec{X}=x^i\vec{e}_i$ (3)，$\nabla I=\frac{\partial I}{\partial q^i}\vec{e}^i$ (4)

(4)中，$x^1=\frac{1}{\sqrt g}\left(\frac{\partial v_3}{\partial q^2}-\frac{\partial v_2}{\partial q^3}\right)$，$x^2=\frac{1}{\sqrt g}\left(\frac{\partial v_1}{\partial q^3}-\frac{\partial v_3}{\partial q^1}\right)$，$x^3=\frac{1}{\sqrt g}\left(\frac{\partial v_2}{\partial q^1}-\frac{\partial v_1}{\partial q^2}\right)$ (5)

v_i 为 $\vec V$ 的协变分量，即 $\vec V=v_i\vec e^i$ (6)，$v_i=\vec V\cdot\vec e_i=g_{ij}v^j$ (7)

于是：

$$\vec W\times(\nabla\times\vec V)=\vec W\times\vec X=w^i\vec e_i\times x^i\vec e_i=\begin{vmatrix}w^2&w^3\\x^2&x^3\end{vmatrix}\vec e_2\times\vec e_3+\begin{vmatrix}w^3&w^1\\x^3&x^1\end{vmatrix}\vec e_3\times\vec e_1+\begin{vmatrix}w^1&w^2\\x^1&x^2\end{vmatrix}\vec e_1\times\vec e_2$$

$$=\sqrt g\begin{vmatrix}\vec e^1&\vec e^2&\vec e^3\\w^1&w^2&w^3\\x^1&x^2&x^3\end{vmatrix}=\frac{\partial I}{\partial q^i}\vec e^i-T\frac{\partial s}{\partial q^i}\vec e^i \quad (8)$$

或 $[\vec W\times(\nabla\times\vec V)]_i=\sqrt g\begin{vmatrix}w^j&w^k\\x^j&x^k\end{vmatrix}$ (9)

所以方程(1)在 $\vec e^1,\vec e^2,\vec e^3$ 三个方向的分式为：—

$$w^2\left(\frac{\partial v_2}{\partial q^1}-\frac{\partial v_1}{\partial q^2}\right)-w^3\left(\frac{\partial v_1}{\partial q^3}-\frac{\partial v_3}{\partial q^1}\right)=\frac{\partial I}{\partial q^1}-T\frac{\partial s}{\partial q^1} \quad (10a)$$

$$w^3\left(\frac{\partial v_3}{\partial q^2}-\frac{\partial v_2}{\partial q^3}\right)-w^1\left(\frac{\partial v_2}{\partial q^1}-\frac{\partial v_1}{\partial q^2}\right)=\frac{\partial I}{\partial q^2}-T\frac{\partial s}{\partial q^2} \quad (10b)$$

$$w^1\left(\frac{\partial v_1}{\partial q^3}-\frac{\partial v_3}{\partial q^1}\right)-w^2\left(\frac{\partial v_3}{\partial q^2}-\frac{\partial v_2}{\partial q^3}\right)=\frac{\partial I}{\partial q^3}-T\frac{\partial s}{\partial q^3} \quad (10c)$$

以上三式与 TN 2604 中在正交曲线座标 r, φ, z 下的(95)三式相当，也就是四中(12a)—(12c)三式。

2. 取非正交曲线座标 q^1,q^2 于子午面上（而非 z, r），取 $q^3=\varphi$ 时的相对运动方程

这时，$ds_3=\sqrt{g_{33}}\,d\varphi$，$\sqrt{g_{33}}=r$ (11)

$g=r^2 g_{11}g_{22}\cos^2(\theta_1-\theta_2)$ (12)

$W^3=W_\varphi$，$w^3=\frac{W^3}{\sqrt{g_{33}}}=\frac{W_\varphi}{r}$ (13)

$V^3=V_\varphi$，$v^3=\frac{V^3}{\sqrt{g_{33}}}=\frac{V_\varphi}{r}$ (14)

$V^1=W^1$，$V^2=W^2$ (15)

$v^1=w^1=\frac{V^1}{\sqrt{g_{11}}}=\frac{W^1}{\sqrt{g_{11}}}$ (16)，$v^2=w^2=\frac{W^2}{\sqrt{g_{22}}}$ (17)

$v_1=w_1=\vec W_2\cdot\vec e_1=[W^1+W^2\sin(\theta_1-\theta_2)]\sqrt{g_{11}}$ (18)

$v_2=w_2=\vec W_1\cdot\vec e_2=[W^2+W^1\sin(\theta_1-\theta_2)]\sqrt{g_{22}}$ (19)

（参看右图。上二式与 I(17), I(18) 相同）

$\vec e^3=\frac{1}{\sqrt g}\vec e_1\times\vec e_2=\frac{1}{r}\vec u^3$，

∴ $\sqrt{g^{33}}=\frac{1}{r}$ (20)

$w_3=\vec W\cdot\vec e_3=W_\varphi r$ (21)

$v_3=V_\varphi r$ (22)

将(18), (19), (22)代入(5)式得

$$x^1=\frac{1}{\sqrt g}\left[\frac{\partial(V_\varphi r)}{\partial q^2}-\frac{\partial w_2}{\partial\varphi}\right] \quad (23a)$$

$$x^2=\frac{1}{\sqrt g}\left[\frac{\partial w_1}{\partial\varphi}-\frac{\partial(V_\varphi r)}{\partial q^1}\right] \quad (23b)$$

$$x^3=\frac{1}{\sqrt g}\left[\frac{\partial w_2}{\partial q^1}-\frac{\partial w_1}{\partial q^2}\right] \quad (23c)$$

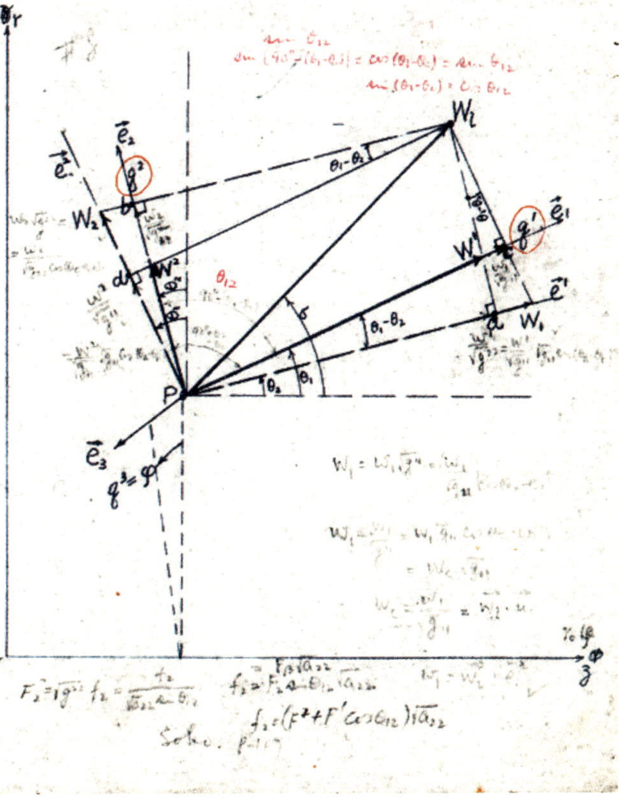

图为吴仲华1972年11月撰写的《非正交曲线坐标与正交曲线坐标下的相对运动方程》论文手稿，共7页。（来源：中国科学院工程热物理研究所）

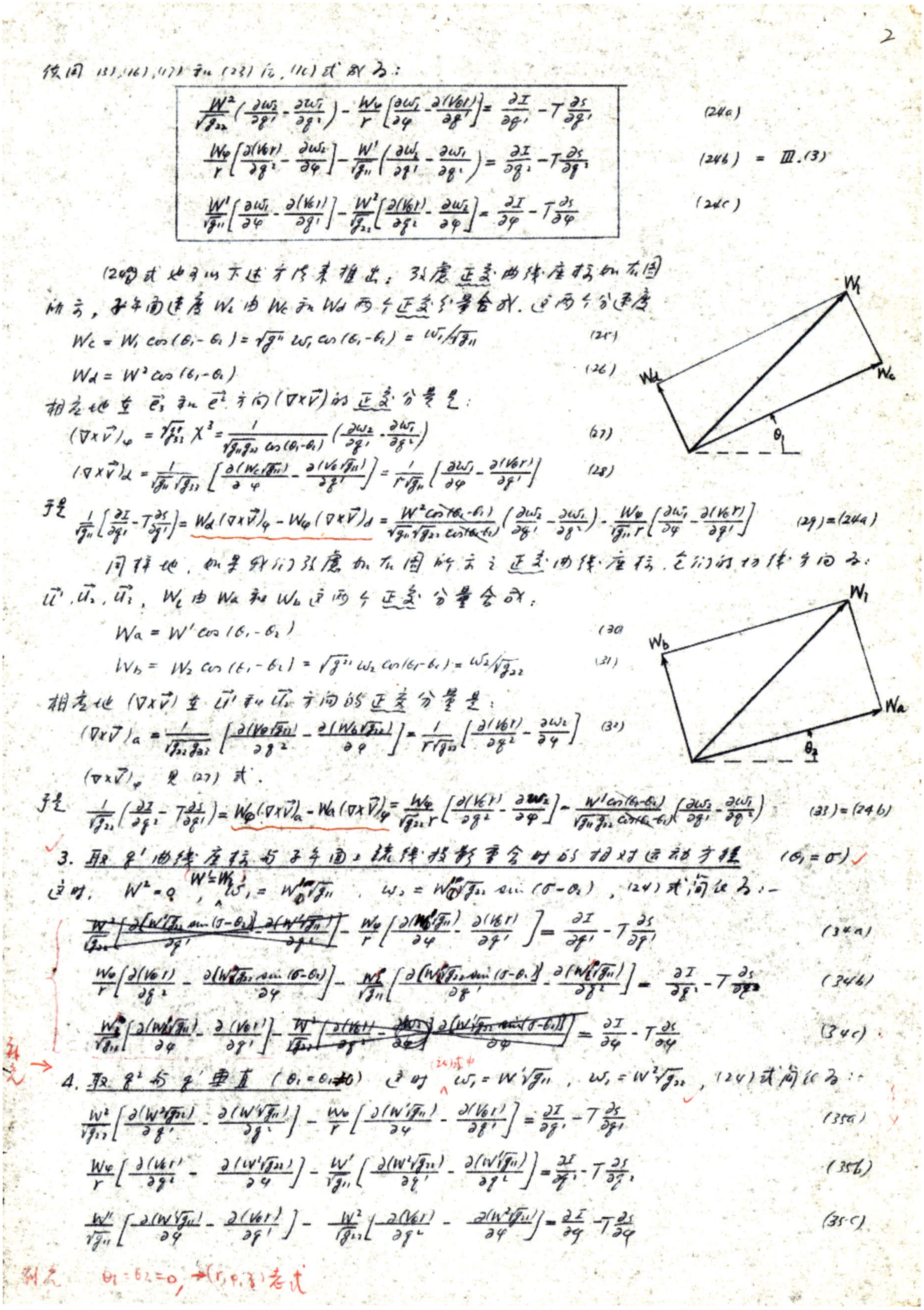

2

经用 (13), (16), (17) 和 (23) 后，(1c) 式成为：

$$\frac{W^2}{\sqrt{g_{22}}}\left(\frac{\partial w_2}{\partial q^1}-\frac{\partial w_1}{\partial q^2}\right)-\frac{W_\varphi}{r}\left[\frac{\partial w_1}{\partial \varphi}-\frac{\partial (V_\theta r)}{\partial q^1}\right]=\frac{\partial I}{\partial q^1}-T\frac{\partial s}{\partial q^1} \quad (24a)$$

$$\frac{W_\varphi}{r}\left[\frac{\partial (V_\theta r)}{\partial q^2}-\frac{\partial w_2}{\partial \varphi}\right]-\frac{W^1}{\sqrt{g_{11}}}\left(\frac{\partial w_2}{\partial q^1}-\frac{\partial w_1}{\partial q^2}\right)=\frac{\partial I}{\partial q^2}-T\frac{\partial s}{\partial q^2} \quad (24b) = \text{III}.(3)$$

$$\frac{W^1}{\sqrt{g_{11}}}\left[\frac{\partial w_1}{\partial \varphi}-\frac{\partial (V_\theta r)}{\partial q^1}\right]-\frac{W^2}{\sqrt{g_{22}}}\left[\frac{\partial (V_\theta r)}{\partial q^2}-\frac{\partial w_2}{\partial \varphi}\right]=\frac{\partial I}{\partial \varphi}-T\frac{\partial s}{\partial \varphi} \quad (24c)$$

(24)式也可以下述方法来推出：设考虑正交曲线座标如右图所示，子午面速度 W_l 由 W_c 和 W_d 两个正交分量合成。这两个分速度

$$W_c = W_1\cos(\theta_1-\theta_1) = \sqrt{g^{11}}\, w_1 \cos(\theta_1-\theta_1) = w_1/\sqrt{g_{11}} \quad (25)$$

$$W_d = W^2\cos(\theta_1-\theta_1) \quad (26)$$

相应地在 $\vec{e}_3$ 和 $\vec{e}^2$ 方向 $(\nabla\times\vec{V})$ 的正交分量是：

$$(\nabla\times\vec{V})_\varphi = \sqrt{g_{33}}\,\chi^3 = \frac{1}{\sqrt{g_{11}g_{22}}\cos(\theta_1-\theta_1)}\left(\frac{\partial w_2}{\partial q^1}-\frac{\partial w_1}{\partial q^2}\right) \quad (27)$$

$$(\nabla\times\vec{V})_d = \frac{1}{\sqrt{g_{11}}\sqrt{g_{33}}}\left[\frac{\partial (W_c\sqrt{g_{11}})}{\partial \varphi}-\frac{\partial (V_\theta\sqrt{g_{33}})}{\partial q^1}\right] = \frac{1}{r\sqrt{g_{11}}}\left[\frac{\partial w_1}{\partial \varphi}-\frac{\partial (V_\theta r)}{\partial q^1}\right] \quad (28)$$

于是

$$\frac{1}{\sqrt{g_{11}}}\left[\frac{\partial I}{\partial q^1}-T\frac{\partial s}{\partial q^1}\right]=W_d(\nabla\times\vec{V})_\varphi - W_\varphi(\nabla\times\vec{V})_d = \frac{W^2\cos(\theta_1-\theta_1)}{\sqrt{g_{11}}\sqrt{g_{22}}\cos(\theta_1-\theta_1)}\left(\frac{\partial w_2}{\partial q^1}-\frac{\partial w_1}{\partial q^2}\right)-\frac{W_\varphi}{\sqrt{g_{11}}\,r}\left[\frac{\partial w_1}{\partial \varphi}-\frac{\partial (V_\theta r)}{\partial q^1}\right] \quad (29)=(24a)$$

同样地，如果我们考虑如右图所示之正交曲线座标，它们的相(?)体方向为：$\vec{u}^1, \vec{u}_2, \vec{u}_3$，$W_l$ 由 W_a 和 W_b 这两个正交分量合成：

$$W_a = W^1\cos(\theta_1-\theta_2) \quad (30)$$

$$W_b = W_2\cos(\theta_1-\theta_2) = \sqrt{g^{22}}\, w_2\cos(\theta_1-\theta_2) = w_2/\sqrt{g_{22}} \quad (31)$$

相应地 $(\nabla\times\vec{V})$ 在 $\vec{u}^1$ 和 $\vec{u}_2$ 方向的正交分量是：

$$(\nabla\times\vec{V})_a = \frac{1}{\sqrt{g_{22}g_{33}}}\left[\frac{\partial (V_\theta\sqrt{g_{33}})}{\partial q^2}-\frac{\partial (W_b\sqrt{g_{22}})}{\partial \varphi}\right] = \frac{1}{r\sqrt{g_{22}}}\left[\frac{\partial (V_\theta r)}{\partial q^2}-\frac{\partial w_2}{\partial \varphi}\right] \quad (32)$$

$(\nabla\times\vec{V})_\varphi$ 见 (27) 式。

于是

$$\frac{1}{\sqrt{g_{22}}}\left(\frac{\partial I}{\partial q^2}-T\frac{\partial s}{\partial q^2}\right)=W_\varphi(\nabla\times\vec{V})_a - W_a(\nabla\times\vec{V})_\varphi = \frac{W_\varphi}{\sqrt{g_{22}}\,r}\left[\frac{\partial (V_\theta r)}{\partial q^2}-\frac{\partial w_2}{\partial \varphi}\right]-\frac{W^1\cos(\theta_1-\theta_1)}{\sqrt{g_{11}g_{22}}\cos(\theta_1-\theta_1)}\left(\frac{\partial w_2}{\partial q^1}-\frac{\partial w_1}{\partial q^2}\right) \quad (33)=(24b)$$

3. 取 q^1 曲线座标与子午面上流线投影重合时的相对运动方程 $(\theta_1=\sigma)$

这时，$W^2=0$，（$W^1=W_l$）$w_1 = W_l\sqrt{g_{11}}$，$w_2 = W_l\sqrt{g_{22}}\sin(\sigma-\theta_2)$，(24)式简化为：

$$\frac{W^2}{\sqrt{g_{22}}}\left[\frac{\partial (W^1\sqrt{g_{22}}\sin(\sigma-\theta_2))}{\partial q^1}-\frac{\partial (W^1\sqrt{g_{11}})}{\partial q^2}\right]-\frac{W_\varphi}{r}\left[\frac{\partial (W_l\sqrt{g_{11}})}{\partial \varphi}-\frac{\partial (V_\theta r)}{\partial q^1}\right]=\frac{\partial I}{\partial q^1}-T\frac{\partial s}{\partial q^1} \quad (34a)$$

$$\frac{W_\varphi}{r}\left[\frac{\partial (V_\theta r)}{\partial q^2}-\frac{\partial (W_l\sqrt{g_{22}}\sin(\sigma-\theta_2))}{\partial \varphi}\right]-\frac{W_l}{\sqrt{g_{11}}}\left[\frac{\partial (W_l\sqrt{g_{22}}\sin(\sigma-\theta_2))}{\partial q^1}-\frac{\partial (W_l\sqrt{g_{11}})}{\partial q^2}\right]=\frac{\partial I}{\partial q^2}-T\frac{\partial s}{\partial q^2} \quad (34b)$$

$$\frac{W_l}{\sqrt{g_{11}}}\left[\frac{\partial (W_l\sqrt{g_{11}})}{\partial \varphi}-\frac{\partial (V_\theta r)}{\partial q^1}\right]-\frac{W^2}{\sqrt{g_{22}}}\left[\frac{\partial (V_\theta r)}{\partial q^2}-\frac{\partial (W^1\sqrt{g_{22}}\sin(\sigma-\theta_2))}{\partial \varphi}\right]=\frac{\partial I}{\partial \varphi}-T\frac{\partial s}{\partial \varphi} \quad (34c)$$

补充 →

4. 取 q^2 与 q^1 垂直 $(\theta_1=\theta_2\neq0)$ 这时 (24)式中 $w_1 = W^1\sqrt{g_{11}}$，$w_2 = W^2\sqrt{g_{22}}$，(24)式简化为：

$$\frac{W^2}{\sqrt{g_{22}}}\left[\frac{\partial (W^2\sqrt{g_{22}})}{\partial q^1}-\frac{\partial (W^1\sqrt{g_{11}})}{\partial q^2}\right]-\frac{W_\varphi}{r}\left[\frac{\partial (W^1\sqrt{g_{11}})}{\partial \varphi}-\frac{\partial (V_\theta r)}{\partial q^1}\right]=\frac{\partial I}{\partial q^1}-T\frac{\partial s}{\partial q^1} \quad (35a)$$

$$\frac{W_\varphi}{r}\left[\frac{\partial (V_\theta r)}{\partial q^2}-\frac{\partial (W^2\sqrt{g_{22}})}{\partial \varphi}\right]-\frac{W^1}{\sqrt{g_{11}}}\left[\frac{\partial (W^2\sqrt{g_{22}})}{\partial q^1}-\frac{\partial (W^1\sqrt{g_{11}})}{\partial q^2}\right]=\frac{\partial I}{\partial q^2}-T\frac{\partial s}{\partial q^2} \quad (35b)$$

$$\frac{W^1}{\sqrt{g_{11}}}\left[\frac{\partial (W^1\sqrt{g_{11}})}{\partial \varphi}-\frac{\partial (V_\theta r)}{\partial q^1}\right]-\frac{W^2}{\sqrt{g_{22}}}\left[\frac{\partial (V_\theta r)}{\partial q^2}-\frac{\partial (W^2\sqrt{g_{22}})}{\partial \varphi}\right]=\frac{\partial I}{\partial \varphi}-T\frac{\partial s}{\partial \varphi} \quad (35c)$$

补充 $\theta_1=\theta_2=0$，→ (r,φ,z) 之式

图为吴仲华《非正交曲线坐标与正交曲线坐标下的相对运动方程》论文手稿。

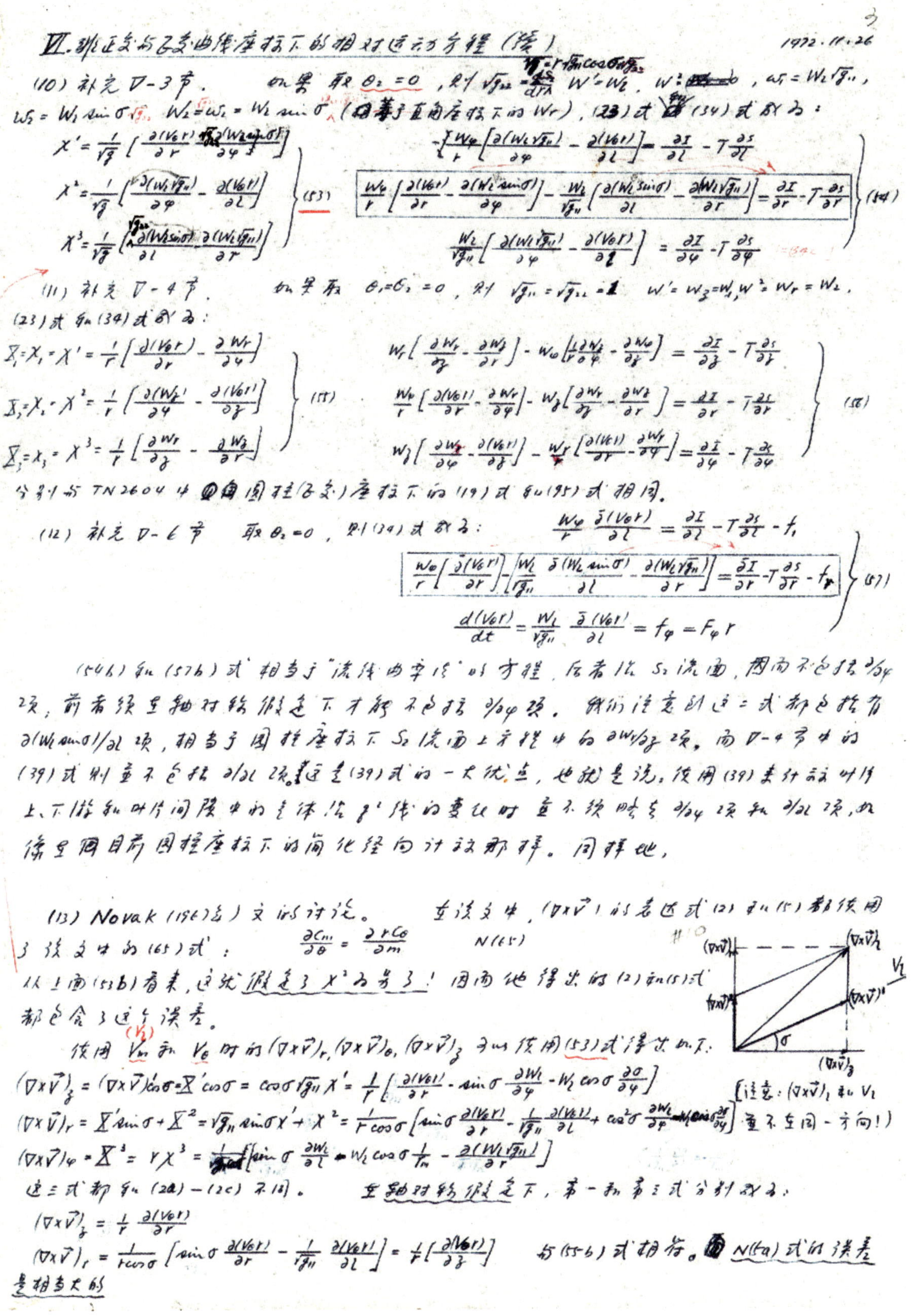

VI. 非正交与正交曲线座标下的相对运动方程（续） 1972.11.26

(10) 补充 V-3 节。 如果取 $\theta_2=0$，则 $\sqrt{g_{22}}=\frac{ds}{dr}$ …，$W^1=W_l$，…，$w_1=W_l\sqrt{g_{11}}$，$w_2=W_l\sin\sigma\sqrt{g_{11}}$，$W_2=w_2=W_l\sin\sigma$（相等于直角座标下的 W_r），(23) 式和 (34) 式成为：

$$X^1=\frac{1}{\sqrt{g}}\left[\frac{\partial(V_\theta r)}{\partial r}-\frac{\partial(W_l\sin\sigma)}{\partial\varphi}\right],\quad X^2=\frac{1}{\sqrt{g}}\left[\frac{\partial(W_l\sqrt{g_{11}})}{\partial\varphi}-\frac{\partial(V_\theta r)}{\partial l}\right],\quad X^3=\frac{1}{\sqrt{g}}\left[\sqrt{g_{22}}\frac{\partial(W_l\sin\sigma)}{\partial l}-\frac{\partial(W_l\sqrt{g_{11}})}{\partial r}\right]\quad(53)$$

$$-\frac{W_\varphi}{r}\left[\frac{\partial(W_l\sqrt{g_{11}})}{\partial\varphi}-\frac{\partial(V_\theta r)}{\partial l}\right]=\frac{\partial I}{\partial l}-T\frac{\partial s}{\partial l}$$
$$\frac{W_\varphi}{r}\left[\frac{\partial(V_\theta r)}{\partial r}-\frac{\partial(W_l\sin\sigma)}{\partial\varphi}\right]-\frac{W_l}{\sqrt{g_{11}}}\left[\frac{\partial(W_l\sin\sigma)}{\partial l}-\frac{\partial(W_l\sqrt{g_{11}})}{\partial r}\right]=\frac{\partial I}{\partial r}-T\frac{\partial s}{\partial r}$$
$$\frac{W_l}{\sqrt{g_{11}}}\left[\frac{\partial(W_l\sqrt{g_{11}})}{\partial\varphi}-\frac{\partial(V_\theta r)}{\partial l}\right]=\frac{\partial I}{\partial\varphi}-T\frac{\partial s}{\partial\varphi}\quad(54)$$

(11) 补充 V-4 节。 如果取 $\theta_1=\theta_2=0$，则 $\sqrt{g_{11}}=\sqrt{g_{22}}=1$，$W^1=W_z=W_l$，$W^2=W_r=W_2$，(23) 式和 (34) 式成为：

$$X_1=x_1=X^1=\frac{1}{r}\left[\frac{\partial(V_\theta r)}{\partial r}-\frac{\partial W_r}{\partial\varphi}\right],\quad X_2=x_2=X^2=\frac{1}{r}\left[\frac{\partial W_z}{\partial\varphi}-\frac{\partial(V_\theta r)}{\partial z}\right],\quad X_3=x_3=X^3=\frac{1}{r}\left[\frac{\partial W_r}{\partial z}-\frac{\partial W_z}{\partial r}\right]\quad(55)$$

$$W_r\left[\frac{\partial W_r}{\partial z}-\frac{\partial W_z}{\partial r}\right]-W_\theta\left[\frac{1}{r}\frac{\partial W_z}{\partial\varphi}-\frac{\partial W_\theta}{\partial z}\right]=\frac{\partial I}{\partial z}-T\frac{\partial s}{\partial z}$$
$$\frac{W_\theta}{r}\left[\frac{\partial(V_\theta r)}{\partial r}-\frac{\partial W_r}{\partial\varphi}\right]-W_z\left[\frac{\partial W_r}{\partial z}-\frac{\partial W_z}{\partial r}\right]=\frac{\partial I}{\partial r}-T\frac{\partial s}{\partial r}$$
$$W_z\left[\frac{\partial W_z}{\partial\varphi}-\frac{\partial(V_\theta r)}{\partial z}\right]-W_r\left[\frac{\partial(V_\theta r)}{\partial r}-\frac{\partial W_r}{\partial\varphi}\right]=\frac{\partial I}{\partial\varphi}-T\frac{\partial s}{\partial\varphi}\quad(56)$$

分别与 TN2604 中圆柱（正交）座标下的 (19) 式和 (95) 式相同。

(12) 补充 V-6 节 取 $\theta_2=0$，则 (34) 式成为：

$$\frac{W_\varphi}{r}\frac{\bar\partial(V_\theta r)}{\partial l}=\frac{\partial I}{\partial l}-T\frac{\partial s}{\partial l}-f_l$$
$$\frac{W_\theta}{r}\left[\frac{\partial(V_\theta r)}{\partial r}\right]-\frac{W_l}{\sqrt{g_{11}}}\left[\frac{\bar\partial(W_l\sin\sigma)}{\partial l}-\frac{\partial(W_l\sqrt{g_{11}})}{\partial r}\right]=\frac{\partial I}{\partial r}-T\frac{\partial s}{\partial r}-f_r$$
$$\frac{d(V_\theta r)}{dt}=\frac{W_l}{\sqrt{g_{11}}}\frac{\bar\partial(V_\theta r)}{\partial l}=f_\varphi=F_\varphi r\quad(57)$$

(54b) 和 (57b) 式相当于"流线曲率法"的方程，后者沿 S_2 流面，因而不包括 $\partial/\partial\varphi$ 项；前者须在轴对称假定下才能不包括 $\partial/\partial\varphi$ 项。我们注意到这二式都包括有 $\partial(W_l\sin\sigma)/\partial l$ 项，相当于圆柱座标下 S_2 流面上方程中的 $\partial W_r/\partial z$ 项。而 V-4 节中的 (39) 式则并不包括 $\partial/\partial l$ 项。这是 (39) 式的一大优点，也就是说，使用 (39) 来计算叶片上、下游和叶片间隙中的主体沿流线的变化时并不须略去 $\partial/\partial\varphi$ 项和 $\partial/\partial l$ 项，如像是同目前圆柱座标下的简化径向计算那样。同样地，

(13) Novak (1967) 文的讨论。 在该文中，$(\nabla\times\vec V)$ 的表达式 (2) 和 (5) 都使用了该文中的 (65) 式： $\frac{\partial C_m}{\partial\theta}=\frac{\partial rC_\theta}{\partial m}$ N(65)

从上面 (53b) 看来，这就假定了 X^2 为零了！因而他得出的 (2) 和 (5) 式都包含了这个误差。

使用 V_m (V_l) 和 V_θ 时的 $(\nabla\times\vec V)_r$，$(\nabla\times\vec V)_\theta$，$(\nabla\times\vec V)_z$ 可以使用 (53) 式得出如下：

$$(\nabla\times\vec V)_z=(\nabla\times\vec V)_l\cos\sigma=X^1\cos\sigma=\cos\sigma\sqrt{g_{11}}X^1=\frac{1}{r}\left[\frac{\partial(V_\theta r)}{\partial r}-\sin\sigma\frac{\partial W_l}{\partial\varphi}-W_l\cos\sigma\frac{\partial\sigma}{\partial\varphi}\right]$$
$$(\nabla\times\vec V)_r=X^1\sin\sigma+X^2=\sqrt{g_{11}}\sin\sigma X^1+X^2=\frac{1}{r\cos\sigma}\left[\sin\sigma\frac{\partial(V_\theta r)}{\partial r}-\frac{1}{\sqrt{g_{11}}}\frac{\partial(V_\theta r)}{\partial l}+\cos^2\sigma\frac{\partial W_l}{\partial\varphi}\ldots\right]$$
$$(\nabla\times\vec V)_\varphi=X^3=rX^3=\left[\sin\sigma\frac{\partial W_l}{\partial l}+W_l\cos\sigma\frac{1}{r_m}-\frac{\partial(W_l\sqrt{g_{11}})}{\partial r}\right]$$

[注意：$(\nabla\times\vec V)_l$ 和 V_l 并不在同一方向！]

这三式都和 (2a)–(2c) 不同。 在轴对称假定下，第一和第三式分别成为：

$$(\nabla\times\vec V)_z=\frac{1}{r}\frac{\partial(V_\theta r)}{\partial r}$$
$$(\nabla\times\vec V)_r=\frac{1}{r\cos\sigma}\left[\sin\sigma\frac{\partial(V_\theta r)}{\partial r}-\frac{1}{\sqrt{g_{11}}}\frac{\partial(V_\theta r)}{\partial l}\right]=\frac{1}{r}\left[\frac{\partial(V_\theta r)}{\partial z}\right]$$

与 (55-b) 式相符。N(5a) 式的误差是相当大的

图为吴仲华《非正交曲线坐标与正交曲线坐标下的相对运动方程》论文手稿。

吴征镒

（1916 — 2013）

植物学家。生于江西九江。1937年毕业于清华大学生物系。1955年被选聘为中国科学院学部委员（院士）。曾任中国科学院植物研究所副所长、中国科学院昆明植物研究所所长等职。1987年和2009年分别获国家自然科学奖一等奖，获2007年度国家最高科学技术奖。

求知、求实与实践永远没有止境，既要有“天行健，君子以自强不息”的精神，又要有“厚德载物”的气度。

吴征镒

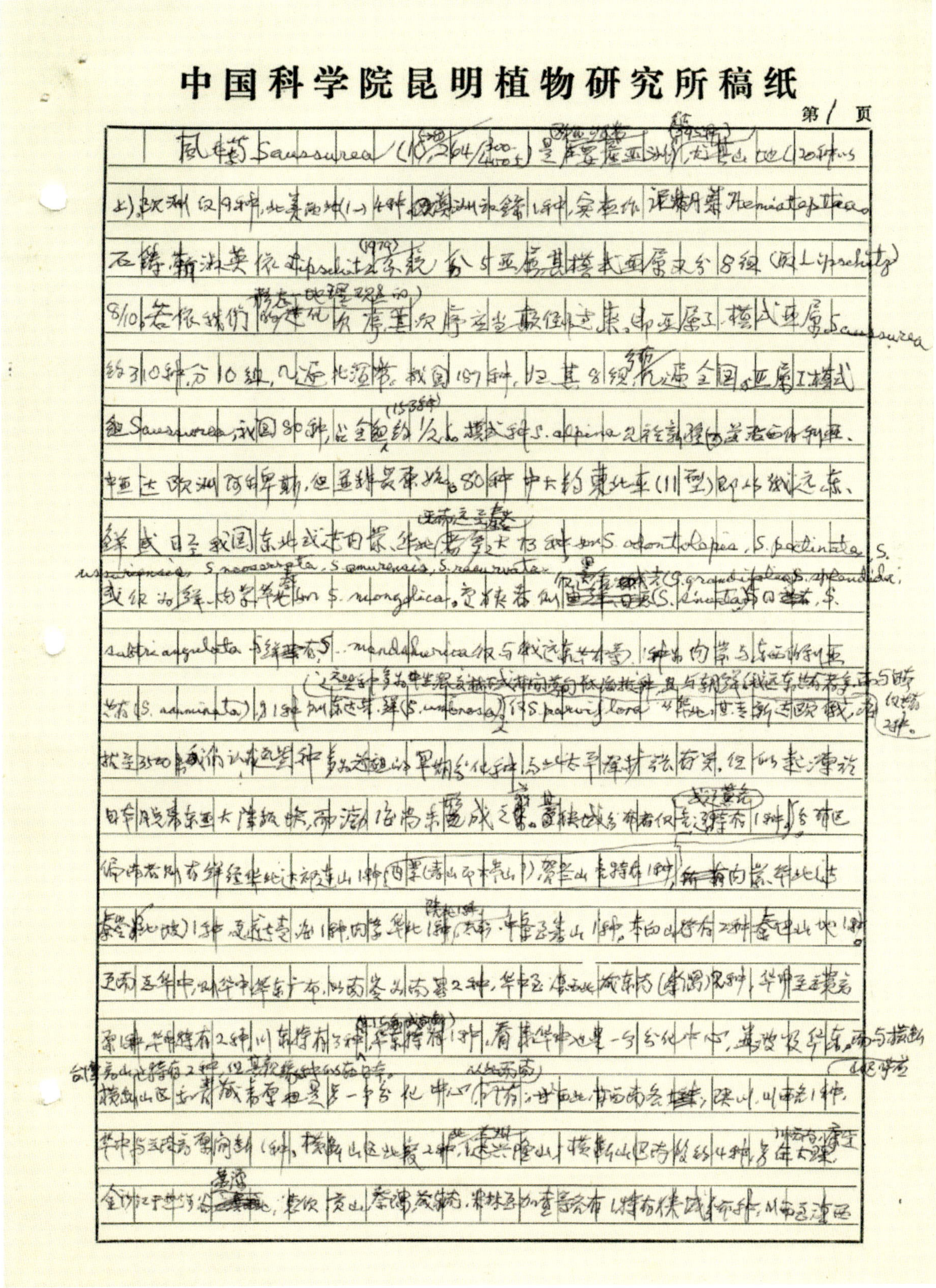

图为吴征镒《中国被子植物科属综论》著作手稿，共774页。该书由吴征镒与他人合著，2003年由科学出版社出版。

（来源：中国科学院昆明植物研究所）

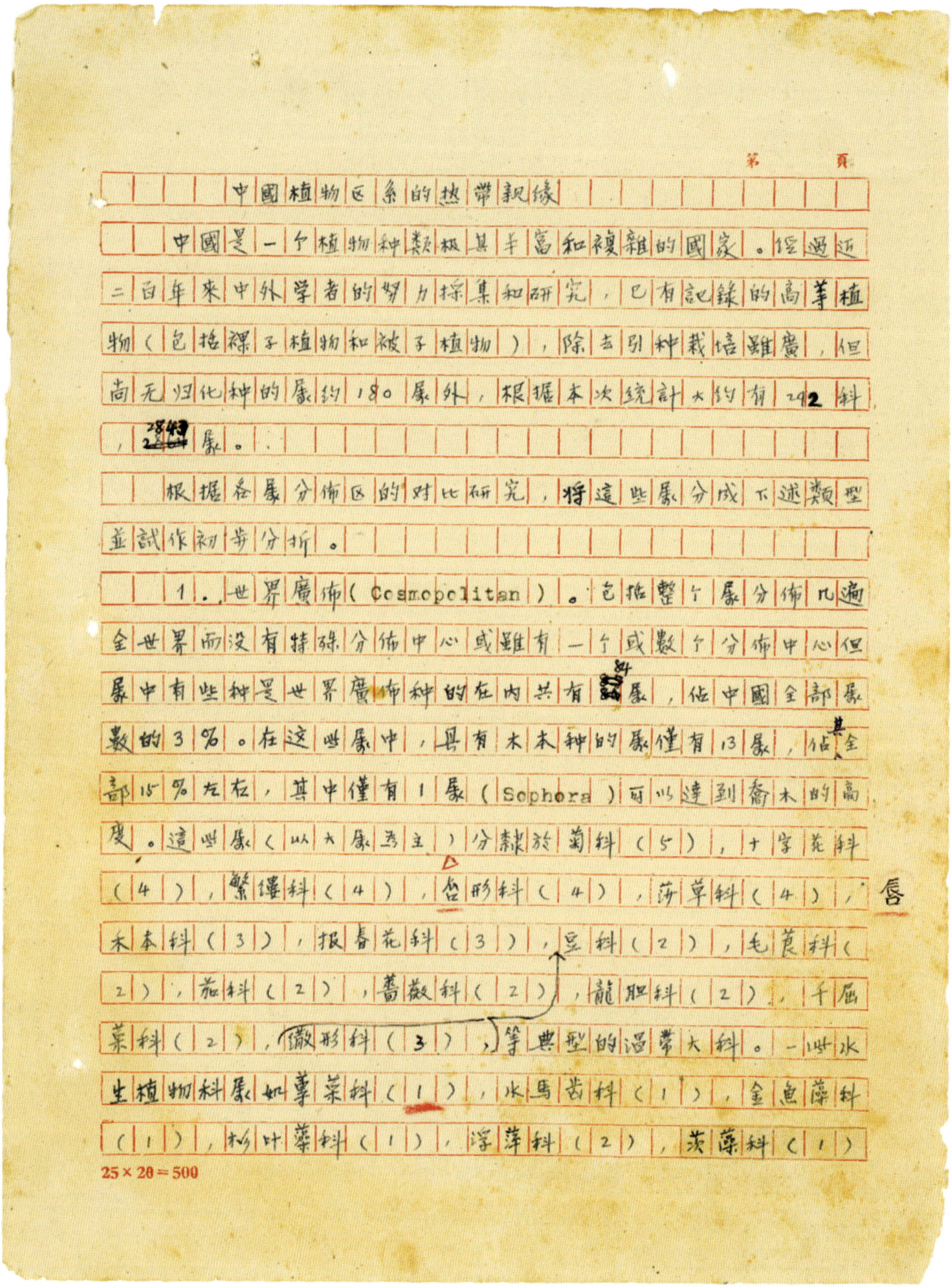
第　頁

中國植物区系的热帶親緣

中國是一个植物种類极其丰富和複雜的國家。經過近二百年來中外学者的努力採集和研究，已有記錄的高等植物（包括裸子植物和被子植物），除去引种栽培難屬，但尚无归化种的屬约180屬外，根据本次统計大约有292科，2843屬。

根据各屬分佈区的对比研究，将這些屬分成下述類型並試作初步分析。

1. 世界廣佈（Cosmopolitan）。包括整个屬分佈几遍全世界而没有特殊分佈中心或雖有一个或數个分佈中心但屬中有些种是世界廣佈种的在内共有84屬，佔中國全部屬數的3%。在这些屬中，具有木本种的屬僅有13屬，佔其全部15%左右，其中僅有1屬（Sophora）可以達到喬木的高度。這些屬（以大屬為主）分隸於菊科（5），十字花科（4），繁縷科（4），唇形科（4），莎草科（4），禾本科（3），报春花科（3），豆科（2），毛茛科（2），茄科（2），薔薇科（2），龍胆科（2），千屈菜科（2），傘形科（3），等典型的溫帶大科。一些水生植物科屬如蓴菜科（1），水馬齒科（1），金魚藻科（1），杉叶藻科（1），浮萍科（2），茨藻科（1）

25×20=500

图为吴征镒《中国植物区系的热带亲缘》论文手稿，共128页。该文发表于《科学通报》1965年01期。（来源：中国科学院档案馆）

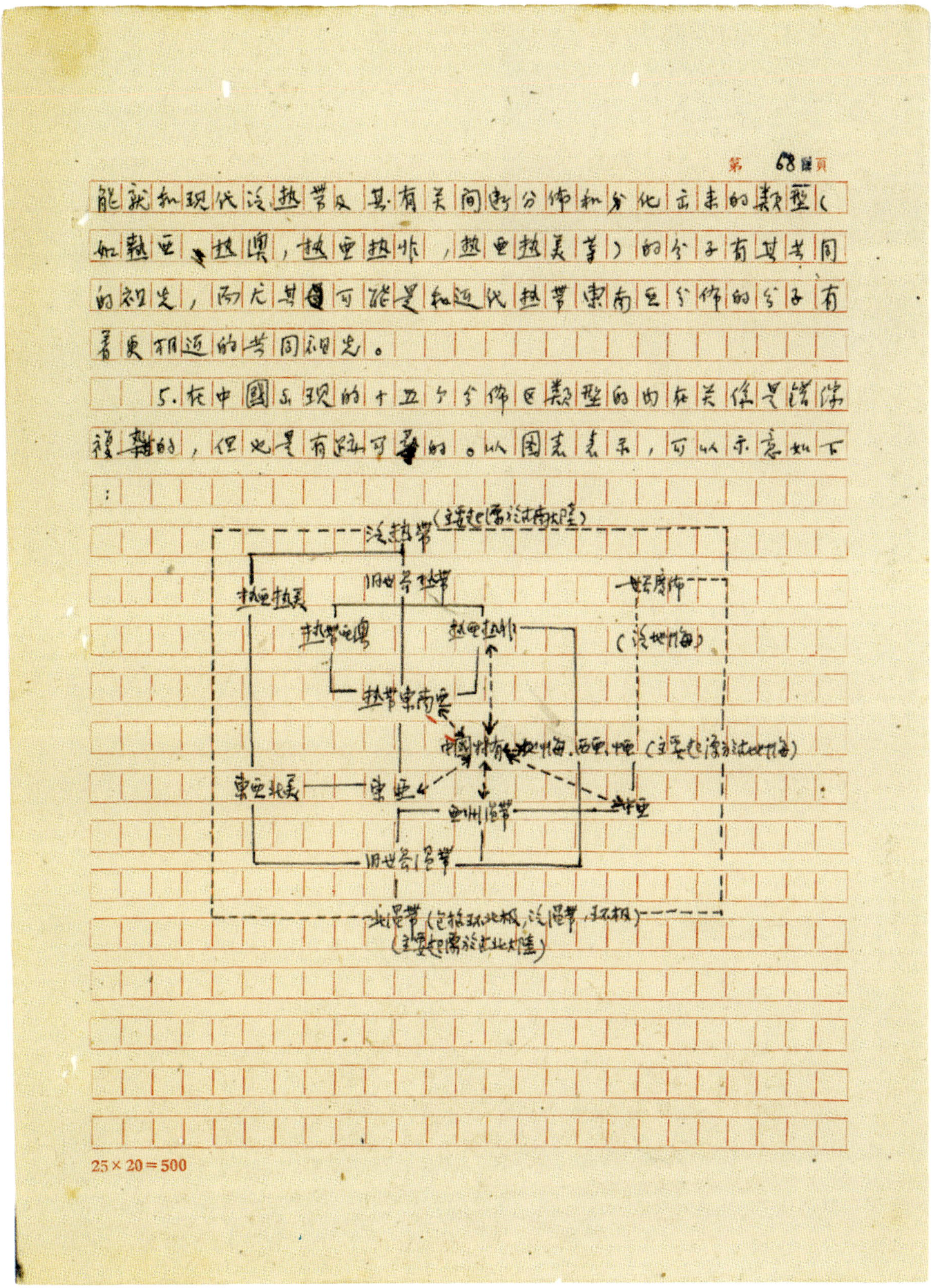

第 68 页

能就和现代泛热带及其有关间断分布和分化出来的类型（如热亚－热澳，热亚热非，热亚热美等）的分子有其共同的祖先，而尤其可能是和近代热带东南亚分布的分子有着更相近的共同祖先。

5.在中国出现的十五个分布区类型的内在关系是错综复杂的，但也是有踪可寻的。以图表表示，可以示意如下：

25×20＝500

图为吴征镒《中国植物区系的热带亲缘》论文手稿。

邹 冈

（1932 — 1999）

神经药理学家。生于江苏苏州。1954年毕业于上海第一医学院医疗系，1961年中国科学院药物研究所研究生毕业。1980年当选为中国科学院学部委员（院士）。曾任中国科学院上海药物研究所研究员。

实验研究要从未知的问题着手。若高谈别人的研究成果，而对实际工作没有深入的体会，则中国的科学永远不可能提高。

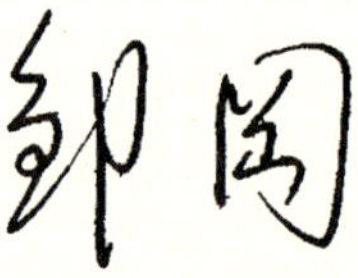

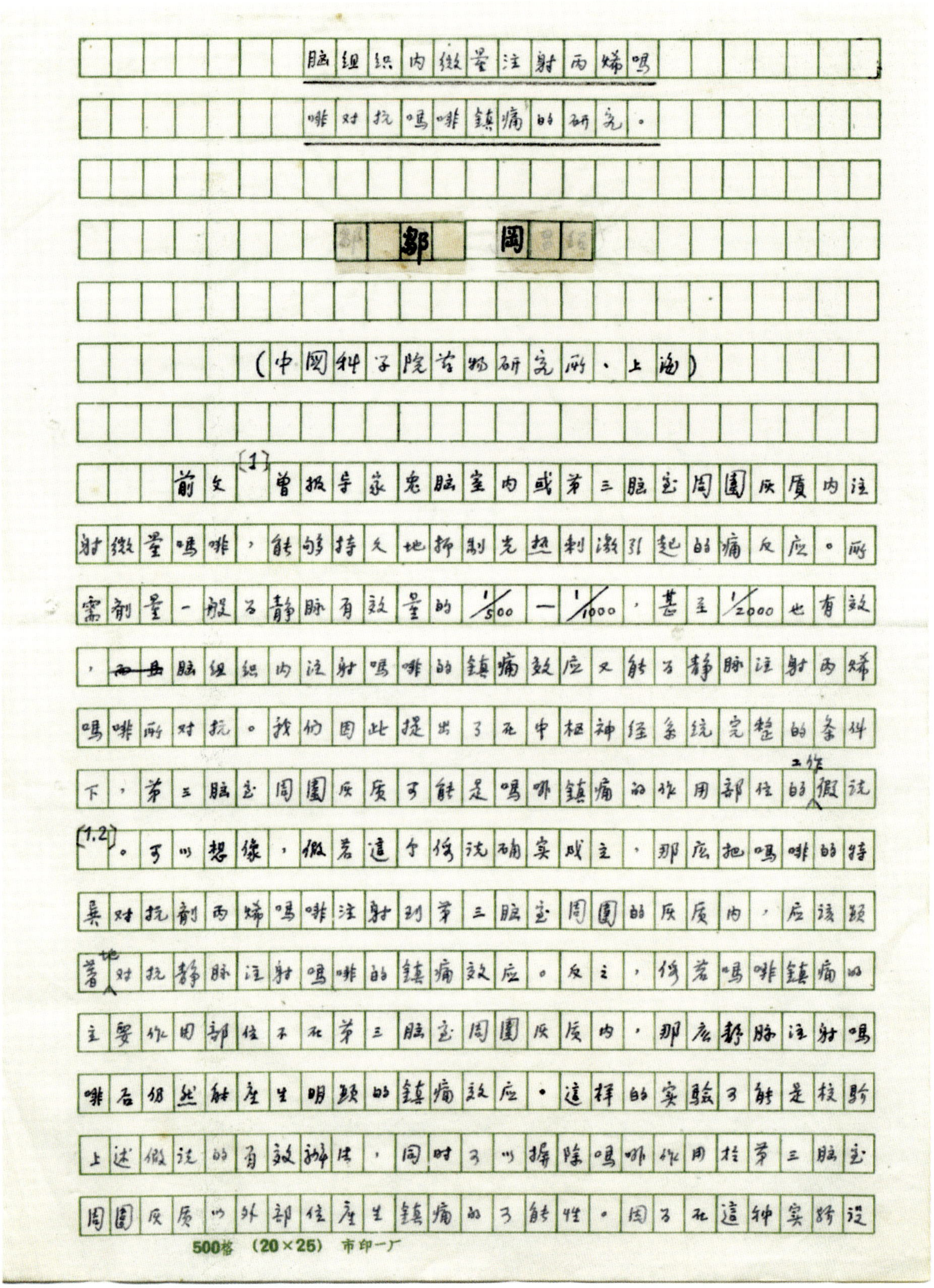

脑组织内微量注射丙烯吗啡对抗吗啡镇痛的研究。

邹冈

（中国科学院药物研究所·上海）

前文[1]曾报导家兔脑室内或第三脑室周围灰质内注射微量吗啡，能够持久地抑制光热刺激引起的痛反应。所需剂量一般为静脉有效量的1/500—1/1000，甚至1/2000也有效，~~而且~~脑组织内注射吗啡的镇痛效应又能为静脉注射丙烯吗啡所对抗。我们因此提出了在中枢神经系统完整的条件下，第三脑室周围灰质可能是吗啡镇痛的作用部位的工作假说[1,2]。可以想像，假若这个假说确实成立，那么把吗啡的特异对抗剂丙烯吗啡注射到第三脑室周围的灰质内，应该显著地对抗静脉注射吗啡的镇痛效应。反之，假若吗啡镇痛的主要作用部位不在第三脑室周围灰质内，那么静脉注射吗啡仍然能产生明显的镇痛效应。这样的实验可能是校验上述假说的有效办法，同时可以排除吗啡作用于第三脑室以外部位产生镇痛的可能性。因为在这种实验设

500格 （20×25） 市印一厂

图为邹冈《脑组织内微量注射丙烯吗啡对抗吗啡镇痛的研究》论文手稿，共23页。该文发表于《生理学报》1963年第26卷第4期。

（来源：中国科学院上海药物研究所）

侧后肢部肌肉注射，同一只家兔可以连续应用两次，一次作自身对照，从而减小了个体差异因素的影响。

所用药物均用生理盐水稀释。盐酸丙烯吗啡系Burrough-Wellcome药厂出品的注射剂。

结果

（一）脑室内注射：首先脑室内注射丙烯吗啡100微克/0.05毫升，注射后并不出现镇痛效应，5分钟后立即静脉注射吗啡，观察镇痛效应。吗啡的剂量在不同的实验中分别为15、10、5毫克/公斤。在9只家兔进行了实验，有的先做仅注射吗啡的镇痛对照试验，第二天进行对抗试验，有的则反过来。结果脑室内注射100微克丙烯吗啡对这三个不同剂量的吗啡都有对抗作用，而且对照或对抗试验的先后次序并无明显区别（表一）。对抗表现为吗啡镇痛的时间较对照显著缩短。但是当吗啡剂量为10或15毫克/公斤时，即使预先脑室内注射的丙烯吗啡达100微克，已5倍于吗啡脑室内注射产生镇痛的剂量，仍不能完全阻止镇痛效应的出现，即静脉注射吗啡后，最初20—40分钟仍看到镇痛效应。将吗啡剂量减小到5毫克/公斤的3次实

500格 （20×25） 市印一厂

图为邹冈《脑组织内微量注射丙烯吗啡对抗吗啡镇痛的研究》论文手稿。

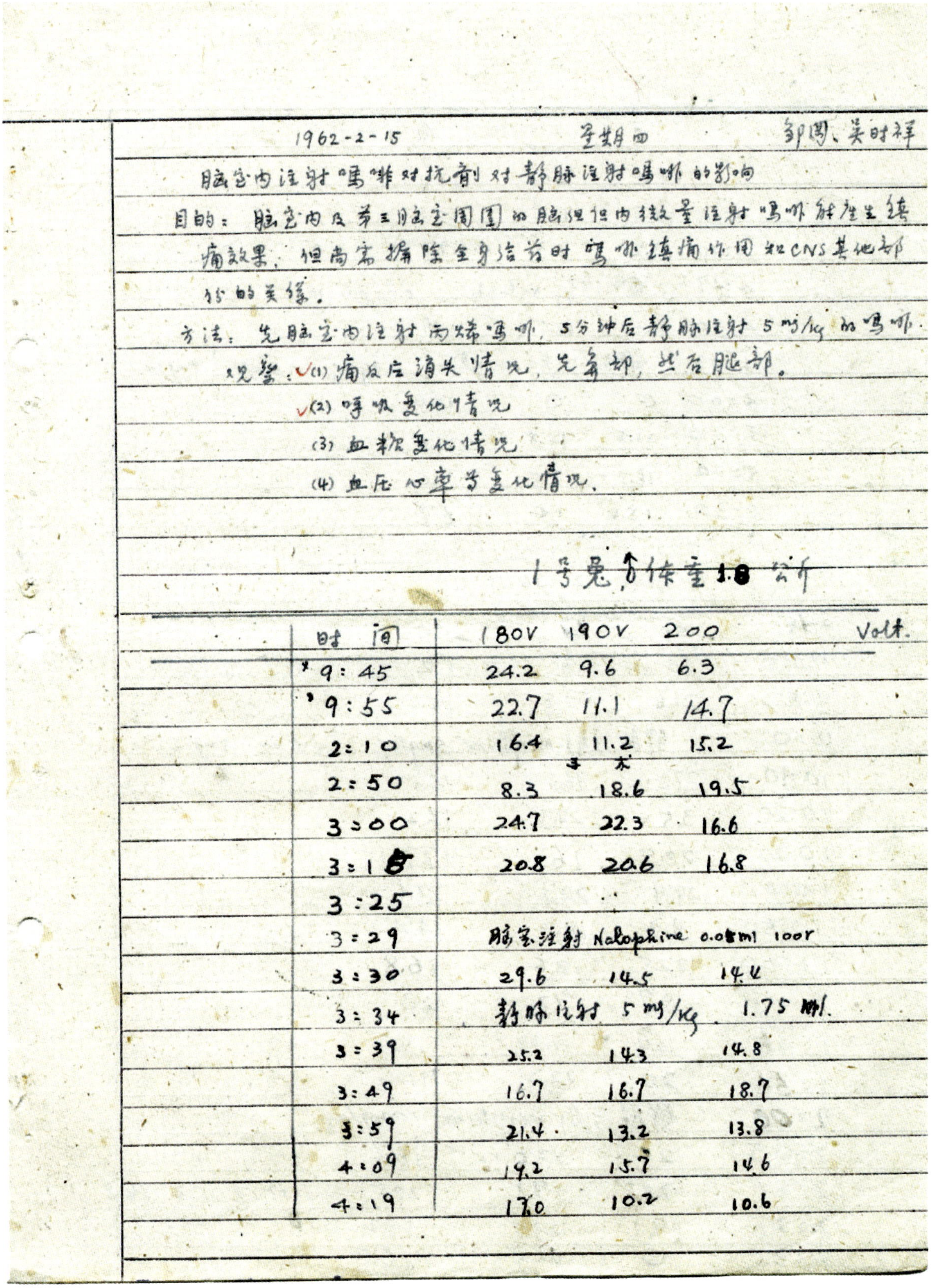

1962-2-15 星期四 邹冈、吴时祥

脑室内注射吗啡对抗剂对静脉注射吗啡的影响

目的：脑室内及第三脑室周围的脑组织内微量注射吗啡能产生镇痛效果，但尚需排除全身给药时吗啡镇痛作用和CNS其他部分的关系。

方法：先脑室内注射丙烯吗啡，5分钟后静脉注射5mg/kg的吗啡。

观察：(1) 痛反应消失情况，先鼻部，然后腿部。

(2) 呼吸变化情况

(3) 血糖变化情况

(4) 血压心率等变化情况。

1号兔，体重1.8公斤

时间	180V	190V	200 Volt.
9:45	24.2	9.6	6.3
9:55	22.7	11.1	14.7
2:10	16.4	11.2	15.2
2:50	8.3	18.6	19.5
3:00	24.7	22.3	16.6
3:15	20.8	20.6	16.8
3:25			
3:29	脑室注射Nalophine 0.05ml 100γ		
3:30	29.6	14.5	14.4
3:34	静脉注射 5mg/kg		1.75ml.
3:39	25.2	14.3	14.8
3:49	16.7	16.7	18.7
3:59	21.4	13.2	13.8
4:09	14.2	15.7	14.6
4:19	17.0	10.2	10.6

图为邹冈《脑室内注射吗啡对抗剂对静脉注射吗啡的影响》实验记录手稿，共71页。

（来源：中国科学院上海药物研究所）

汪　猷

（1910 — 1997）

有机化学家。生于浙江杭州。1931年毕业于金陵大学理学院工业化学科，1937年获德国慕尼黑大学博士学位。1955年被选聘为中国科学院学部委员（院士）。曾任中国科学院上海有机化学研究所所长。1982年和1987年分别获国家自然科学奖一等奖。

一旦功成千锤炼，不经意处百年愁。

汪猷

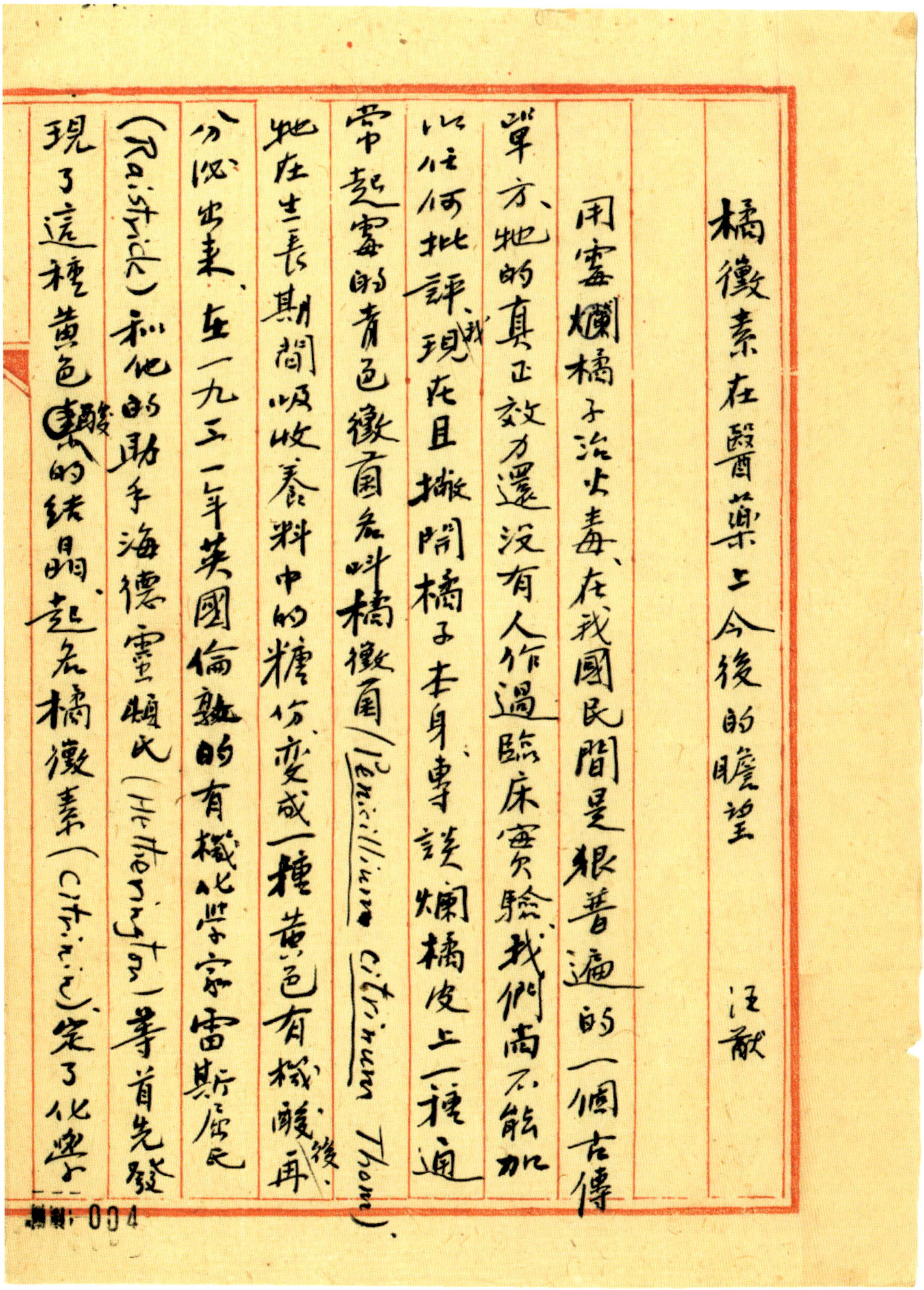

橘黴素在醫藥上今後的瞻望

汪猷

用霉爛橘子治火毒，在我國民間是很普遍的一個古傳單方，牠的真正效力還沒有人作過臨床實驗，我們尚不能加以任何批評，我現在且撇開橘子本身，專談爛橘皮上一種適當起霉的青色黴菌名叫橘黴菌(Penicillium citrinum Thom)，牠在生長期間吸收養料中的糖份，變成一種黃色有機酸後再分泌出來。在一九三一年英國倫敦的有機化學家雷斯屈氏(Raistrick)和他的助手海德靈頓氏(Hetherington)等首先發現了這種黃色酸的結晶，起名橘黴素(Citrinin)，定了化學

004

图为汪猷《橘霉素在医药上今后的瞻望》论文手稿，共6页。该文发表于《联勤学术研究季刊》1948年第1卷第2期。（来源：中国科学院档案馆）

成份（$C_{13}H_{14}O_5$）、根據牠的物理和化學性質、知道牠是一種對醌
類的有機酸、有左列的構造式：

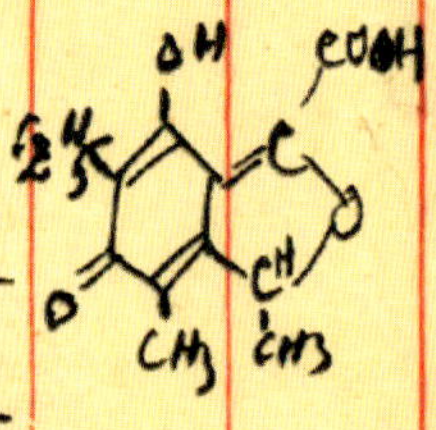

現在雖有人懷疑這構造式但在沒有第二個新的可以替代前、
我們姑且認牠是對的、
作者在民國廿三年從事抗異生素（Antibiotic）的研究、
陰錯陽差碰巧選得了橘黴菌、重發現了橘黴素、不久又發現了
橘黴素的抑制細菌生長作用、牠對於葛蘭氏陰性和陽性
反應的細菌都有抑制作用、比較上對葛蘭氏陽性的作用稍強、

005

图为汪猷《橘霉素在医药上今后的瞻望》论文手稿。

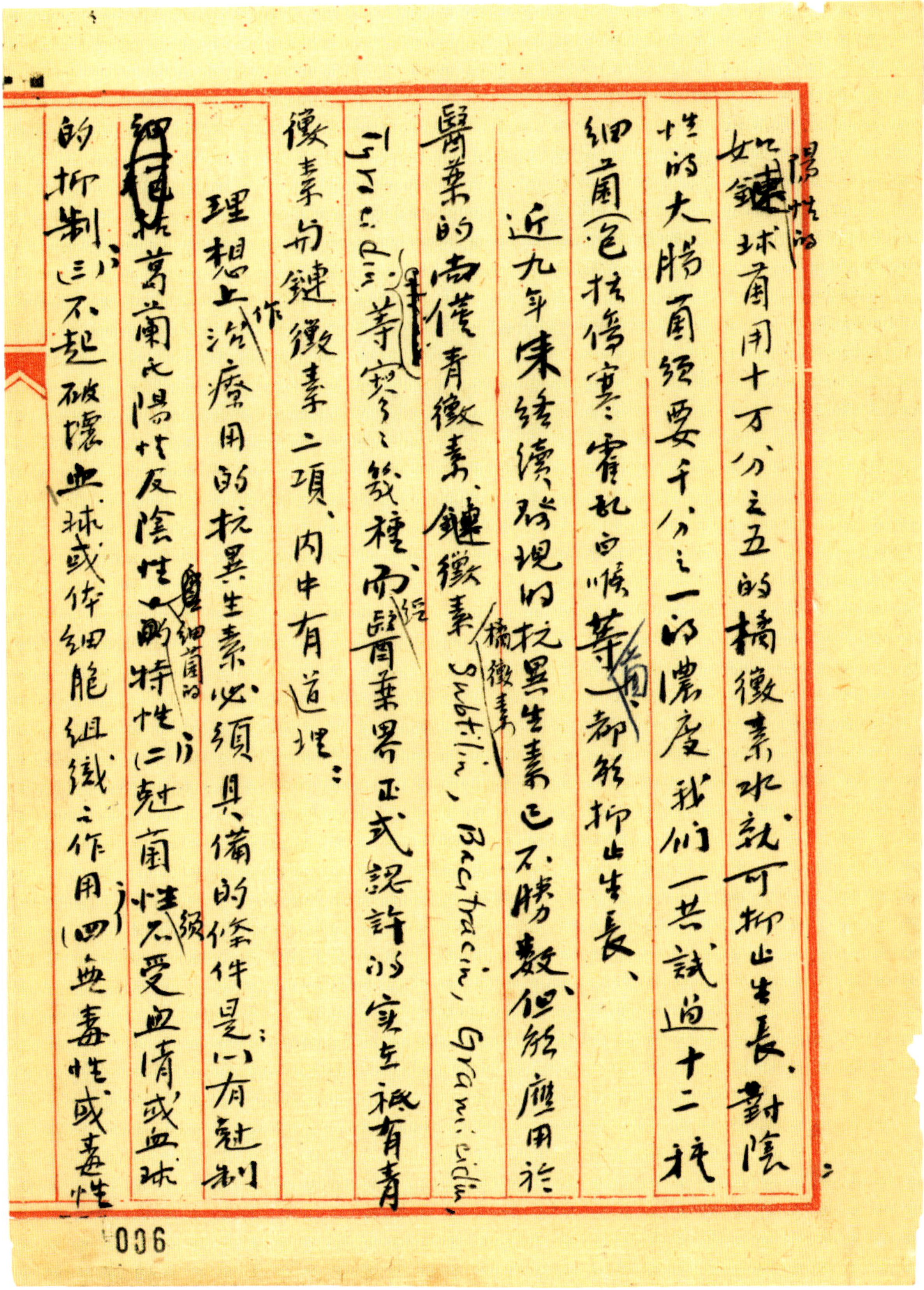
如陽性的鏈球菌用十万分之五的橘黴素水就可抑止生長。對陰性的大腸菌須要千分之一的濃度我們一共試過十二種細菌包括傷寒霍亂白喉等菌都能抑止生長、

近九年來繼續發現的抗生素已不勝數但能應用於醫藥的而僅青黴素、鏈黴素、橘黴素 Subtilin、Bacitracin、Gramicidin、等數種而經醫藥界正式認許的實在祇有青黴素與鏈黴素二項。內中有道理：

理想上作治療用的抗生素必須具備的條件是(1)有抑制細菌葛蘭氏陽性反陰性細菌的特性(2)對菌性須不受血清或血球的抑制(3)不起破壞血球或作細胞組織之作用(4)無毒性或毒性

006

图为汪猷《橘霉素在医药上今后的瞻望》论文手稿。

汪德昭

（1905 — 1998）

物理学家。生于江苏灌云。1928年毕业于北京师范大学物理系，1940年获法国国家博士学位。1957年被选聘为中国科学院学部委员（院士）。曾任中国科学院声学研究所所长。

让我们在科研工作中，理论与实验相结合，标新立异，不断创新，亲自动手，一丝不苟，奋力拼搏，甘为人梯，为祖国培养大批优秀中青年科技骨干。

汪德昭

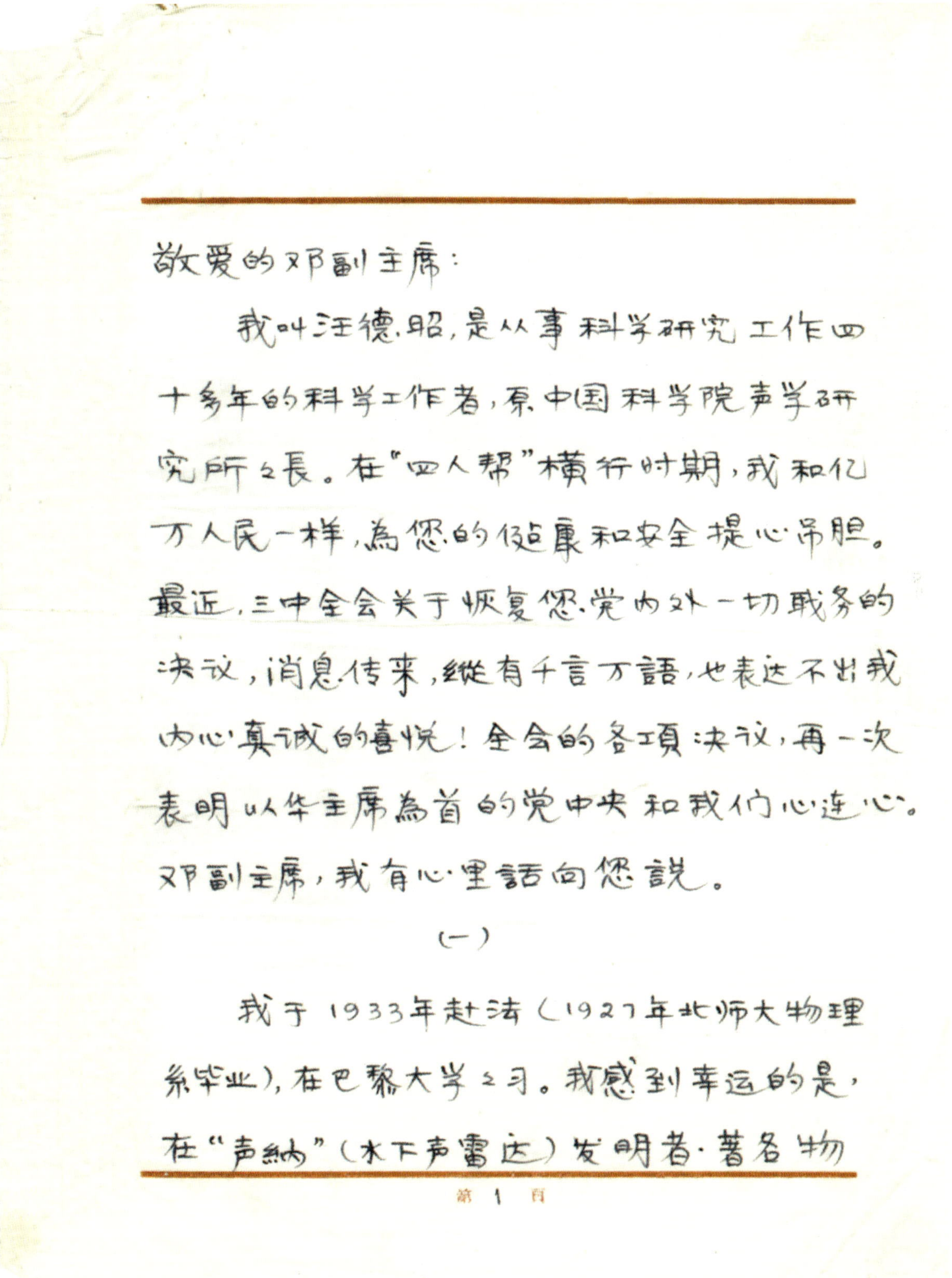

敬爱的邓副主席：

我叫汪德昭，是从事科学研究工作四十多年的科学工作者，系中国科学院声学研究所所長。在"四人帮"横行时期，我和亿万人民一样，為您的健康和安全提心吊胆。最近，三中全会关于恢复您党内外一切职务的决议，消息传来，縱有千言万語，也表达不出我内心真诚的喜悦！全会的各項决议，再一次表明以华主席為首的党中央和我们心連心。邓副主席，我有心里話向您説。

（一）

我于1933年赴法（1927年北师大物理系毕业），在巴黎大学学习。我感到幸运的是，在"声納"（水下声雷达）发明者、著名物

第1页

图为汪德昭1977年8月10日关于建议恢复中国科学院声学研究所致邓小平的信，共16页。邓小平就此作出重要批示。1979年1月，中国科学院声学研究所恢复。

（来源：中国科学院档案馆）

声学研究所。即把划归海洋局的水声科技人員和物理所声学科技人員重新合併，就可以恢复。归属问题，从事业角度考慮，应仍由中国科学院領导，以原声学所设备為基础（设备仪器完好），所址不变（原中关村所址），必要时略加扩建。把分散的力量再集中起来，形成拳头，这样就可以形成一个有一定设备、相当基础、九百多人的声学研究队伍（包括北海、东海、南海三个水声工作站），為声学基础理论起骨干作用，並為国民经济、国防研究项目服务，特别是為海军声纳现代化服务。不仅如此，对于赶超世界科学先进水平，参加国際学术交流活动，都有推动作用。

第 12 页

图为汪德昭关于建议恢复中国科学院声学研究所致邓小平的信。

我今天已經七十二岁了，但身体很好，精力充沛，每天仍可以工作十个小时以上。我在周总理关于加强基础理论研究号召鼓舞下，多年来，我一直不间断地为水声科研工作。生命不息，战斗不止！我决心和我共同战斗了二十年的战友们在一起，为在本世纪内实现我国科学技术現代化，貢献出我的全部力量！

以上报告当否，请批示。

报告人

汪德昭

1977·8·10

通信处：中关村 13楼 103号
宿舍电话：28·4593
办公电话：28·4564

第16页

图为汪德昭关于建议恢复中国科学院声学研究所致邓小平的信。

张文佑

（1909 — 1985）

地质学家。生于河北唐山。1934年毕业于北京大学地质系。1955年被选聘为中国科学院学部委员（院士）。曾任中国科学院地质研究所所长。1982年获国家自然科学奖一等奖。

敏于观察，勤于思考，善于综合，勇于创新。

张文佑

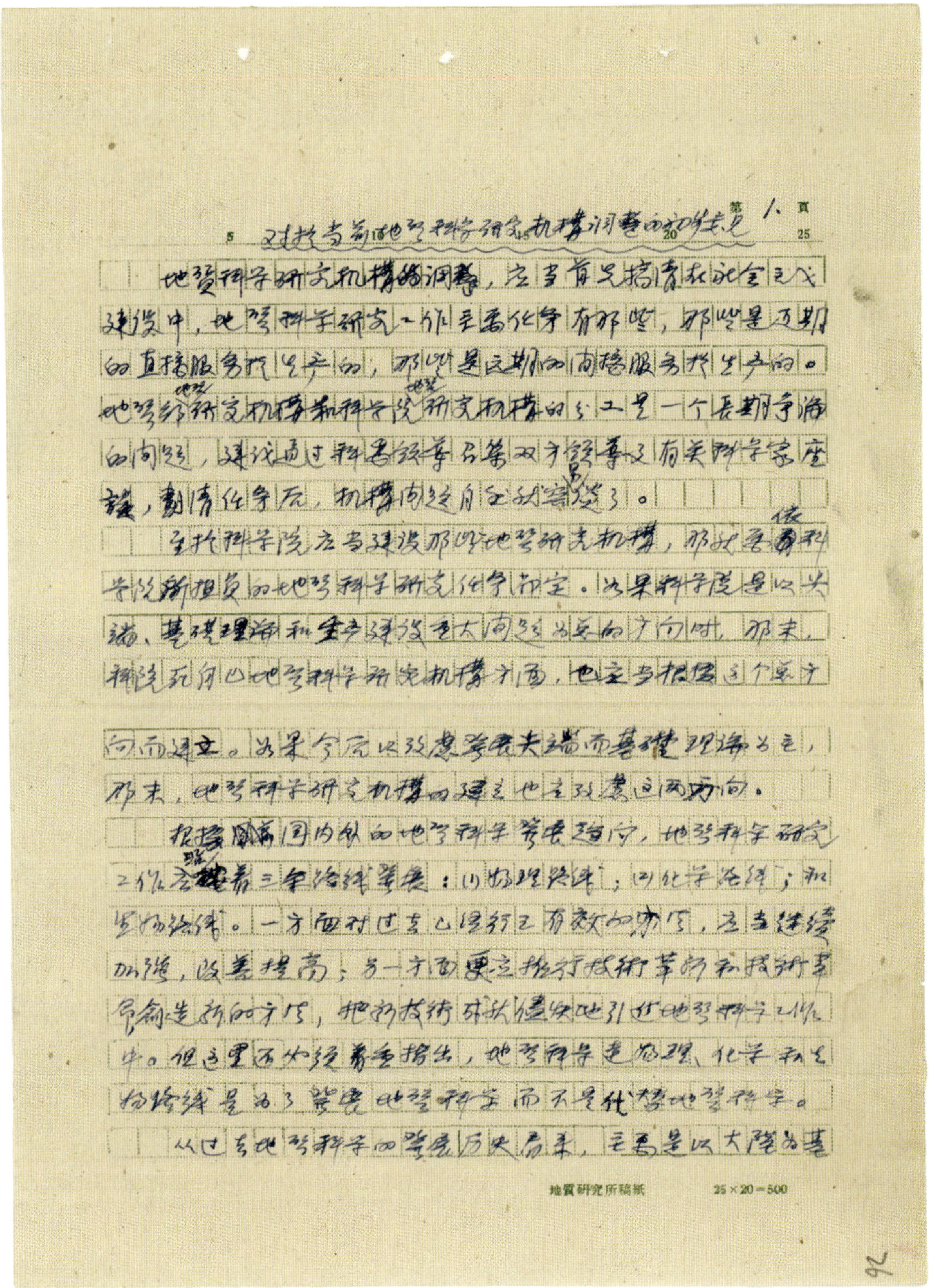
第 1 页

对于当前地质科学研究机构调整的初步意见

地质科学研究机构的调整，应当首先搞清在社会主义建设中，地质科学研究工作主要任务有那些，那些是近期的直接服务于生产的，那些是长期的间接服务于生产的。地质部研究机构和科学院地质研究机构的分工是一个长期争论的问题，建议通过科委领导与部院双方领导及有关科学家座谈，划清任务后，机构问题自然就容易解决了。

至于科学院应当建设那些地质研究机构，那就要依科学院所担负的地质科学研究任务而定。如果科学院是以尖端、基础理论和生产建设重大问题为主的方向时，那末，科学院所属地质科学研究机构方面，也应当根据这个主方向而建立。如果今后以发展尖端和基础理论为主，那末，地质科学研究机构的建立也应发展这两方向。

根据我国国内外的地质科学发展趋向，地质科学研究工作应跟着三条路线发展：(1)物理路线；(2)化学路线；和生物路线。一方面对过去已经行之有效的方法，应当继续加强，改善提高；另一方面更应推行技术革命和技术革命创造新的方法，把新技术不断地引进地质科学工作中。但这里必须着重指出，地质科学通过物理、化学和生物路线是为了发展地质科学而不是代替地质科学。

从过去地质科学的发展历史看来，主要是以大陆为基

地質研究所稿紙　25×20=500

图为张文佑1961年8月15日撰写的《对于当前地质科学研究机构调整的初步意见》手稿，共4页。

（来源：中国科学院档案馆）

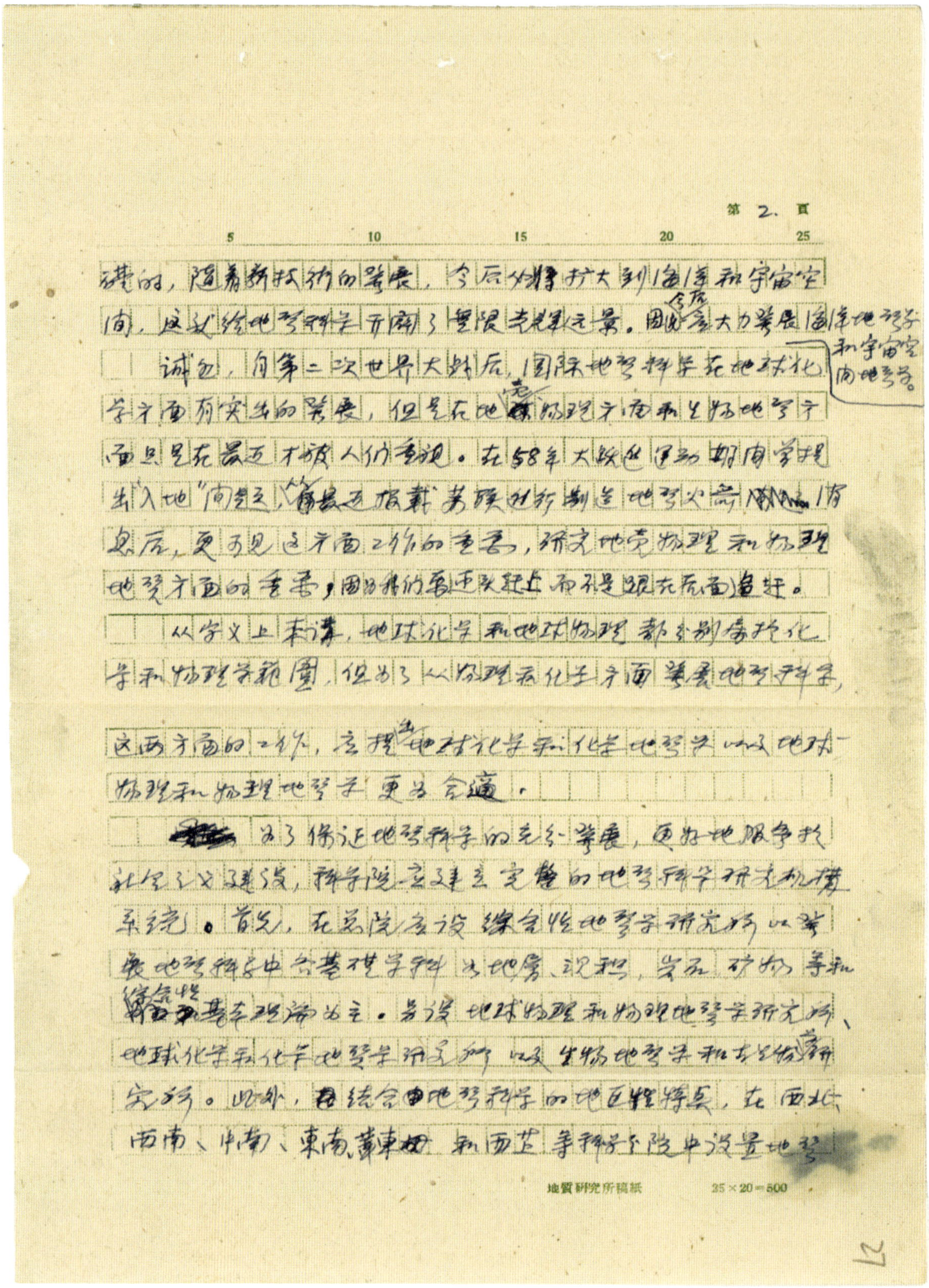

第 2 页

建的，随着新技术的发展，今后必将扩大到海洋和宇宙空间，这就给地质科学开辟了无限光辉的远景。因此今后应大力发展海洋地质学和宇宙空间地质学。

诚然，自第二次世界大战后，国际地质科学在地球化学方面有突出的发展，但是在地壳物理方面和生物地质方面只是在最近才被人们重视。在58年大跃进运动期间学校出现地"向党交心"，[illegible]制造地质火箭[illegible]消息后，更可见这方面工作的重要，研究地壳物理和物理地质方面的重要，因为我们要迎头赶上而不是跟在后面追赶。

从字义上来讲，地球化学和地球物理都分别属于化学和物理学范围，但为了从物理和化学方面发展地质科学，这两方面的工作，应提出地球化学和化学地质学以及地球物理和物理地质学更为合适。

为了保证地质科学的充分发展，更好地服务于社会主义建设，科学院应建立完整的地质科学研究机构系统。首先，在总院应设综合性地质学研究所以发展地质科学中各基础学科如地层、古生物、岩石、矿物等和综合性基本理论为主。另设地球物理和物理地质学研究所、地球化学和化学地质学研究所以及生物地质学和古生物研究所。此外，结合地质科学的地区性特点，在西北、西南、中南、东南、华东和西藏等科学分院中设置地质

地質研究所稿紙　25×20=500

图为张文佑《对于当前地质科学研究机构调整的初步意见》手稿。

手稿

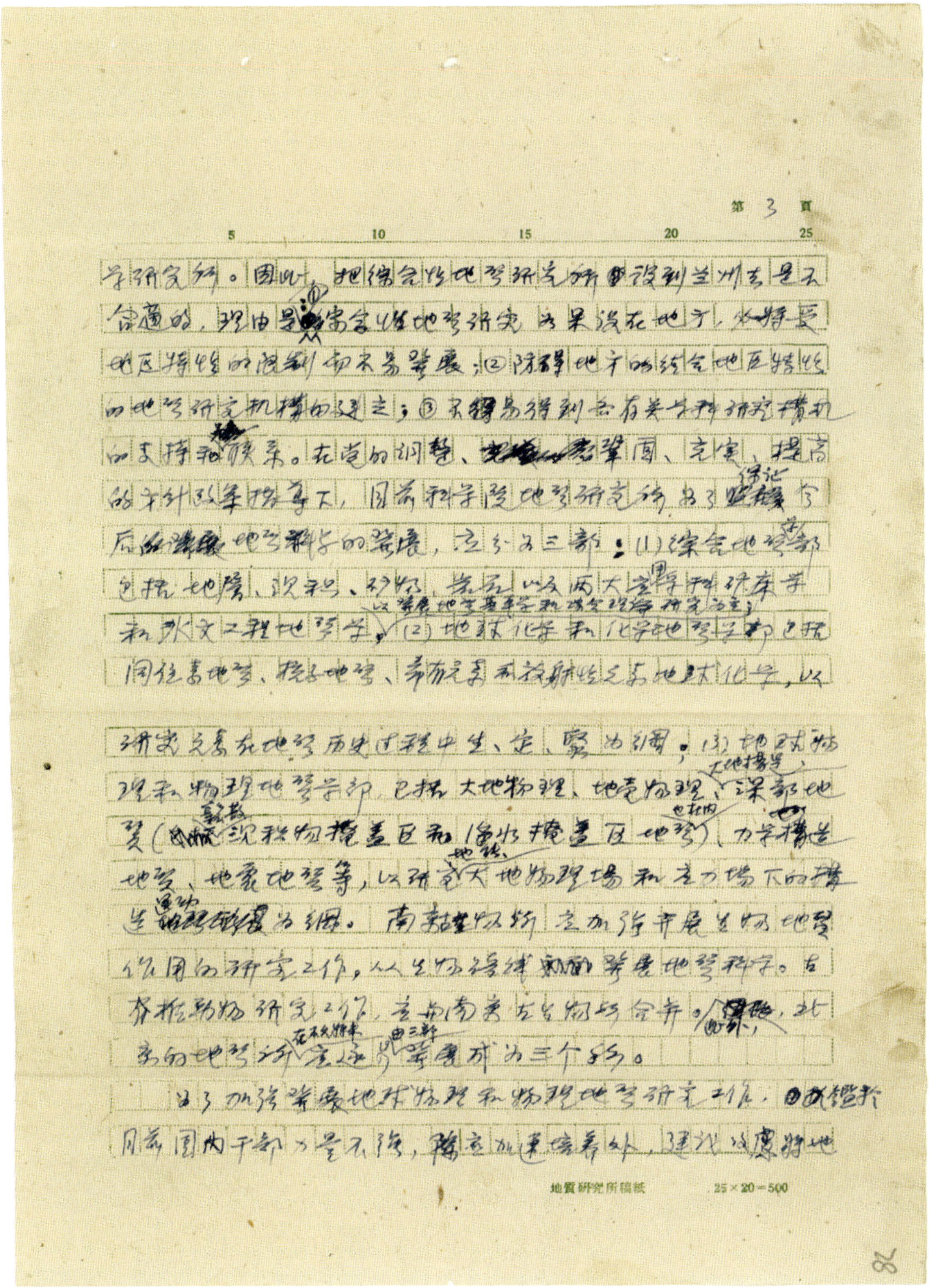

图为张文佑《对于当前地质科学研究机构调整的初步意见》手稿。

张存浩

（1928 — ）

物理化学家。生于天津。1947年毕业于中央大学化工系，1950年获美国密歇根大学硕士学位。1980年当选为中国科学院学部委员（院士）。曾任中国科学院大连化学物理研究所所长、国家自然科学基金委员会主任等职。获2013年度国家最高科学技术奖。

为了攀登科技高峰，就要敢于跳出传统思维模式和习惯的束缚，在科学研究中重视加强学科交叉，努力探索未知领域，掌握新方法，寻求新发现，创立新技术。

张存浩

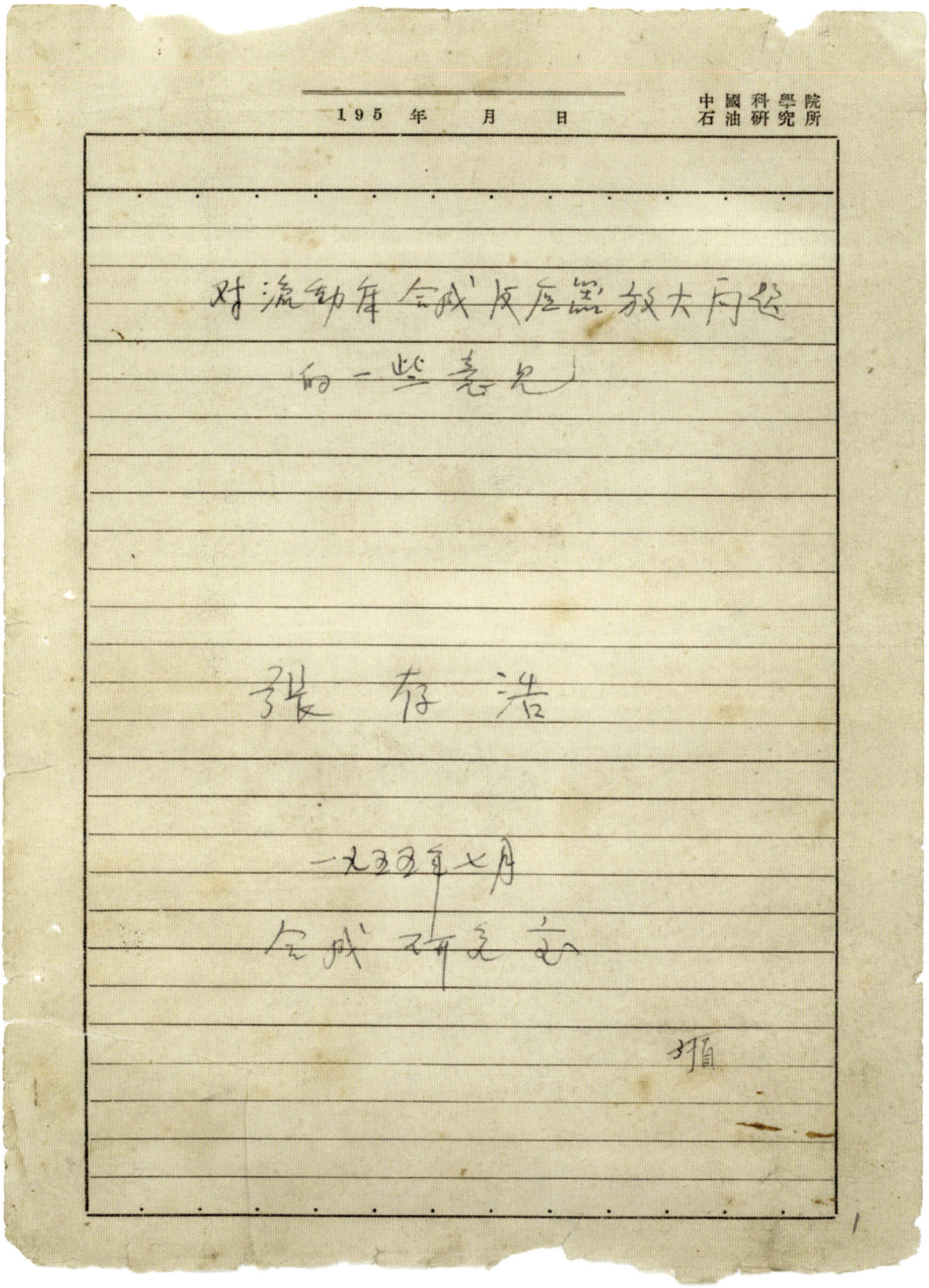
195 年 月 日

中國科學院 石油研究所

对流动床合成反应器放大问题的一些意见

張存浩

一九五五年七月

合成研究室

图为张存浩1955年7月撰写的《对流动床合成反应器放大问题的一些意见》手稿，共41页。

（来源：中国科学院档案馆）

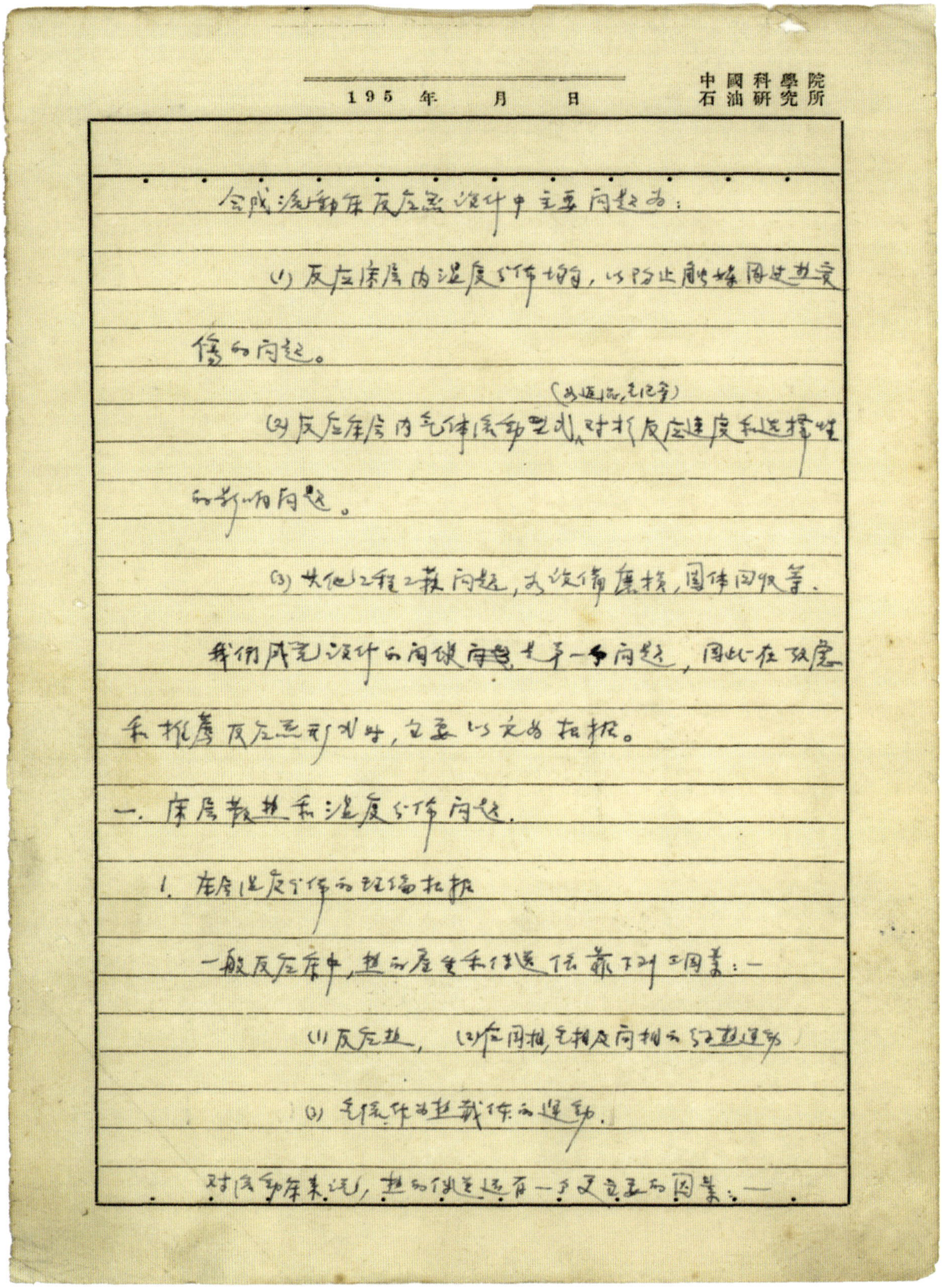

195　年　月　日　　　　中國科學院 石油研究所

合成流动床反应器设计中主要问题为：

(1) 反应床层内温度分布均匀，以防止触媒因过热变质的问题。

(2) 反应床层内气体流动型式（如返混，死区等）对于反应速度和选择性的影响问题。

(3) 其他工程上问题，如设备磨损，固体回收等。

我们所完成设计的问题原是其第一个问题，因此在放大和推广反应器时，应要以之为根据。

一、床层散热和温度分布问题。

1. 床层温度分布的理论根据

一般反应床中，热的产生和传递依靠下列因素：—

(1) 反应热，(2) 在固相，气相及两相相互间的热运动

(3) 气流作为载体的运动。

对流动床来说，热的传递还有一个更重要的因素：—

图为张存浩《对流动床合成反应器放大问题的一些意见》手稿。

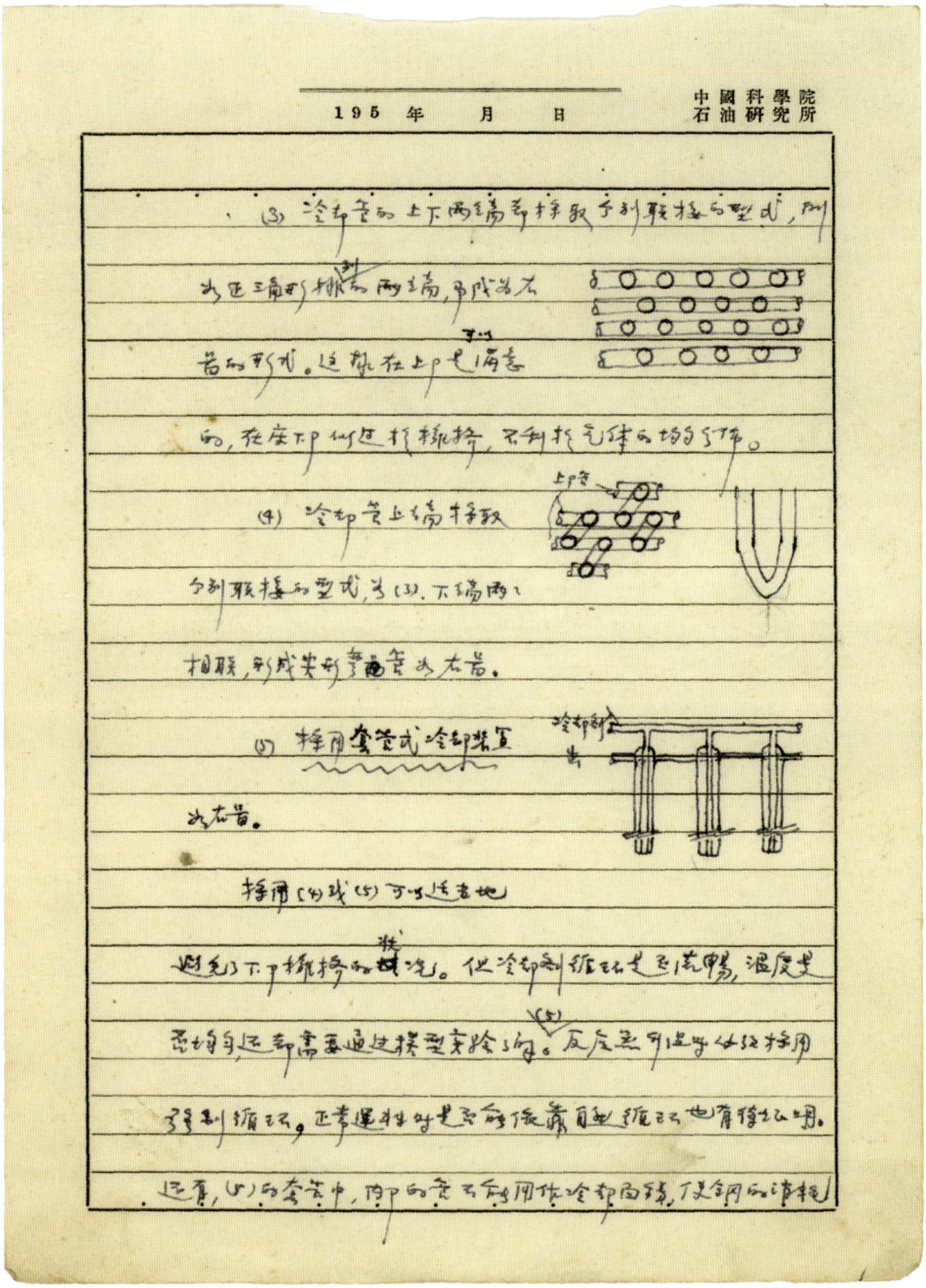

195 年 月 日 中國科學院 石油研究所

(3) 冷却管的上下两端都採取分别联接的型式，则为正三角形排列两端，则成为右图的形式。这样在上部也满意的，在底部仍进行搅拌，不致于气体的均匀分布。

(4) 冷却管上端採取分别联接的型式，为(3)，下端两两相联，形成尖形弯管如右图。

(5) 採用套管式冷却装置

如右图。

採用(4)或(5)可以适当地避免了下部搅拌的情况。但冷却剂循环是否流畅，温度是否均匀，还都需要通过模型实验证明。反应器可以考虑採用强制循环，正常运转时是否能依靠自然循环也有待证明。

还有，(5)的套管中，内部的管子不能用作冷却面積，使钢材的浪费

图为张存浩《对流动床合成反应器放大问题的一些意见》手稿。

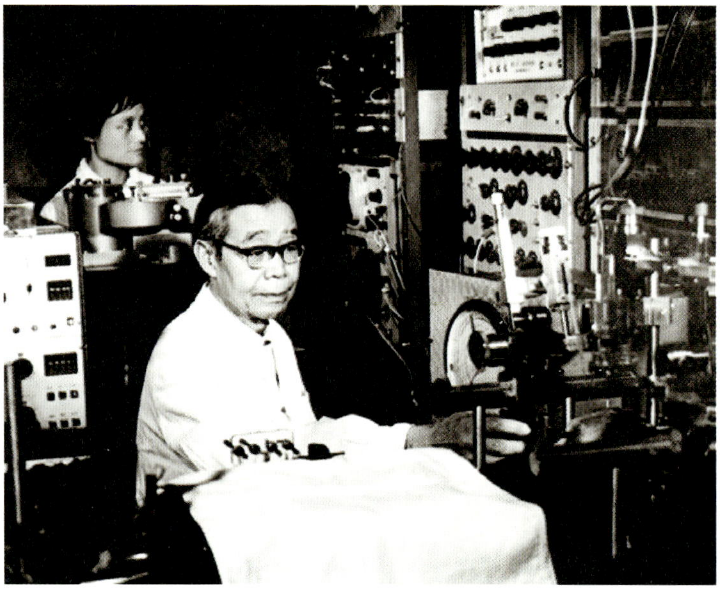

张香桐

（1907 — 2007）

神经生理学家。生于河北正定。1933年毕业于北京大学心理系，1946年获美国耶鲁大学医学院生理系哲学博士学位。1957年被选聘为中国科学院学部委员（院士）。曾任中国科学院上海脑研究所所长。

科学研究是科学家的脑和手相结合的创造。只善于用脑而不愿意动手，或只愿意动手而不善于用脑，对于一个科学家来说都是一种缺陷。

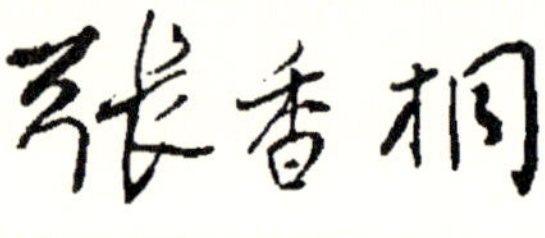

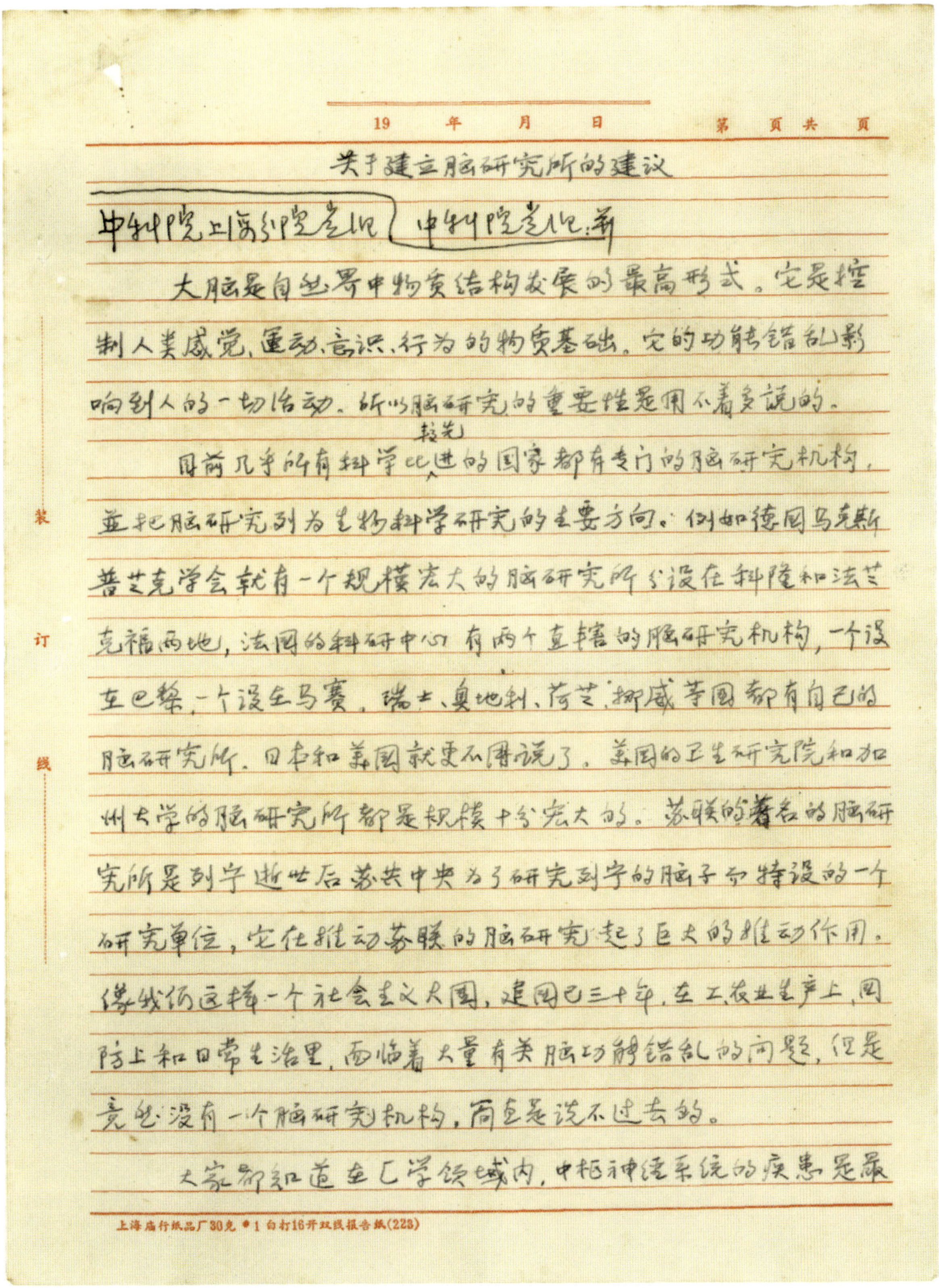

19 年 月 日 第 页 共 页

关于建立脑研究所的建议

中科院上海分院党组 中科院党组：并

大脑是自然界中物质结构发展的最高形式。它是控制人类感觉、运动、意识、行为的物质基础。它的功能错乱影响到人的一切活动。所以脑研究的重要性是用不着多说的。

目前几乎所有科学比较先进的国家都有专门的脑研究机构，并把脑研究列为生物科学研究的主要方向。例如德国马克斯普兰克学会就有一个规模宏大的脑研究所分设在科隆和法兰克福两地，法国的科研中心有两个直辖的脑研究机构，一个设在巴黎，一个设在马赛。瑞士、奥地利、荷兰、挪威等国都有自己的脑研究所。日本和美国就更不用说了。美国的卫生研究院和加州大学的脑研究所都是规模十分宏大的。苏联的著名的脑研究所是列宁逝世后苏共中央为了研究列宁的脑子而特设的一个研究单位，它在推动苏联的脑研究起了巨大的推动作用。像我们这样一个社会主义大国，建国已三十年，在工农业生产上，国防上和日常生活里，面临着大量有关脑功能错乱的问题，但是竟然没有一个脑研究机构，简直是说不过去的。

大家都知道在医学领域内，中枢神经系统的疾患是最

上海庙行纸品厂30克 #1 白打16开双线报告纸(223)

图为张香桐1979年5月18日撰写的《关于建立脑研究所的建议》手稿，共4页。1980年，中国科学院上海脑研究所成立。（来源：中国科学院档案馆）

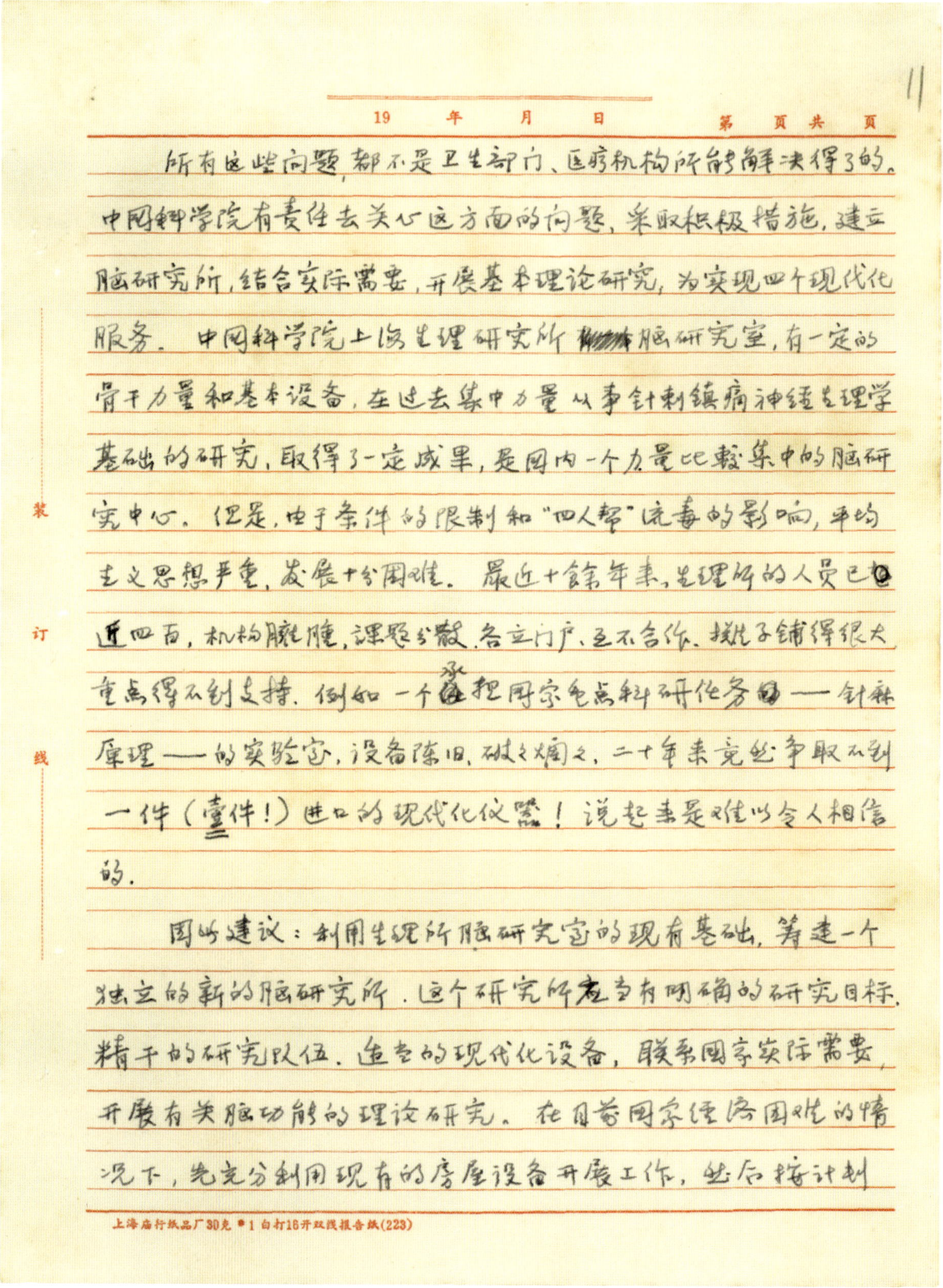
19 年 月 日 第 页 共 页 11

所有这些问题，都不是卫生部门、医疗机构所能解决得了的。中国科学院有责任去关心这方面的问题，采取积极措施，建立脑研究所，结合实际需要，开展基本理论研究，为实现四个现代化服务。中国科学院上海生理研究所脑研究室，有一定的骨干力量和基本设备，在过去集中力量从事针刺镇痛神经生理学基础的研究，取得了一定成果，是国内一个力量比较集中的脑研究中心。但是，由于条件的限制和“四人帮”流毒的影响，平均主义思想严重，发展十分困难。最近十余年来，生理所的人员已达近四百，机构臃肿，课题分散，各立门户，互不合作，摊子铺得很大，重点得不到支持。例如一个承担国家重点科研任务——针麻原理——的实验室，设备陈旧，破破烂烂，二十年来竟然争取不到一件（壹件！）进口的现代化仪器！说起来是难以令人相信的。

因此建议：利用生理所脑研究室的现有基础，筹建一个独立的新的脑研究所。这个研究所应当有明确的研究目标，精干的研究队伍，适当的现代化设备，联系国家实际需要，开展有关脑功能的理论研究。在目前国家经济困难的情况下，先充分利用现有的房屋设备开展工作，然后按计划

装 订 线

上海庙行纸品厂30克 *1 白打16开双线报告纸(223)

图为张香桐《关于建立脑研究所的建议》手稿。

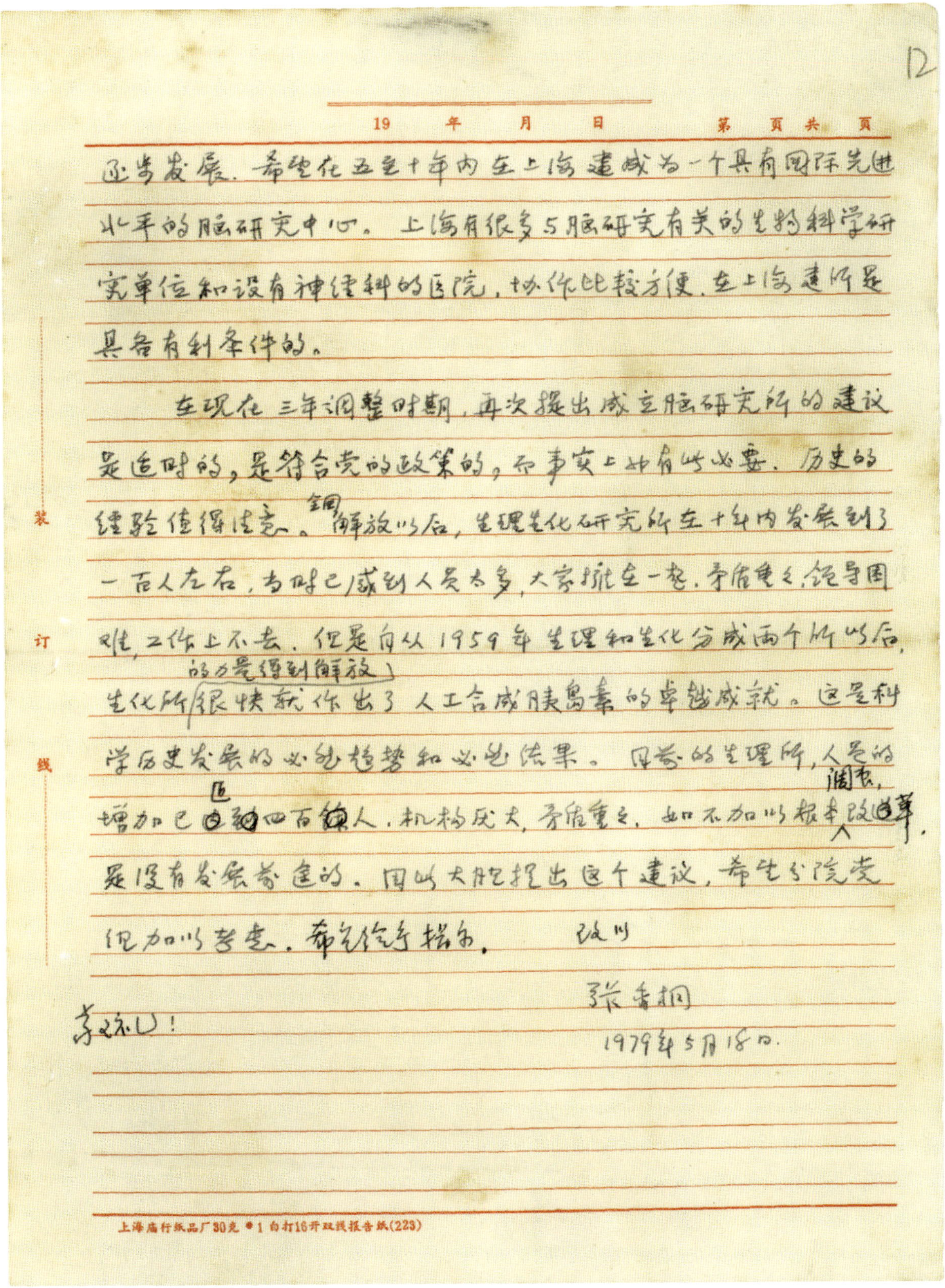

12

19　年　月　日　　第　页共　页

逐步发展，希望在五至十年内在上海建成为一个具有国际先进水平的脑研究中心。上海有很多与脑研究有关的生物科学研究单位和设有神经科的医院，协作比较方便。在上海建所是具备有利条件的。

在现在三年调整时期，再次提出成立脑研究所的建议是适时的，是符合党的政策的，而事实上也有此必要。历史的经验值得注意。解放以后，生理生化研究所在十年内发展到了一百人左右，当时已感到人员太多，大家挤在一起，矛盾重重，领导困难，工作上不去。但是自从1959年生理和生化分成两个所以后，生化所的力量得到解放，很快就作出了人工合成胰岛素的卓越成就。这是科学历史发展的必然趋势和必然结果。目前的生理所，人员的增加已近四百人，机构庞大，矛盾重重，如不加以根本改革，是没有发展前途的。因此大胆提出这个建议，希望分院党组加以考虑，希望能予指示。

此致

敬礼！

张香桐

1979年5月18日.

上海扁行纸品厂30克 1 白打16开双线报告纸(223)

图为张香桐《关于建立脑研究所的建议》手稿。

张钰哲

（1902 — 1986）

天文学家。生于福建闽侯。1926年毕业于美国芝加哥大学天文学系，1929年获该校天文学博士学位。1955年被选聘为中国科学院学部委员（院士）。曾任中央研究院天文研究所所长、中国科学院紫金山天文台台长等职。1928年发现第1125号小行星并命名为“中华”，这是第一颗由中国人发现的小行星。

历五十春秋，在紫金山上下创业，劳苦休言功高；透亿万光年，向银河系内外开拓，壮志岂止凌云。

張鈺哲

手稿

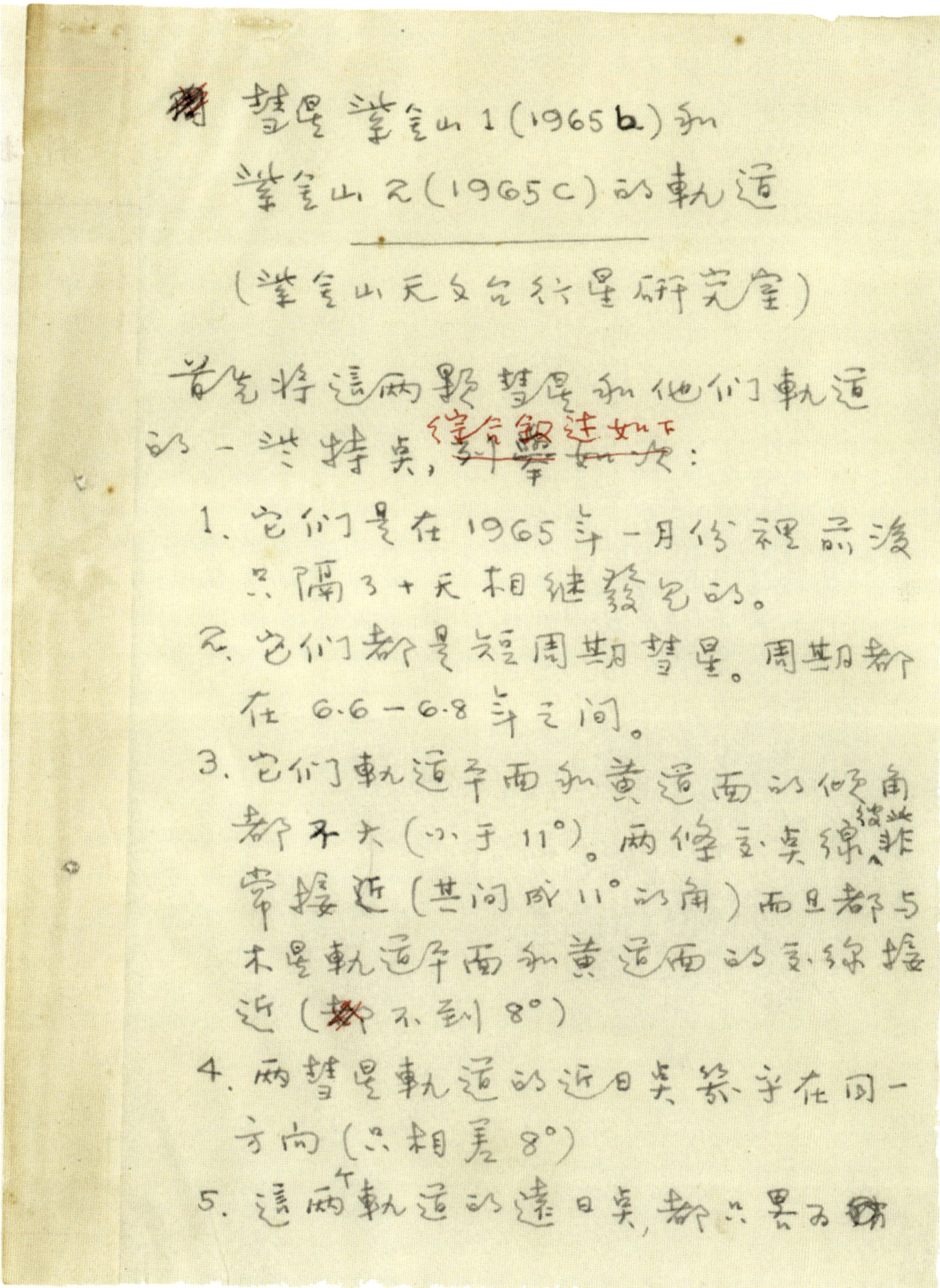
彗星紫金山1（1965b）和
紫金山2（1965c）的軌道

（紫金山天文台行星研究室）

首先将這兩顆彗星和他们軌道的一些特点，综合叙述如下：

1. 它们是在1965年一月份裡前後只隔3十天相继發见的。
2. 它们都是短周期彗星。周期都在6.6—6.8年之间。
3. 它们軌道平面和黄道面的倾角都不大（小于11°）。两條交点線彼此非常接近（其间成11°的角）而且都与木星軌道平面和黄道面的交線接近（都不到8°）
4. 两彗星軌道的近日点幾乎在同一方向（只相差8°）
5. 這兩个軌道的遠日点，都只要……

图为张钰哲《彗星紫金山1（1965b）和紫金山2（1965c）的轨道》论文手稿，共9页。该文由紫金山天文台行星研究室发表于《天文学报》1965年第13卷第1期。

（来源：中国科学院档案馆）

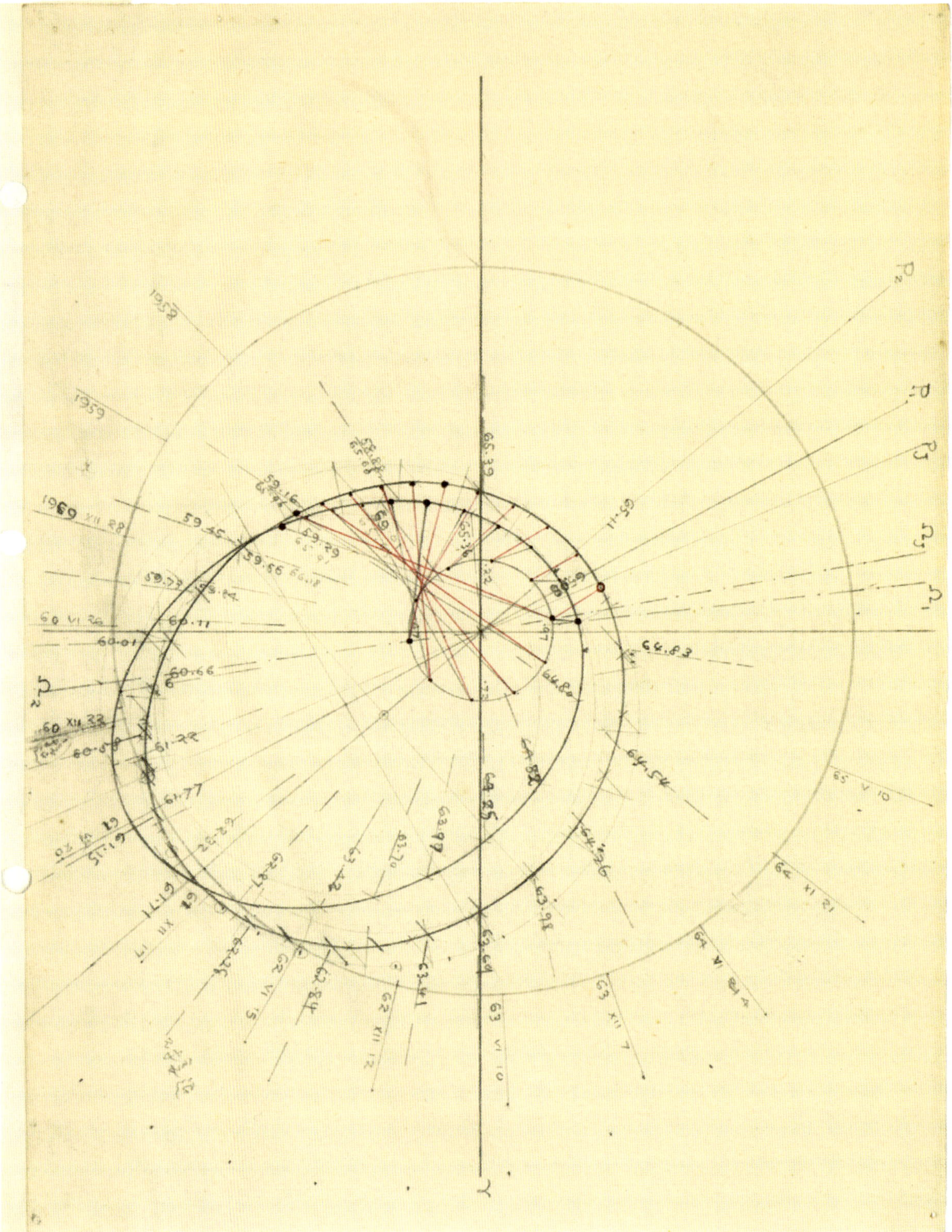

图为张钰哲《彗星紫金山1（1965b）和紫金山2（1965c）的轨道》论文手稿。

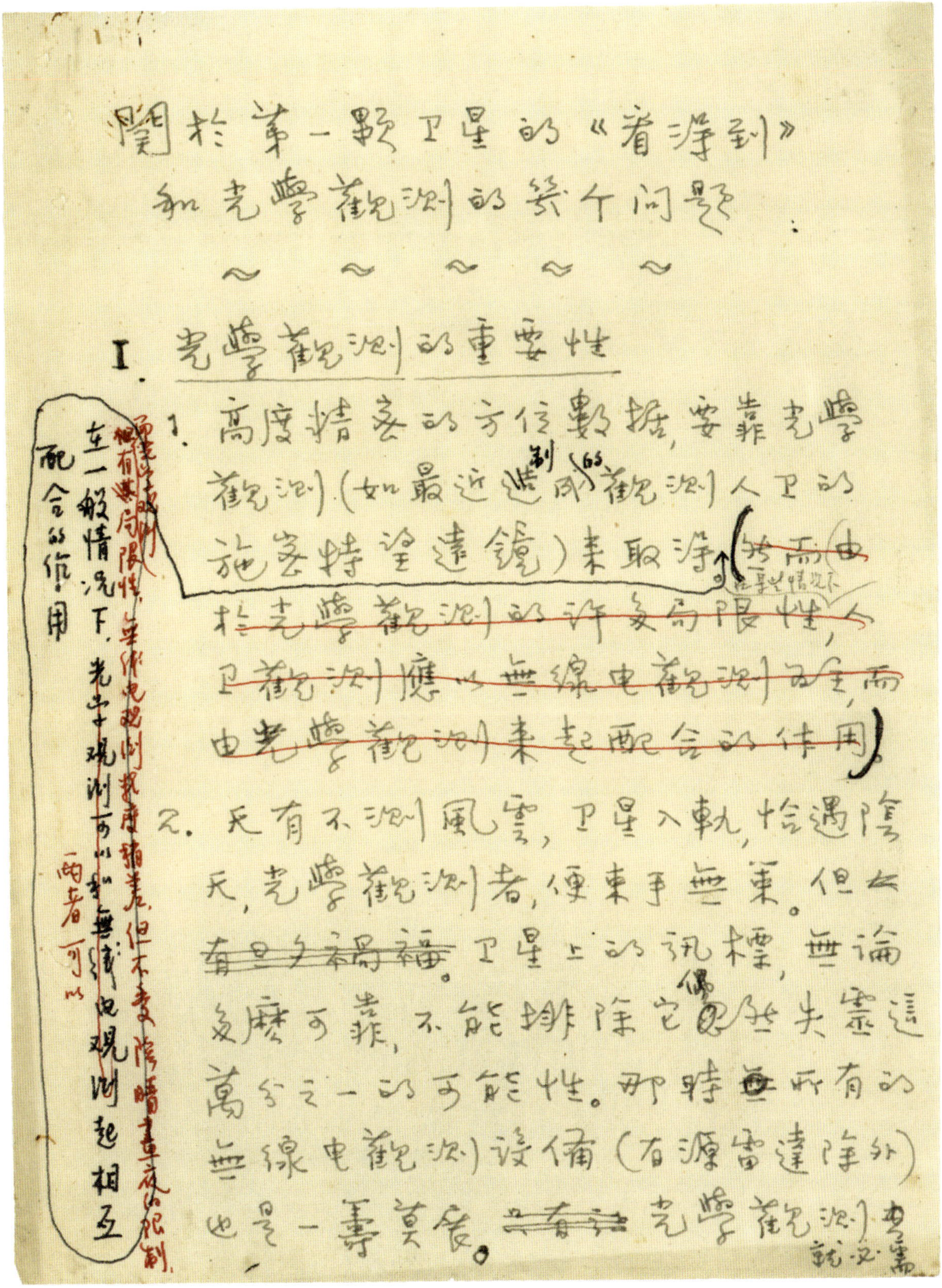
關於第一顆卫星的《看得到》
和光學觀測的幾个问题
～～～～～
I. 光學觀測的重要性
1. 高度精密的方位數據，要靠光學觀測（如最近造成的觀測人卫的施密特望遠鏡）来取得（~~然而由於光學觀測的許多局限性，人卫觀測應以無線电觀測为主，而由光學觀測来起配合的作用~~）
2. 天有不測風雲，卫星入軌，恰遇陰天，光學觀測者，便束手無策。但~~有旦夕禍福~~。卫星上的訊標，無論多麼可靠，不能排除它偶然失靈這萬分之一的可能性。那時所有的無線电觀測設備（有源雷達除外）也是一籌莫展。~~有~~光學觀測就見需

在一般情况下，光學观測可以和無線电观測起相互配合的作用
而光學观測有其局限性，無線电观測精度稍差，但不受陰晴晝夜的限制
兩者可以

图为张钰哲《关于第一颗卫星的“看得到”和光学观测的几个问题》论文手稿，共5页。
（来源：中国科学院档案馆）

陈世骧

（1905 — 1988）

昆虫学家。生于浙江嘉兴。1928年毕业于复旦大学生物系，1934年获法国巴黎大学博士学位。1955年被选聘为中国科学院学部委员（院士）。曾任中央研究院自然历史博物馆和动物研究所研究员、中国科学院动物研究所所长等职。

我们必须牢记科学就是为了服务人民、服务社会。

老老实实做人，活到老学到老，不要太把自己当回事，要懂得吃亏是福。

陈世骧

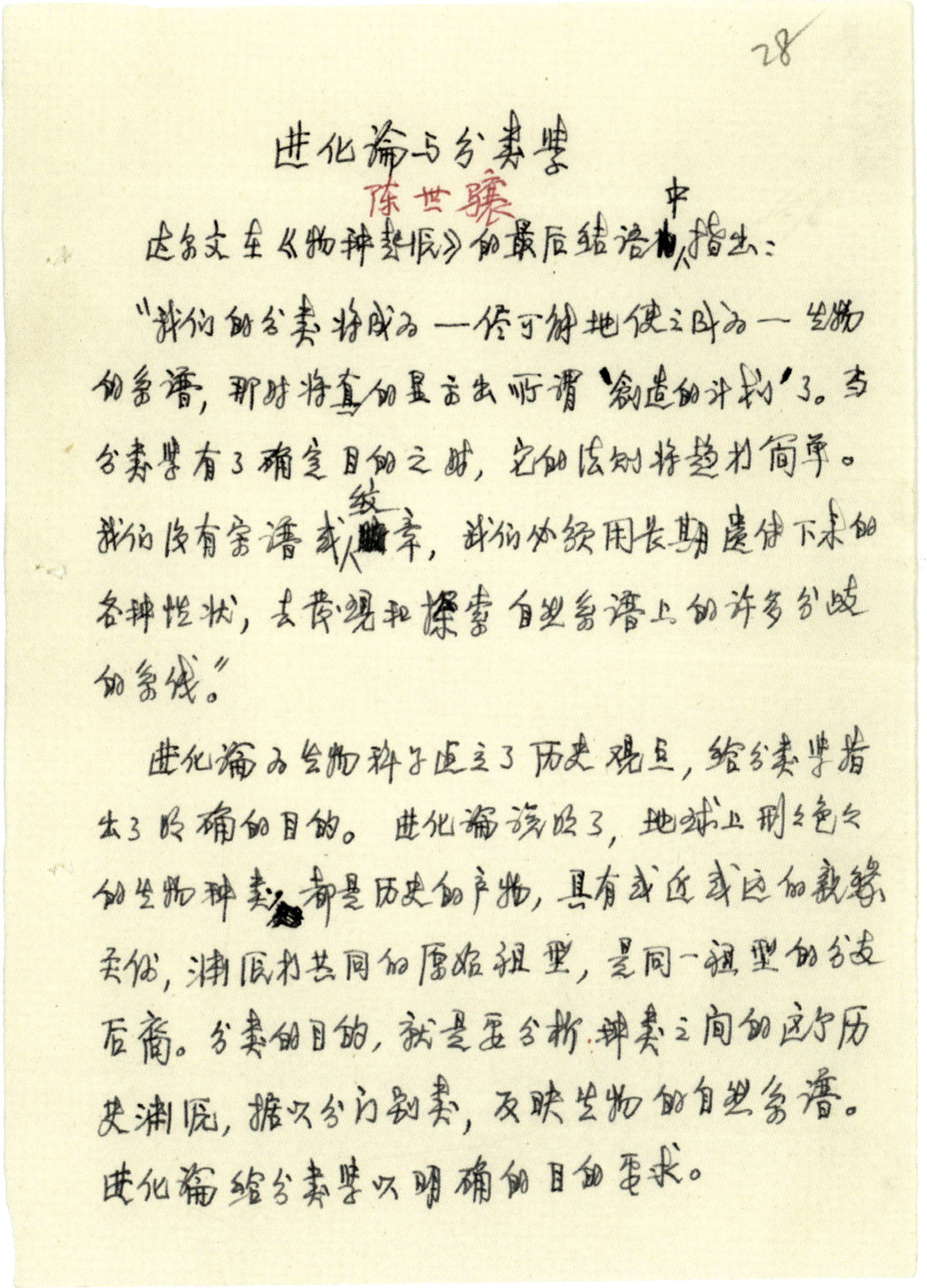
28

进化论与分类学

陈世骧

达尔文在《物种起源》的最后结语中指出：

"我们的分类将成为——尽可能地使之成为——生物的系谱，那时将真的显示出所谓'创造的计划'了。当分类学有了确定目的之时，它的法则将趋于简单。我们没有家谱或纹章，我们必须用长期遗传下来的各种性状，去发现和探索自然系谱上的许多分歧的系线。"

进化论为生物科学建立了历史观点，给分类学指出了明确的目的。进化论说明了，地球上形形色色的生物种类，都是历史的产物，具有或近或远的亲缘关系，渊源于共同的原始祖型，是同一祖型的分支后裔。分类的目的，就是要分析种类之间的这种历史渊源，据以分门别类，反映生物的自然系谱。进化论给分类学以明确的目的要求。

图为陈世骧《进化论与分类学》手稿，共129页。该文发表于《昆虫学报》1977年第20卷第4期，1978年由科学出版社出版单行本。（来源：中国科学院档案馆）

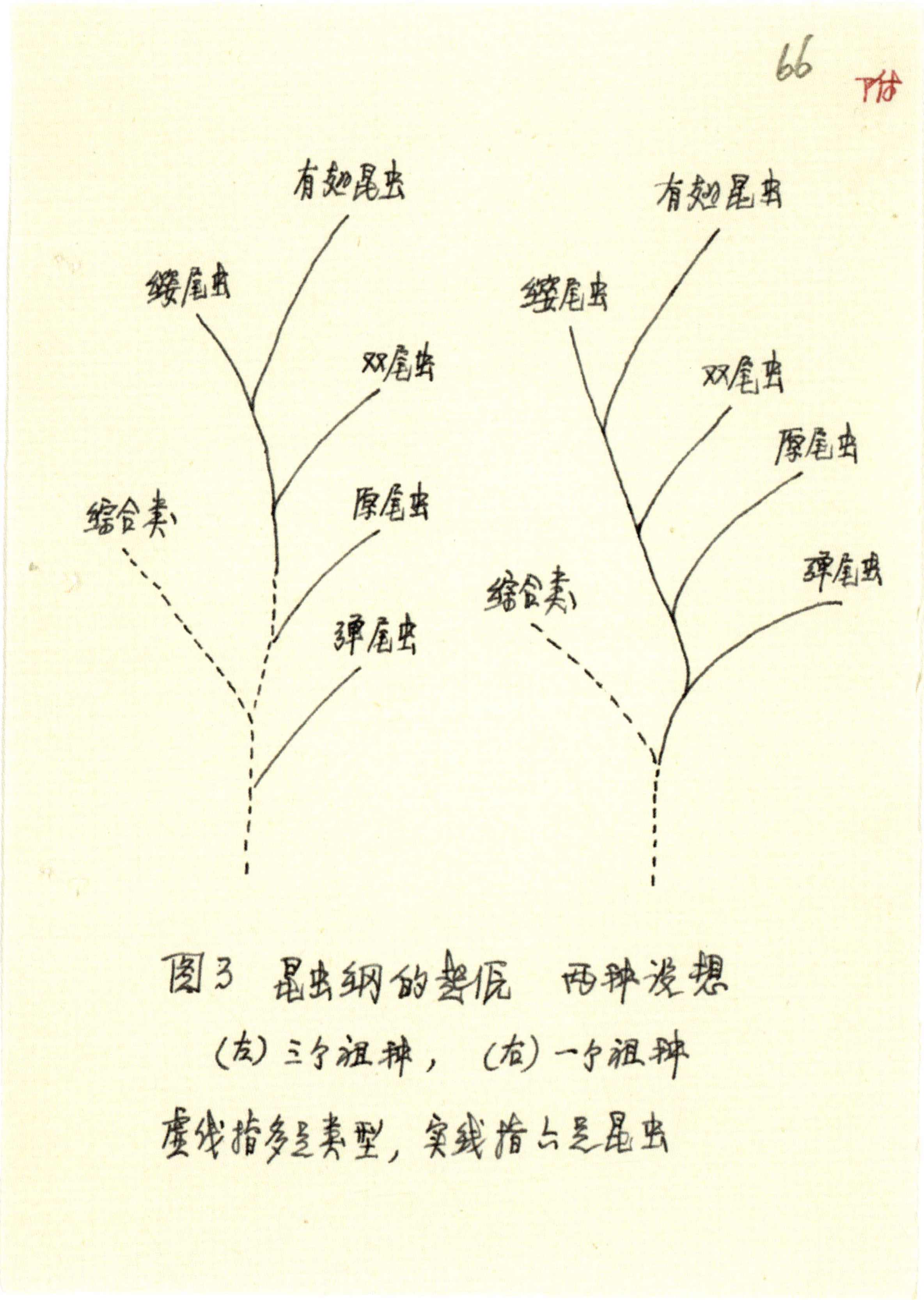

图为陈世骧《进化论与分类学》手稿。

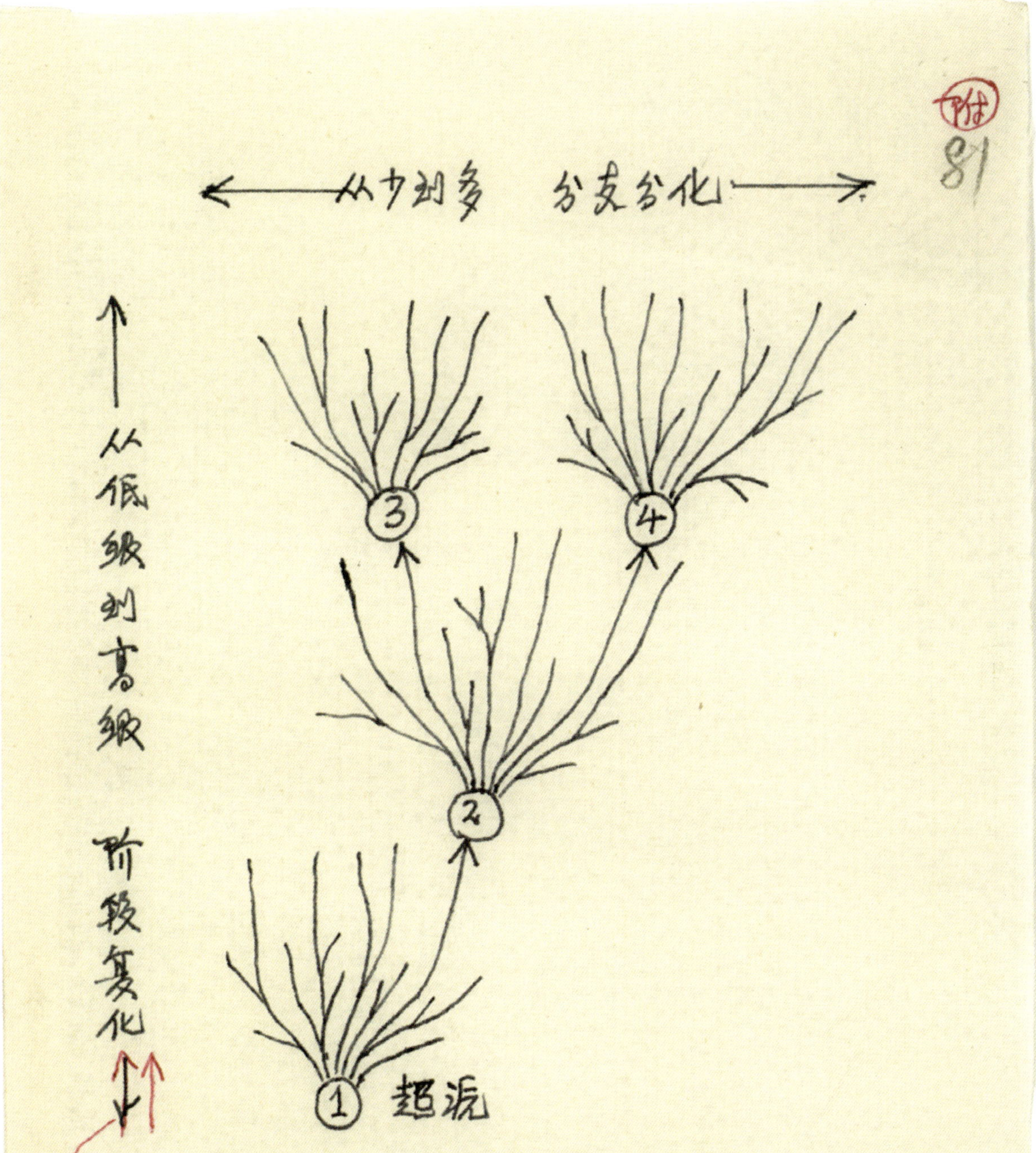

图为陈世骧《进化论与分类学》手稿。

陈景润

（1933 — 1996）

数学家。生于福建福州。1953年毕业于厦门大学数学系。1980年当选为中国科学院学部委员（院士）。曾任中国科学院数学研究所研究员。1982年获国家自然科学奖一等奖，2018年被追授“改革先锋”称号。

人生各有各的愉快和满足，对科学工作者来说，最大的满足莫过于知识的满足，探索科学奥秘的满足。

我不想名利和地位，我只希望能好好地研究数学，在这一方面有一些贡献，可以为中国争一口气。

陳景潤

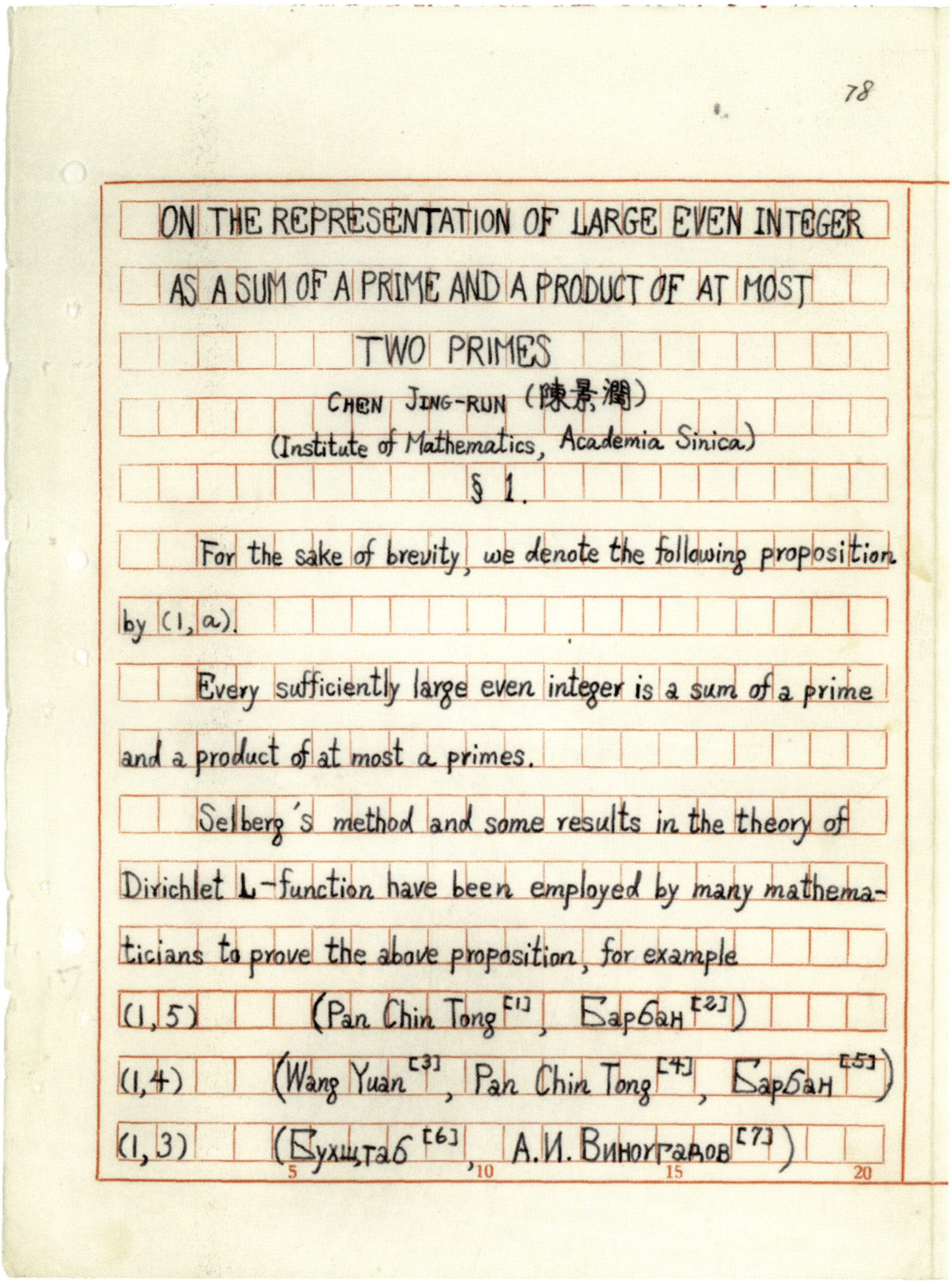

78

ON THE REPRESENTATION OF LARGE EVEN INTEGER AS A SUM OF A PRIME AND A PRODUCT OF AT MOST TWO PRIMES

CHEN JING-RUN (陳景潤)

(Institute of Mathematics, Academia Sinica)

§ 1.

For the sake of brevity, we denote the following proposition by (1, a).

Every sufficiently large even integer is a sum of a prime and a product of at most a primes.

Selberg's method and some results in the theory of Dirichlet L-function have been employed by many mathematicians to prove the above proposition, for example

(1, 5) (Pan Chin Tong[1], Барбан[2])

(1, 4) (Wang Yuan[3], Pan Chin Tong[4], Барбан[5])

(1, 3) (Бухштаб[6], A.И. Виноградов[7])

图为陈景润《大偶数表为一个素数及一个不超过二个素数的乘积之和》论文英文手稿，共40页。该文发表于《科学通报》1966年第17卷第9期。1973年陈景润发表其详细证明，将哥德巴赫猜想的证明大大推进了一步，成为哥德巴赫猜想研究史上的里程碑。（来源：中国科学院档案馆）

78

The aim of the present paper is to prove (1, 2). In proving (1, 2) we have used the results of [6] which was calculated by computers. We shall prove

Theorem. Every sufficiently large even integer is a sum of a prime and a product of at most 2 primes.

In this paper, x denotes a large even integer.

§ 2.

Let A and B be integers with $x^{\frac{1}{10}} \leq A < x^{\frac{1}{3}} < B$, $AB \leq x^{\frac{2}{3}}$. Let d_1 and d_2 be positive integers and suppose p, p_1, p_2 are primes with $(d_1 d_2, p_1 p_2 x) = 1$. It is obvious that the congruence $p_1 p_2 y \equiv 1 \ (\bmod \frac{d_1 d_2}{(d_1, d_2)})$ has a unique solution in the interval $1 \leq y \leq \frac{d_1 d_2}{(d_1, d_2)}$. Denote this solution by $y_{d_1, d_2}^{(p_1, p_2)}$. Let A_1 and B_1 be real numbers with

$$\frac{A}{(\log x)^{10}} < A_1 \leq \frac{A}{(\log x)^{8}}, \quad \frac{B}{(\log x)^{10}} < B_1 \leq \frac{B}{(\log x)^{8}}.$$

Let

40×15=600 (京文电制)

图为陈景润《大偶数表为一个素数及一个不超过二个素数的乘积之和》论文英文手稿。

手稿

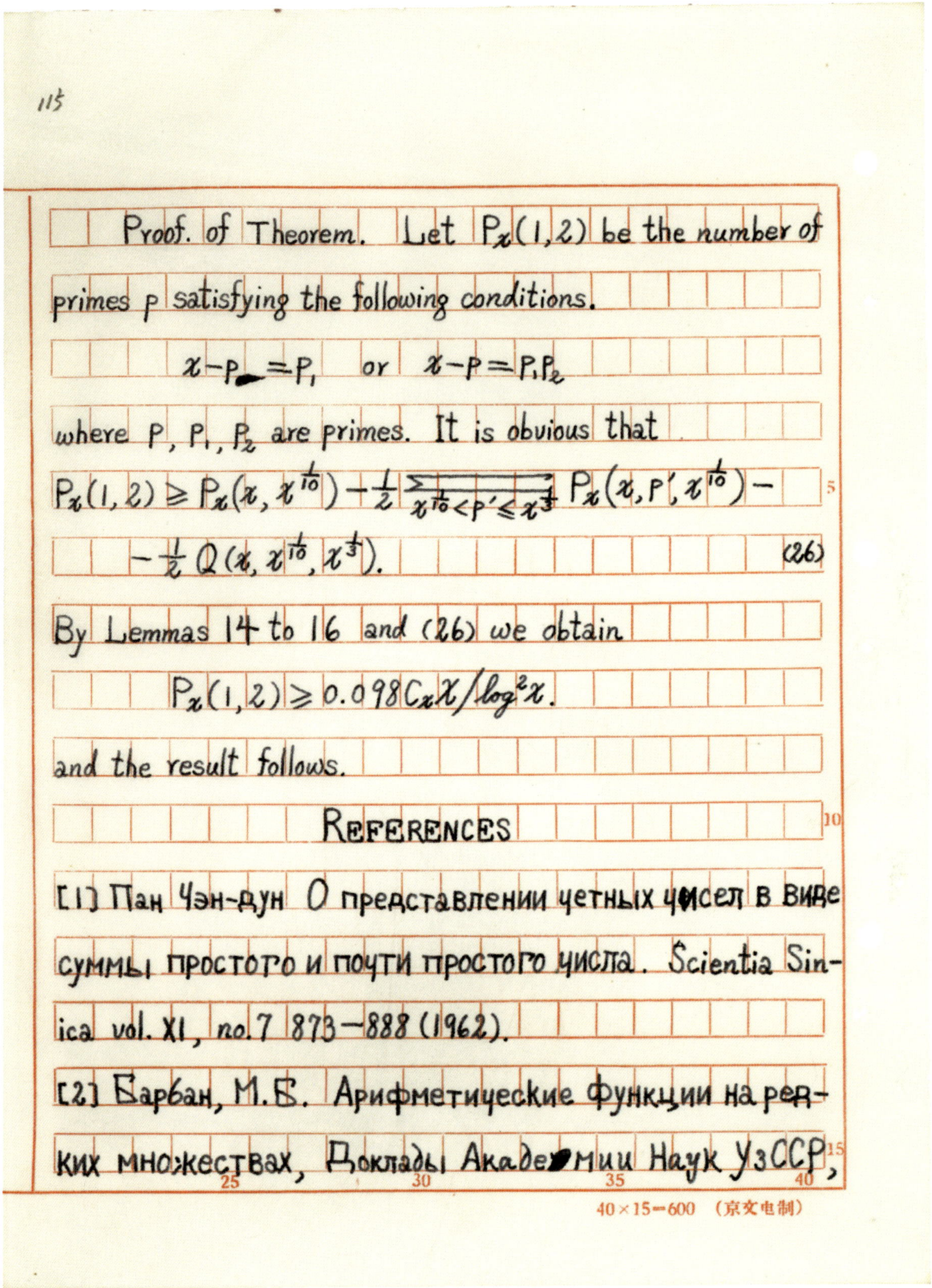
115

Proof of Theorem. Let $P_x(1,2)$ be the number of primes p satisfying the following conditions.

$$x-p=p_1 \quad \text{or} \quad x-p=p_1p_2$$

where p, p_1, p_2 are primes. It is obvious that

$$P_x(1,2) \geq P_x(x, x^{\frac{1}{10}}) - \frac{1}{2}\sum_{x^{\frac{1}{10}}<p'\leq x^{\frac{1}{3}}} P_x(x, p', x^{\frac{1}{10}}) - \frac{1}{2}Q(x, x^{\frac{1}{10}}, x^{\frac{1}{3}}). \quad (26)$$

By Lemmas 14 to 16 and (26) we obtain

$$P_x(1,2) \geq 0.098\, C_x x/\log^2 x.$$

and the result follows.

REFERENCES

[1] Пан Чэн-дун О представлении четных чисел в виде суммы простого и почти простого числа. Scientia Sinica vol. XI, no.7 873–888 (1962).

[2] Барбан, М.Б. Арифметические функции на редких множествах, Доклады Академии Наук УзССР,

40×15=600 (京文电制)

图为陈景润《大偶数表为一个素数及一个不超过二个素数的乘积之和》论文英文手稿。

林兰英

（1918 — 2003）

半导体材料科学家。女，生于福建莆田。1940年毕业于福建协和大学物理系，1955年获美国宾夕法尼亚大学博士学位。1980年当选为中国科学院学部委员（院士）。曾任中国科学院半导体研究所研究员、副所长。

在我的科海生涯中，没有什么秘诀，也没有什么捷径，仅仅是恪守着如下几点：一要选准课题，既有先进性，又要依据国情，能够为此做出积极的贡献；二要有民族自尊心，有爱国心，有高度的责任感，要敢于向世界水平冲击，在广阔的世界科学领域中占一席之地；三要有自力更生精神，有敢于走自己道路的勇气。

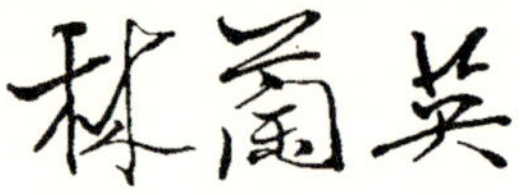

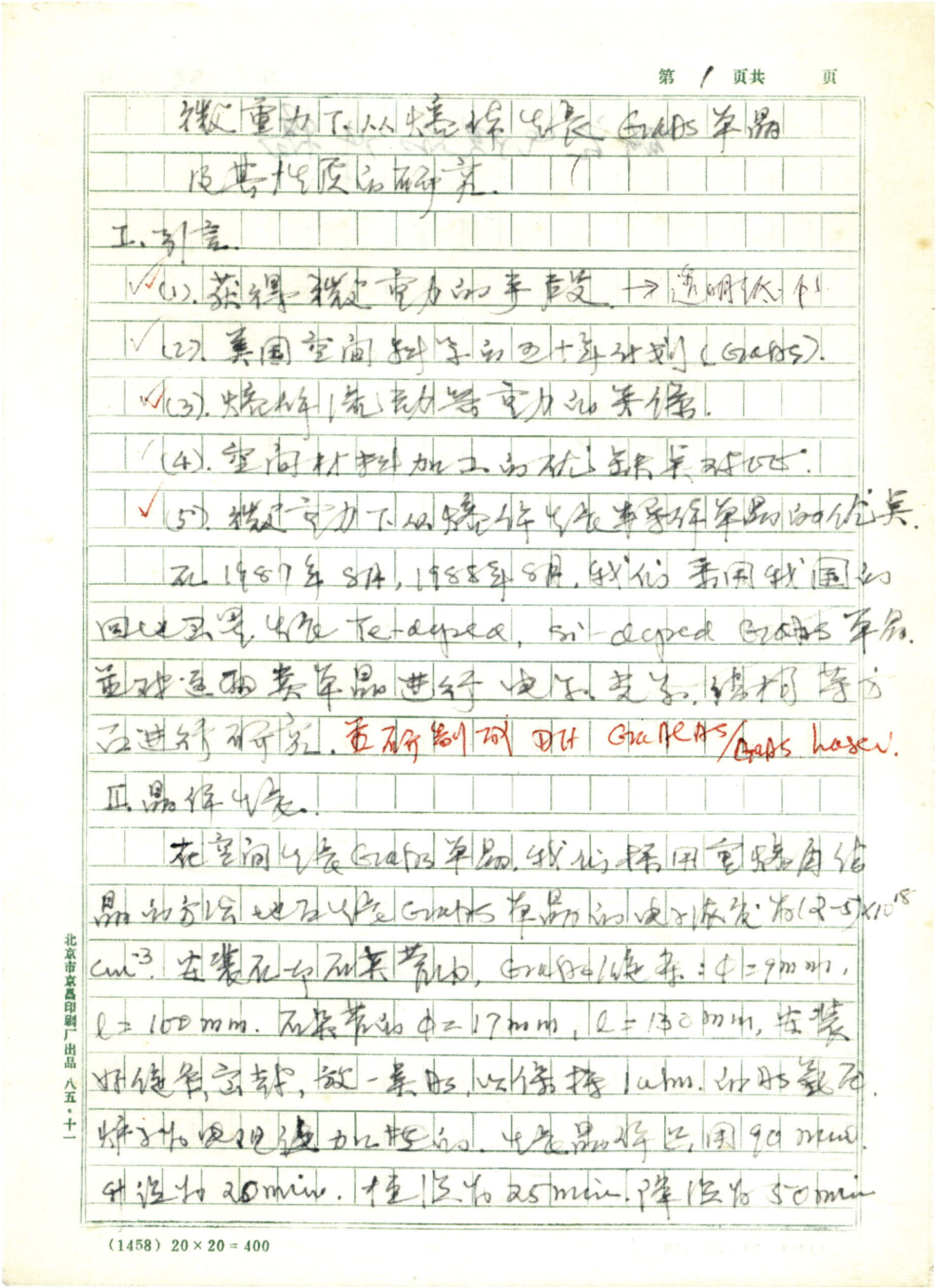
第 1 页共 页

微重力下从熔体生长GaAs单晶及其性质的研究.

I. 引言.

(1). 获得微重力的手段 → 透明体

(2). 美国空间材料今后十年计划(GaAs).

(3). 熔体流动与重力的关系.

(4). 空间材料加工的技术与实践.

(5). 微重力下从熔体生长半导体单晶的优点.

在1987年8月,1988年8月,我们乘用我国的回收卫星生长Te-doped, Si-doped GaAs单晶. 并对这两类单晶进行电学、光学、结构等方面进行研究. 并研制成DH GaAlAs/GaAs laser.

II. 晶体生长.

在空间生长GaAs单晶,我们采用重熔再结晶的方法. 地面生长GaAs籽晶的电子浓度为$(2-5)\times10^{18}$ cm^{-3}. 安装在石英管内, GaAs晶体: φ=9mm, l=100mm. 石英管的φ=17mm, l=130mm, 安装好后真空密封, 放一小块以保持1atm的As压. 炉子的温度梯度加热控制. 生长晶体共用90min. 升温为20min. 恒温为25min. 降温为50min.

北京市京昌印刷厂出品 八五·十一

(1458) 20×20=400

图为林兰英《微重力下从熔体生长GaAs(砷化镓)单晶及其性质的研究》论文手稿,共7页。

(来源:中国科学院半导体研究所)

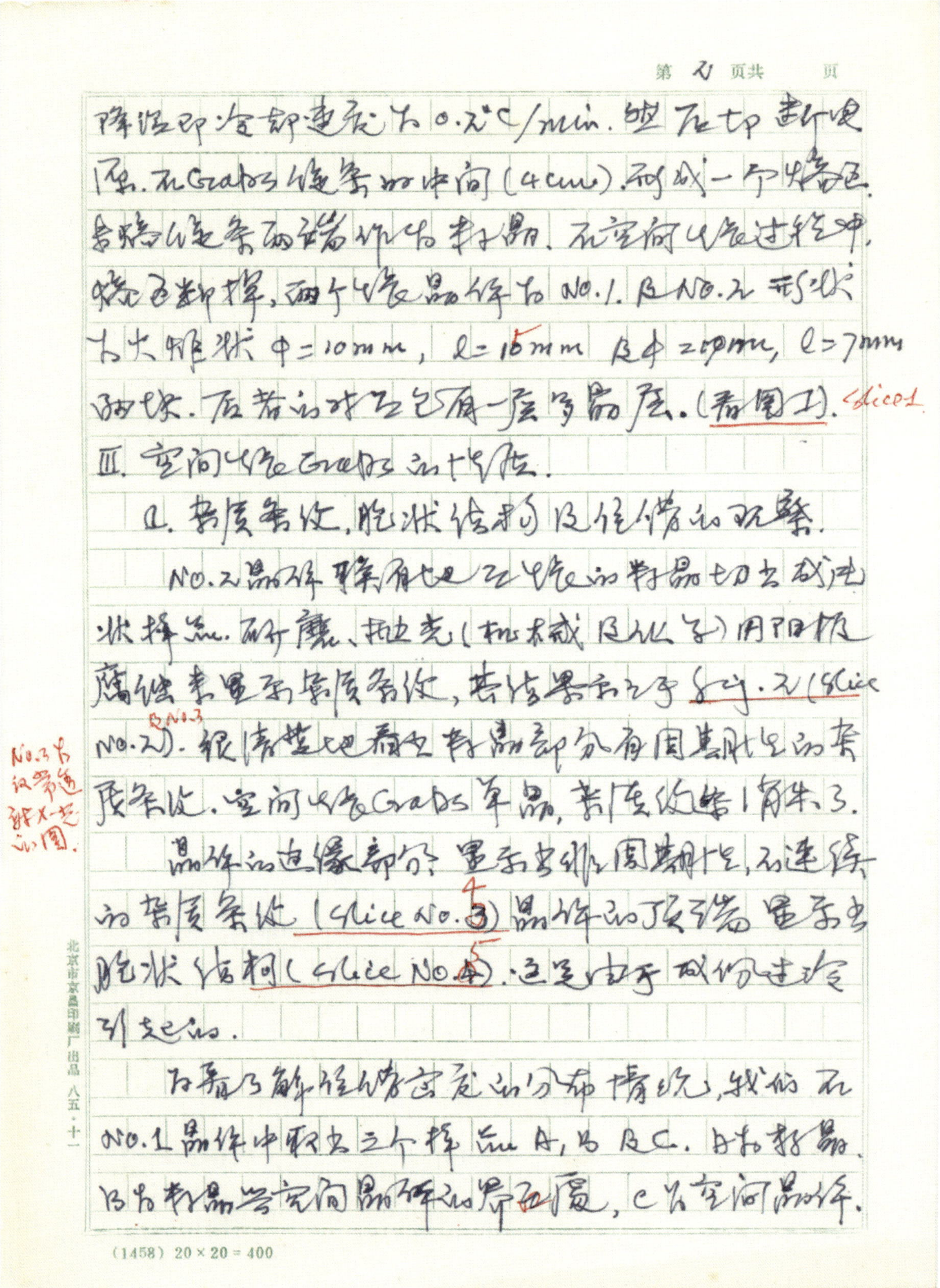
第 2 页共 页

降温时冷却速度为0.2°C/min. 然后切断电源. 在GaAs熔条的中间(4cm)形成一个熔区. 与熔区两端均为籽晶. 在空间生长过程中, 熔区断掉, 两个生长晶体为No.1及No.2 形状为大棒状 φ=10mm, l=15mm 及φ=10mm, l=7mm 的晶体. 在表面上包有一层多晶层. (看图1). slice 1

III. 空间生长GaAs的性质.

a. 杂质条纹, 胞状结构及位错的观察.

No.2晶体较清楚地区分出籽晶切出成片状样品. 研磨、抛光(机械及化学)用阳极腐蚀来显示杂质条纹, 其结果示于fig.2(slice No.2). 很清楚地看出籽晶部分有周期性的杂质条纹. 空间生长GaAs单晶, 杂质条纹消失了.

No.3为双晶透射X-光的图.

晶体的边缘部分显示出非周期性, 不连续的杂质条纹(slice No.3) 晶体的顶端显示出胞状结构(slice No.4). 这是由于成份过冷引起的.

为了了解位错密度的分布情况, 我们在No.1晶体中取出三个样品A, B及C. A为籽晶, B为籽晶与空间晶体的界面, C为空间晶体.

北京市京昌印刷厂出品 八五·十一

(1458) 20×20=400

图为林兰英《微重力下从熔体生长GaAs（砷化镓）单晶及其性质的研究》论文手稿。

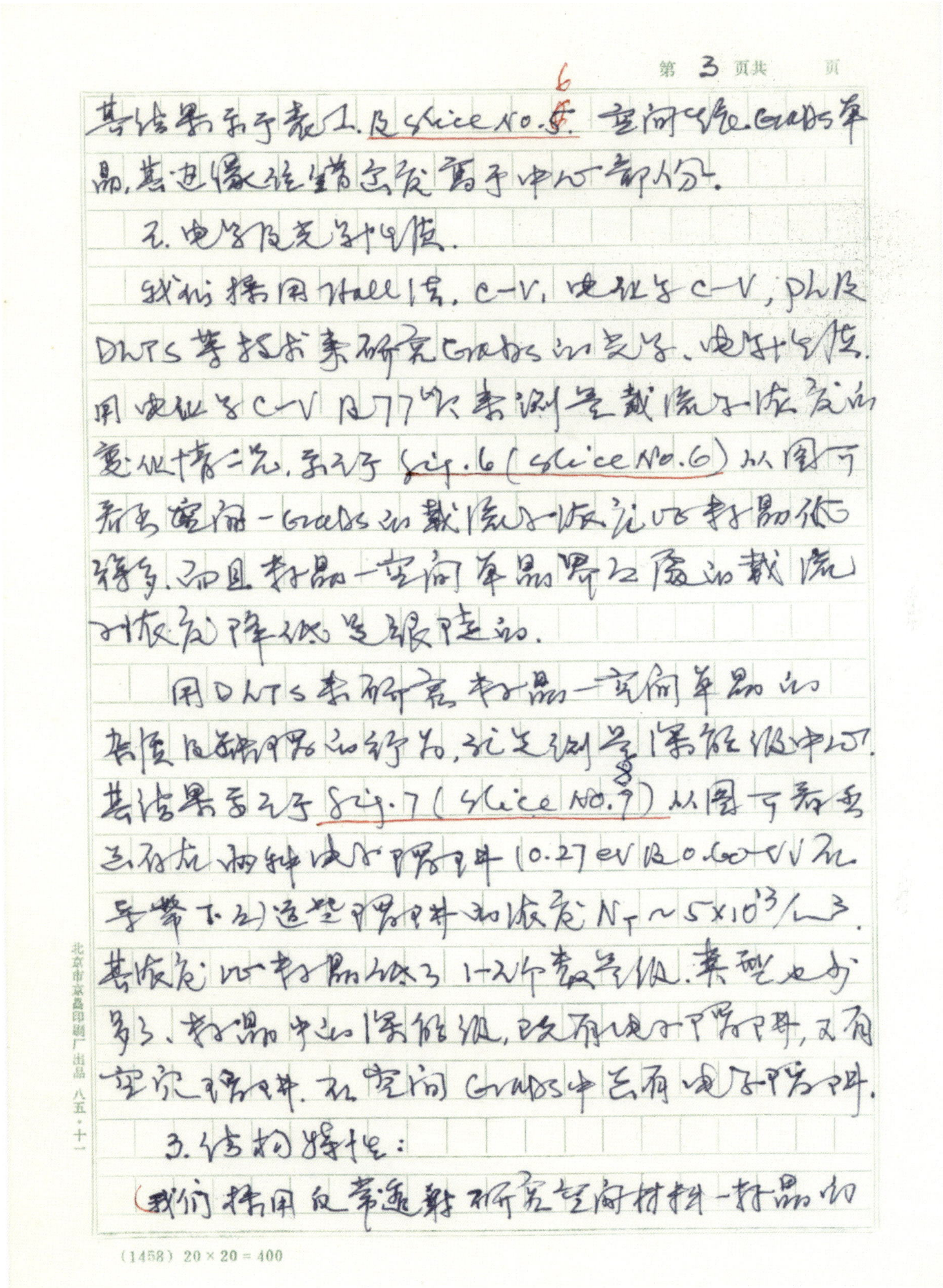
第 3 页共 页

其结果示于表1.及slice No.6. 空间生长GaAs单
晶.其边缘位错密度高于中心部分.

2. 电学及光学性质.

我们采用Hall法、C-V、电化学C-V，PL及
DLTS等技术来研究GaAs的光学、电学性质.
用电化学C-V及77K来测量载流子浓度的
变化情况,示于fig.6(slice No.6)从图可
看出空间-GaAs的载流子浓度比地面低
许多.而且地面-空间单晶界面处的载流
子浓度降低是很陡的.

用DLTS来研究地面-空间单晶的
杂质及缺陷的行为,就是测量深能级中心.
其结果示于fig.7(slice No.7)从图可看出
只存在两种电子陷阱(0.27eV及0.60eV在
导带下面)这些陷阱的浓度$N_T \sim 5\times10^{13}/cm^3$.
其浓度比地面低了1-2个数量级.类型也少
多了、地面中的深能级,既有电子陷阱,又有
空穴陷阱.在空间GaAs中只有电子陷阱.

3. 结构特性:

(我们采用X光透射研究空间材料-地面的

北京市京昌印刷厂出品 八五·十一

(1458) 20×20=400

图为林兰英《微重力下从熔体生长GaAs（砷化镓）单晶及其性质的研究》论文手稿。

竺可桢

（1890 — 1974）

气象学、地理学家。生于浙江绍兴。1918年获美国哈佛大学博士学位。1948年当选为中央研究院院士，1955年被选聘为中国科学院学部委员（院士）。曾任中央研究院气象研究所所长、浙江大学校长、中国科学院副院长等职。

只求真理，不管个人的利害，有了这种科学的精神，然后才能够有科学的存在。

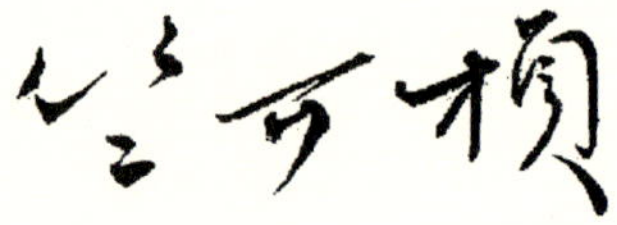

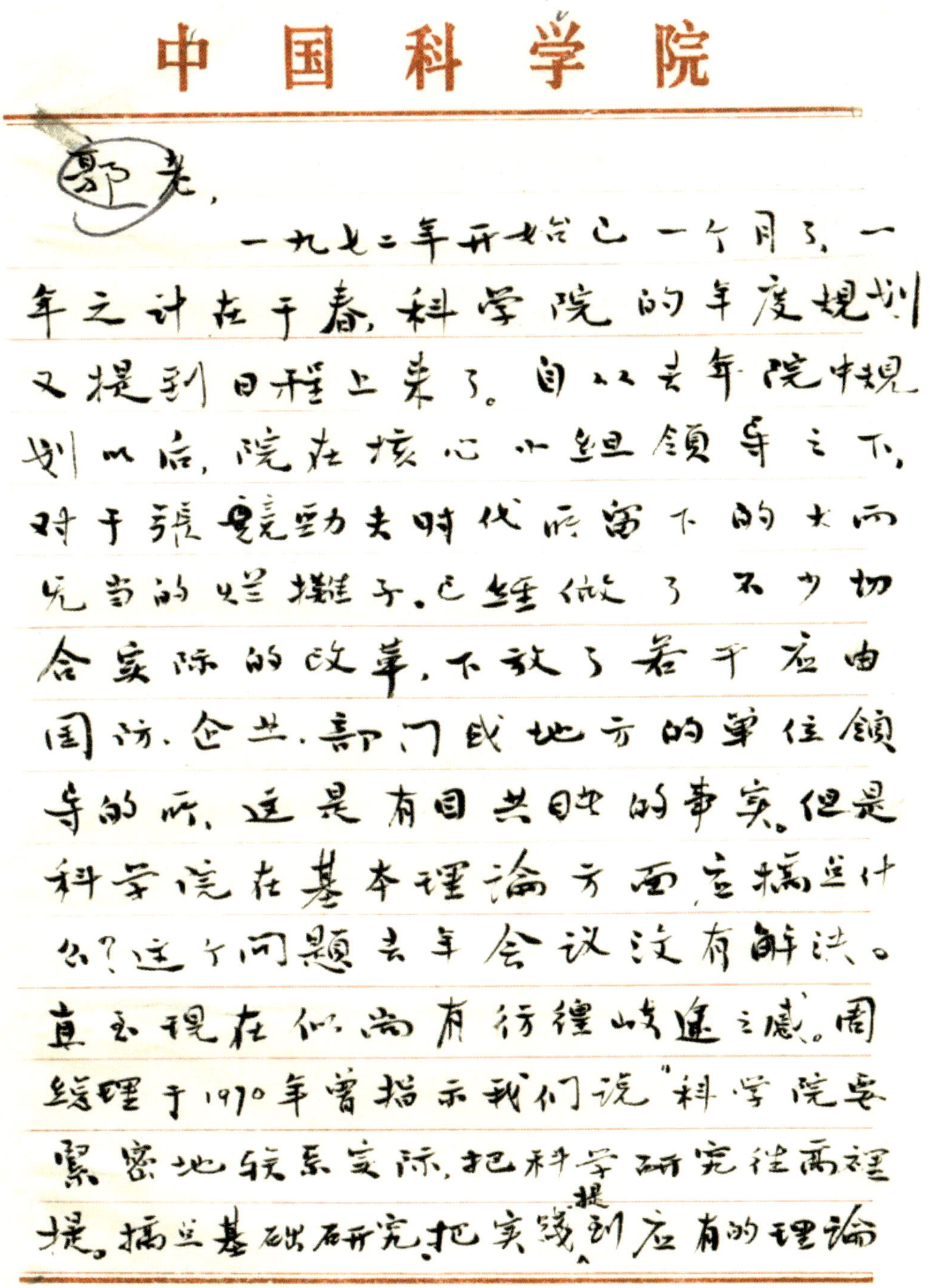

中国科学院

郭老，

一九七二年开始已一个月了，一年之计在于春，科学院的年度规划又提到日程上来了。自从去年院中规划以后，院在核心小组领导之下，对于张劲夫时代所留下的大而无当的烂摊子，已经做了不少切合实际的改革，下放了若干应由国防、企业、部门或地方的单位领导的所，这是有目共睹的事实。但是科学院在基本理论方面应搞些什么？这个问题去年会议没有解决。直至现在似尚有彷徨歧途之感。周总理于1970年曾指示我们说"科学院要紧密地联系实际，把科学研究往高提，搞些基础研究，把实践提到应有的理论

图为竺可桢1972年1月31日关于中国科学院基础研究问题致郭沫若的信，共4页。

（来源：中国科学院档案馆）

13

中国科学院

说"认识总是在发展，……一直到现在还没有人能够推翻康德的星云假说……现在有人造卫星，研究这方面科学有了更好的条件。"还有一点是"关于生命起源要研究一下。"毛主席在这讲话中所提三点，也就是十九世纪恩格斯所说三大问题的继续发展而形成的。资本主义国家如美英西德法日，和苏修把大量人力物力用于空间研究和原子核物理，实际也是顺应这一潮流。我们有了毛主席的光辉思想应该遵循了指示以期能提出灿烂的理论。

综上所述科学院的理论基础研究计划与体制的变更也应适应这一大方向。研究（和分子生物学）方面如高能物理、细胞生物、太阳系与地球月亮的起源（包括大陆漂浮起源问题，和生命起源问题），目前还看不出有什么实践的用途。

图为竺可桢关于中国科学院基础研究问题致郭沫若的信。

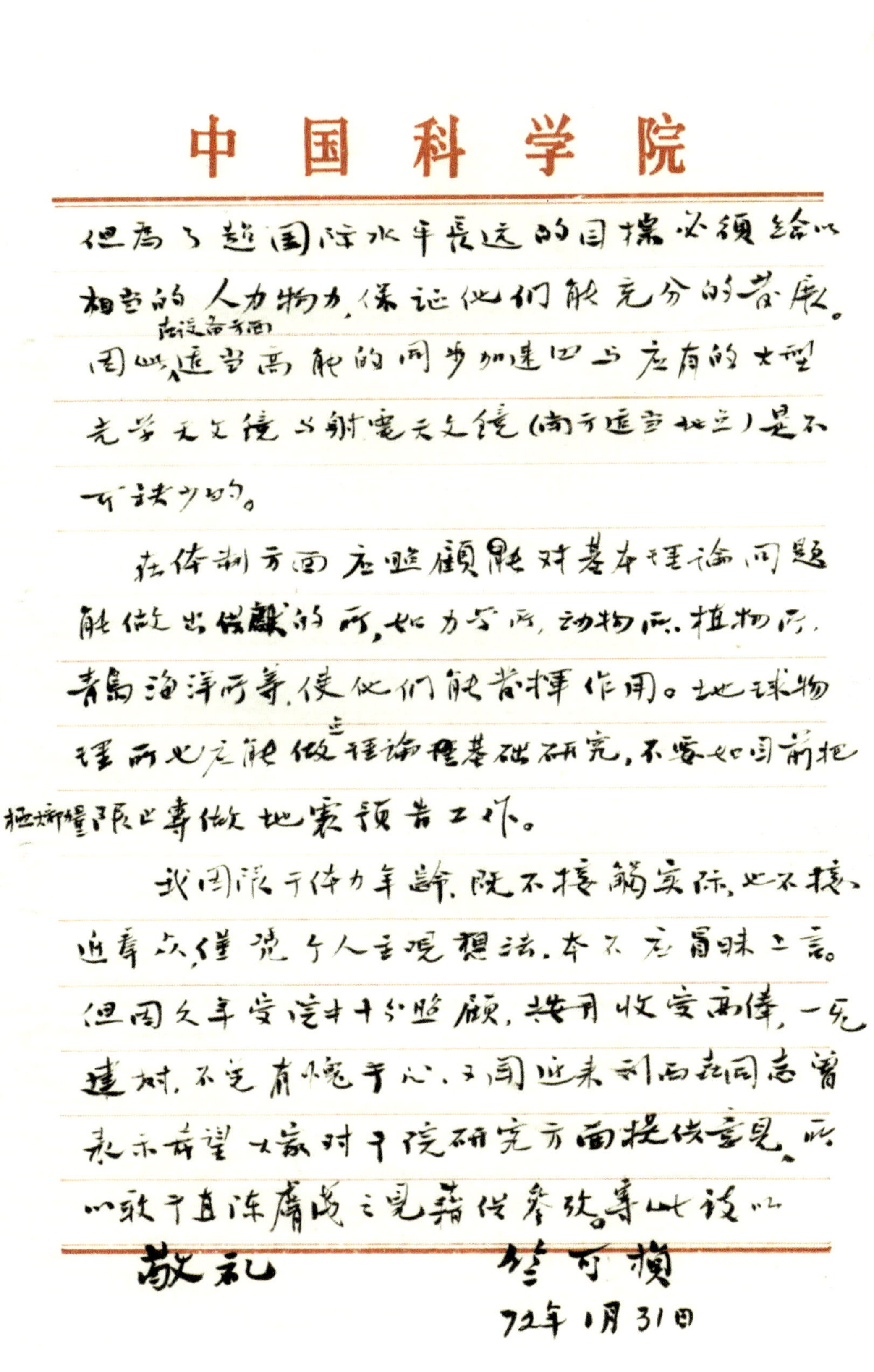

14

中国科学院

但为了赶国际水平长远的目标必须给以相当的人力物力，保证他们能充分的发展。因此（在设备方面）适当高能的同步加速器与应有的大型光学天文镜与射电天文镜（限于适当地点）是不可缺少的。

在体制方面应照顾能对基本理论问题能做出贡献的所，如力学所，动物所，植物所，青岛海洋所等，使他们能发挥作用。地球物理所也应能做些理论性基础研究，不要如目前把极大部分力量限于专做地震预告工作。

我因限于体力年龄，既不接触实际，也不接近群众，仅凭个人主观想法，本不应冒昧之言。但因多年受您十分照顾，按月收受薪俸，一无建树，不觉有愧于心。又闻近来科学院同志曾表示希望大家对于院研究方面提供意见，所以敢于直陈肤浅之见藉供参考。专此致以

敬礼

竺可桢

72年1月31日

图为竺可桢关于中国科学院基础研究问题致郭沫若的信。

秉　志

（1886 — 1965）

动物学家。原名翟秉志。生于河南开封。1908年毕业于京师大学堂预备科，1913年毕业于美国康奈尔大学，1918年获该校博士学位。1948年当选为中央研究院院士，1955年被选聘为中国科学院学部委员（院士）。曾任南京高等师范学校、东南大学、厦门大学、中央大学、复旦大学教授，中国科学社生物研究所所长，静生生物调查所所长，中国科学院水生生物研究所、动物研究所研究员等职。

科学家之精神，在寻求真理，科学家之目的，在造福人类。故能称得起科学家之人，不独其在专门学问上，有精深之造诣，而其道德人格，亦必高尚纯洁，有深邃之修养。

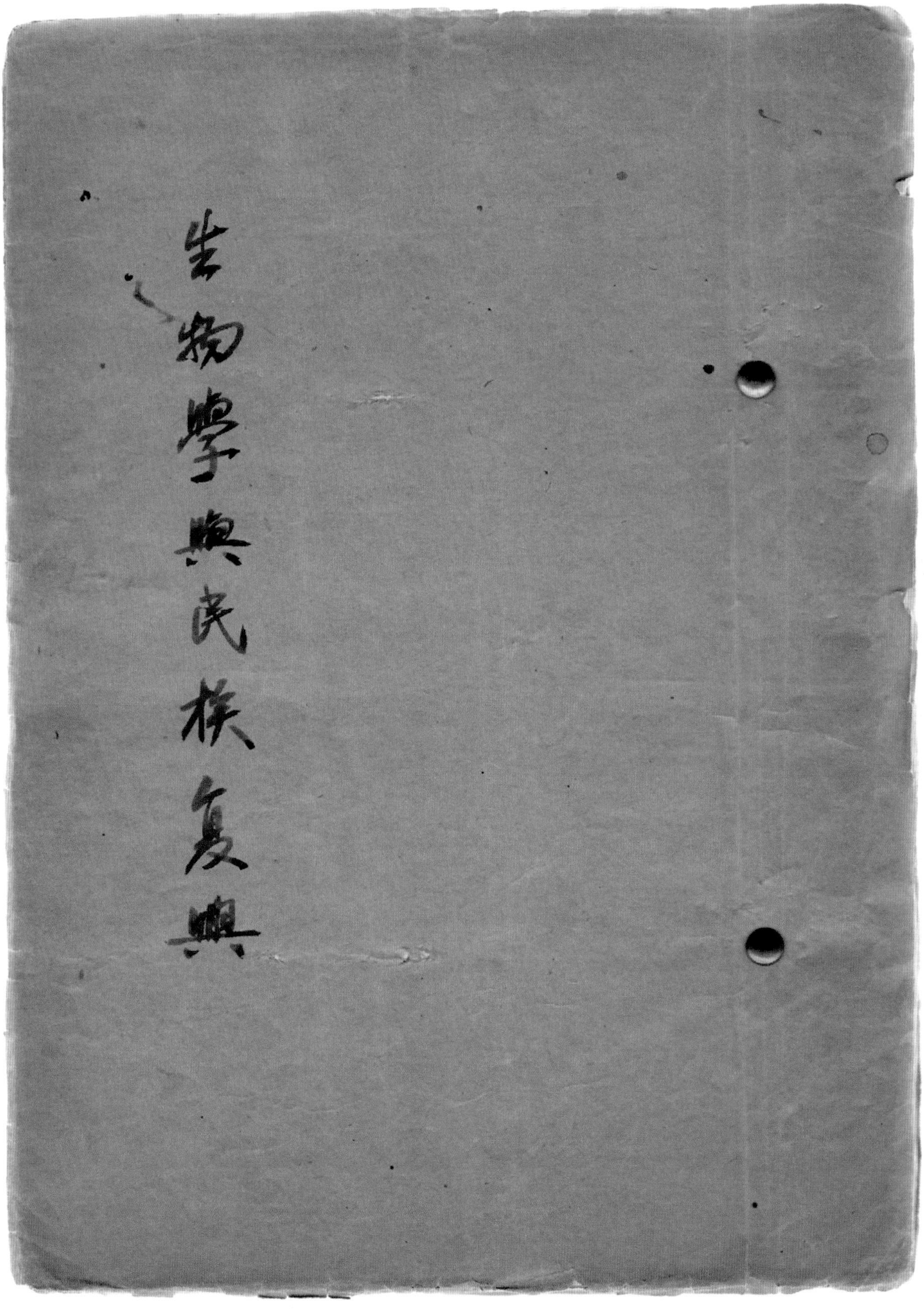

图为秉志1941年撰写的《生物学与民族复兴》著作封面，全书共142页。该书1946年由中国文化服务社刊印。

（来源：中国科学院档案馆）

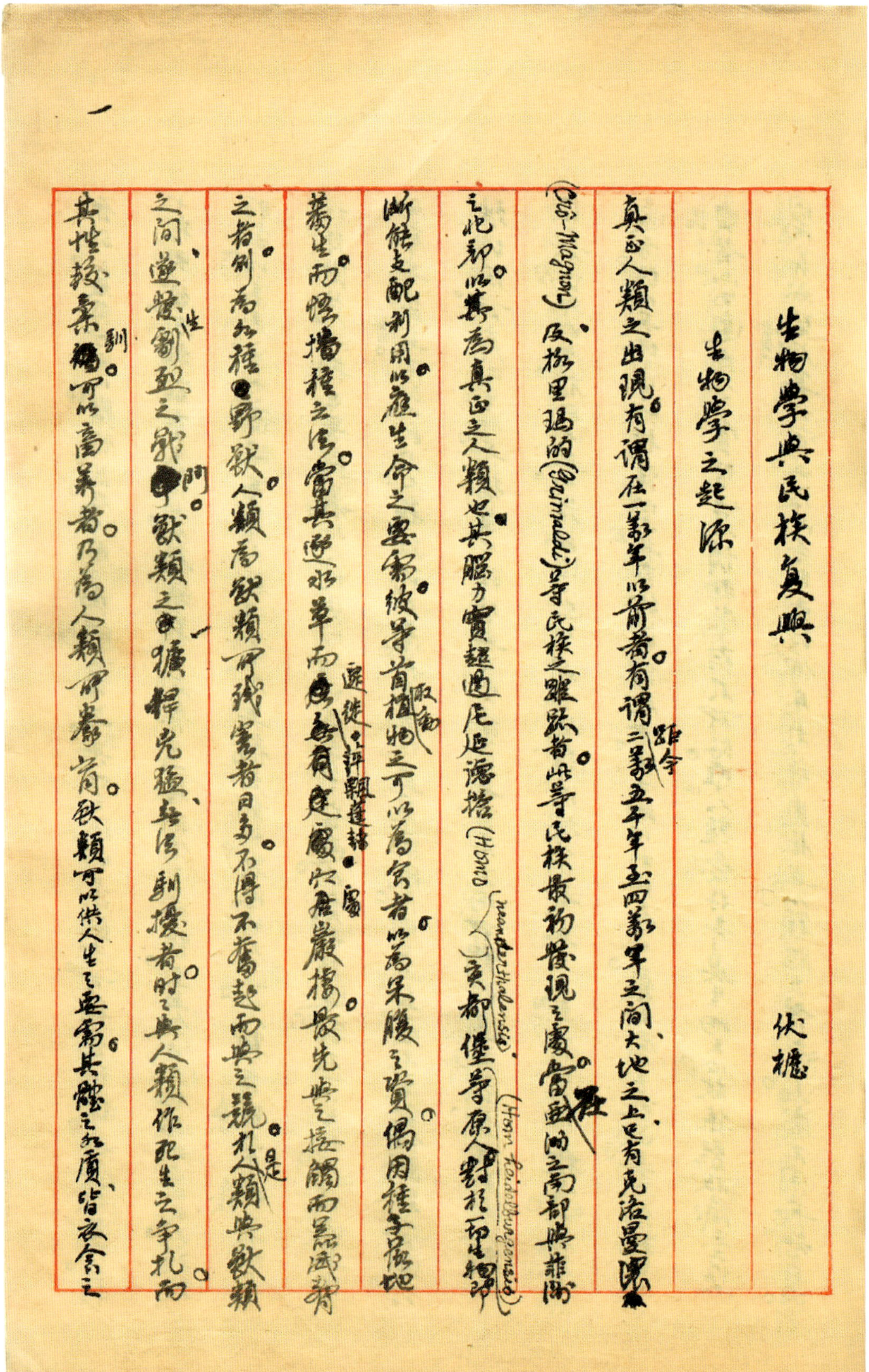

生物學與民族復興　伏櫪

生物學之起源

真正人類之出現，有謂在一萬年以前者，有謂距今二萬五千年至四萬年之間、大地之上已有克洛曼儂(Cro-Magnon)、及格里瑪的(Grimaldi)等民族之蹤跡者。此等民族最初發現之處，當在歐洲之南部與非洲之北部。以其為真正之人類也，其腦力實超過尼安德塔(Homo neanderthalensis)、及海德堡(Homo heidelbergensis)等原人，對於動植物斷能支配利用，以維生命之要需。彼等首植植物之可以為食者，以為果腹之資，偶用種子播地，發生而悟播種之法。當其逐水草而遷徙，有定處，穴居巖棲，最先與之接觸而為威脅之者，則為各種野獸。人類為獸類所殘害者日多，不得不奮起而與之競存。是人類與獸類之間，遂發劇烈之戰鬥，獸類之獷悍兇猛者，時與人類作死生之爭扎，而其性較柔馴，可以畜養者，乃為人類所畜育。獸類可以供人生之要需，其體之各質，皆衣食之

图为秉志《生物学与民族复兴》著作手稿。

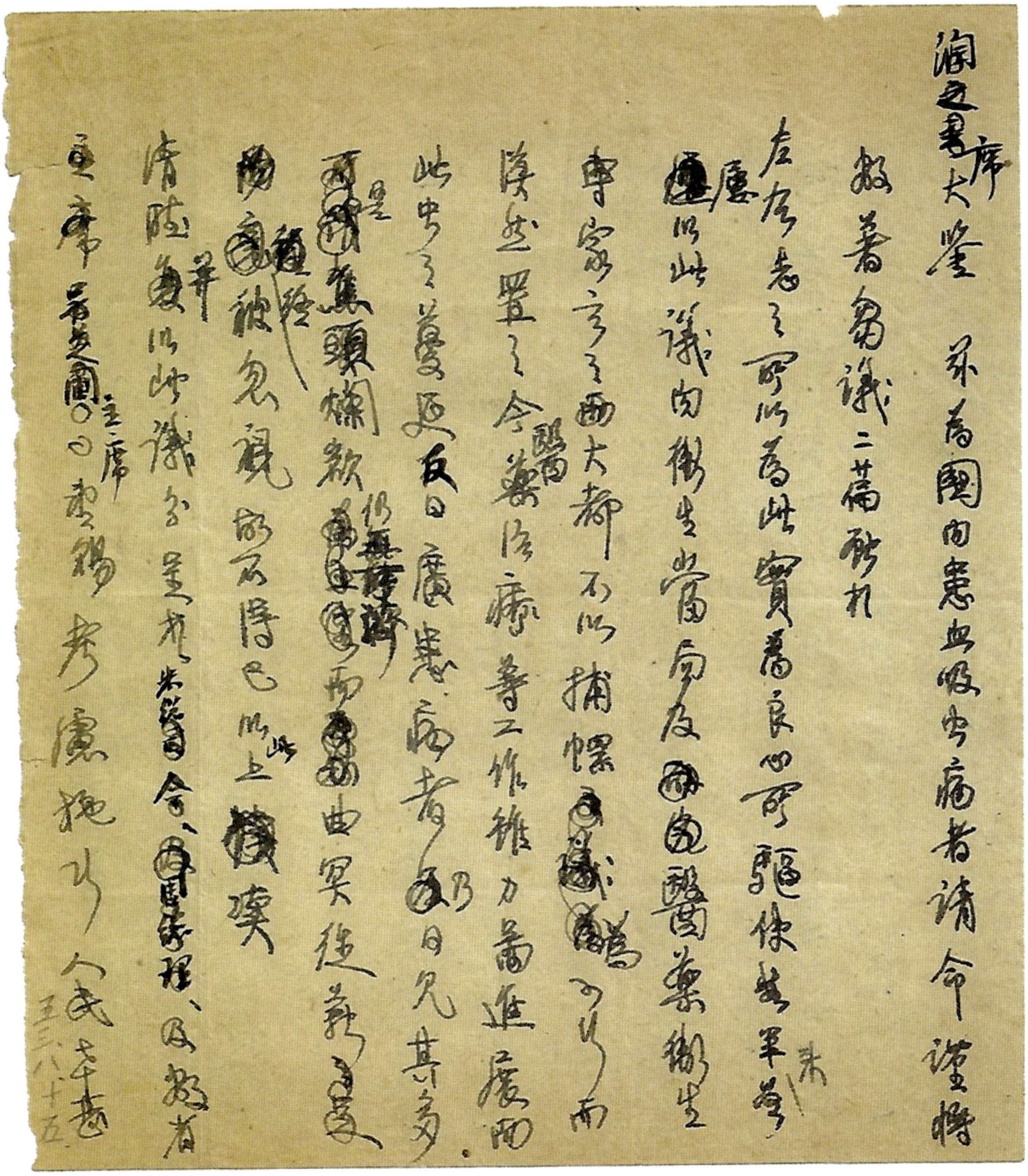

图为秉志1953年8月15日关于建议消灭钉螺、杜绝血吸虫病致毛泽东的信。该建议为国家消灭钉螺、防治血吸虫病提供了科学依据。

（来源：中国科学院动物研究所）

周光召

（1929— ）

理论物理、粒子物理学家。生于湖南长沙。1951年毕业于清华大学，1954年北京大学研究生毕业。1980年当选为中国科学院学部委员（院士）。曾任中国科学院理论物理研究所所长、中国科学院院长、中国科学技术大学名誉校长等职。1999年被授予“两弹一星”功勋奖章。

科学态度的基本要求是严肃认真，一丝不苟，客观公正，实事求是。科学要追求真理，不盲从潮流，不迷信权威……科学的怀疑精神也是科学精神的组成部分。科学认为世界的发展、变化是无穷无尽的，认识的任务也是无穷无尽。因此，不断求知也是科学精神的要求。

周光召

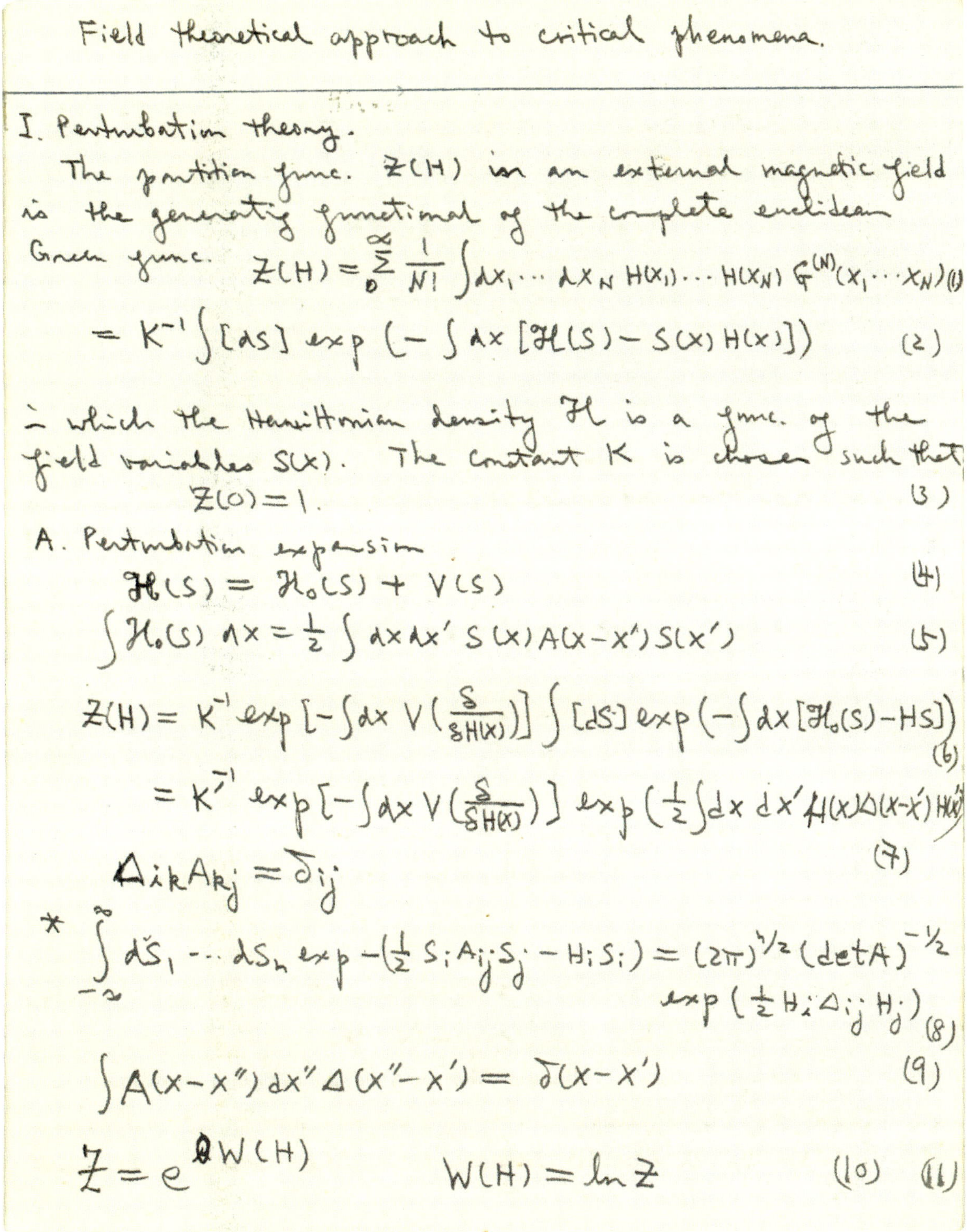

Field theoretical approach to critical phenomena.

I. Perturbation theory.

The partition func. $Z(H)$ in an external magnetic field is the generating functional of the complete euclidean Green func.

$$Z(H)=\sum_0^{\infty}\frac{1}{N!}\int dx_1\cdots dx_N\, H(x_1)\cdots H(x_N)\, G^{(N)}(x_1\cdots x_N) \quad (1)$$

$$=K^{-1}\int[dS]\exp\left(-\int dx\,[\mathcal{H}(S)-S(x)H(x)]\right) \quad (2)$$

in which the Hamiltonian density $\mathcal{H}$ is a func. of the field variables $S(x)$. The constant K is chosen such that

$$Z(0)=1. \quad (3)$$

A. Perturbation expansion

$$\mathcal{H}(S)=\mathcal{H}_0(S)+V(S) \quad (4)$$

$$\int\mathcal{H}_0(S)\,dx=\frac{1}{2}\int dx\,dx'\,S(x)A(x-x')S(x') \quad (5)$$

$$Z(H)=K^{-1}\exp\left[-\int dx\,V\left(\frac{\delta}{\delta H(x)}\right)\right]\int[dS]\exp\left(-\int dx\,[\mathcal{H}_0(S)-HS]\right) \quad (6)$$

$$=K'^{-1}\exp\left[-\int dx\,V\left(\frac{\delta}{\delta H(x)}\right)\right]\exp\left(\frac{1}{2}\int dx\,dx'\,H(x)\Delta(x-x')H(x')\right) \quad (7)$$

$$\Delta_{ik}A_{kj}=\delta_{ij}$$

$$* \int_{-\infty}^{\infty}dS_1\cdots dS_n\exp-\left(\frac{1}{2}S_iA_{ij}S_j-H_iS_i\right)=(2\pi)^{n/2}(\det A)^{-1/2}\exp\left(\frac{1}{2}H_i\Delta_{ij}H_j\right) \quad (8)$$

$$\int A(x-x'')\,dx''\,\Delta(x''-x')=\delta(x-x') \quad (9)$$

$$Z=e^{W(H)} \quad (10) \qquad W(H)=\ln Z \quad (11)$$

图为周光召《临界现象的场理论方法》科研笔记英文手稿，共62页。

（来源：中国科学院理论物理研究所）

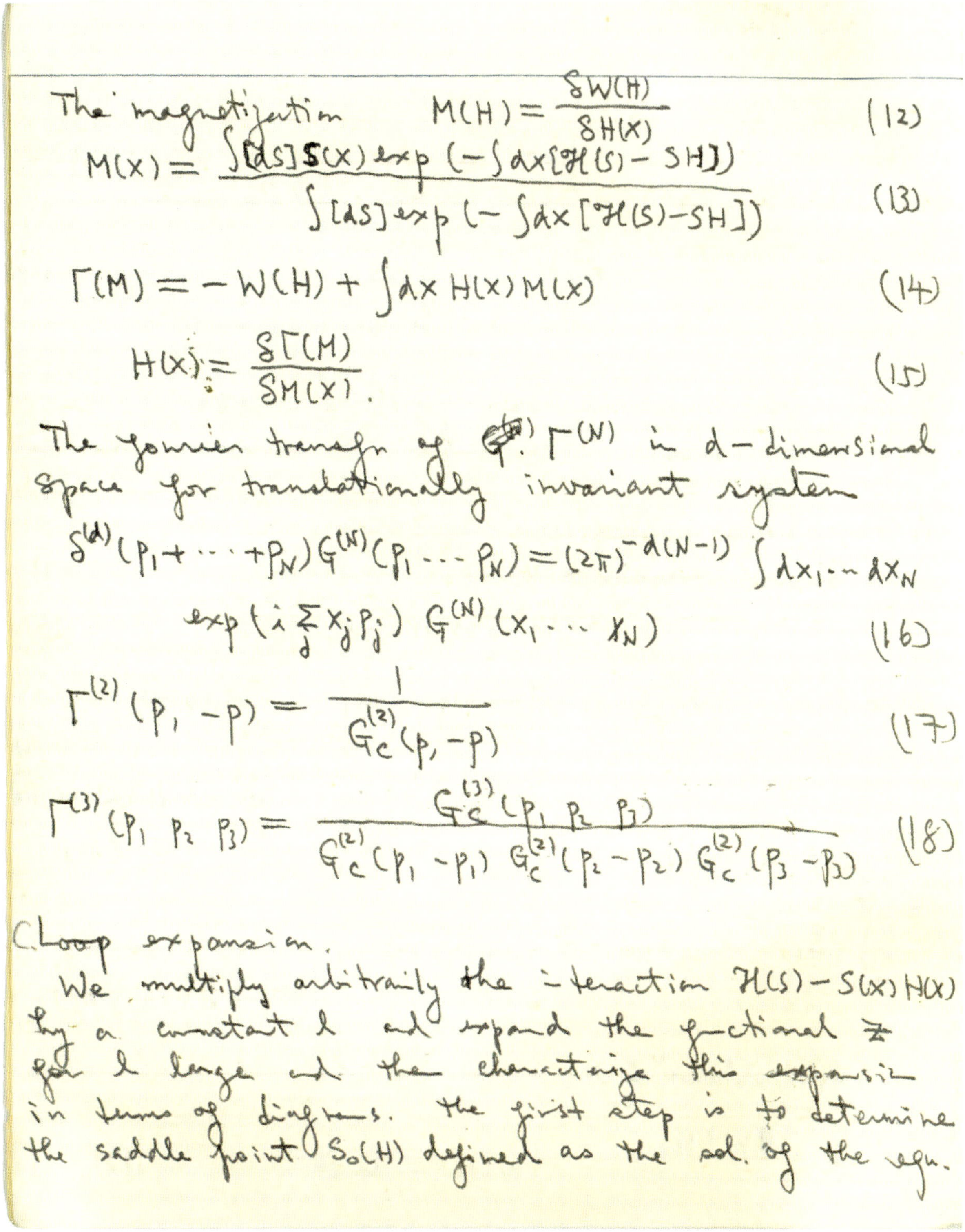

The magnetization $M(H) = \frac{\delta W(H)}{\delta H(x)}$ (12)

$$M(x) = \frac{\int[dS]\, S(x) \exp\left(-\int dx[\mathcal{H}(S) - SH]\right)}{\int[dS] \exp\left(-\int dx[\mathcal{H}(S) - SH]\right)} \quad (13)$$

$$\Gamma(M) = -W(H) + \int dx\, H(x) M(x) \quad (14)$$

$$H(x) = \frac{\delta \Gamma(M)}{\delta M(x)}. \quad (15)$$

The fourier transf. of $\Gamma^{(N)}$ in d-dimensional space for translationally invariant system

$$\delta^{(d)}(p_1 + \cdots + p_N) G^{(N)}(p_1 \cdots p_N) = (2\pi)^{-d(N-1)} \int dx_1 \cdots dx_N \exp\left(i \sum_j x_j p_j\right) G^{(N)}(x_1 \cdots x_N) \quad (16)$$

$$\Gamma^{(2)}(p, -p) = \frac{1}{G_c^{(2)}(p, -p)} \quad (17)$$

$$\Gamma^{(3)}(p_1\ p_2\ p_3) = \frac{G_c^{(3)}(p_1\ p_2\ p_3)}{G_c^{(2)}(p_1\ -p_1)\, G_c^{(2)}(p_2 - p_2)\, G_c^{(2)}(p_3 - p_3)} \quad (18)$$

C. Loop expansion.

We multiply arbitrarily the interaction $\mathcal{H}(S) - S(x)H(x)$ by a constant l and expand the functional Z for l large and then characterize this expansion in terms of diagrams. The first step is to determine the saddle point $S_0(H)$ defined as the sol. of the eqn.

图为周光召《临界现象的场理论方法》科研笔记英文手稿。

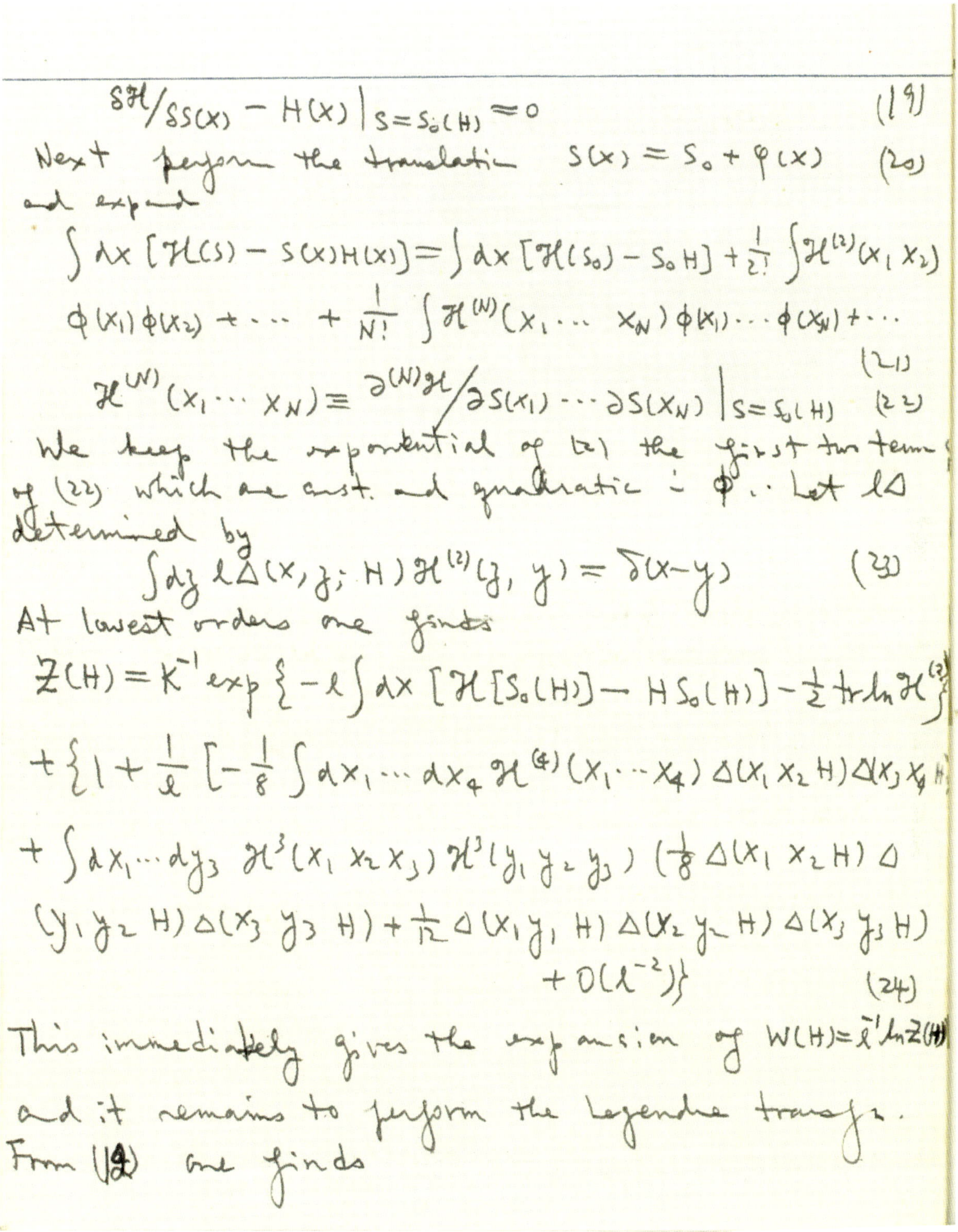

$$\delta\mathcal{H}/\delta S(x) - H(x)\Big|_{S=S_0(H)} = 0 \qquad (19)$$

Next perform the translation $S(x) = S_0 + \varphi(x)$ (20)

and expand

$$\int dx\,[\mathcal{H}(S) - S(x)H(x)] = \int dx\,[\mathcal{H}(S_0) - S_0 H] + \frac{1}{2!}\int \mathcal{H}^{(2)}(x_1 x_2)\,\phi(x_1)\phi(x_2) + \cdots + \frac{1}{N!}\int \mathcal{H}^{(N)}(x_1 \cdots x_N)\,\phi(x_1)\cdots\phi(x_N) + \cdots \qquad (21)$$

$$\mathcal{H}^{(N)}(x_1 \cdots x_N) \equiv \partial^{(N)}\mathcal{H}/\partial S(x_1)\cdots\partial S(x_N)\Big|_{S=S_0(H)} \qquad (22)$$

We keep the exponential of (2) the first two terms of (22) which are const. and quadratic in ϕ. Let $l\Delta$ determined by

$$\int dz\; l\Delta(x, z; H)\,\mathcal{H}^{(2)}(z, y) = \delta(x-y) \qquad (23)$$

At lowest orders one finds

$$Z(H) = K^{-1}\exp\Big\{-l\int dx\,[\mathcal{H}[S_0(H)] - H S_0(H)] - \frac{1}{2}\operatorname{tr}\ln \mathcal{H}^{(2)}\Big\}$$
$$+\Big\{1 + \frac{1}{l}\Big[-\frac{1}{8}\int dx_1\cdots dx_4\,\mathcal{H}^{(4)}(x_1\cdots x_4)\,\Delta(x_1 x_2 H)\,\Delta(x_3 x_4 H)$$
$$+\int dx_1\cdots dy_3\,\mathcal{H}^{3}(x_1 x_2 x_3)\,\mathcal{H}^{3}(y_1 y_2 y_3)\Big(\frac{1}{8}\Delta(x_1 x_2 H)\,\Delta(y_1 y_2 H)\,\Delta(x_3 y_3 H) + \frac{1}{12}\Delta(x_1 y_1 H)\,\Delta(x_2 y_2 H)\,\Delta(x_3 y_3 H)\Big)$$
$$+ O(l^{-2})\Big\} \qquad (24)$$

This immediately gives the expansion of $W(H) = l^{-1}\ln Z(H)$ and it remains to perform the Legendre transf.

From (19) one finds

图为周光召《临界现象的场理论方法》科研笔记英文手稿。

周培源

（1902 — 1993）

物理学家。生于江苏宜兴。1924年毕业于清华学校，1928年获美国加州理工学院理学博士学位。1955年被选聘为中国科学院学部委员（院士）。曾任清华大学教授、北京大学校长、中国科学院副院长等职。

科学本身并不全是枯燥的公式，而是有着潜在的美和无穷的趣味，科学探索本身也充满了诗意。

周培源

手稿

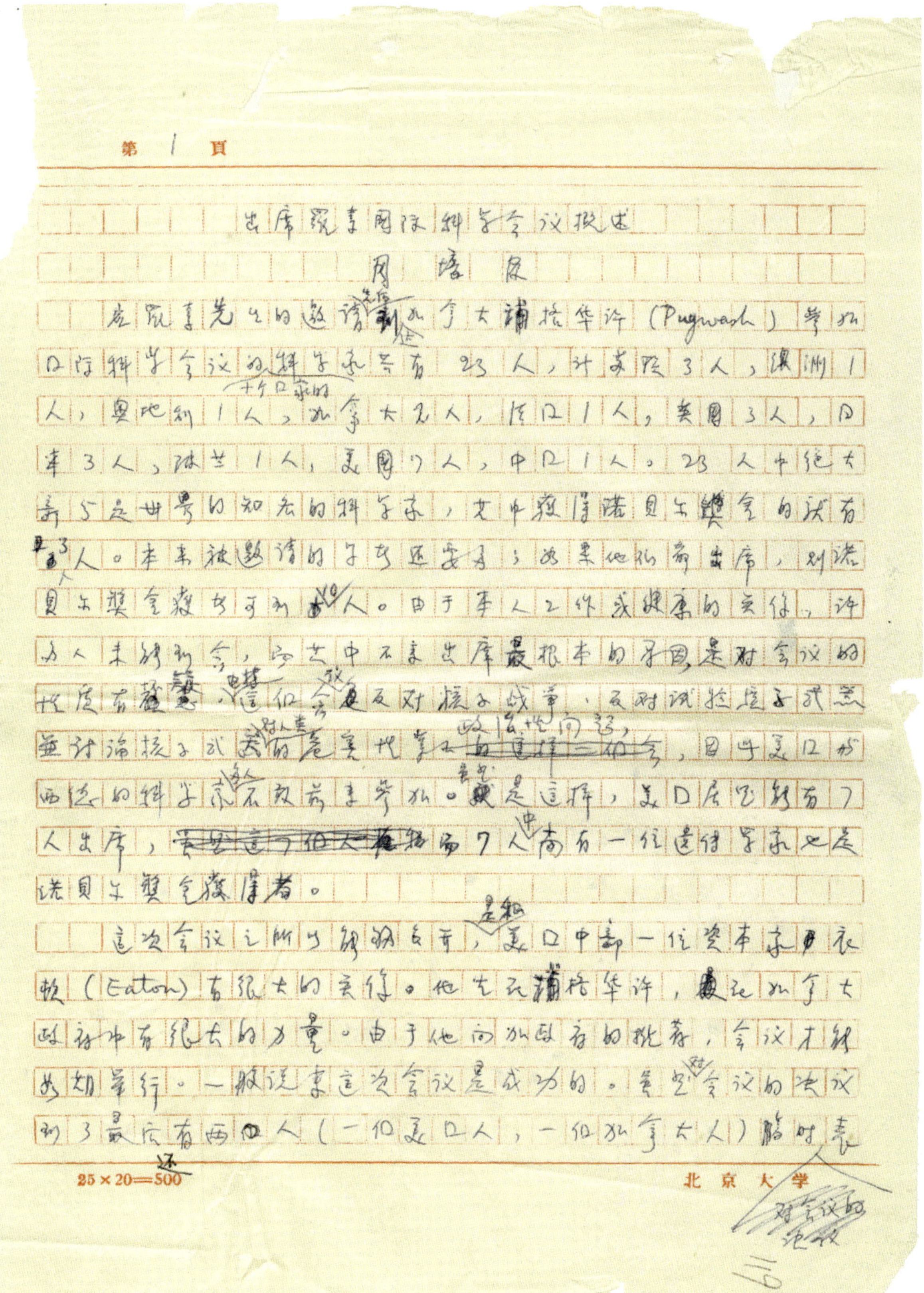

第 1 頁

出席罗素国际科学会议概述

周培源

应罗素先生的邀请参加了加拿大浦格华许（Pugwash）举行国际科学会议的科学家共有22人，计苏联3人，澳洲1人，奥地利1人，加拿大2人，法国1人，英国3人，日本3人，波兰1人，美国7人，中国1人。22人中绝大多数是世界闻名的科学家，其中获得诺贝尔奖金的就有3人。本来被邀请的学者还要多，如果他们都出席，则诺贝尔奖金获得者可有8人。由于本人工作或健康的关系，许多人未能到会，多数不来出席最根本的原因是对会议的性质有怀疑，以为会议是反对核子战争，反对试验核子武器并讨论核子武器管制等政治性问题，因此西德的科学家不敢前来参加。美国也是这样，美国原先约有7人出席，而7人中尚有一位遗传学家也是诺贝尔奖金获得者。

这次会议之所以能够召开，是和美国资本家伊顿（Eaton）有很大的关系。他生在浦格华许，现在加拿大政治中有很大的力量。由于他向加政府的推荐，会议才能如期举行。一般说来这次会议是成功的。会议的决议到了最后有两人（一位美国人，一位加拿大人）临时表

25×20＝500　　北京大学

图为周培源《出席罗素国际科学会议概述》手稿，共27页。该文发表于《科学文化评论》2005年第2卷第6期。

（来源：中国科学院档案馆）

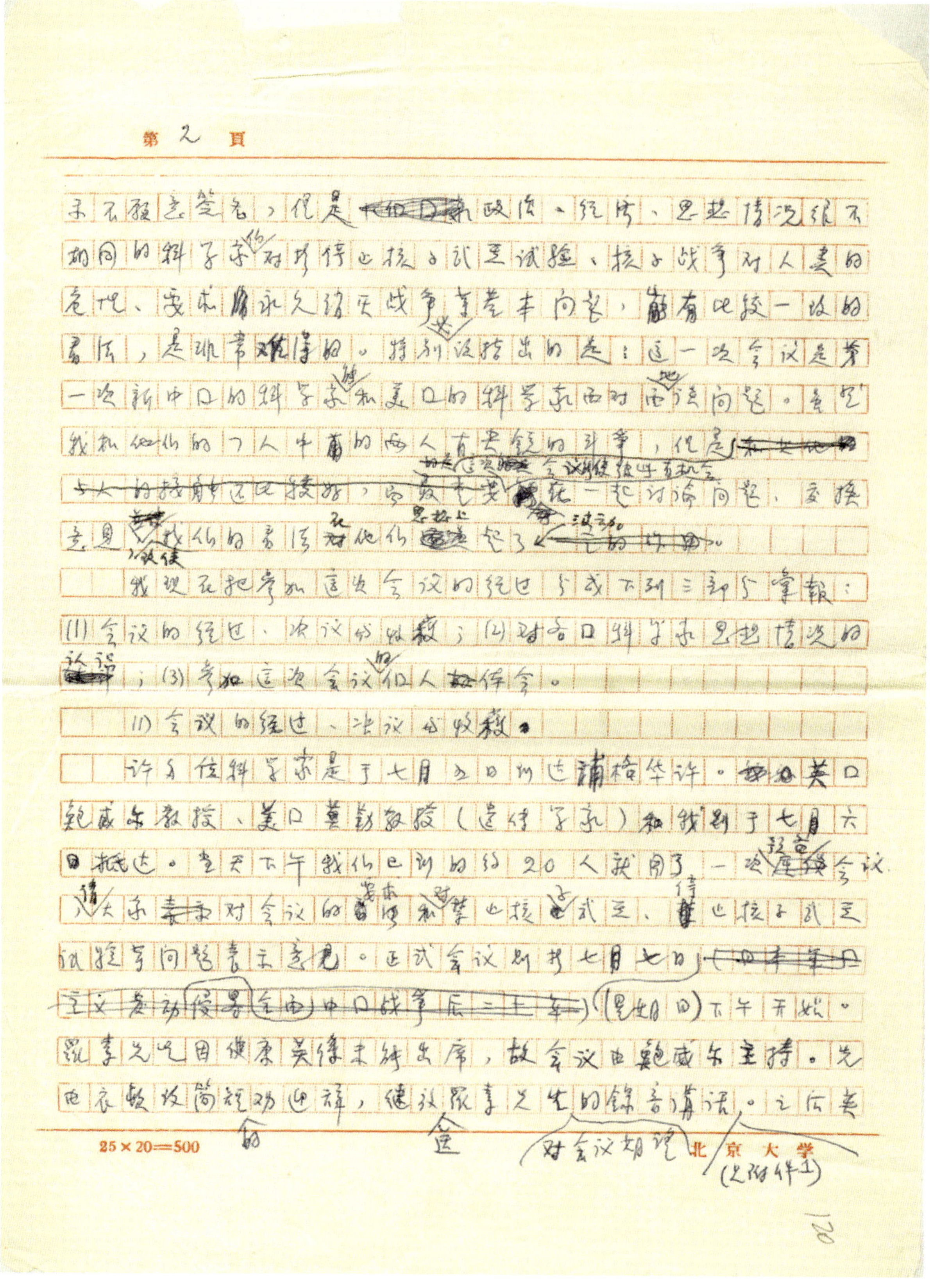

第2页

条不很注意签名，但是政治、经济、思想情况很不
相同的科学家们对于停止核子武器试验、核子战争对人类的
危险、要求永久结束战争等基本问题，都有比较一致的
看法，是非常难得的。特别该提出的是：这一次会议是第
一次新中国的科学家们和美国的科学家面对面地谈问题。虽然
我和他们的个人中有的两人有些争辩的斗争，但是
[illegible] 在一起讨论问题，交换
意见，使我们的看法和他们思想上 [illegible] 讨论。
我现在把参加这次会议的经过分成下列三部分汇报：
(1)会议的经过、决议和收获；(2)对各国科学家思想情况的
认识；(3)参加这次会议的人的体会。
(1)会议的经过、决议和收获。
许多位科学家是于七月五日到达蒲格华许。美国
鲍威尔教授、美国 [illegible] 教授（这位学者）和我则于七月六
日抵达。当天下午我们已到的约20人就开了一次预备会议
大家都对会议的安排和停止核子武器、停止核子武器
试验等问题表示意见。正式会议则于七月七日
（星期日）下午开始。
罗素先生因健康关系未能出席，故会议由鲍威尔主持。先
由 [illegible] 教授简短致欢迎辞，继放罗素先生的录音讲话。之后是

对会议切望（见附件1）

25×20=500　北京大学

120

图为周培源《出席罗素国际科学会议概述》手稿。

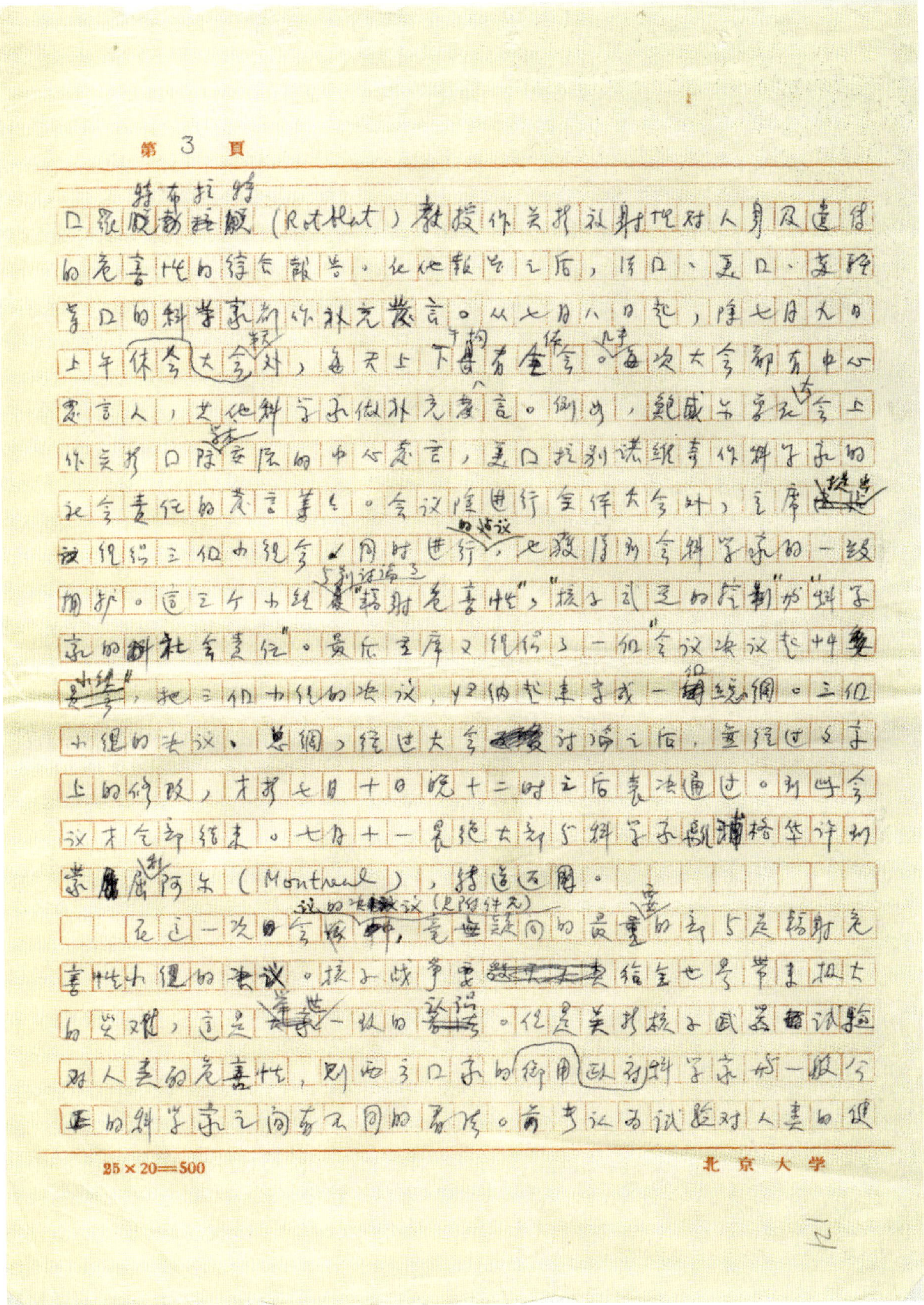
第3页

国委员会主席约瑟夫·罗特布拉特(Rotblat)教授作关于放射性对人身及遗传的危害性的综合报告。在他报告之后，法国、美国、英国等国的科学家都作补充发言。从七月八日起，除七月九日上午休会(大会外)，每天上下午都有全体会议。每次大会都有中心发言人，其他科学家做补充发言。例如，鲍威尔在大会上作关于国际安全的中心发言，美国拉别诺维奇作科学家的社会责任的发言等等。会议除进行全体大会外，主席提出建议组织三个小组会，同时进行讨论，也获得与会科学家的一致拥护。这三个小组分别讨论“辐射危害性”，“核子武器的控制”和“科学家的社会责任”。最后主席又组织了一个“会议决议起草小组”，把三个小组的决议，归纳起来写成一个总纲。三个小组的决议、总纲，经过大会讨论之后，并经过文字上的修改，才于七月十日晚十二时之后表决通过。至此会议才全部结束。七月十一日晨绝大部分科学家离开普格华许到蒙特利尔(Montreal)，转道回国。

在这一次会议的决议(见附件九)中，毫无疑问的最重要的部分是辐射危害性小组的决议。核子战争会给全世界带来极大的灾难，这是举世一致的看法。但是关于核子武器试验对人类的危害性，则西方国家的御用科学家和一般公正的科学家之间有不同的看法。前者认为试验对人类的健

25×20=500　　北京大学

图为周培源《出席罗素国际科学会议概述》手稿。

郑哲敏

（1924 —　　）

爆炸力学、应用力学和振动专家。生于山东济南。1947年毕业于清华大学，1952年获美国加州理工学院博士学位。1980年当选为中国科学院学部委员（院士），1994年当选为中国工程院院士。曾任中国科学院力学研究所所长。获2012年度国家最高科学技术奖。

爱国的心情是科学研究的唯一动机。富国强民一直是我们时代的主旋律。这些流淌在我们血液里的东西，躲也躲不开，否则会受到良心的谴责。

郑哲敏

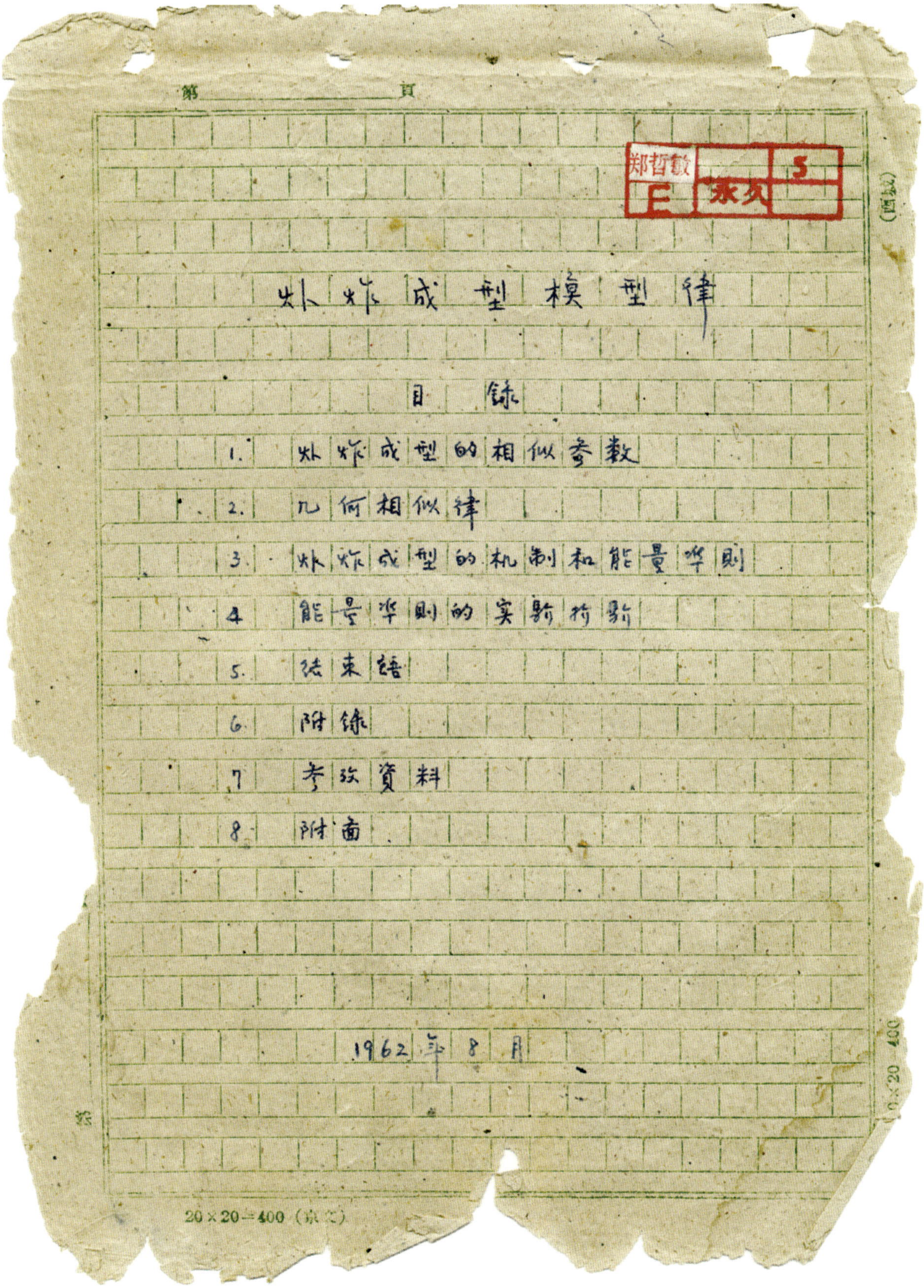

图为郑哲敏1962年8月撰写的《爆炸成形模型律》科研报告手稿，共54页。

（来源：中国科学院力学研究所）

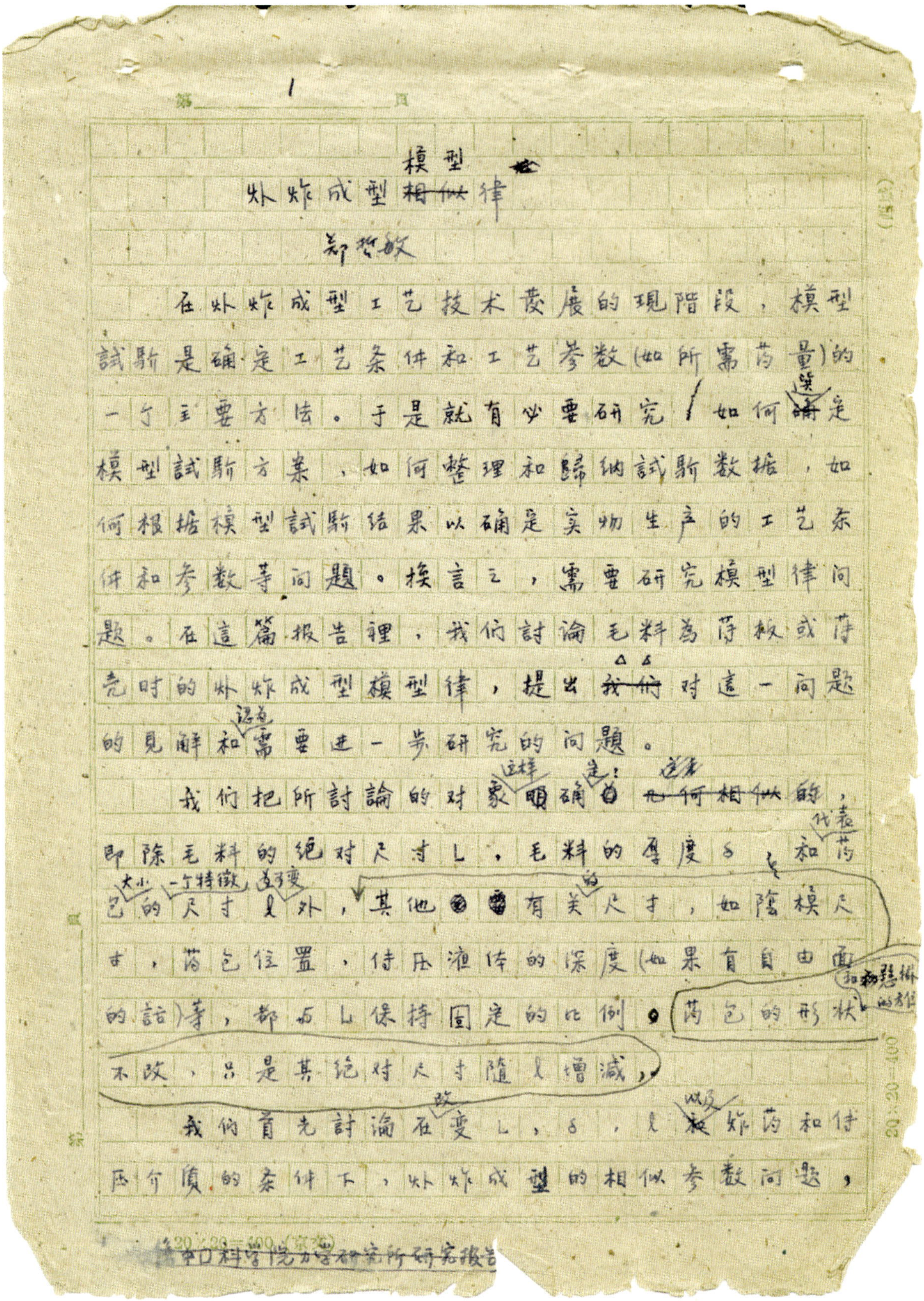

图为郑哲敏《爆炸成形模型律》科研报告手稿。

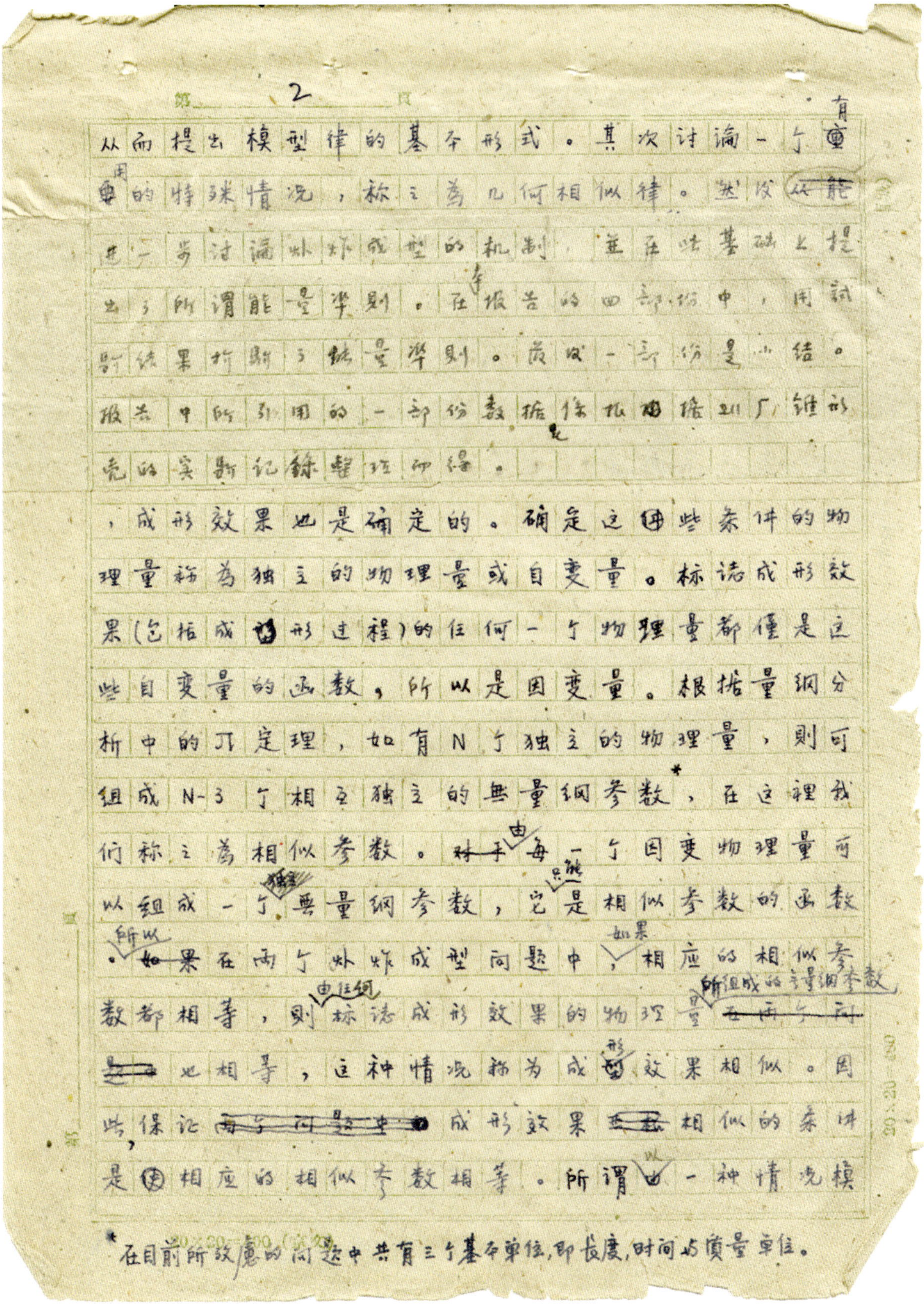
第 2 页

从而提出模型律的基本形式。其次讨论一个有重要的特殊情况，称之为几何相似律。然后能进一步讨论爆炸成型的机制，并在此基础上提出了所谓能量准则。在本报告的四部份中，用试验结果校对了能量准则。最后一部份是小结。报告中所引用的一部份数据系根据211厂锥形壳的实验记录整理而得。

，成形效果也是确定的。确定这些条件的物理量称为独立的物理量或自变量。标志成形效果（包括成形过程）的任何一个物理量都仅是这些自变量的函数，所以是因变量。根据量纲分析中的π定理，如有N个独立的物理量，则可组成N-3个相互独立的无量纲参数*，在这里我们称之为相似参数。由每一个因变物理量可以组成一个无量纲参数，它只能是相似参数的函数。所以在两个爆炸成型问题中，如果相应的相似参数都相等，则由任何标志成形效果的物理量所组成的无量纲参数也相等，这种情况称为成形效果相似。因此保证成形效果相似的条件是相应的相似参数相等。所谓以一种情况模

*在目前所考虑的问题中共有三个基本单位，即长度，时间与质量单位。

20×20=400

图为郑哲敏《爆炸成形模型律》科研报告手稿。

赵九章

（1907 — 1968）

气象学家、空间物理学家。生于河南开封。1933年毕业于清华大学物理系，1938年获德国柏林大学博士学位。1955年被选聘为中国科学院学部委员（院士）。曾任中国科学院地球物理研究所、应用地球物理研究所所长，中国科学院卫星设计院院长等职。1999年被追授“两弹一星”功勋奖章。

广大的宇宙就是空间科学的大实验室。我们空间科学的实验就是在这里进行的。要理论与实践结合就必须进行卫星探测，有了卫星，空间科学才能真正走向太空。

手稿

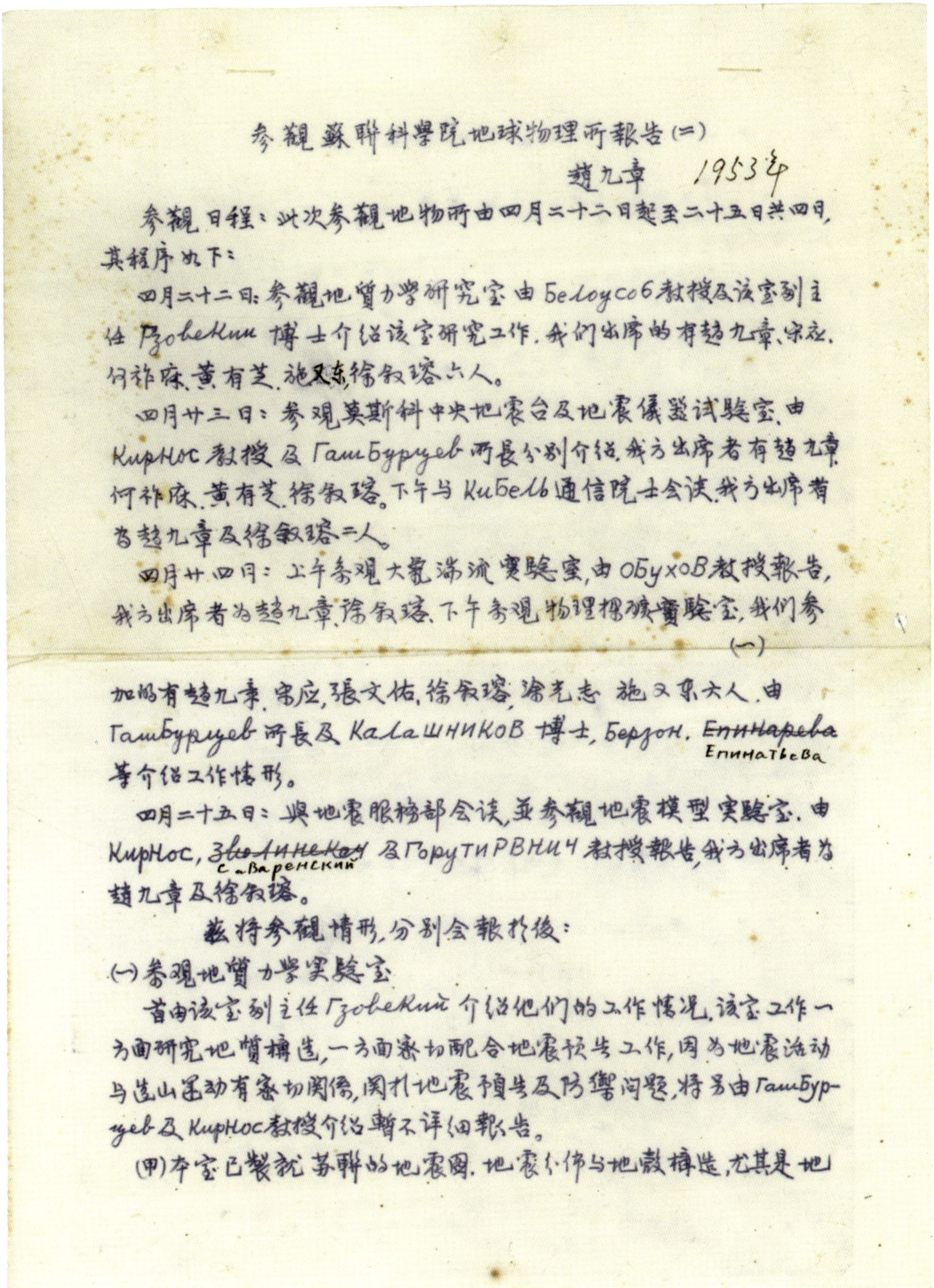
参觀蘇聯科學院地球物理所報告(二)

趙九章 1953年

参觀日程：此次参觀地物所由四月二十二日起至二十五日共四日，其程序如下：

四月二十二日：参觀地質力學研究室由Белоусов教授及該室副主任Гзовекии博士介紹該室研究工作，我们出席的有趙九章、宋应、何祚庥、黄有芝、施又东、徐叙瑢六人。

四月廿三日：参观莫斯科中央地震台及地震儀器试驗室，由Кирнос教授及Гамбурцев所長分别介绍，我方出席者有趙九章、何祚庥、黄有芝、徐叙瑢。下午与Кибель通信院士会谈，我方出席者為趙九章及徐叙瑢二人。

四月廿四日：上午参观大氣湍流實驗室，由Обухов教授報告，我方出席者為趙九章、徐叙瑢。下午参观物理探礦實驗室，我们参

(一)

加的有趙九章、宋应、張文佑、徐叙瑢、涂光志、施又东六人，由Гамбурцев所長及Калашников博士，Берзон，~~Епинарева~~ Епинатьева等介绍工作情形。

四月二十五日：與地震服務部会谈，並参觀地震模型實驗室，由Кирнос，~~Звалинекая~~ Саваренский及ГорутиРВНИЧ教授報告，我方出席者為趙九章及徐叙瑢。

茲将参觀情形，分别彙報於後：

(一)参观地質力學實驗室

首由該室副主任Гзовекий介绍他们的工作情况，該室工作一方面研究地質構造，一方面密切配合地震预告工作，因為地震活动与造山運动有密切関係，関於地震預告及防禦问题，将另由Гамбурцев及Кирнос教授介绍暫不详细報告。

(甲)本室已製就苏联的地震图，地震分佈与地殼構造，尤其是地

图为赵九章1953年撰写的《参观苏联科学院地球物理所报告（二）》手稿，共18页。

（来源：中国科学院档案馆）

他認为地殼運动的主要原因是垂直力量而非水平力量，例如在高加索一帶，凡系山頂地方都是原来的大地槽的低部。因此可以証明，凡是突起的地方，都是由地槽的低底部所形成。它的厚度和沉積岩相的问题，也与地殼運动有密切関係。

此外地殼褶曲帶与地下岩漿活动有直接関係，當岩漿上升时，往往發褶曲帶如下圖

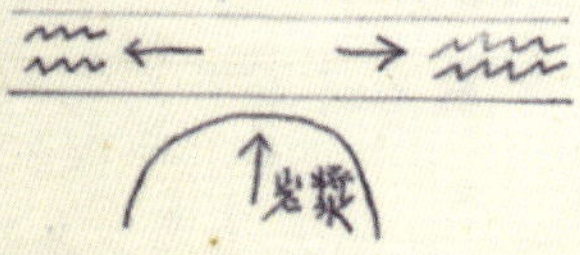

地槽的寬度在大褶曲發生的前後並無任何变化，僅在比較厚的地方形成褶曲。

有一部份學者主張褶曲的發生係由於重力的関係如左圖，但Билоусов認为此種重力的作用並不重要，至於垂直力的起源，他推測係由於岩漿在地下的分化作用，岩漿分化後輕者上浮重者下沉，其情况如下圖。接近地表部的岩漿分化較快，當上部岩漿分化後可以形成地台，但地下深處的岩漿

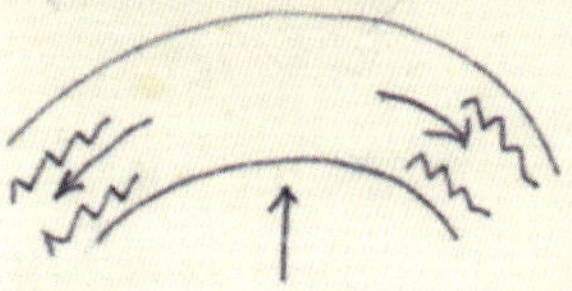

（三）

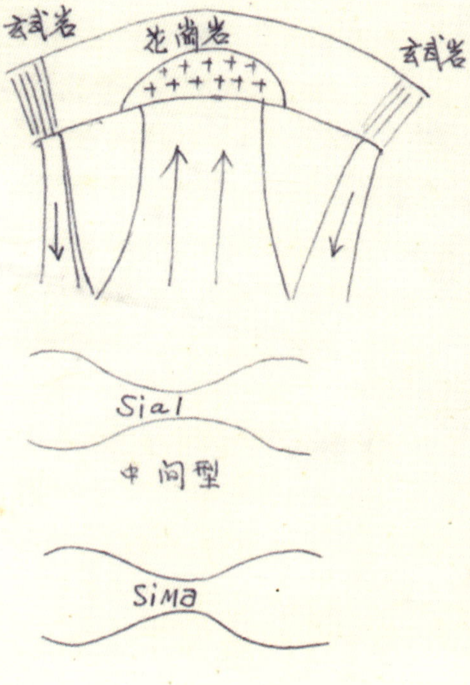

仍在逐渐地分化，但其影响就比較小了。但如果地下深處的岩漿，因長期分化作用，其較輕的物質再向上運动，使地殼發生破裂，則又可以形成第二次的地殼運动，前後兩次的岩漿分化上升運动，都可以形成結晶花崗岩。地槽區域不僅當沉積时下降，當岩漿活動时又可上升。地槽中的沉積物都来源於附近高地风化產物的供給，若附近隆起部份無足夠风化物的供給，地槽缺乏沉積物可形成海淵，如日本及菲列賓附近的深海，即如此形成的。

图为赵九章《参观苏联科学院地球物理所报告（二）》手稿。

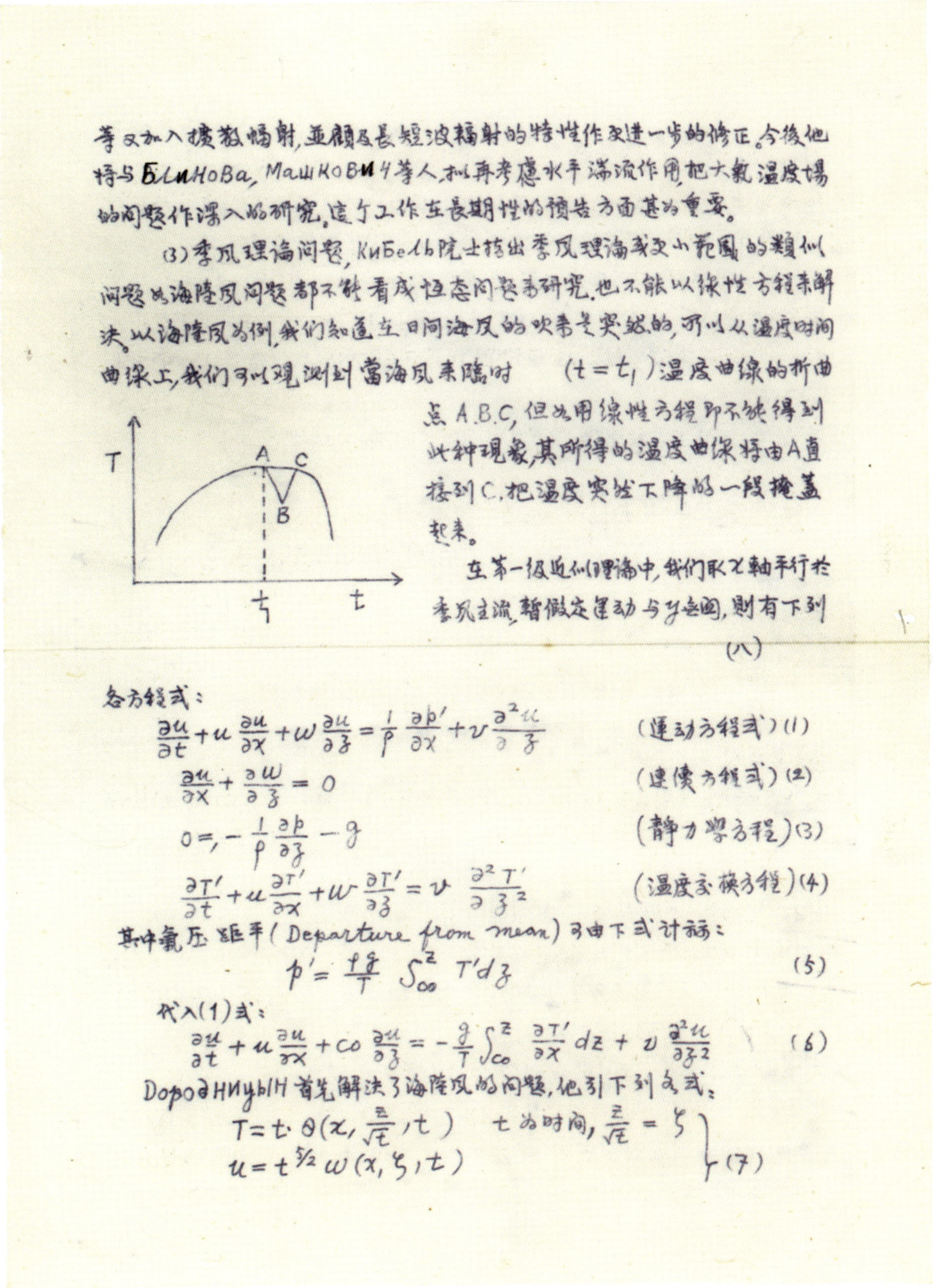

等又加入攪散幅射，並顧及長短波輻射的特性作更进一步的修正。今後他将与 Блинова, Машкович 等人，拟再考慮水平湍流作用，把大氣温度場的问题作深入的研究。這个工作在長期性的預告方面甚为重要。

(3) 季风理論问题，Кибель院士指出季风理論或更小範圍的類似问题如海陸风问题都不能看成恒态问题来研究，也不能以線性方程来解決。以海陸风为例，我们知道在日间海风的吹來是突然的，可以从温度时间曲線上，我们可以观测到當海风来臨时 $(t=t_1)$ 温度曲線的折曲点 A.B.C，但如用線性方程即不能得到此种現象，其所得的温度曲線将由A直接到C，把温度突然下降的一段掩蓋起来。

在第一级近似理論中，我们取x軸平行於季风主流，暂假定运动与y无関，则有下列

(八)

各方程式：

$$\frac{\partial u}{\partial t}+u\frac{\partial u}{\partial x}+w\frac{\partial u}{\partial z}=\frac{1}{\rho}\frac{\partial p'}{\partial x}+\nu\frac{\partial^2 u}{\partial z^2} \quad \text{(運动方程式)(1)}$$

$$\frac{\partial u}{\partial x}+\frac{\partial w}{\partial z}=0 \quad \text{(連續方程式)(2)}$$

$$0=-\frac{1}{\rho}\frac{\partial p}{\partial z}-g \quad \text{(靜力學方程)(3)}$$

$$\frac{\partial T'}{\partial t}+u\frac{\partial T'}{\partial x}+w\frac{\partial T'}{\partial z}=\nu\frac{\partial^2 T'}{\partial z^2} \quad \text{(温度交换方程)(4)}$$

其中氣压距平(Departure from mean)可由下式计算：

$$p'=\frac{\rho g}{T}\int_{\infty}^{z}T'dz \quad (5)$$

代入(1)式：

$$\frac{\partial u}{\partial t}+u\frac{\partial u}{\partial x}+w\frac{\partial u}{\partial z}=-\frac{g}{T}\int_{\infty}^{z}\frac{\partial T'}{\partial x}dz+\nu\frac{\partial^2 u}{\partial z^2} \quad (6)$$

Дородницын 首先解决了海陸风的问题，他引下列公式：

$$\left.\begin{aligned}&T=t\,\theta\left(x,\frac{z}{\sqrt{t}},t\right) \quad t\text{为时间}, \frac{z}{\sqrt{t}}=\zeta\\&u=t^{3/2}\,\omega(x,\zeta,t)\end{aligned}\right\} (7)$$

图为赵九章《参观苏联科学院地球物理所报告（二）》手稿。

赵忠贤

（1941 —　　）

物理学家。生于辽宁新民。1964年毕业于中国科学技术大学技术物理系。1991年当选为中国科学院学部委员（院士）。中国科学院物理研究所研究员。1989年和2013年分别获国家自然科学奖一等奖，获2016年度国家最高科学技术奖。

一辈子做一件事并不枯燥，因为超导研究充满挑战与发现。

生活的充实在于理想，而理想的实现在于顽强地进取。愿年轻的朋友们树立远大的理想，为人类的进步做出贡献。

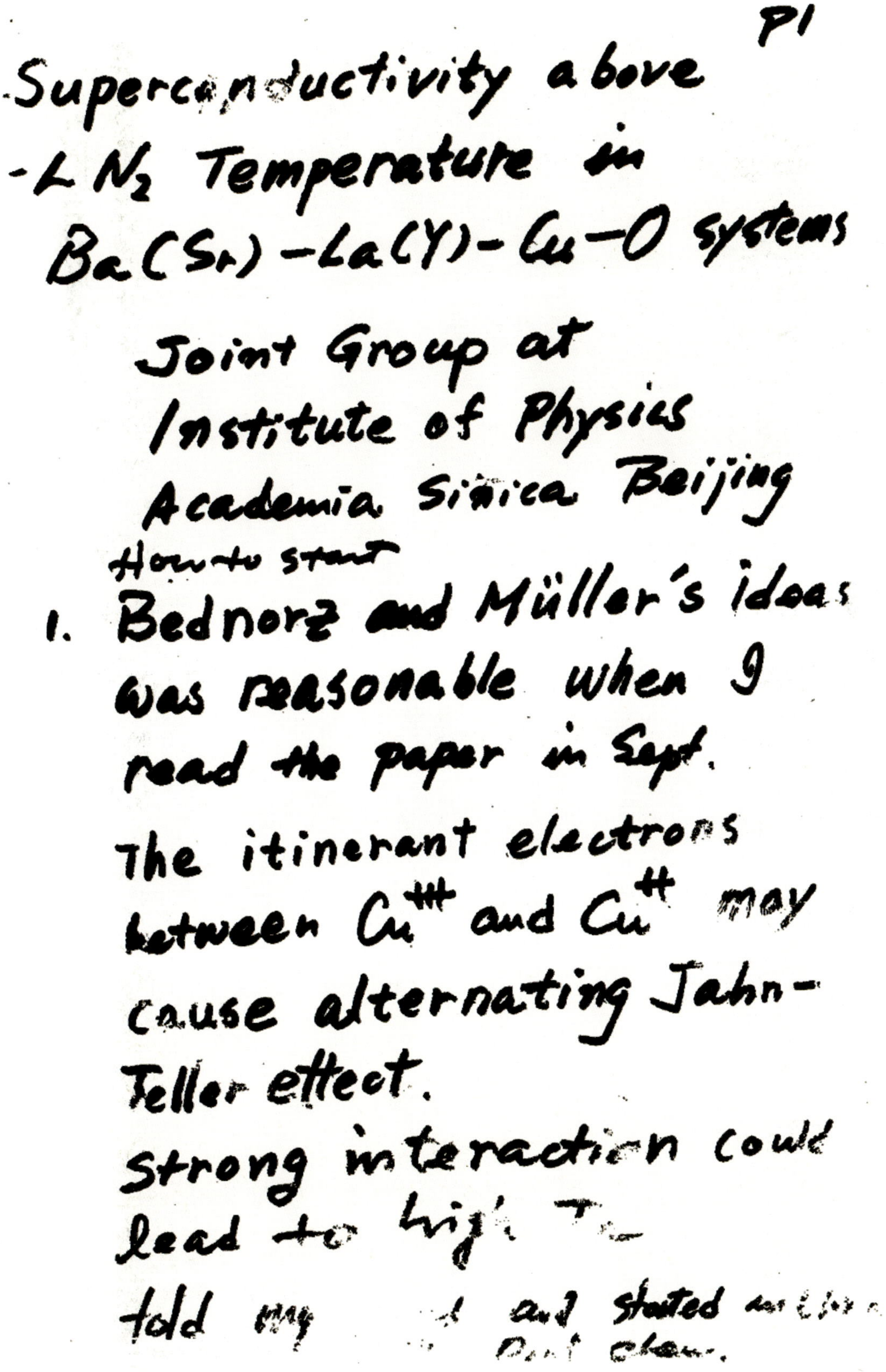

P1

Superconductivity above
LN$_2$ Temperature in
Ba(Sr)-La(Y)-Cu-O systems

Joint Group at
Institute of Physics
Academia Sinica Beijing

How to start

1. Bednorz and Müller's ideas
was reasonable when I
read the paper in Sept.
The itinerant electrons
between Cu^{+++} and Cu^{++} may
cause alternating Jahn-
Teller effect.
Strong interaction could
lead to high T_c
told my [illegible] and started [illegible]

图为赵忠贤1987年3月应邀在美国物理学年会上演讲的《Ba(Sr)-La(Y)-Cu-O体系液氮温区超导电性》幻灯片英文手稿，共11页。（来源：中国科学院物理研究所）

P4

For obtaining and stablizing
the metastable phase
Three methods should be
adopted: quench
High Pressure
IMPurity Doping
For pushing T_c to 70k.
the QUENCH and HIGH
PRESSURE, INEFFECTIVE
The Only way IS TO DOPE
IMPURITY
IN Early days, the starting
Materials were not pure

图为赵忠贤《Ba(Sr)-La(Y)-Cu-O体系液氮温区超导电性》幻灯片英文手稿。

P8

The results taken
from earlier samples
as follow:

1. Tc of resistive TRAN.
Onset above 100k
mid point at 92.8K
zero RESIStance at 78.5k
Onset of diamagnetism
at 93K

2. COMPARing with the
voltage Level of Standard
Pb. At 77k. ~13%
if no multi-connected
region

图为赵忠贤《Ba(Sr)-La(Y)-Cu-O体系液氮温区超导电性》幻灯片英文手稿。

赵承嘏

（1885 — 1966）

药物化学家。生于江苏江阴。1910年毕业于英国曼彻斯特大学，1914年获瑞士日内瓦大学博士学位。1955年被选聘为中国科学院学部委员（院士）。曾任北平研究院药物研究所所长、中国科学院药物研究所所长等职。

寻找治疗疾病的新药，为人民解除病痛。

手稿

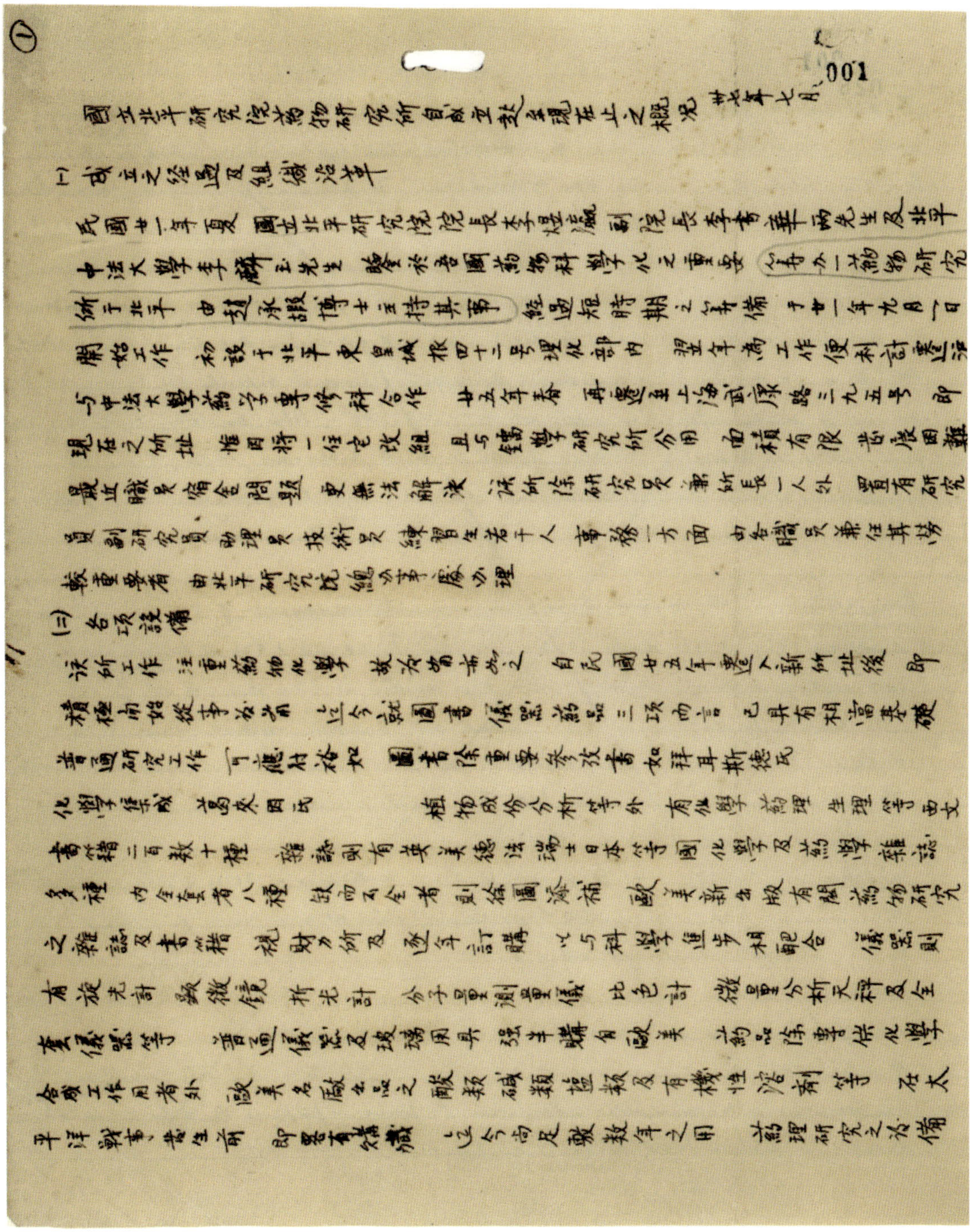

图为赵承嘏1948年7月撰写的《国立北平研究院药物研究所自成立起至现在止之概况》手稿，共5页。（来源：中国科学院档案馆）

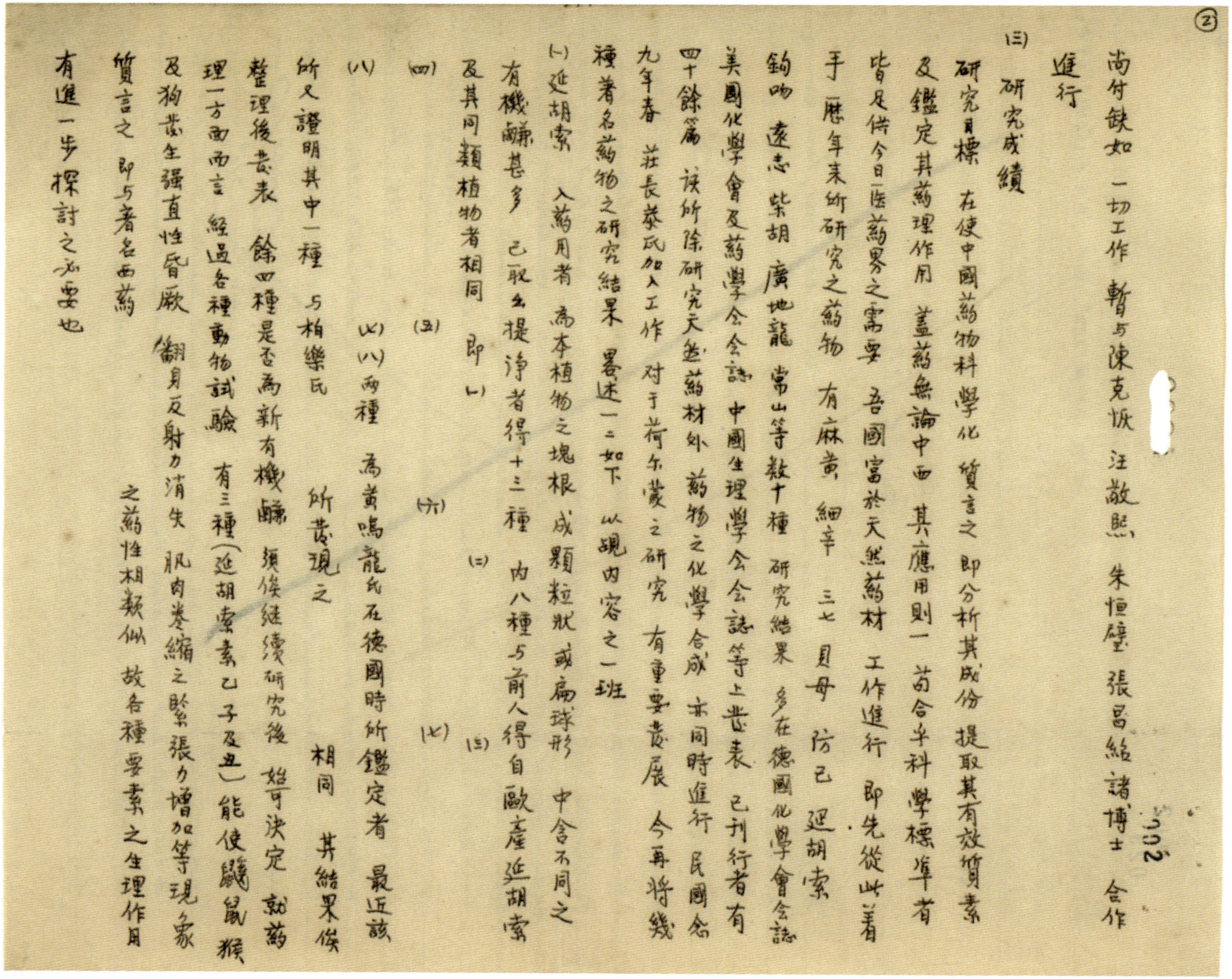

②　202

尚付缺如　一切工作　暫与陳克恢　汪敬熙　朱恒璧　張昌紹　諸博士　合作
進行

(三)　研究成績

研究目標　在使中國藥物科學化　質言之　即分析其成份　提取其有效質素
及鑑定其藥理作用　蓋藥無論中西　其應用則一　茍合乎科學標準者
皆足供今日医藥界之需要　吾國富於天然藥材　工作進行　即先從此着
手　歷年來所研究之藥物　有麻黄　細辛　三七　貝母　防己　延胡索
鈎吻　遠志　柴胡　廣地龍　常山等數十種　研究結果　多在德國化學會会誌
美國化學會及藥學会会誌　中國生理學会会誌等上發表　已刊行者有
四十餘篇　該所除研究天然藥材外　藥物之化學合成　亦同時進行　民國念
九年春　莊長恭氏加入工作　对于荷尔蒙之研究　有重要發展　今再將幾
種著名藥物之研究結果　畧述一二如下　以覘内容之一班

(一)延胡索　入藥用者　為本植物之塊根　成顆粒狀或扁球形　中含不同之
有機鹻甚多　已取出提淨者得十三種　内八種与前人得自歐產延胡索
及其同類植物者相同　即(一)　(二)　(三)
(四)　(五)　(六)　(七)
(八)　(七)(八)兩種　為黄鳴龍氏在德國時所鑑定者　最近該
所又證明其中一種　与柏樂氏　所發現之　相同　其結果俟
整理後發表　餘四種是否為新有機鹻　須俟繼續研究後　始可決定　就藥
理一方面而言　經過各種動物試驗　有三種(延胡索素乙子及丑)能使鼷鼠猴
及狗發生强直性昏厥　翻身反射力消失　肌肉卷縮之緊張力增加等現象
質言之　即与著名西藥　之藥性相類似　故各種要素之生理作用
有進一步探討之必要也

图为赵承嘏《国立北平研究院药物研究所自成立起至现在止之概况》手稿。

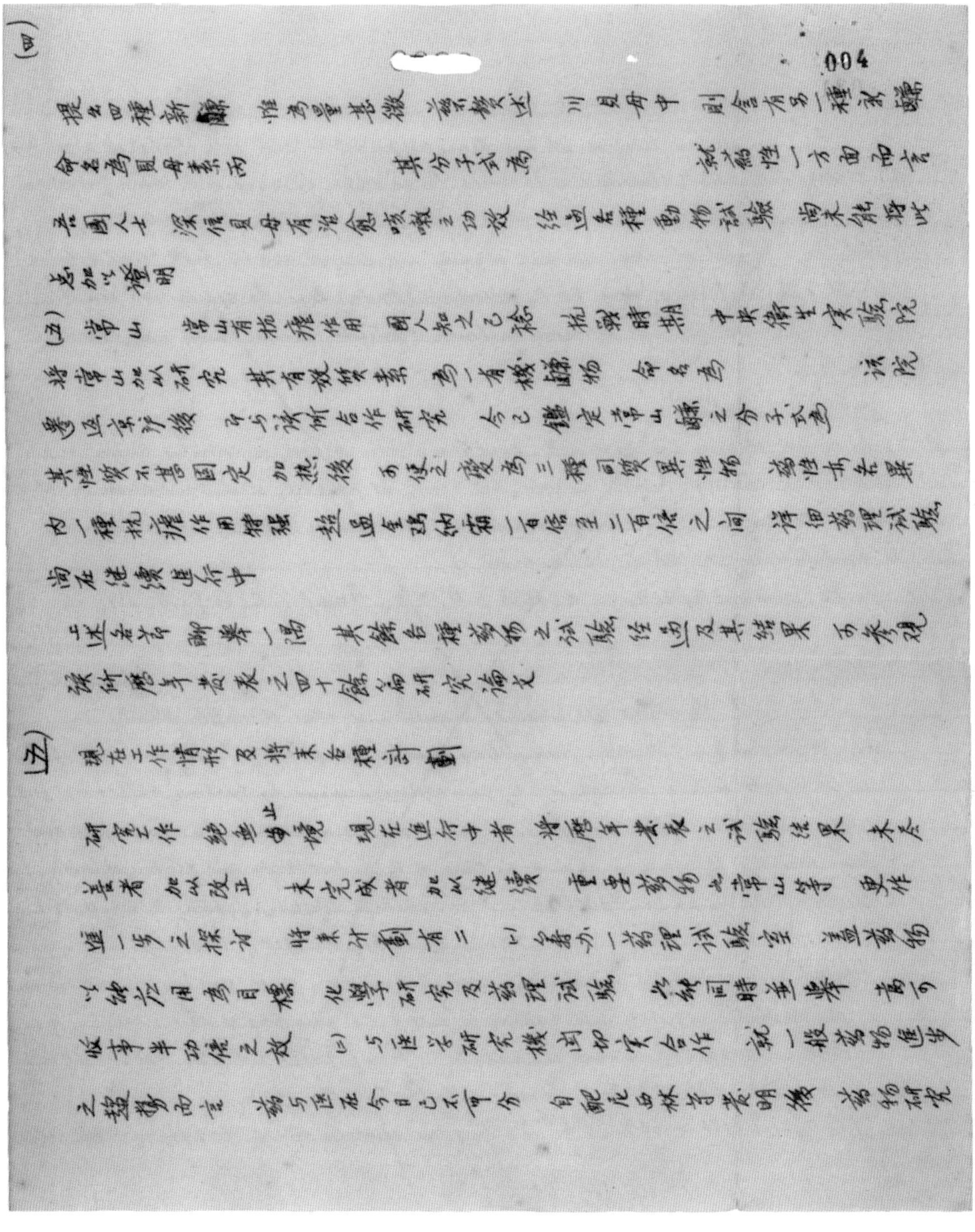
(四)

004

提出四種新鹼 惟為量甚微 尚未繼述 川貝母中 則含有另一種新鹼
命名為貝母素丙 其分子式為 就藥性一方面而言
吾國人士 深信貝母有治痰咳嗽之功效 經過各種動物試驗 尚未能將此點加以證明

(五) 常山 常山有抗瘧作用 國人知之已久 抗戰時期 中央衛生實驗院將常山加以研究 其有效成素為一有機鹼物 命名為 該院曾送來若干樣 本所詳細合作研究 今已鑑定常山鹼之分子式為
其性質不甚固定 加熱後 可使之變為三種同質異性物 藥性亦各異 內一種抗瘧作用特強 超過金雞納霜一百倍至二百倍之間 詳細藥理試驗 尚在繼續進行中

上述各節 聊舉一隅 其餘各種藥物之試驗經過及其結果 可參觀該所歷年發表之四十餘篇研究論文

(六) 現在工作情形及將來各種計劃

研究工作 從未中止 現在進行中者 將歷年來之試驗結果 未盡善者 加以改正 未完成者 加以繼續 重要藥物如常山等 更作進一步之探討 將來計劃有二 一以另辦一藥理試驗室 主要藥物以純粹應用為目標 化學研究及藥理試驗 必須同時並舉 方可收事半功倍之效 二以與其他研究機關切實合作 就一般藥物進步之趨勢而言 藥與醫在今日已不可分 自配化合物等發明後 藥物研究

图为赵承嘏《国立北平研究院药物研究所自成立起至现在止之概况》手稿。

胡先骕

（1894 — 1968）

植物学家。生于江西新建。1916年毕业于美国加利福尼亚大学伯克利分校植物学专业，1925年获哈佛大学博士学位。1948年当选为中央研究院院士。曾任静生生物调查所所长、中国科学院植物研究所研究员等职。

吾国文化有背于时代性之糟粕固须唾弃，而其所以维护吾民族生存至四千年之久之精神，必须身体力行，从而发扬光大之。

胡先骕

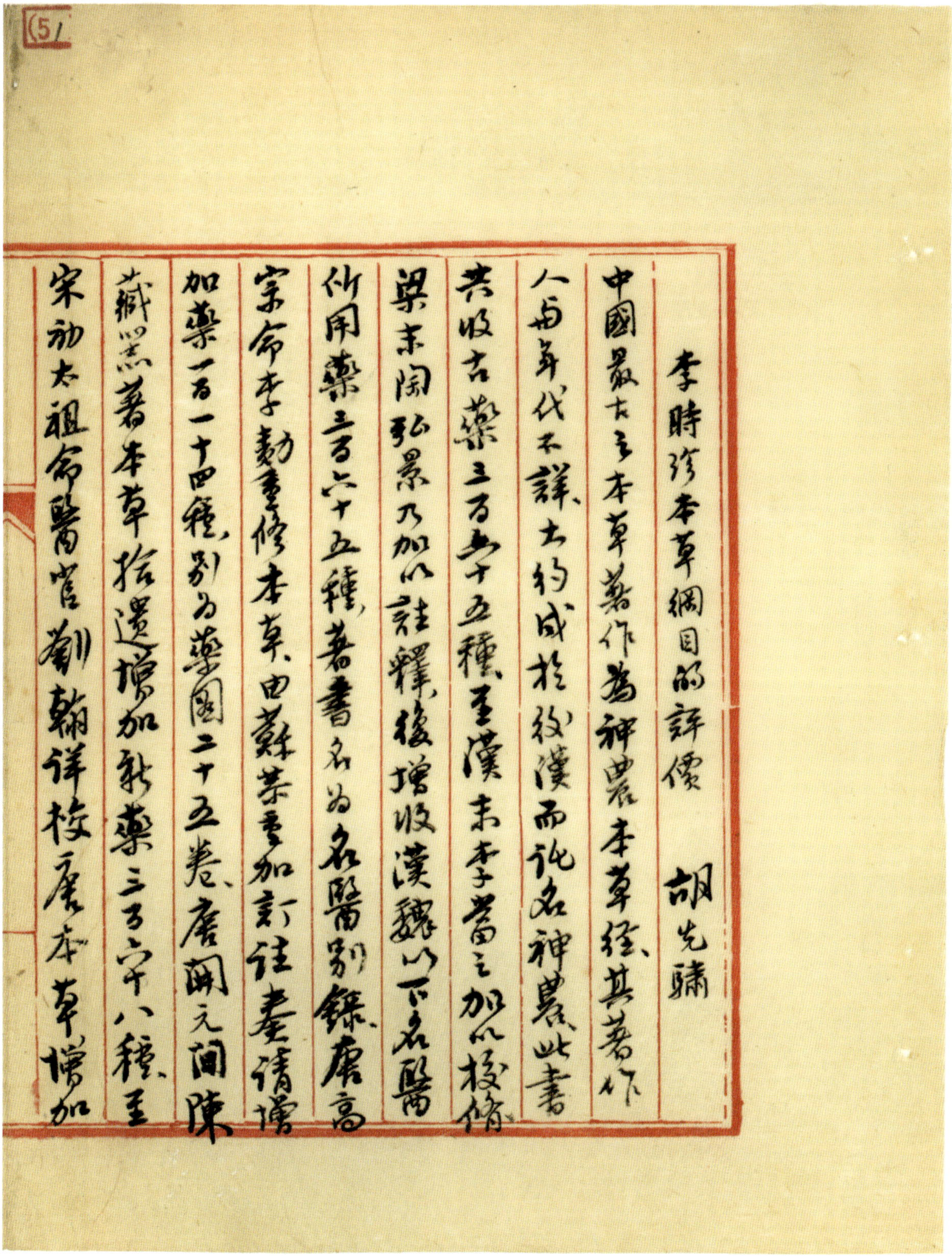
(5)

李時珍本草綱目的評價　胡先驌

中國最古之本草著作為神農本草經，其著作人與年代不詳，大約成於後漢而託名神農，此書共收古藥三百六十五種，至漢末李當之加以校修，梁末陶弘景乃加以註釋，復增收漢魏以下名醫所用藥三百六十五種，著書名為名醫別錄，唐高宗命李勣等修本草，由蘇恭等加訂注，表請增加藥一百一十四種，別為藥圖二十五卷，唐開元間陳藏器著本草拾遺，增加新藥三百八種，至宋初太祖命醫官劉翰詳校唐本草，增加

图为胡先骕《李时珍本草纲目的评价》论文手稿，共4页。

（来源：中国科学院档案馆）

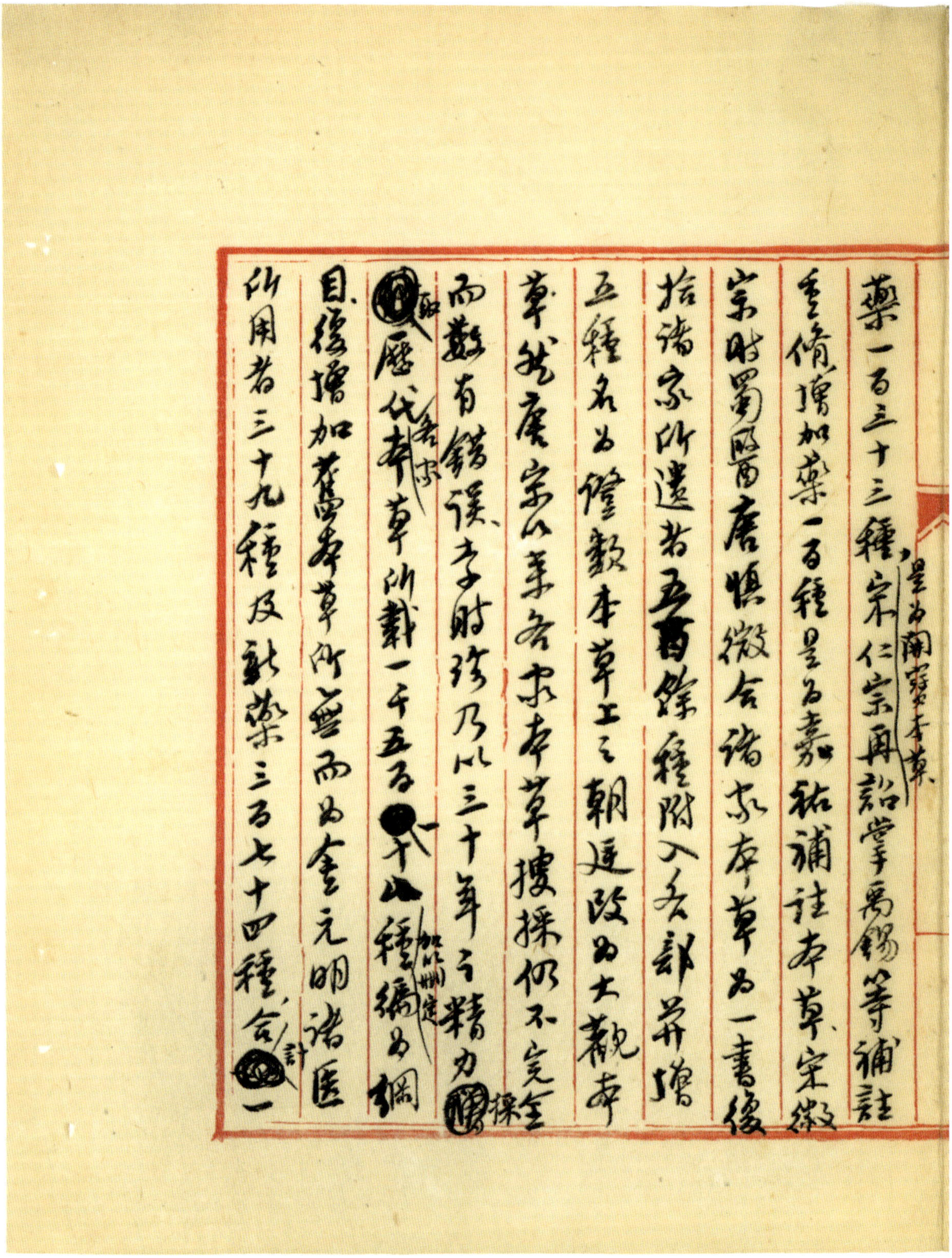

藥一百三十三種，宋仁宗再詔掌禹錫等補註
重脩，增加藥一百種，是為嘉祐補註本草。宋徽
宗時蜀醫唐慎微合諸家本草為一書，復
拾諸家所遺者五百餘種附入各部，並增
五種，名為證類本草。至朝廷改為大觀本
草。然廣宋以來各家本草搜採仍不完全
而數有錯誤。李時珍乃以三十年之精力
取歷代本草所載一千五百一十八種，編為綱
目。復增加舊本草所無而為金元明諸醫
所用者三十九種及新藥三百七十四種，合計一

图为胡先骕《李时珍本草纲目的评价》论文手稿。

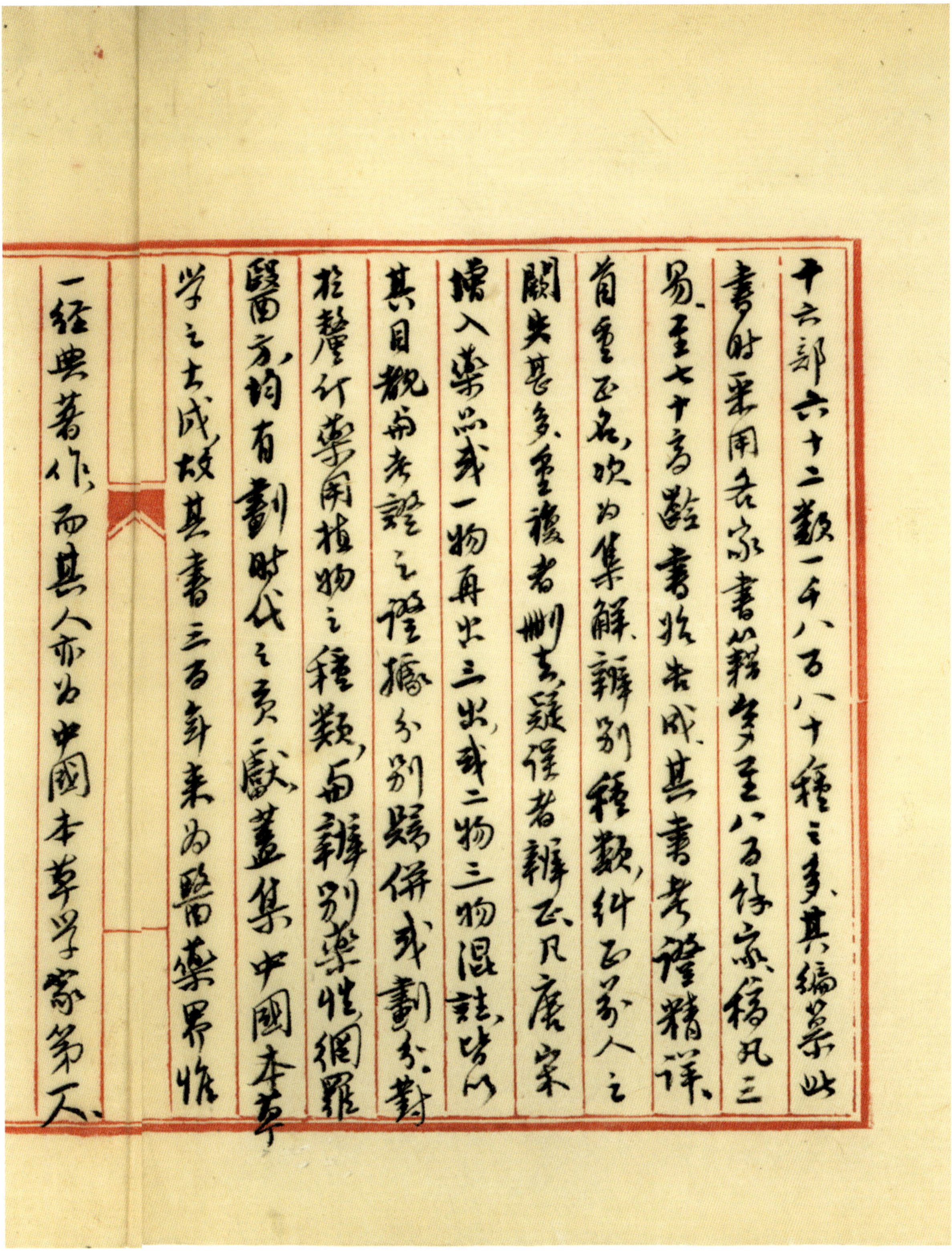
十六部六十二类一千八百八十种之多。其编纂此
书时采用各家书籍至八百余家，稿凡三
易，至七十高龄书将告成。其书考证精详，
首重正名，次为集解，辨别种类，纠正前人之
阙失甚多，重复者删去，疑误者辨正，凡唐宋
误入药品或一物再出三出，或二物三物混注，皆以
其目睹而考证之，证据分别归并，或划分对
于整个药用植物之种类，而辨别药性，网罗
医方，均有划时代之贡献，盖集中国本草
学之大成，故其书三百年来为医药界惟
一经典著作，而其人亦为中国本草学家第一人。

图为胡先骕《李时珍本草纲目的评价》论文手稿。

胡启恒

（1934 — ）

模式识别专家。女，生于陕西榆林。1959年毕业于苏联莫斯科化工机械学院工业自动化专业，1963年获该校技术科学副博士学位。1994年当选为中国工程院院士。曾任中国科学院自动化研究所所长、中国科学院副院长等职。2013年入选“世界互联网名人堂”，获2017年度中国计算机学会终身成就奖。

最耐久的颜色是本色，最难得的人品是诚实，最可贵、最基本的优秀素质是在任何情况下坚持实事求是不动摇。

实事求是和科学精神是相互依存、互为表里的，是同一品质的两面，是科学素养的实际体现，是科学创造力的源泉和根基。在科学事业和人生中永远坚持实事求是，拒绝虚伪和投机取巧，坚守“立场服从是非”，需要一个人具有已经成为其人生本色的不可动摇的科学精神。

胡启恒

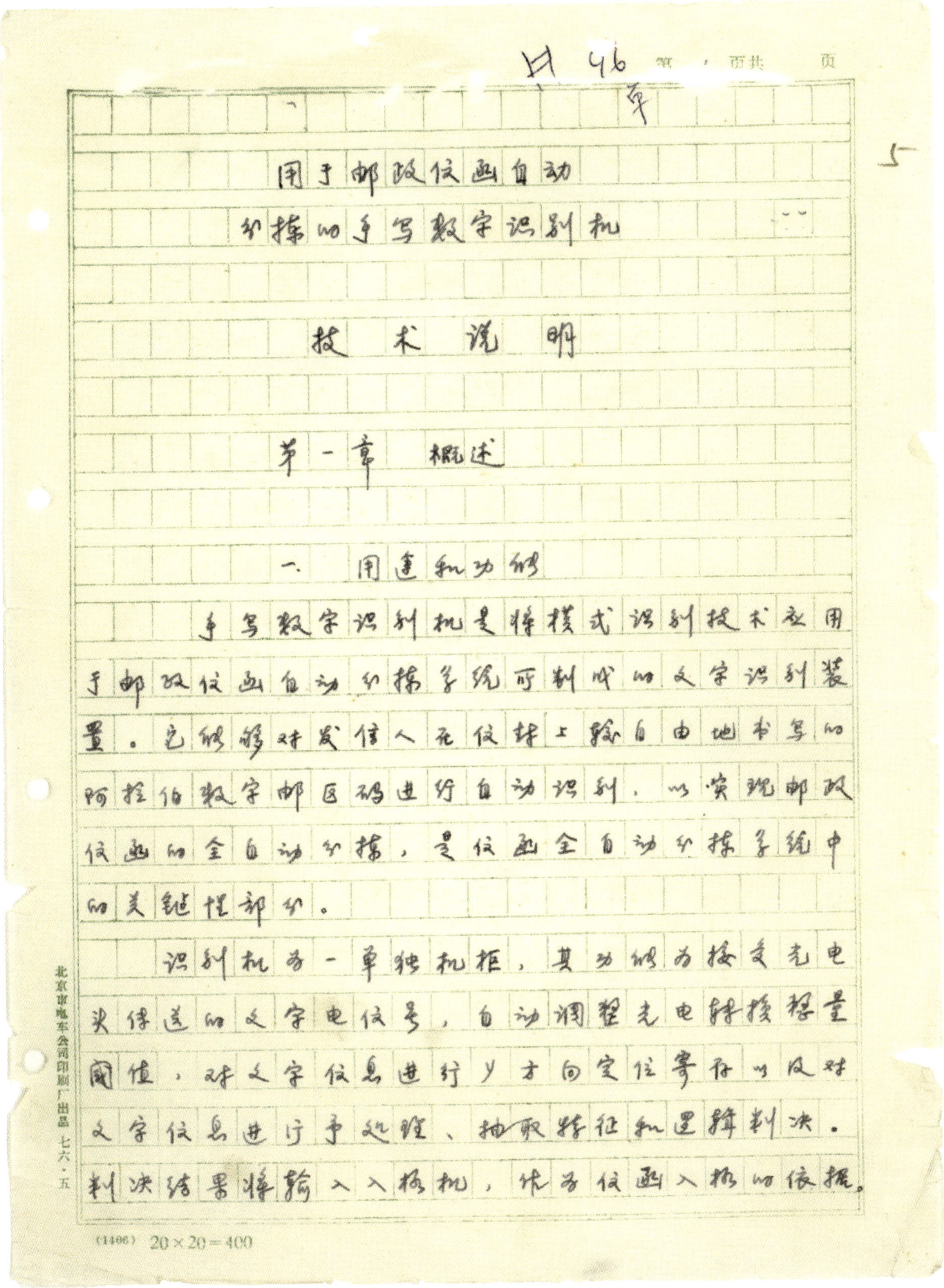

图为胡启恒《用于邮政信函自动分拣的手写数字识别机技术说明》手稿，共94页。

（来源：中国科学院档案馆）

第 2 页共 页

6

二 主要技术性能

本机为数字式电子识别装置。全机采用固体集成数字电路实现阈值运算、文字寄存、信息预处理，特征抽取以及其它功能，采用磁芯只读存贮器实现微程序控制和顺序逻辑判决。

磁芯只读存贮器容量为4K，字长50位，其中一位作为奇偶校验位。只读存贮器以半可变方式存贮控制微程序指令、识别微程序指令以及一些必要的检查指令，可以对指令进行修改和增添。

文字信息寄存容量为3×26×31 bits，组成两个存字区和一个工作区，每次可以处理一封信上的出口或入口三位邮区码，处理速度为每秒6封信。

操作面板带有工作区信息状态的屏幕显示以及识别结果、类别和链号的数字显示。

机柜尺寸为900×700×1800 mm³，其内部安排如图：

北京市电车公司印刷厂出品 七六·五

(1408) 20×20=400

图为胡启恒《用于邮政信函自动分拣的手写数字识别机技术说明》手稿。

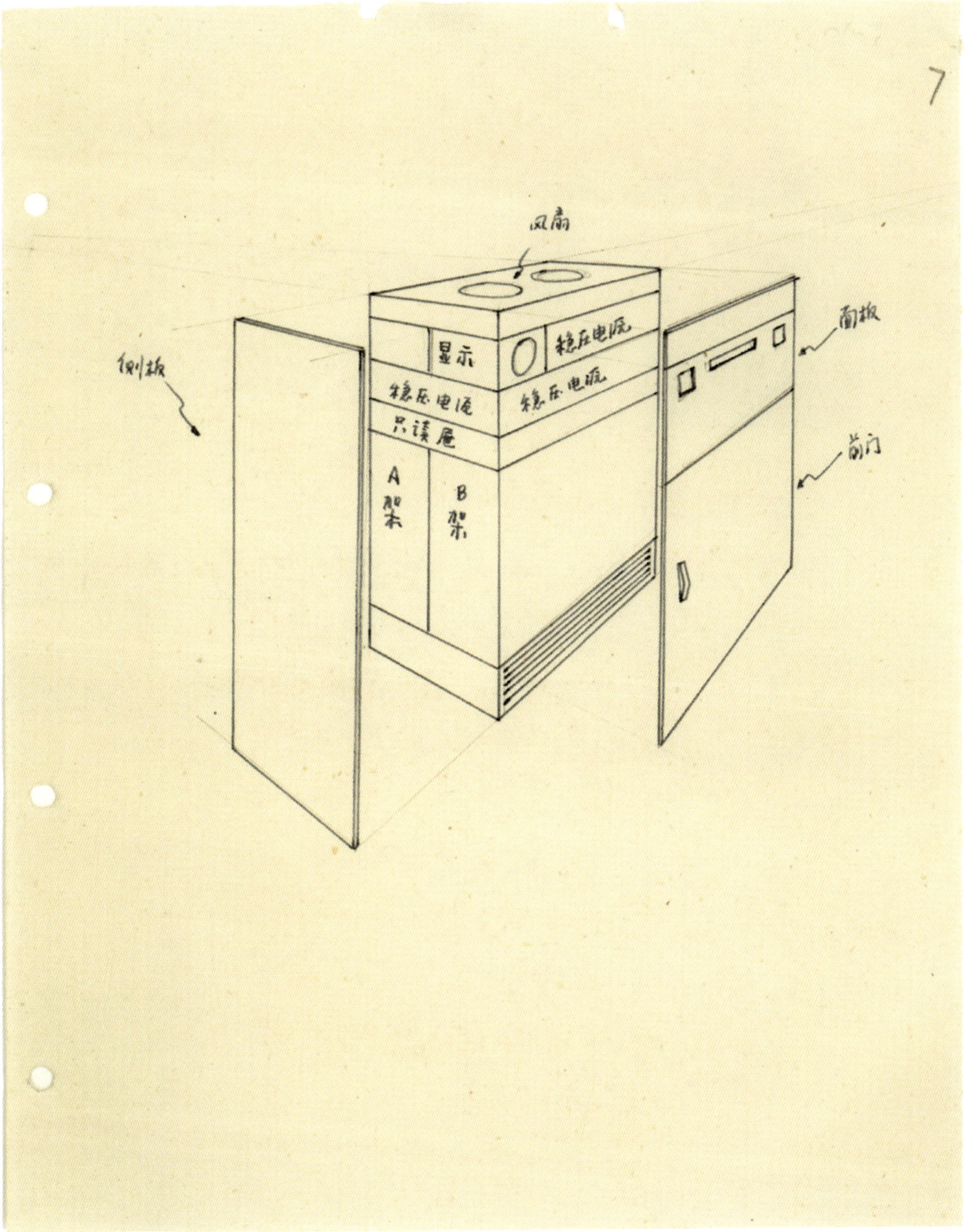

图为胡启恒《用于邮政信函自动分拣的手写数字识别机技术说明》手稿。

南仁东

（1945 — 2017）

天文学家。生于吉林辽源。1968年毕业于清华大学无线电系真空及超高频技术专业，1987年获中国科学院研究生院博士学位。“中国天眼”（国家重大科技基础设施500米口径球面射电望远镜，FAST）主要发起者和奠基人。曾任FAST工程首席科学家兼总工程师。2017年被追授“时代楷模”荣誉称号，2018年被追授“改革先锋”称号。

人类之所以脱颖而出，从低等的生命演化成现代这样，出现了文明，就是因为他有一种对未知探索的精神。

感官安宁，万籁无声。美丽的宇宙太空，以它的神秘和绚丽，召唤我们踏过平庸，进入它无垠的广袤。

手稿

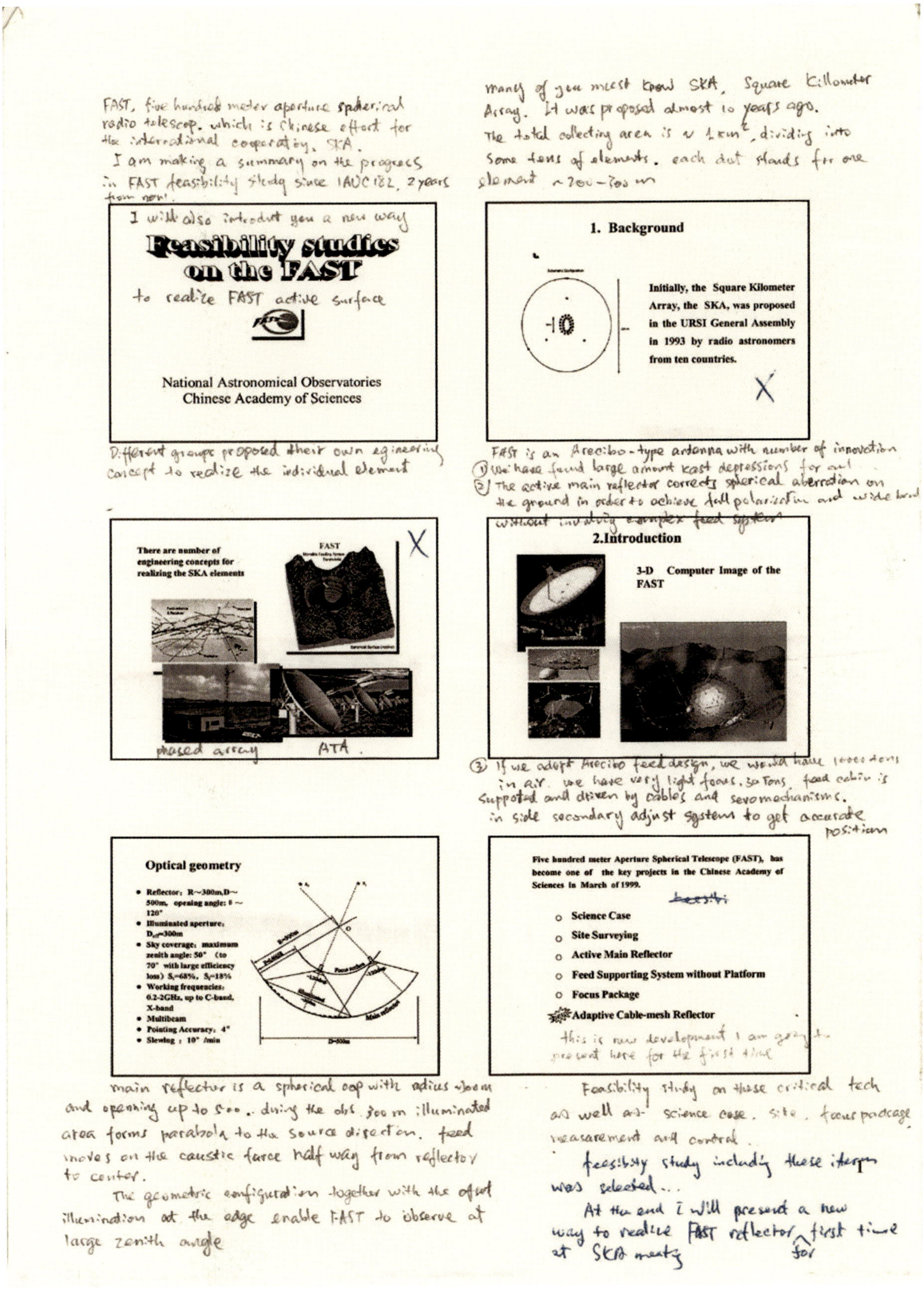

图为南仁东《FAST可行性研究》演示文稿注释英文手稿，共5页。

（来源：中国科学院国家天文台）

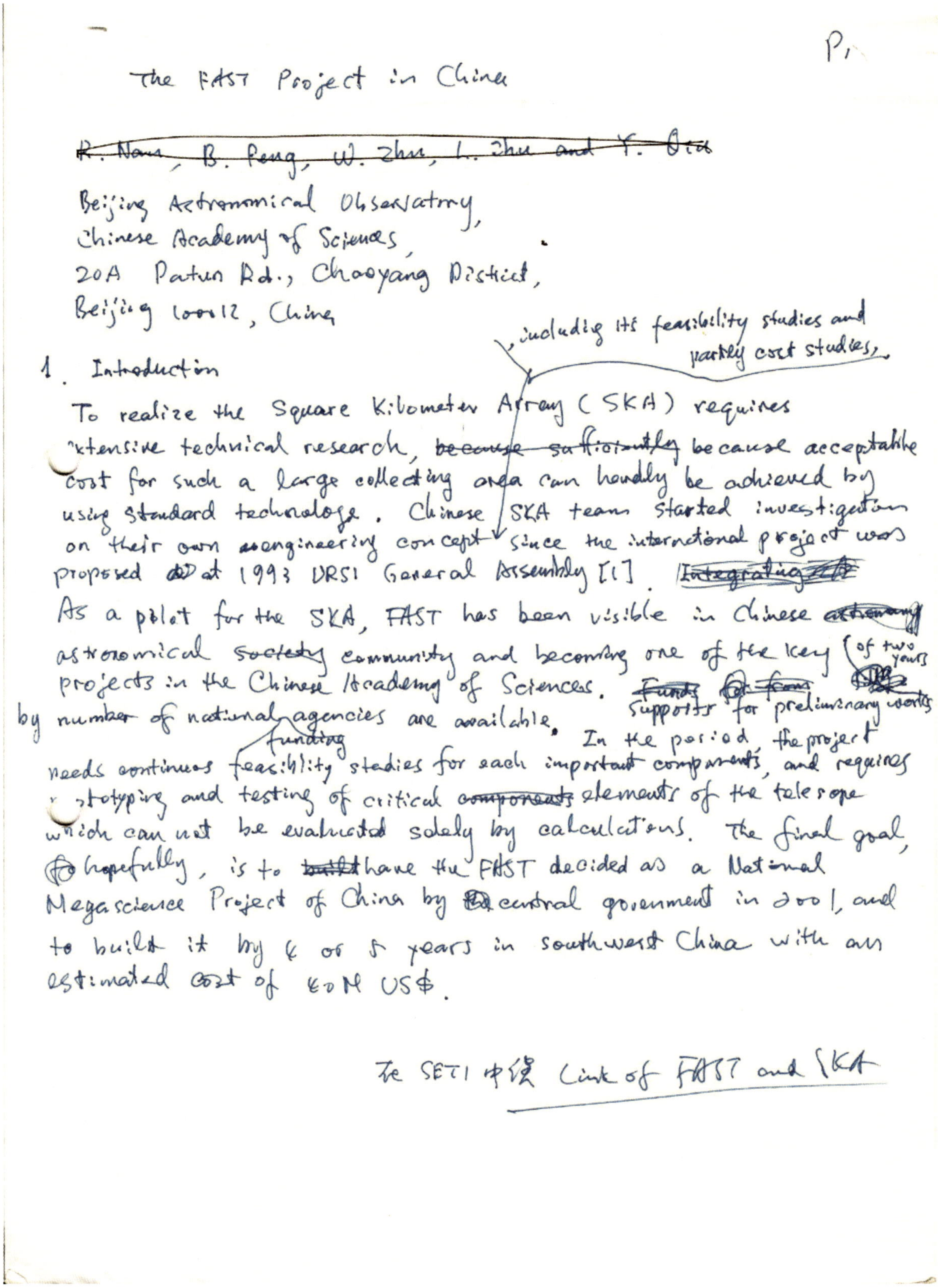

P1

The FAST Project in China

~~R. Nan, B. Peng, W. Zhu, L. Zhu and Y. Qiu~~

Beijing Astronomical Observatory,
Chinese Academy of Sciences,
20A Datun Rd., Chaoyang District,
Beijing 100012, China

1. Introduction

To realize the Square Kilometer Array (SKA) requires extensive technical research, ~~because sufficiently~~ because acceptable cost for such a large collecting area can hardly be achieved by using standard technology. Chinese SKA team started investigation on their own ~~a~~ engineering concept, including its feasibility studies and partly cost studies, since the international project was proposed ~~at~~ at 1993 URSI General Assembly [1]. ~~Integrating~~ As a pilot for the SKA, FAST has been visible in Chinese ~~astronomy~~ astronomical ~~society~~ community and becoming one of the key projects in the Chinese Academy of Sciences. ~~Funds for from~~ Supports for preliminary works of two years by number of national agencies are available. In the period, the project needs continuous funding feasibility studies for each important components, and requires prototyping and testing of critical ~~components~~ elements of the telescope which can not be evaluated solely by calculations. The final goal, hopefully, is to ~~build~~ have the FAST decided as a National Megascience Project of China by ~~the~~ central government in 2001, and to build it by 4 or 5 years in southwest China with an estimated cost of 60M US$.

在SETI中提 Link of FAST and SKA

图为南仁东《中国的FAST工程》论文英文手稿，共7页。该文收录于*Astronomical Society of the Pacific:Conference Series* 2000年第213卷。

（来源：中国科学院国家天文台）

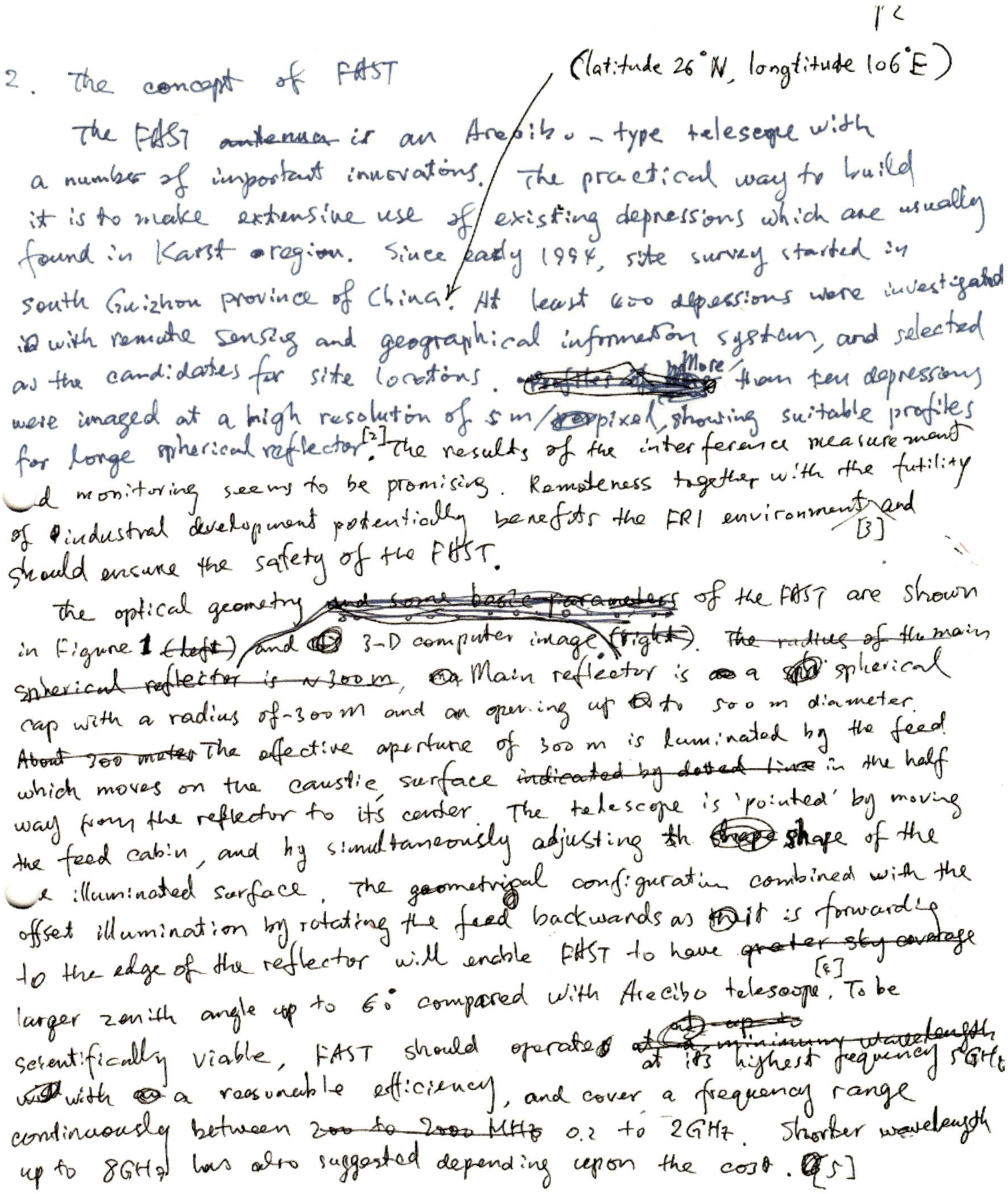

12

2. The concept of FAST

The FAST ~~antenna~~ is an Arecibo-type telescope with a number of important innovations. The practical way to build it is to make extensive use of existing depressions which are usually found in Karst region. Since early 1994, site survey started in south Guizhou province of China (latitude 26°N, longtitude 106°E). At least 400 depressions were investigated with remote sensing and geographical information system, and selected as the candidates for site locations. ~~profiles of~~ More than ten depressions were imaged at a high resolution of 5 m/pixel, showing suitable profiles for large spherical reflector[2]. The results of the interference measurement and monitoring seems to be promising. Remoteness together with the futility of industrial development potentially benefits the RFI environment and should ensure the safety of the FAST.[3]

The optical geometry ~~and some basic parameters~~ of the FAST are shown in Figure 1 ~~(left)~~ and 3-D computer image ~~(right)~~. ~~The radius of the main spherical reflector is ~300 m,~~ Main reflector is a spherical cap with a radius of ~300 m and an opening up to 500 m diameter. ~~About 300 meter~~ The effective aperture of 300 m is luminated by the feed which moves on the caustic surface ~~indicated by dotted line~~ in the half way from the reflector to its center. The telescope is 'pointed' by moving the feed cabin, and by simultaneously adjusting the shape of the illuminated surface. The ~~geometrical~~ configuration combined with the offset illumination by rotating the feed backwards as it is forwarding to the edge of the reflector will enable FAST to have ~~greater sky coverage~~ larger zenith angle up to 60° compared with Arecibo telescope[4]. To be scientifically viable, FAST should operate ~~at a minimum wavelength~~ at its highest frequency 5GHz with a reasonable efficiency, and cover a frequency range continuously between ~~200 to 2000 MHz~~ 0.2 to 2GHz. Shorter wavelength up to 8GHz has also suggested depending upon the cost.[5]

图为南仁东《中国的FAST工程》论文英文手稿。

钮经义

（1920 — 1995）

生物化学家。生于江苏兴化。1942年毕业于西南联合大学化学系，1953年获美国得克萨斯大学哲学博士学位。1980年当选为中国科学院学部委员（院士）。曾任中国科学院上海生物化学研究所研究员。1982年获国家自然科学奖一等奖。

我应该感激在整个胰岛素工作中所有参加者的奉献精神，作为始终参加此项工作的一员，我只是和大家一样尽了一份微力。

钮经义

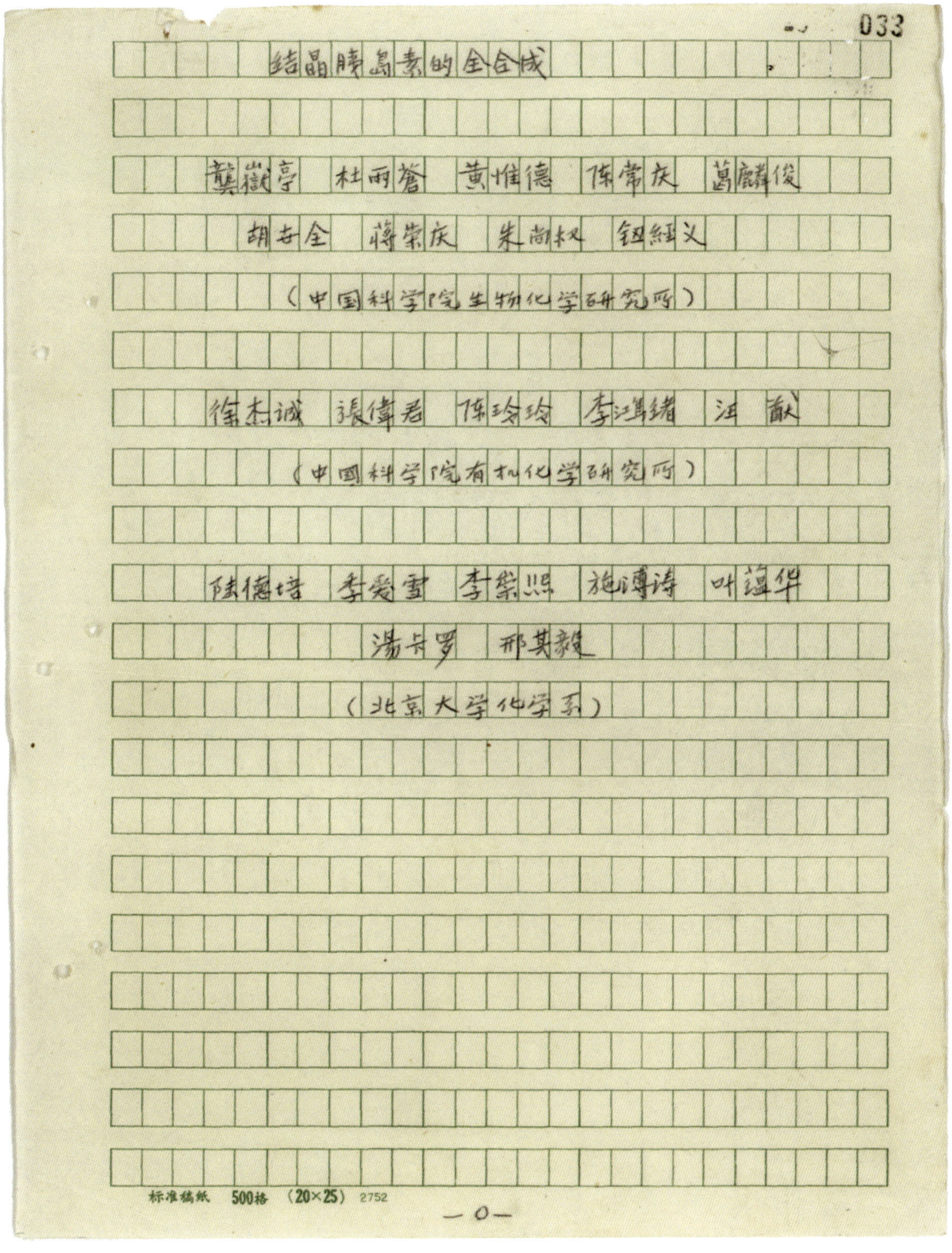
033

结晶胰岛素的全合成

龚岳亭 杜雨苍 黄惟德 陈常庆 葛麟俊

胡世全 蒋荣庆 朱尚权 钮经义

（中国科学院生物化学研究所）

徐杰诚 張偉君 陈玲玲 李鸿绪 汪猷

（中国科学院有机化学研究所）

陆德培 季爱雪 李崇熙 施溥涛 叶蕴华

汤卡罗 邢其毅

（北京大学化学系）

标准稿纸 500格 (20×25) 2752

—0—

图为钮经义《结晶胰岛素的全合成》论文手稿，共30页。该文由钮经义与他人共同发表于《生物化学与生物物理学报》1966年第6卷第2期。1965年，钮经义等中国科学家在世界上首次人工全合成结晶牛胰岛素，在国际生命科学发展史上产生了重大影响。

（来源：中国科学院档案馆）

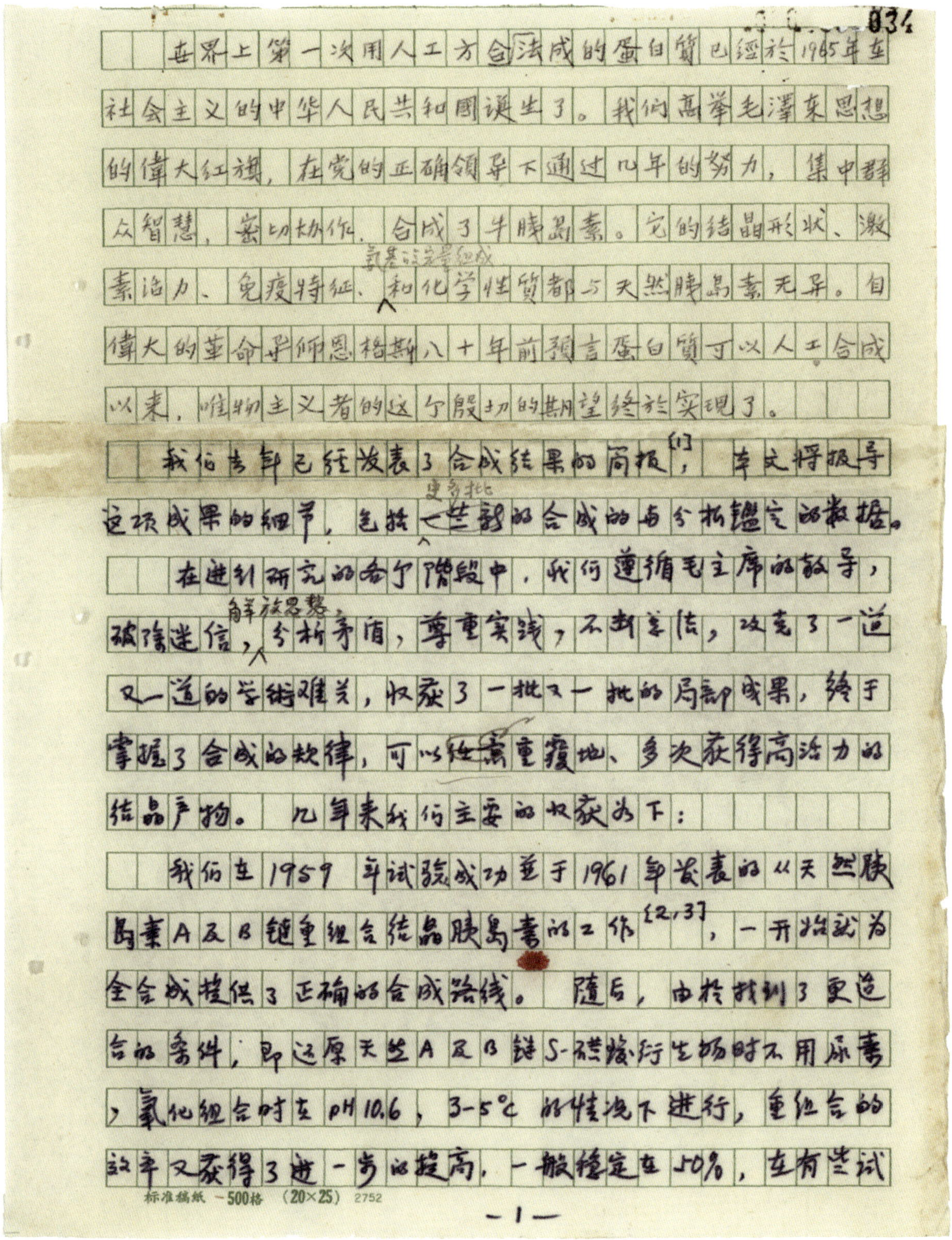

034

世界上第一次用人工方法合成的蛋白質已經於1965年在社会主义的中华人民共和國诞生了。我们高举毛澤东思想的伟大红旗，在党的正确领导下通过几年的努力，集中群众智慧，密切协作，合成了牛胰島素。它的结晶形状、激素活力、免疫特征、氨基酸组成和化学性質都与天然胰島素无异。自偉大的革命导师恩格斯八十年前預言蛋白質可以人工合成以来，唯物主义者的这个殷切的期望终於实现了。

我们去年已经发表了合成结果的简报[1]，本文将报导这项成果的细节，包括更多批一些新的合成的与分析鉴定的数据。

在进行研究的各个階段中，我们遵循毛主席的教导，破除迷信，解放思想，分析矛盾，尊重实践，不断总结，攻克了一道又一道的学術难关，收获了一批又一批的局部成果，终于掌握了合成的规律，可以~~经常~~重覆地、多次获得高活力的结晶产物。几年来我们主要的收获如下：

我们在1959年试验成功并于1961年发表的从天然胰島素A及B链重组合结晶胰島素的工作[2,3]，一开始就为全合成提供了正确的合成路线。随后，由於找到了更适合的条件，即还原天然A及B链S-磺酸衍生物时不用尿素，氧化组合时在pH 10.6，3-5°C的情况下进行，重组合的效率又获得了进一步的提高，一般稳定在50%，在有些试

标准稿纸 ～500格 (20×25) 2752

—1—

图为钮经义《结晶胰岛素的全合成》论文手稿。

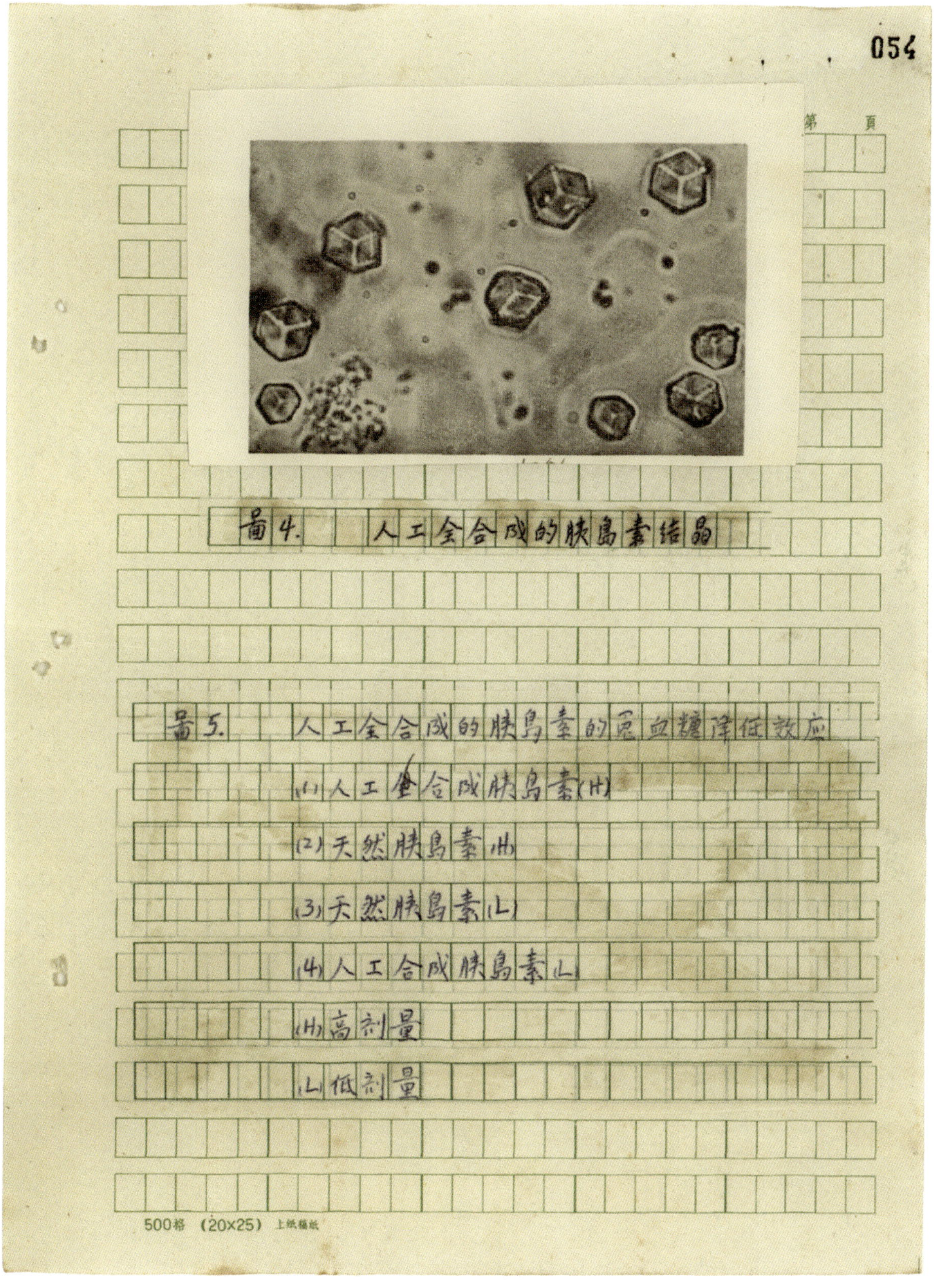
054

第 頁

图4. 人工全合成的胰岛素结晶

图5. 人工全合成的胰岛素的兔血糖降低效应

(1)人工全合成胰岛素(H)

(2)天然胰岛素(H)

(3)天然胰岛素(L)

(4)人工合成胰岛素(L)

(H)高剂量

(L)低剂量

500格 (20×25) 上纸稿纸

图为钮经义《结晶胰岛素的全合成》论文手稿。

施雅风

（1919 — 2011）

地理学、冰川学家。生于江苏海门。1942年毕业于浙江大学史地系，1944年获浙江大学硕士学位。1980年当选为中国科学院学部委员（院士）。曾任中国科学院兰州冰川冻土研究所所长、南京地理与湖泊研究所研究员等职。1987年获国家自然科学奖一等奖。

科学工作者不仅应该博学多闻，具有远见卓识，在学术上有所造就，而且需要具备良好的科学道德，做到德才兼备。

我这几十年来走过的路，有大苦，也有大乐。我认为，为崇高的事业奋斗献身，吃过苦以后取得的乐，才是真正的享受。

施雅风

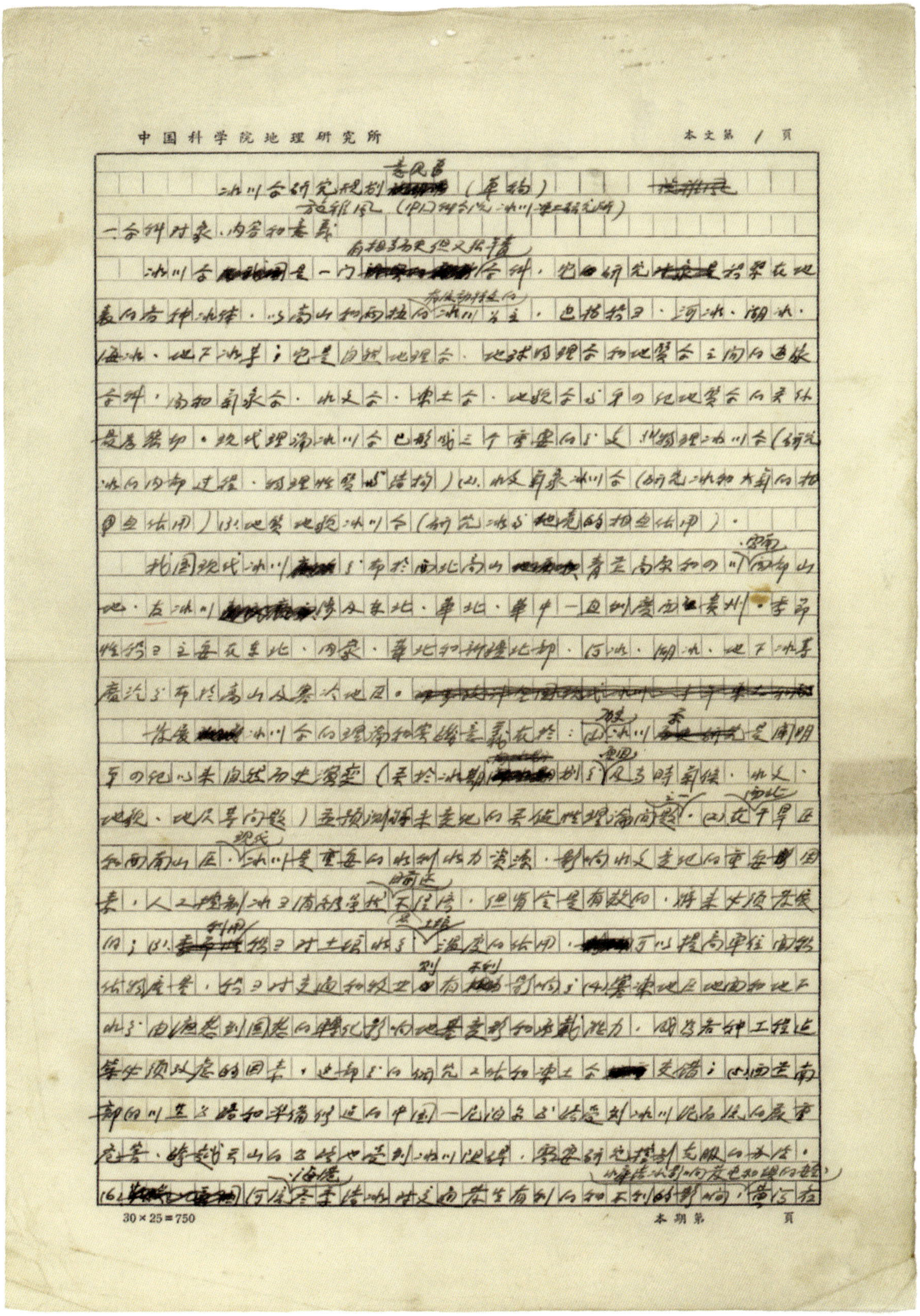

图为施雅风1962年2月3日撰写的《冰川学研究规划意见书（草稿）》手稿，共11页。

（来源：中国科学院档案馆）

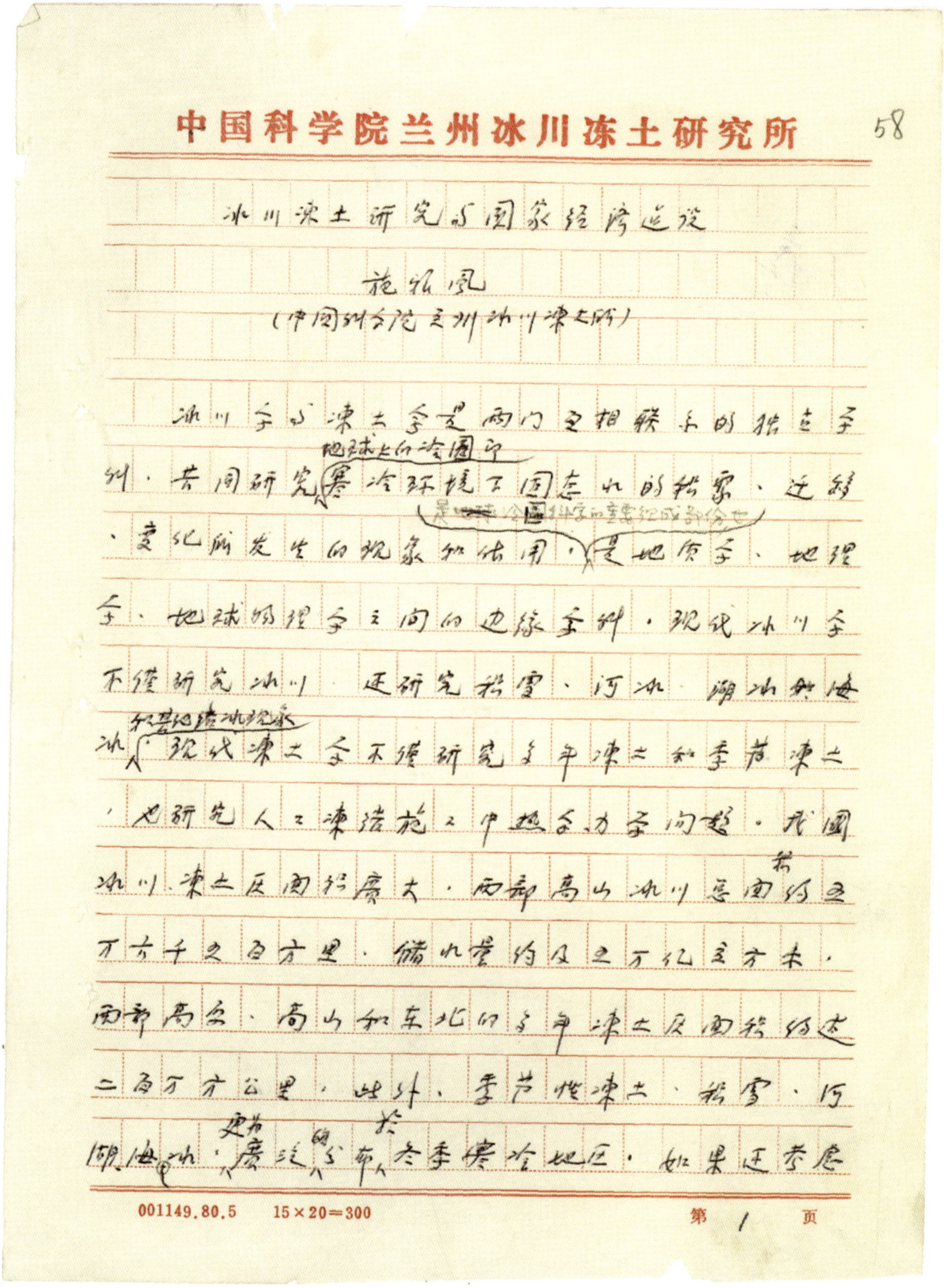

中国科学院兰州冰川冻土研究所 58

冰川冻土研究与国家经济建设

施雅风

（中国科学院兰州冰川冻土所）

冰川学与冻土学是两门互相联系的独立学科。前者研究地球上的冷圈中寒冷环境下固态水的积累、运移、变化所发生的现象和作用，是地球科学的重要组成部分之一，是地质学、地理学、地球物理学之间的边缘学科。现代冰川学不仅研究冰川，还研究积雪、河冰、湖冰和海冰和其他的冰冻现象；现代冻土学不仅研究多年冻土和季节冻土，也研究人工冻结施工中热力学问题。我国冰川冻土分布甚广大。西部高山冰川总面积约五万八千五百方里，储水量约五万亿立方米。西部高原、高山和东北的多年冻土分布面积约达二百万方公里。此外，季节性冻土、积雪、河湖冰更为广泛地分布于冬季寒冷地区。如果还考虑

001149.80.5 15×20=300 第 1 页

图为施雅风在1983年中国科学院地学部会议上的《冰川冻土研究与国家经济建设》报告手稿，共31页。

（来源：中国科学院档案馆）

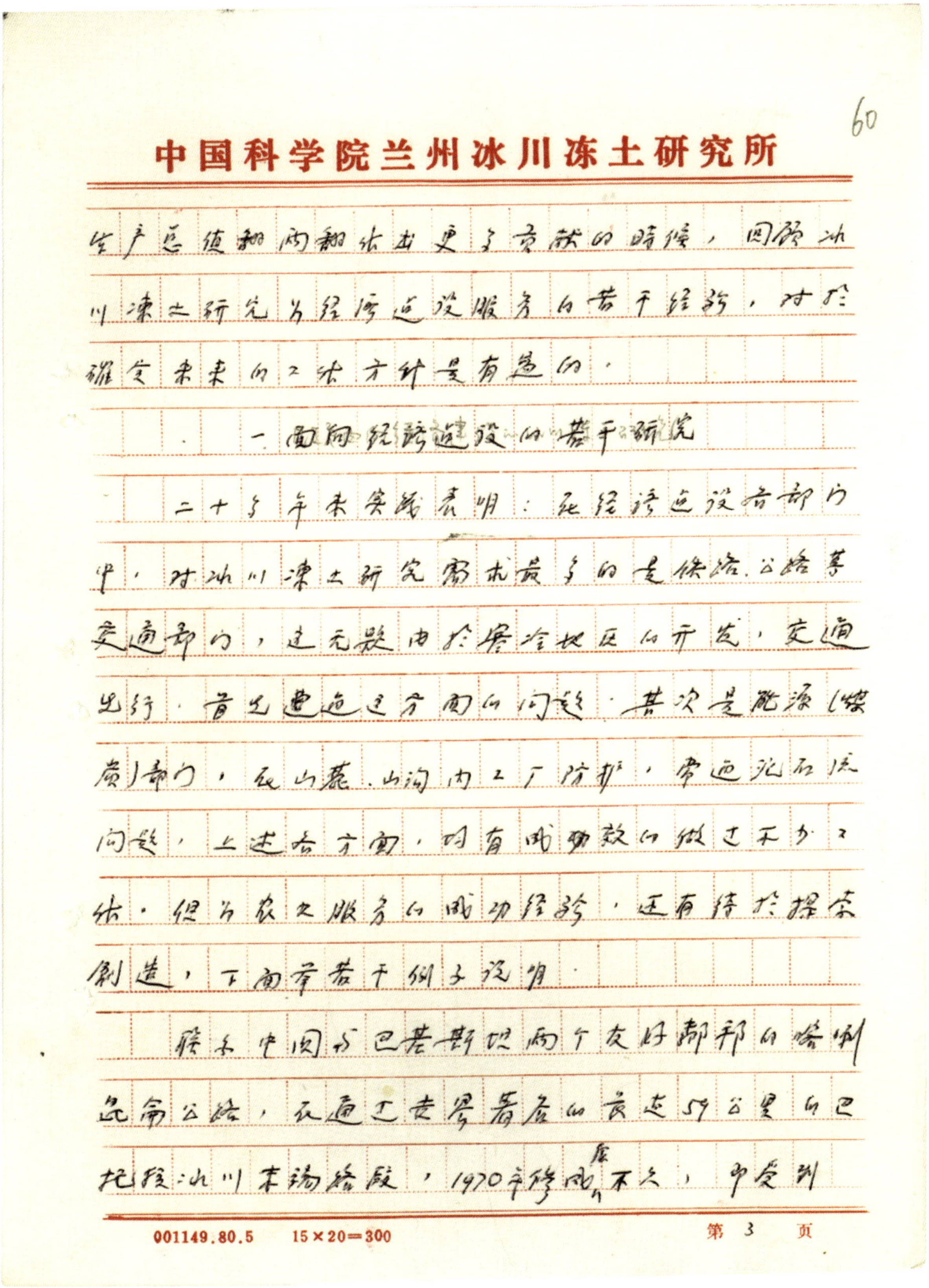

图为施雅风《冰川冻土研究与国家经济建设》报告手稿。

[夏培肃（左）在指导学生做实验]

夏培肃

（1923 — 2014）

计算机专家。女，生于重庆。1945年毕业于重庆中央大学电机系，1950年获英国爱丁堡大学博士学位。1991年当选为中国科学院学部委员（院士）。曾任中国科学院计算技术研究所研究员。

要使中国计算机达到世界先进水平，需要几代人的努力。我愿为下一代人搭桥铺路，使他们“青出于蓝而胜于蓝”。

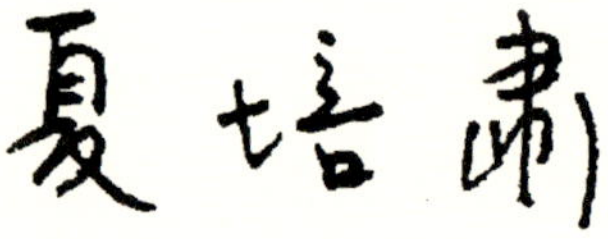

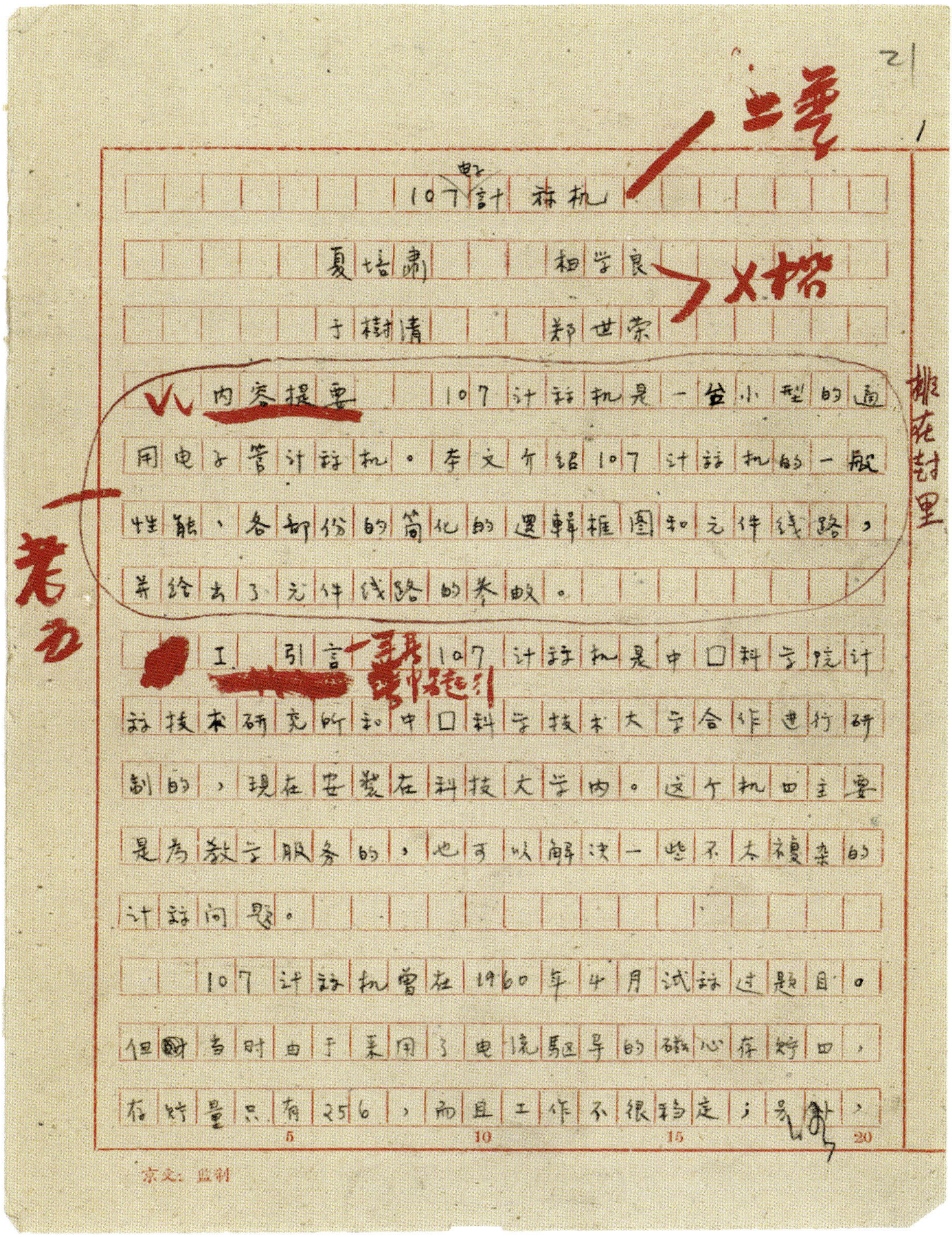
21
1
107电子計算机
夏培肃 柏学良
于樹清 郑世荣
排在封里
内容提要 107计算机是一台小型的通用电子管计算机。本文介绍107计算机的一般性能、各部份的简化的逻辑框图和元件线路，并给出了元件线路的参数。
I. 引言 107计算机是中国科学院计算技术研究所和中国科学技术大学合作进行研制的，现在安装在科技大学内。这个机器主要是为教学服务的，也可以解决一些不太複杂的计算问题。
107计算机曾在1960年4月试算过题目。但当时由于采用了电流驱动的磁心存储器，存储量只有256，而且工作不很稳定；另外，
京文：监制

图为夏培肃1961年撰写的《107电子计算机》论文手稿，共62页。该文由夏培肃与他人合作完成。

（来源：中国科学院档案馆）

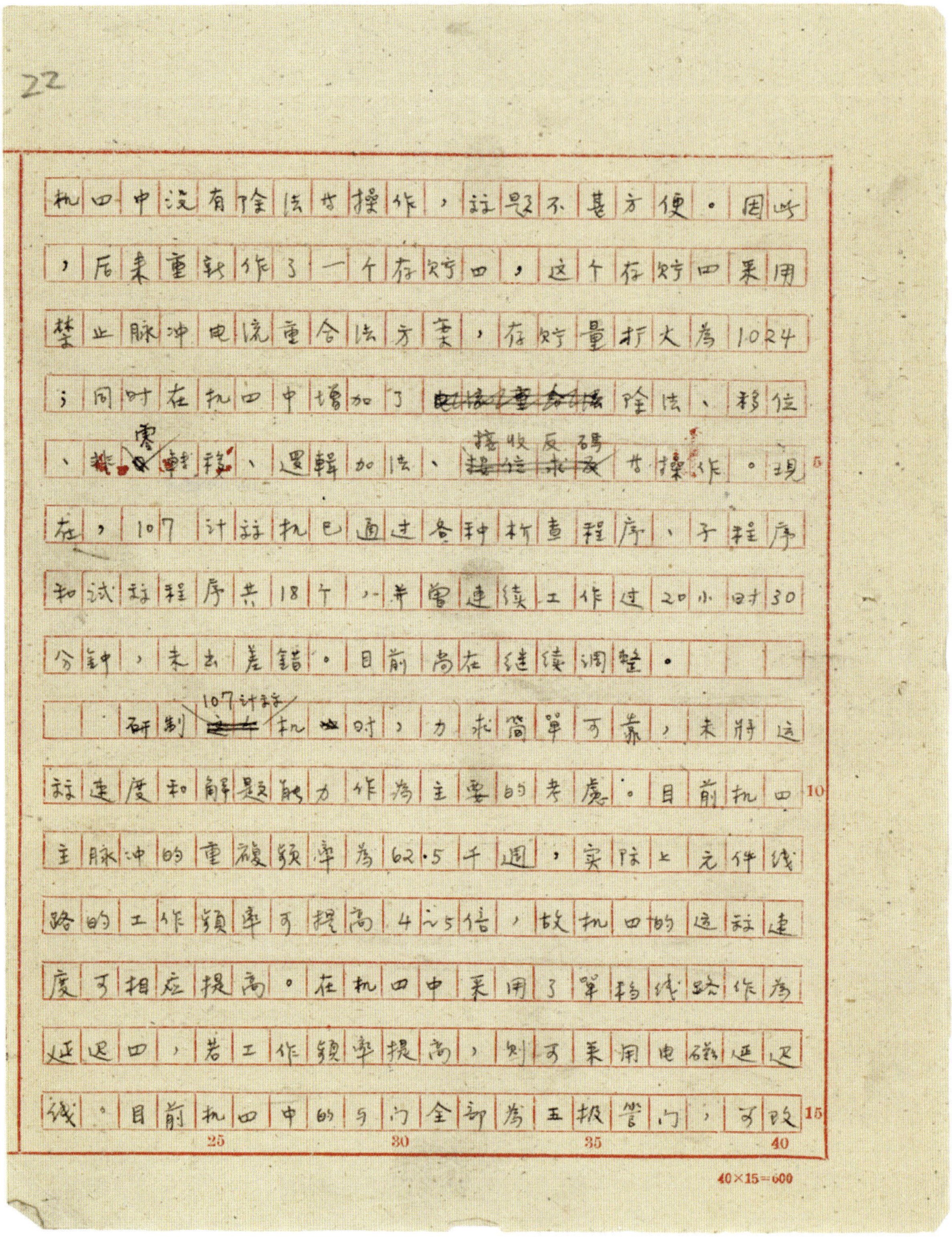

22

机四中没有除法等操作，计算不甚方便。因此，后来重新作了一个存储器，这个存储器采用禁止脉冲电流重合法方案，存储量扩大为1024；同时在机四中增加了除法、移位、零转移、逻辑加法、接收反码等操作。现在，107计算机已通过各种检查程序、子程序和试算程序共18个，并曾连续工作过20小时30分钟，未出差错。目前尚在继续调整。

研制107计算机时，力求简单可靠，未将运算速度和解题能力作为主要的考虑。目前机四主脉冲的重复频率为62.5千周，实际上元件线路的工作频率可提高4～5倍，故机四的运算速度可相应提高。在机四中采用了单稳线路作为延迟器，若工作频率提高，则可采用电磁延迟线。目前机四中的与门全部为五极管门，可改

40×15=600

图为夏培肃《107电子计算机》论文手稿。

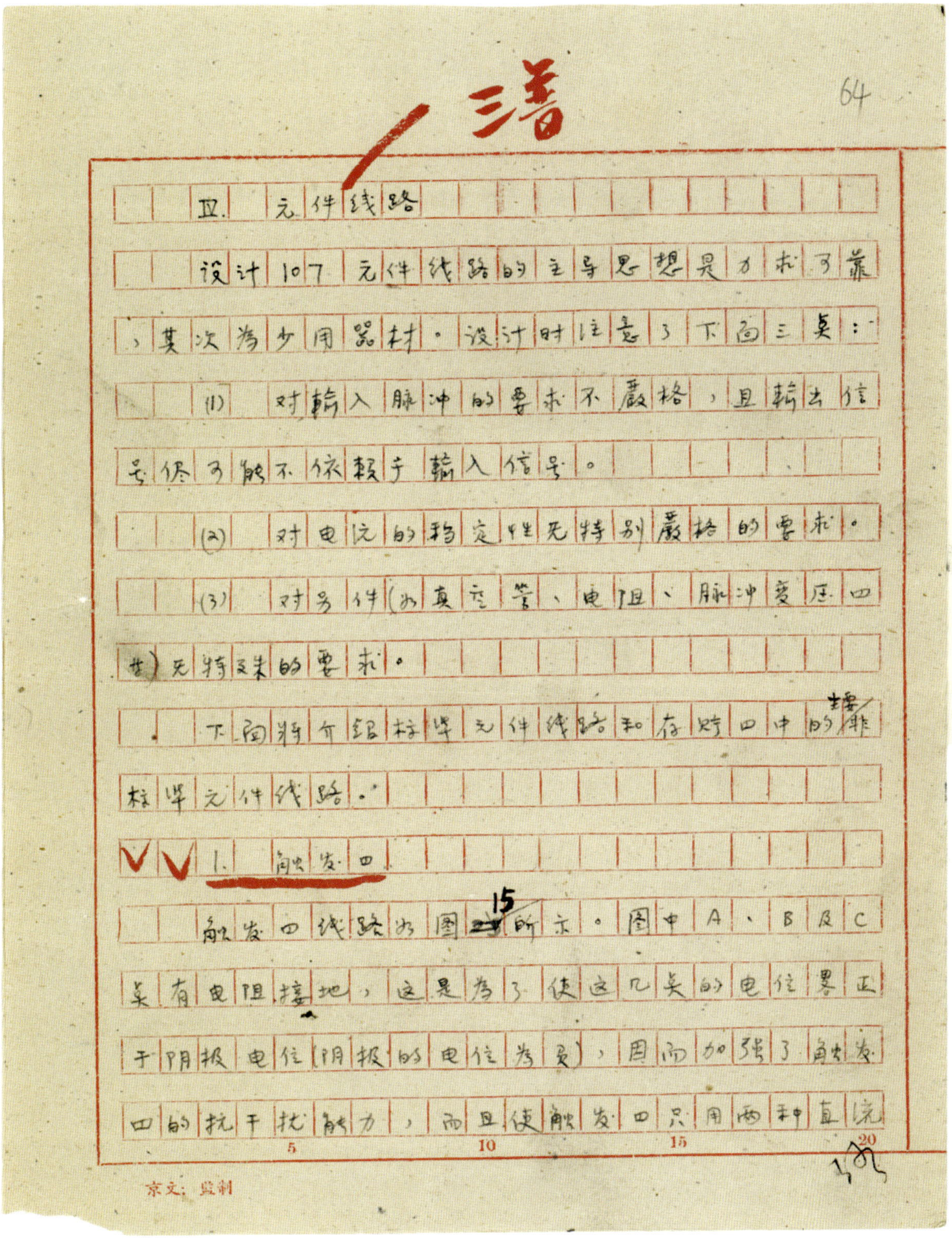

三稿

64

Ⅳ. 元件线路

设计107元件线路的主导思想是力求可靠，其次为少用器材。设计时注意了下面三点：

(1) 对输入脉冲的要求不严格，且输出信号尽可能不依赖于输入信号。

(2) 对电流的稳定性无特别严格的要求。

(3) 对元件（如真空管、电阻、脉冲变压器）无特殊的要求。

下面将介绍标准元件线路和存贮器中的非标准元件线路。

1. 触发器

触发器线路如图15所示。图中A、B及C点有电阻接地，这是为了使这几点的电位置于阴极电位（阴极的电位为负），因而加强了触发器的抗干扰能力，而且使触发器只用两种直流

京文：监制

图为夏培肃《107电子计算机》论文手稿。

（左为钱三强夫人何泽慧院士）

钱三强

（1913 — 1992）

核物理学家。生于浙江绍兴。1936年毕业于清华大学物理系，1940年获法国国家博士学位。1955年被选聘为中国科学院学部委员（院士）。曾任清华大学教授、中国科学院原子能研究所所长、第二机械工业部副部长、中国科学院副院长等职。1999年被追授“两弹一星”功勋奖章。

科学态度和科学作风对于一个人成就事业的重要性，丝毫不亚于他们的知识和能力，甚至可以说更重要。

钱三强

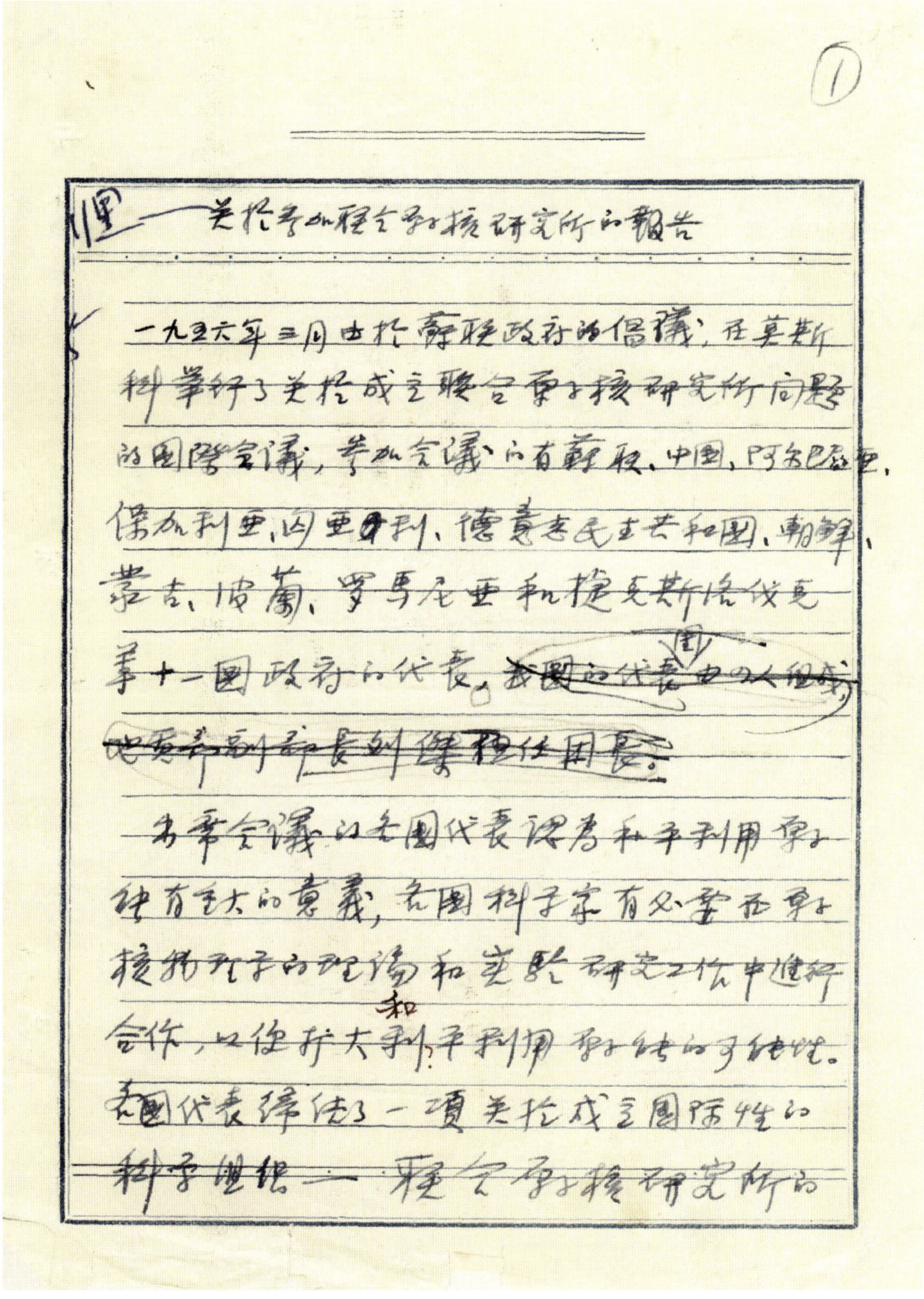

①

关于参加联合原子核研究所的报告

一九五六年三月由于苏联政府的倡议，在莫斯科举行了关于成立联合原子核研究所问题的国际会议，参加会议的有苏联、中国、阿尔巴尼亚、保加利亚、匈牙利、德意志民主共和国、朝鲜、蒙古、波兰、罗马尼亚和捷克斯洛伐克等十一国政府的代表。[illegible]

出席会议的各国代表认为和平利用原子能具有重大的意义，各国科学家有必要在原子核物理学的理论和实验研究工作中进行合作，以便扩大和平利用原子能的可能性。各国代表缔结了一项关于成立国际性的科学组织——联合原子核研究所的

图为钱三强《关于参加联合原子核研究所的报告》手稿，共9页。

（来源：中国科学院档案馆）

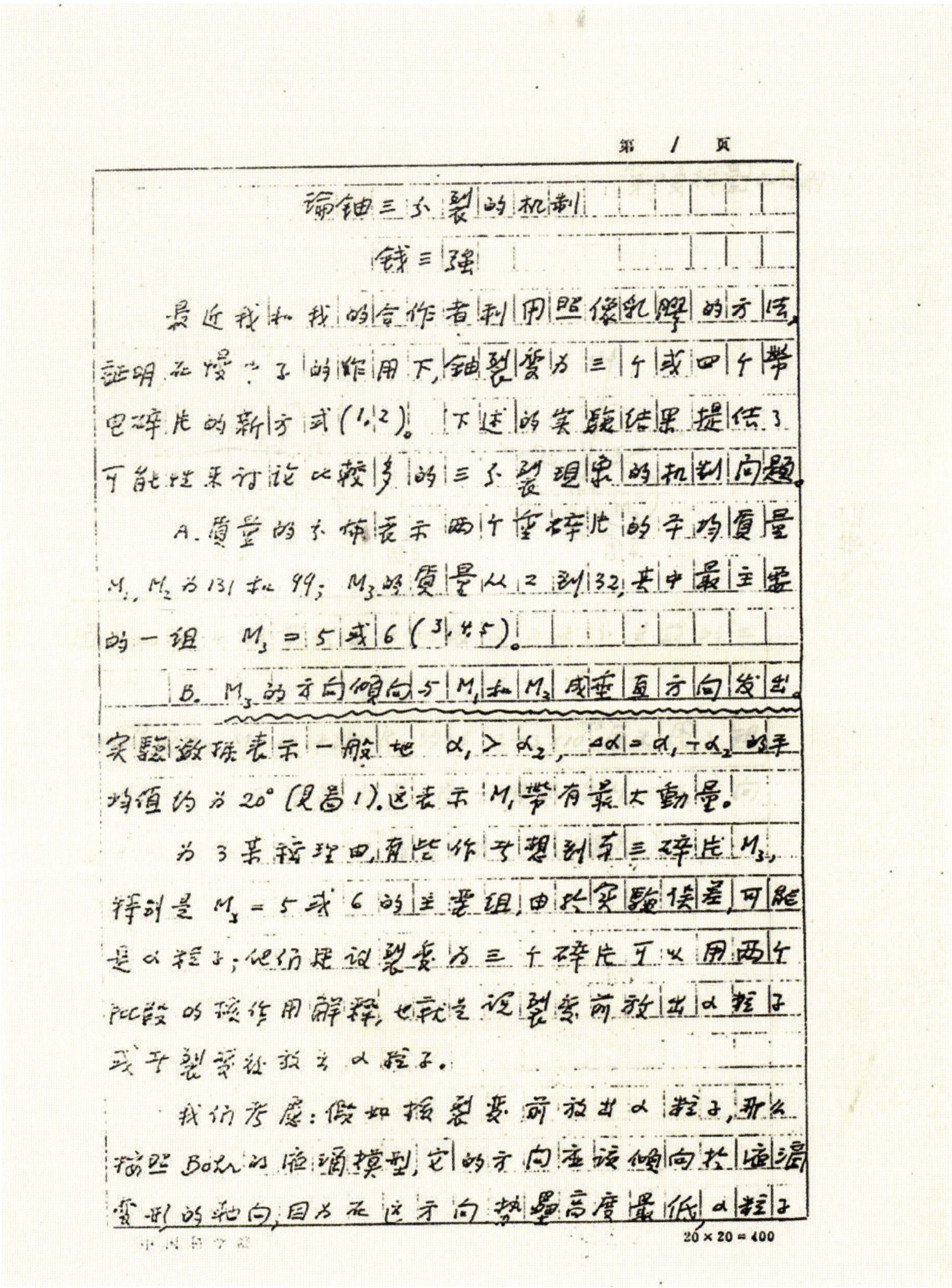

第 1 页

论铀三分裂的机制

钱三强

最近我和我的合作者利用照像乳胶的方法，证明在慢中子的作用下，铀裂变为三个或四个带电碎片的新方式(1,2)。下述的实验结果提供了可能性来讨论比较多的三分裂现象的机制问题。

A. 质量的分布表示两个重碎片的平均质量M_1，M_2为131和99；M_3的质量从2到32，其中最主要的一组 $M_3=5$或6(3,4,5)。

B. M_3的方向倾向与M_1和M_3成垂直方向发出。实验数据表示一般地 $\alpha_1>\alpha_2$，$\Delta\alpha=\alpha_1-\alpha_2$的平均值约为20°(见图1)。这表示$M_1$带有最大动量。

为了某种理由，有些作者想到第三碎片M_3，特别是$M_3=5$或6的主要组，由于实验结果可能是α粒子；他们把这设裂变为三个碎片可以用两个阶段的核作用解释，也就是说裂变前放出α粒子或于裂变后放出α粒子。

我们考虑：假如核裂变前放出α粒子，那么按照Bohr的液滴模型，它的方向应该倾向于液滴变形的轴向，因为在这方向势垒高度最低α粒子

20×20=400

图为钱三强《论铀三分裂的机制》手稿，共3页。该文为钱三强1947年3月在法国科学院所作报告的中译版。（来源：中国科学院大学）

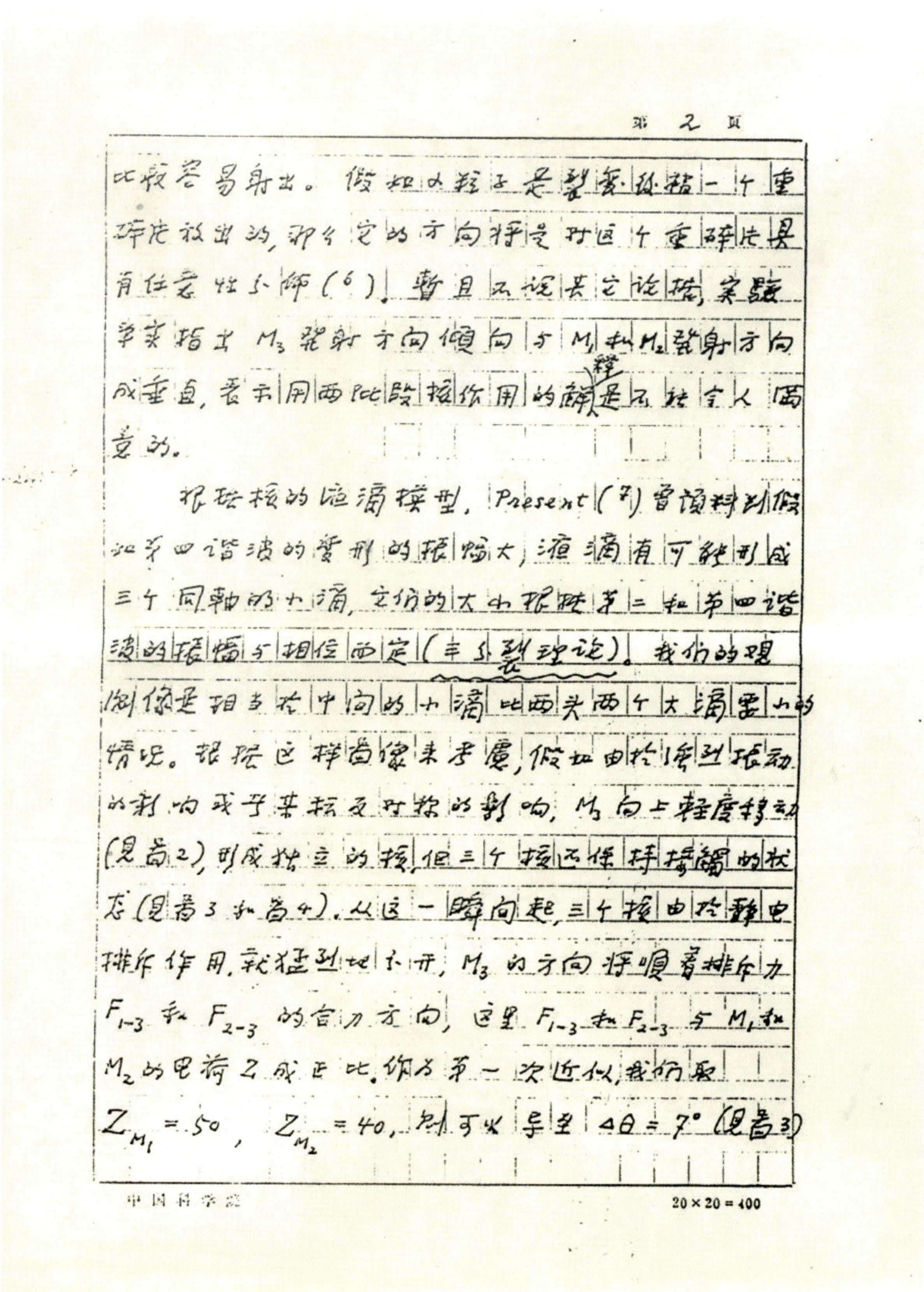

第 2 页

比较容易射出。假如α粒子是裂变后从一个重碎片放出的，那么它的方向将是对这个重碎片是有任意性分布(6)。暂且不论其它论据，实验事实指出M_3发射方向倾向于与M_1和M_2发射方向成垂直，表示用两片段核作用的解释是不能令人满意的。

根据核的液滴模型，Present(7)曾预料到假如第四谐波的变形的振幅大，液滴有可能形成三个同轴的小滴，它们的大小根据第二和第四谐波的振幅与相位而定(三分裂理论)。我们的理想像是相当于在中间的小滴比两头两个大滴要小的情况。根据这样图像来考虑，假如由于偶然振动的影响或者某种反对称的影响，M_3向上轻度移动(见图2)，形成独立的核，但三个核还保持接触的状态(见图3和图4)。从这一瞬间起，三个核由于静电排斥作用就猛烈地分开，M_3的方向将顺着排斥力F_{1-3}和F_{2-3}的合力方向，这里F_{1-3}和F_{2-3}与M_1和M_2的电荷Z成正比。作为第一次近似，我们取$Z_{M_1}=50$，$Z_{M_2}=40$，则可以导出$\Delta\theta=7°$(见图3)

中国科学院　　20×20=400

图为钱三强《论铀三分裂的机制》手稿。

何泽慧

（1914—2011）

核物理学家。女，生于江苏苏州。1936年毕业于清华大学，1940年获德国柏林高等工业学院工程博士学位。1980年当选为中国科学院学部委员（院士）。曾任中国科学院原子能研究所和高能物理研究所研究员、副所长等职。

立足常规，着眼新奇，在可靠的实验结果基础上，不放过任何一个新奇的现象。

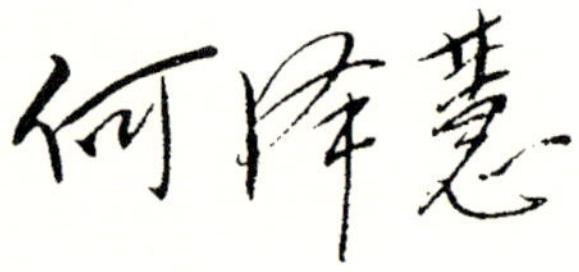

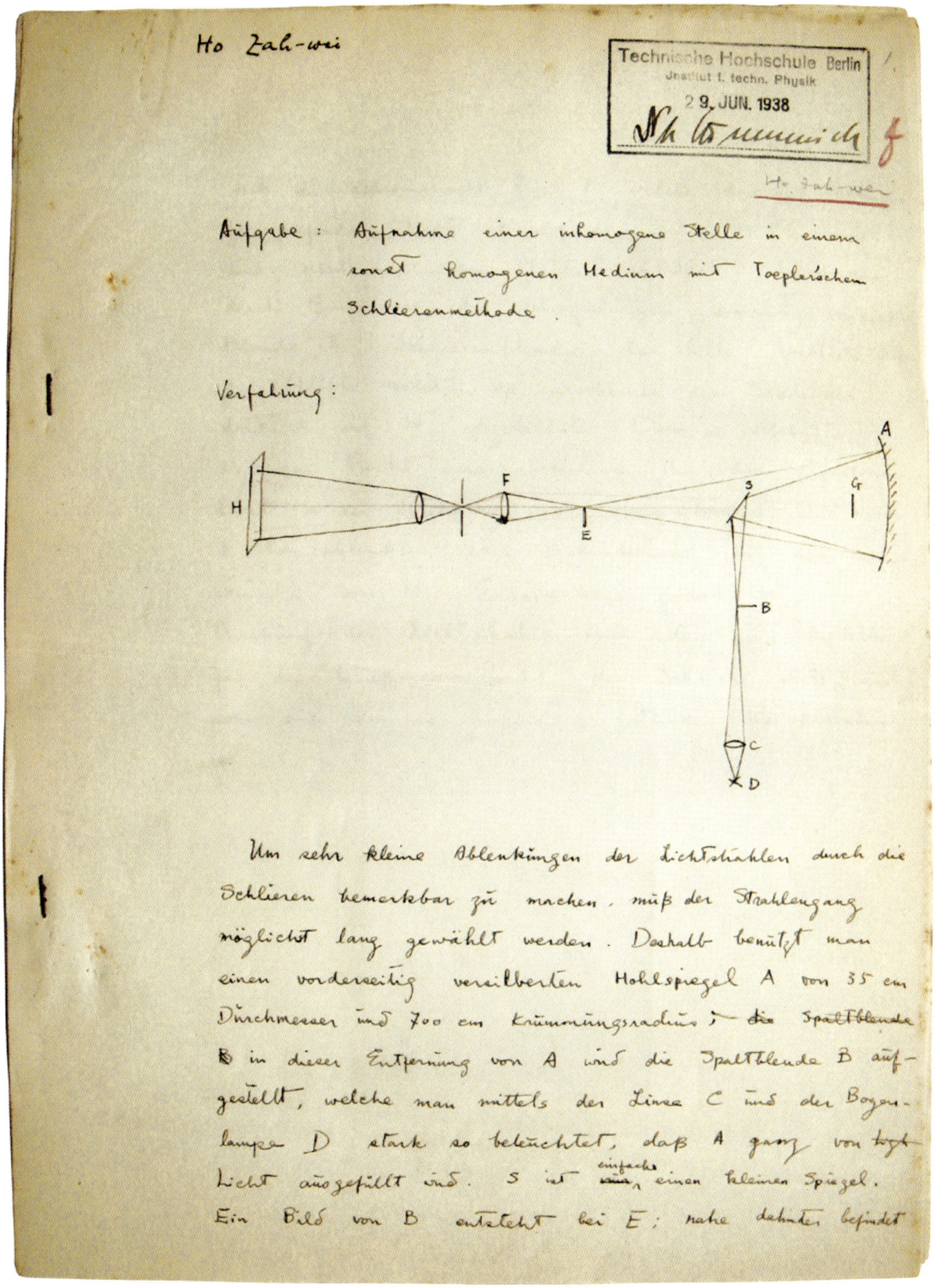
Ho Zah-wei

Technische Hochschule Berlin
Institut f. techn. Physik
29. JUN. 1938

Ho Zah-wei

Aufgabe: Aufnahme einer inhomogene Stelle in einem sonst homogenen Medium mit Toeplerschen Schlierenmethode.

Verfahrung:

Um sehr kleine Ablenkungen der Lichtstrahlen durch die Schlieren bemerkbar zu machen, muß der Strahlengang möglichst lang gewählt werden. Deshalb benützt man einen vorderseitig versilberten Hohlspiegel A von 35 cm Durchmesser und 700 cm Krümmungsradius; ~~die~~ Spaltblende B in dieser Entfernung von A und die Spaltblende B aufgestellt, welche man mittels der Linse C und der Bogenlampe D stark so beleuchtet, daß A ganz von Licht ausgefüllt wird. S ist ~~ein~~ einfache einen kleinen Spiegel. Ein Bild von B entsteht bei E; nahe dahinter befindet

图为何泽慧1938年至1939年撰写博士论文《一种新的精确简便测量子弹飞行速度的方法》时的实验记录德文手稿，共132页。（来源：中国科学院大学）

Ergibniss :

Aufnahmen eines fliegenden S-Geschoßes, samt den das Geschoß umgebenden Luftwellen und Luftwirbeln; Aufnahme mittels Hohlspiegel, Objektiv und Schlierenblende, dabei die Blendenkante parallel zur Schußrichtung.

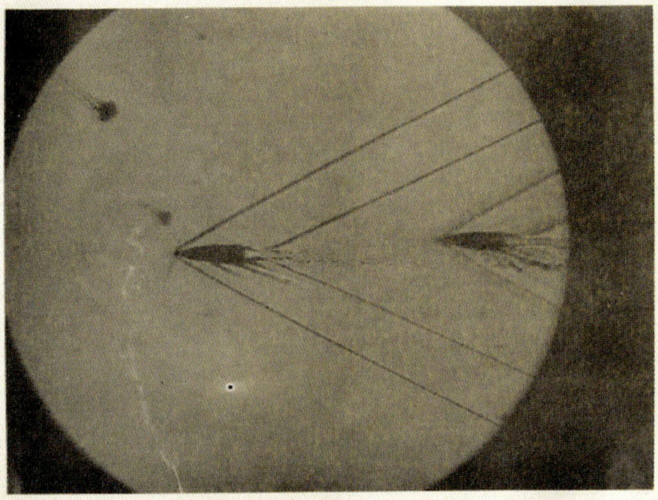

Das photographische Bild kann aufgefaßt werden als einer senkrecht zur Schußlinie gerichteten beleuchtetes Modell der Luftdichteverteilung um das fliegende Geschoß herum.

In der Reihe der Wellen folgen sich Verdichtungen und Verdünnungen. Der vorderste Teil der Kopfwelle ist stets eine Luftverdichtung. Die hinter dem Geschoß auftretenden Wirbel kommen dadurch zustande daß die umgebende Luft in den Schußkanal wirbelnd einströmt; die Wirbel werden deshalb sichtbar, weil bei diesen Einströmen die Luftteilchen sich stoßen und reiben und somit erwärmen.

图为何泽慧博士论文《一种新的精确简便测量子弹飞行速度的方法》的实验记录德文手稿。

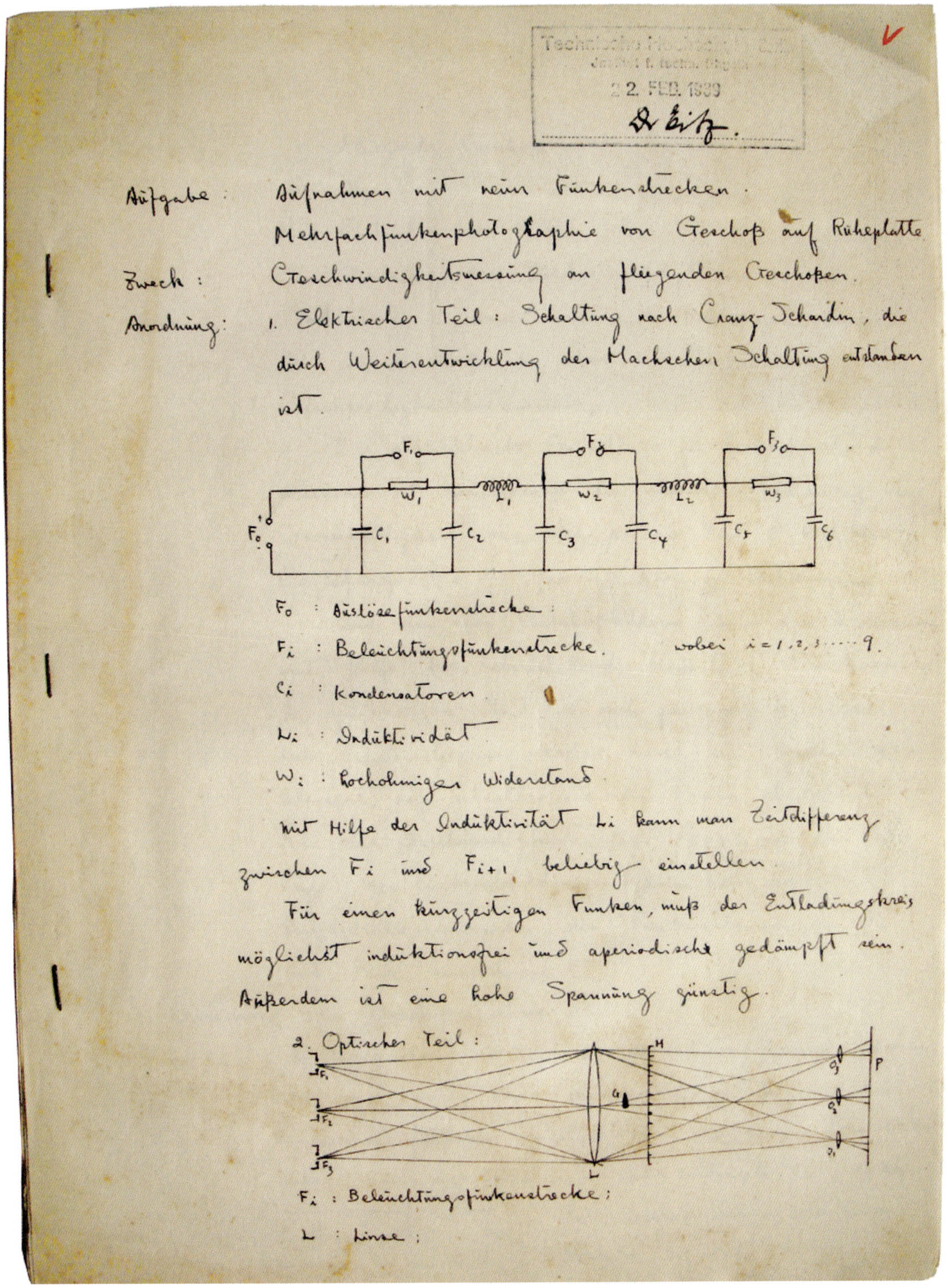

22. FEB. 1939

Aufgabe: Aufnahmen mit neun Funkenstrecken.
Mehrfachfunkenphotographie von Geschoß auf Ruheplatte

Zweck: Geschwindigkeitsmessung an fliegenden Geschoßen.

Anordnung: 1. Elektrischer Teil: Schaltung nach Cranz-Schardin, die durch Weiterentwicklung der Machschen Schaltung entstanden ist.

F_0 : Auslösefunkenstrecke;

F_i : Beleuchtungsfunkenstrecke, wobei $i = 1, 2, 3 \cdots\cdots 9$.

C_i : Kondensatoren

L_i : Induktivität

W_i : hochohmiger Widerstand

Mit Hilfe der Induktivität L_i kann man Zeitdifferenz zwischen F_i und F_{i+1} beliebig einstellen.

Für einen kurzzeitigen Funken, muß der Entladungskreis möglichst induktionsfrei und aperiodisch gedämpft sein. Außerdem ist eine hohe Spannung günstig.

2. Optischer Teil:

F_i : Beleuchtungsfunkenstrecke;

L : Linse;

图为何泽慧博士论文《一种新的精确简便测量子弹飞行速度的方法》的实验记录德文手稿。

钱学森

（1911 — 2009）

应用力学、系统工程科学家。生于上海。1934年毕业于交通大学，1939年获美国加州理工学院航空与数学博士学位。1957年被选聘为中国科学院学部委员（院士），1994年当选为中国工程院院士。曾任中国科学院力学研究所所长、国防部第五研究院院长、第七机械工业部副部长、国防科学技术委员会副主任等职。1956年获中国科学院科学奖金（首届国家自然科学奖）一等奖，1999年被授予“两弹一星”功勋奖章。

我非常高兴能回到自己的国家。将来我要竭尽努力，同中国人民一道建设自己的国家，使我的同胞能够过上有尊严的幸福生活。

錢学森

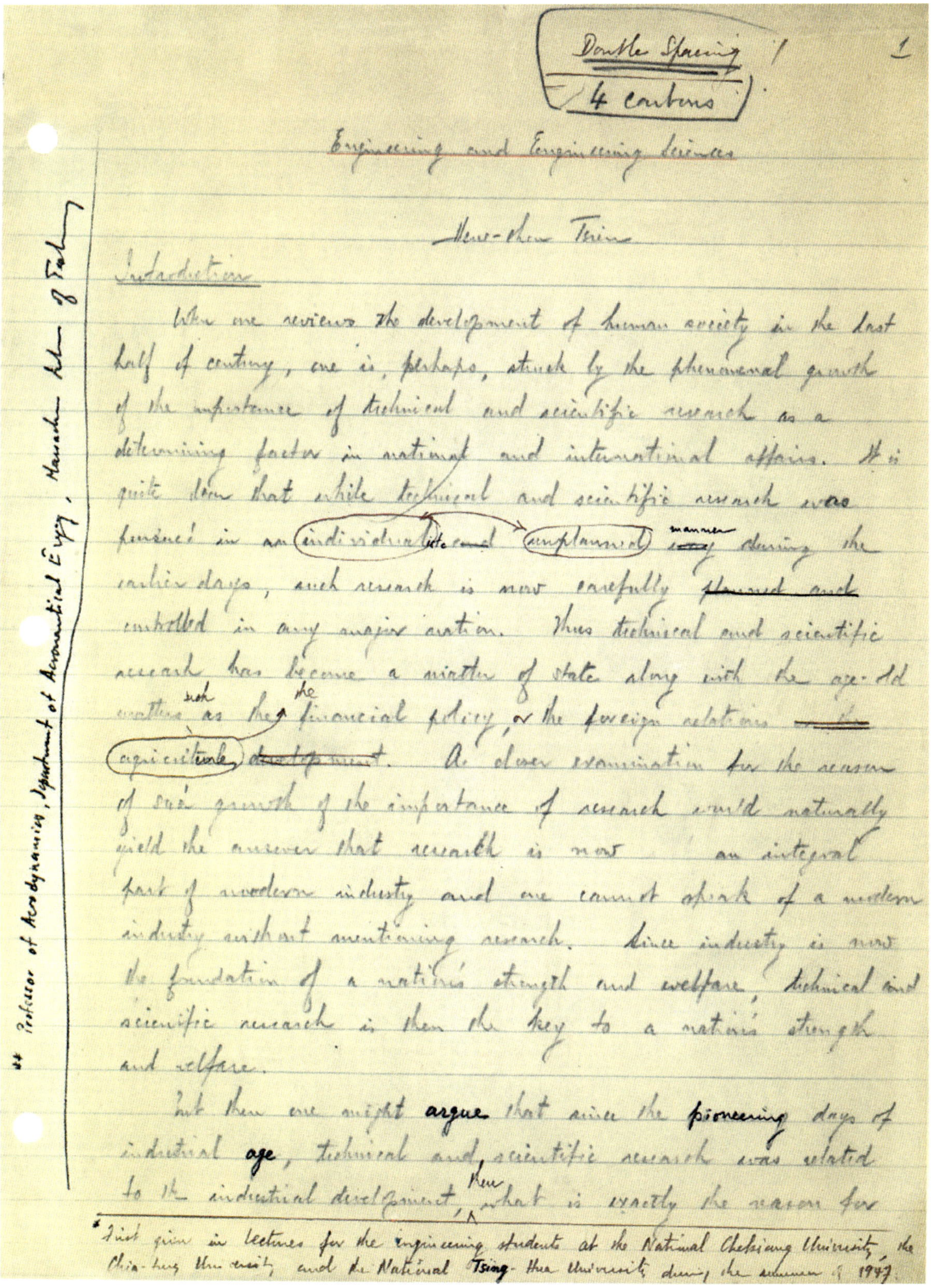

Double Spacing / 4 carbons

1

Engineering and Engineering Sciences

Hsue-shen Tsien*

Introduction

When one reviews the development of human society in the last half of century, one is, perhaps, struck by the phenomenal growth of the importance of technical and scientific research as a determining factor in national and international affairs. It is quite clear that while technical and scientific research was pursued in an individualistic and unplanned manner during the earlier days, such research is now carefully ~~planned and~~ controlled in any major nation. Thus technical and scientific research has become a matter of state along with the age-old matters such as the financial policy, or the foreign relations ~~or the~~ agricultural ~~development~~. A closer examination for the reason of such growth of the importance of research would naturally yield the answer that research is now an integral part of modern industry and one cannot speak of a modern industry without mentioning research. Since industry is now the foundation of a nation's strength and welfare, technical and scientific research is then the key to a nation's strength and welfare.

But then one might argue that since the pioneering days of industrial age, technical and scientific research was related to the industrial development, then what is exactly the reason for

** Professor of Aerodynamics, Department of Aeronautical Engg,

* First given in lectures for the engineering students at the National Chekiang University, the Chiao-tung University and the National Tsing-Hua University during the summer of 1947.

图为钱学森《工程和工程科学》英文手稿，共24页，是钱学森1947年回国访问时的讲演，发表于*Journal of the Chinese Institute of Engineers*1948年第6期，中译版发表于《力学进展》2009年第39卷第6期。

（来源：中国科学院力学研究所）

1

Rockets

(H.S. Tsien)

May 11, 1945

I. Introduction. The intensive development of rockets in Germany started approximately in 1936 when the preparation for war was pursued in earnest. The main applications planned were:

a) Main propulsion power plant for pursuit and fighter airplanes with high rate of climb and high horizontal speed at very high altitudes

b) Auxiliary power plant for assisted take-off to shorten ground run, for increasing the rate of climb, and for braking during landing on small fields

c) Propulsion for munitions such as antiaircraft rockets, glide bombs; accelerated bombs and projectiles

d) Propulsion for torpedos and braking the torpedos launched by fast flying aircrafts before entering water

e) Gas generation by rocket propellants for rotating or translational drive.

To develop the rockets for such purposes, the German industries and research institutions were mobilized. The most active ones were the following:

1) Luftfahrtforschungsanstalt Hermann Göring Braunschweig.
Small research installation at Volkenrode (Noggerath and Eder) and large installation at Faßberg (Fassbung). (A. Busemann director, Gramlt in charge, also Winkler)

2) Luftfahrtforschungsanstalt München
Planned extensive installation at Ottobrunn. (O. Lutz, director)

3) Heeresanstalt, Peenemünde. Later moved to Heidelberg

4) Rheinmetall-Borsig, A.G., Berlin-Marienfelde (Solid propellants)

5) Fa. Wilhelm Schmidding, A.G., Bodenbach (Liquid propellants)

6) H. Walter, K.G., Kiel (Hydrogen peroxide propellants)

图为钱学森1945年5月撰写的《第二次世界大战末期对德国航空和火箭研究的调研报告》英文手稿，共37页。

（来源：中国科学院力学研究所）

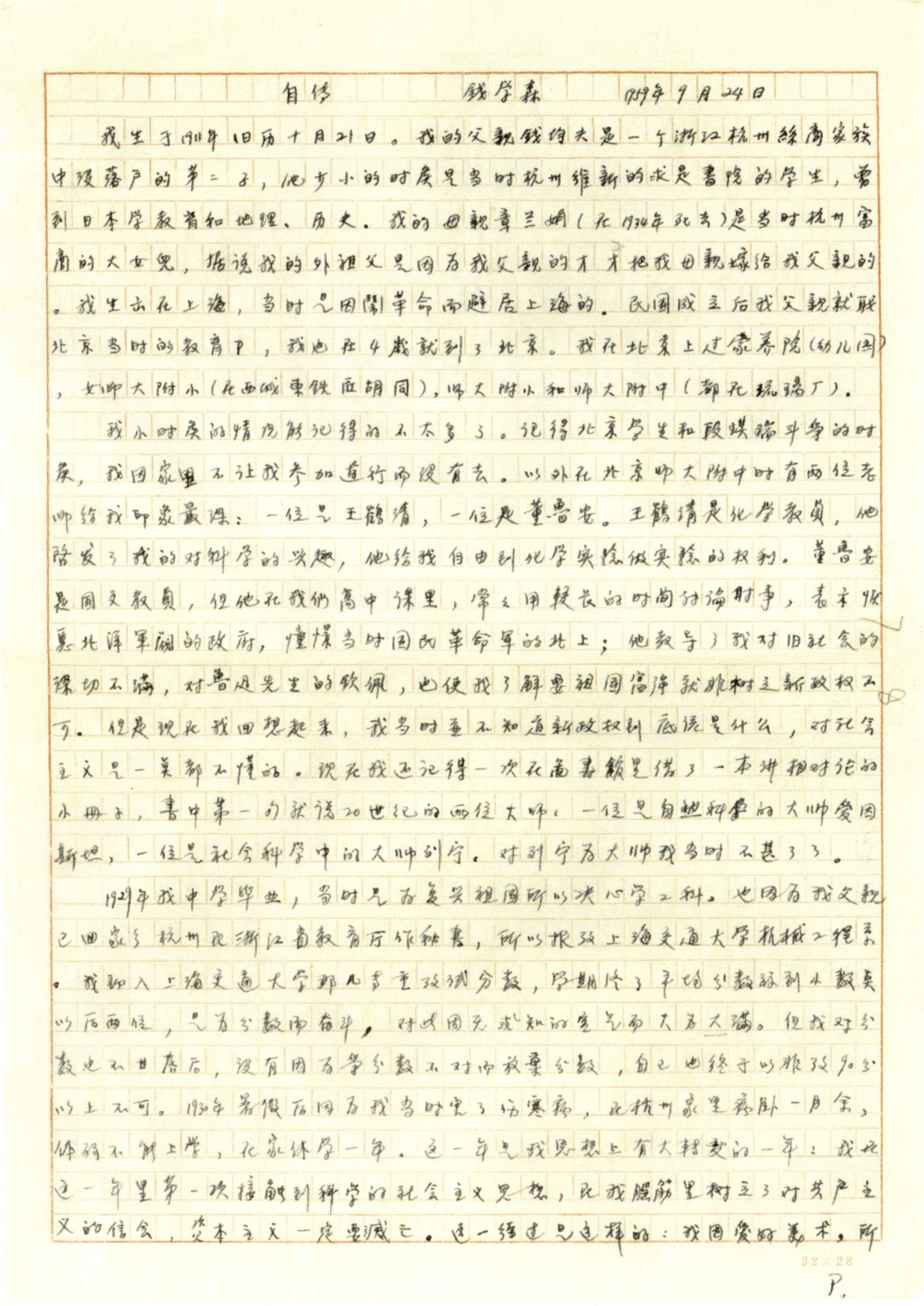
自传　钱学森　1959年9月24日

我生于1911年旧历十月21日。我的父亲钱均夫是一个浙江杭州丝商家族中没落户的第二子，他少小的时候是当时杭州维新的求是书院的学生，曾到日本学教育和地理、历史。我的母亲章兰娟（在1934年死去）是当时杭州富商的大女儿，据说我的外祖父是因为我父亲的才才把我母亲嫁给我父亲的。我生在上海，当时是因闹革命而避居上海的。民国成立后我父亲就职北京当时的教育部，我也在4岁就到了北京。我在北京上过蒙养院（幼儿园），女师大附小（在西城东铁匠胡同），师大附小和师大附中（都在琉璃厂）。

我小时候的情况就记得的不太多了。记得北京学生和段祺瑞斗争的时候，我因家里不让我参加游行而没有去。以外在北京师大附中时有两位老师给我印象最深：一位是王鹤清，一位是董鲁安。王鹤清是化学教员，他启发了我的对科学的兴趣，他给我自由到化学实验做实验的权利。董鲁安是国文教员，但他在我们高中课里，常常用较长的时间讨论时事，表示憎恶北洋军阀的政府，憧憬当时国民革命军的北上；他教导了我对旧社会的深切不满，对鲁迅先生的钦佩，也使我了解要祖国富强就非树立新政权不可。但是现在我回想起来，我当时并不知道新政权到底应是什么，对社会主义是一点都不懂的。现在我还记得一次在图书馆里借了一本讲相对论的小册子，书中第一句就说20世纪的两位大师：一位是自然科学的大师爱因斯坦，一位是社会科学中的大师列宁。对列宁为大师我当时不甚了了。

1929年我中学毕业，当时是为复兴祖国所以决心学工科。也因为我父亲已回家乡杭州在浙江省教育厅作秘书，所以报考上海交通大学机械工程系。我初入上海交通大学那几年重视分数，学期终了平均分数算到小数点以后两位，是为分数而奋斗，对此因无求知的空气而大为不满。但我对分数也不甘落后，没有因为学分数不对而放弃分数，自己也终于以非考90分以上不可。1930年暑假后因为我当时害了伤寒病，在杭州家里病卧一月余，体弱不能上学，在家休学一年。这一年是我思想上有大转变的一年：我在这一年里第一次接触到科学的社会主义思想，在我脑筋里树立了对共产主义的信念，资本主义一定要灭亡。这一转变是这样的：我因爱好美术，所

32×28

P.

图为钱学森1959年撰写的《自传》手稿，共26页。（来源：中国科学院档案馆）

钱临照

（1906 — 1999）

物理学家。生于江苏无锡。1929年毕业于上海大同大学，1934年至1937年在英国伦敦大学留学。1955年被选聘为中国科学院学部委员（院士）。曾任中国科学技术大学副校长。

科学无国界，但科学家是有国籍的。

科学史的任务不仅是要研究成功的方面，还要研究失败的方面。

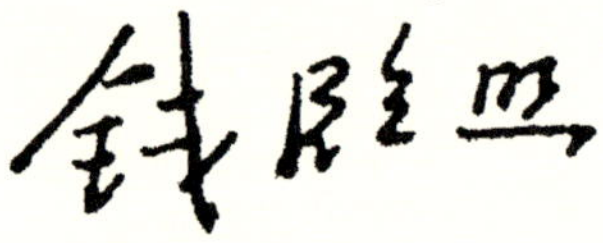

手稿

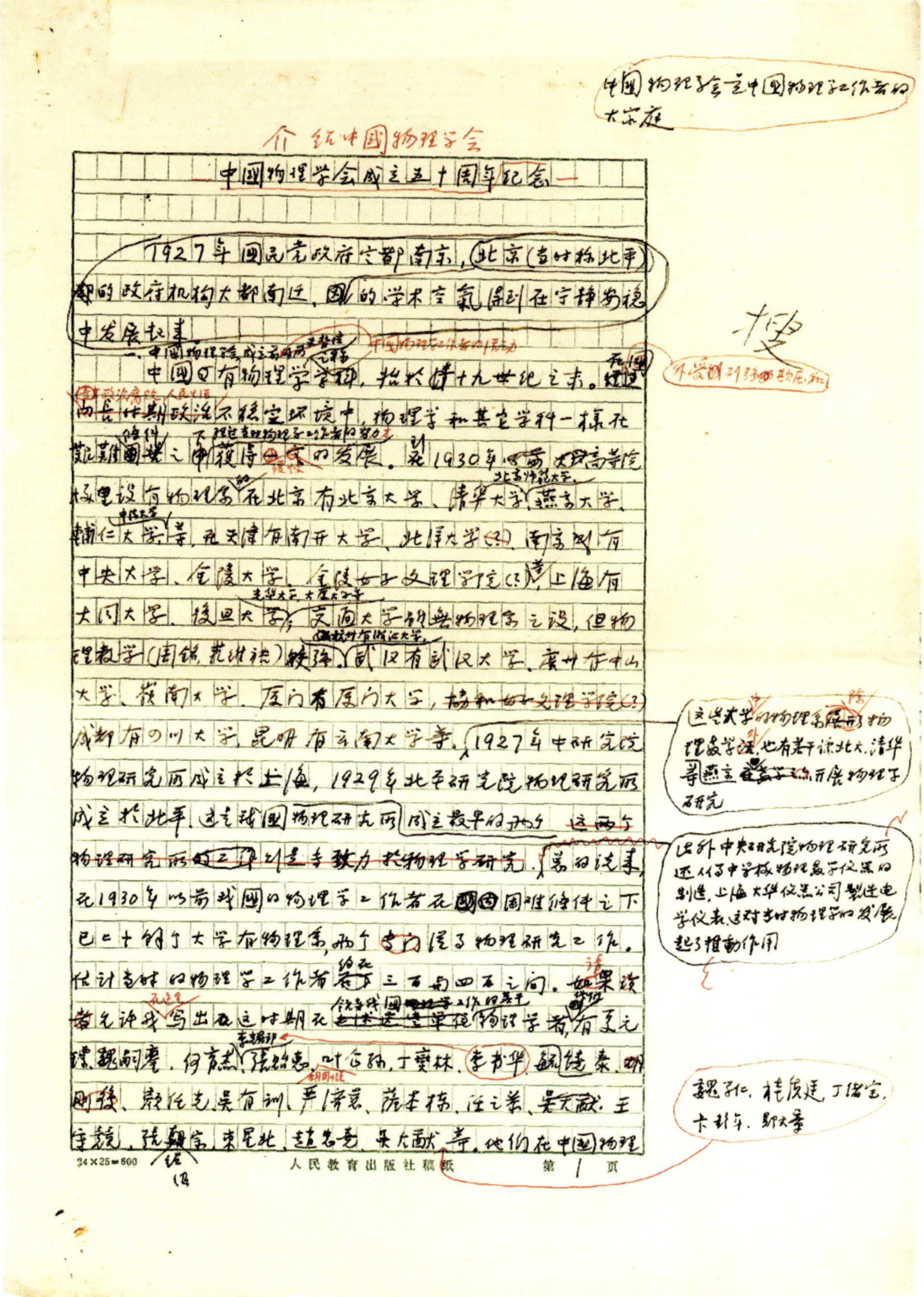
介绍中国物理学会

中国物理学会是中国物理工作者的大家庭

—中国物理学会成立五十周年纪念—

1927年国民党政府定都南京，北京（当时称北平）的政府机构大都南迁，北平的学术空气得到在宁静安稳中发展起来。

一、中国物理学会成立前的物理学工作

中国之有物理学学科，始于十九世纪之末。而长期政治不稳定环境中，物理学和其它学科一样在艰难条件之下获得一定的发展。在1930年以前大专高等院校设有物理系的，在北京有北京大学、清华大学、燕京大学、辅仁大学等，在天津有南开大学、北洋大学，南京则有中央大学、金陵大学、金陵女子文理学院，上海有大同大学、复旦大学、交通大学等均无物理系之设，但物理教学较强，武汉有武汉大学，广州有中山大学、岭南大学，厦门有厦门大学，成都有四川大学，昆明有云南大学等。1927年中研究院物理研究所成立于上海，1929年北平研究院物理研究所成立于北平，这是我国物理研究所成立最早的两个。在1930年以前我国的物理学工作者在困难条件之下已二十余个大学有物理系，两个专门从事物理研究工作。估计当时的物理学工作者约在三百与四百之间。如果读者允许我写出在这时期的物理学者，有夏元瑮、魏嗣銮、何育杰、张贻惠、叶企孙、丁燮林、李书华、饶毓泰、胡刚复、颜任光、吴有训、严济慈、萨本栋、任之恭、吴大猷、王守竞、张钰哲、束星北、赵忠尧、吴大猷等。他们在中国物理

这些大学的物理系展开物理教学，也有若干如北大、清华、燕京等开展物理学研究

此外中央研究院物理研究所还从事中学教物理教学仪器的制造，上海大华仪器公司制造电学仪表，这对当时物理学的发展起了推动作用

魏嗣銮、桂质廷、丁绪宝、卞彭年、郑大章

24×25=600 人民教育出版社稿纸 第 1 页

图为钱临照《纪念中国物理学会成立五十周年》手稿，共12页。该文发表于《物理》1982年08期。

（来源：中国科学技术大学档案馆）

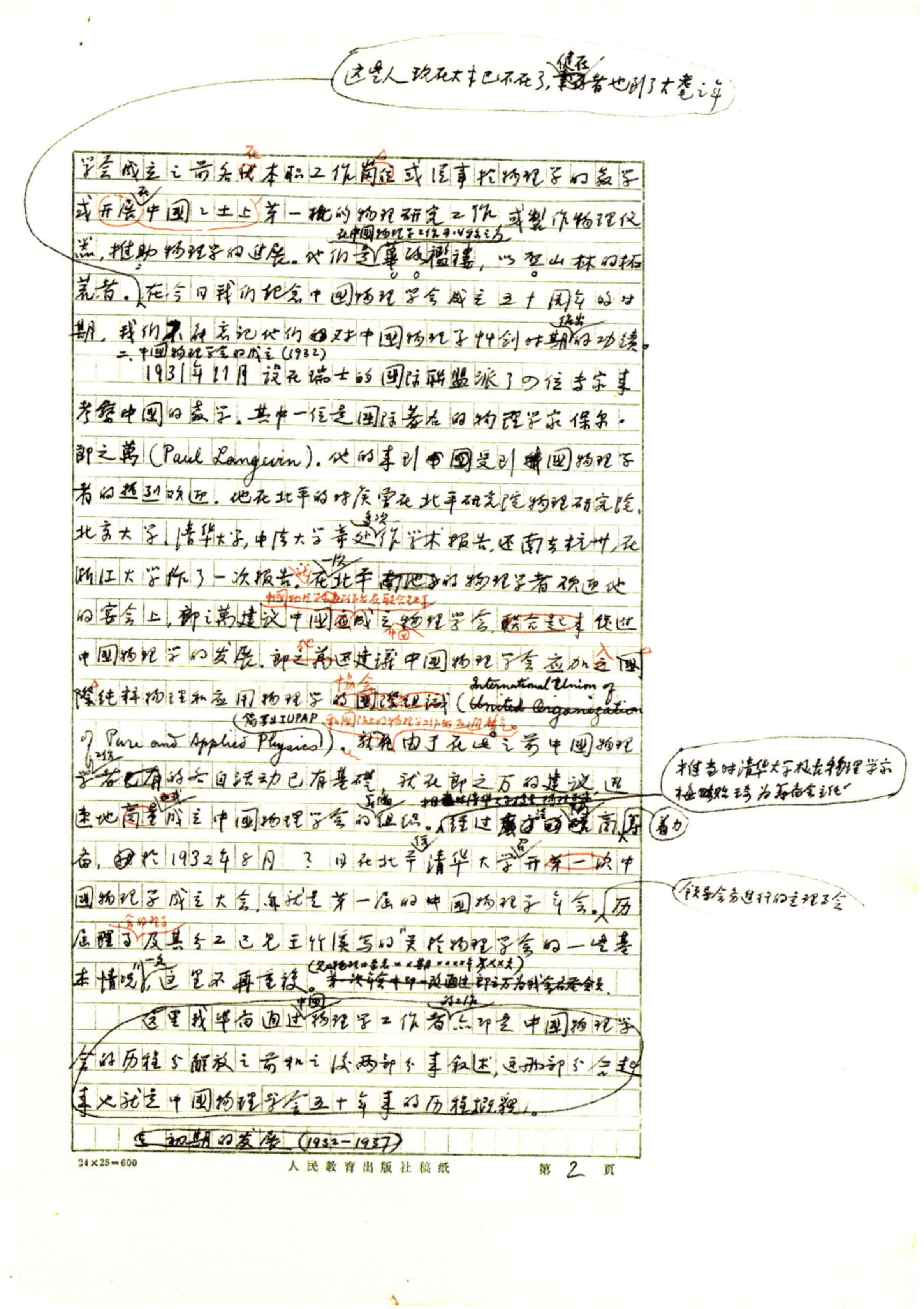

这些人现在大多已不在了，健在者也到了大耄之年

学会成立之前无论在本职工作岗位或从事于物理学的教学或开展在中国之土上第一批的物理研究工作或制作物理仪器，推动物理学的进展。他们是筚路蓝缕，以启山林的拓荒者。在今日我们纪念中国物理学会成立五十周年的日期，我们不能忘记他们对中国物理学草创时期的功绩。

二、中国物理学会的成立（1932）

1931年11月设在瑞士的国际联盟派了四位专家来考察中国的教学。其中一位是国际著名的物理学家保尔·郎之万（Paul Langevin）。他的来到中国受到我国物理学者的热烈欢迎。他在北平的时候曾在北平研究院物理研究院，北京大学，清华大学，中法大学等处作学术报告，还南去杭州，在浙江大学作了一次报告。在北平物理学者欢迎他的宴会上，郎之万建议中国应成立物理学会，联合起来促进中国物理学的发展。郎之万还建议中国物理学会应加入国际纯粹物理和应用物理学协会（International Union of Pure and Applied Physics）。就是由于在此之前中国物理学者的各自活动已有基础，就在郎之万的建议，迅速地商量成立中国物理学会的组织。经过筹备磋商，于1932年8月？日在北平清华大学开第一次中国物理学会成立大会，也就是第一届的中国物理学年会。历届理事及其工作已见王竹溪写的《关于物理学会的一些基本情况》，这里不再重复。

推当时清华大学校长物理学家梅贻琦为筹备会主任

这里我们要简述中国物理学工作者与中国物理学会的历程，分解放之前和之后两部分来叙述，这两部分合起来也就是中国物理学会五十年来的历程概貌。

三、初期的发展（1932—1937）

24×25=600 人民教育出版社稿纸 第 2 页

图为钱临照《纪念中国物理学会成立五十周年》手稿。

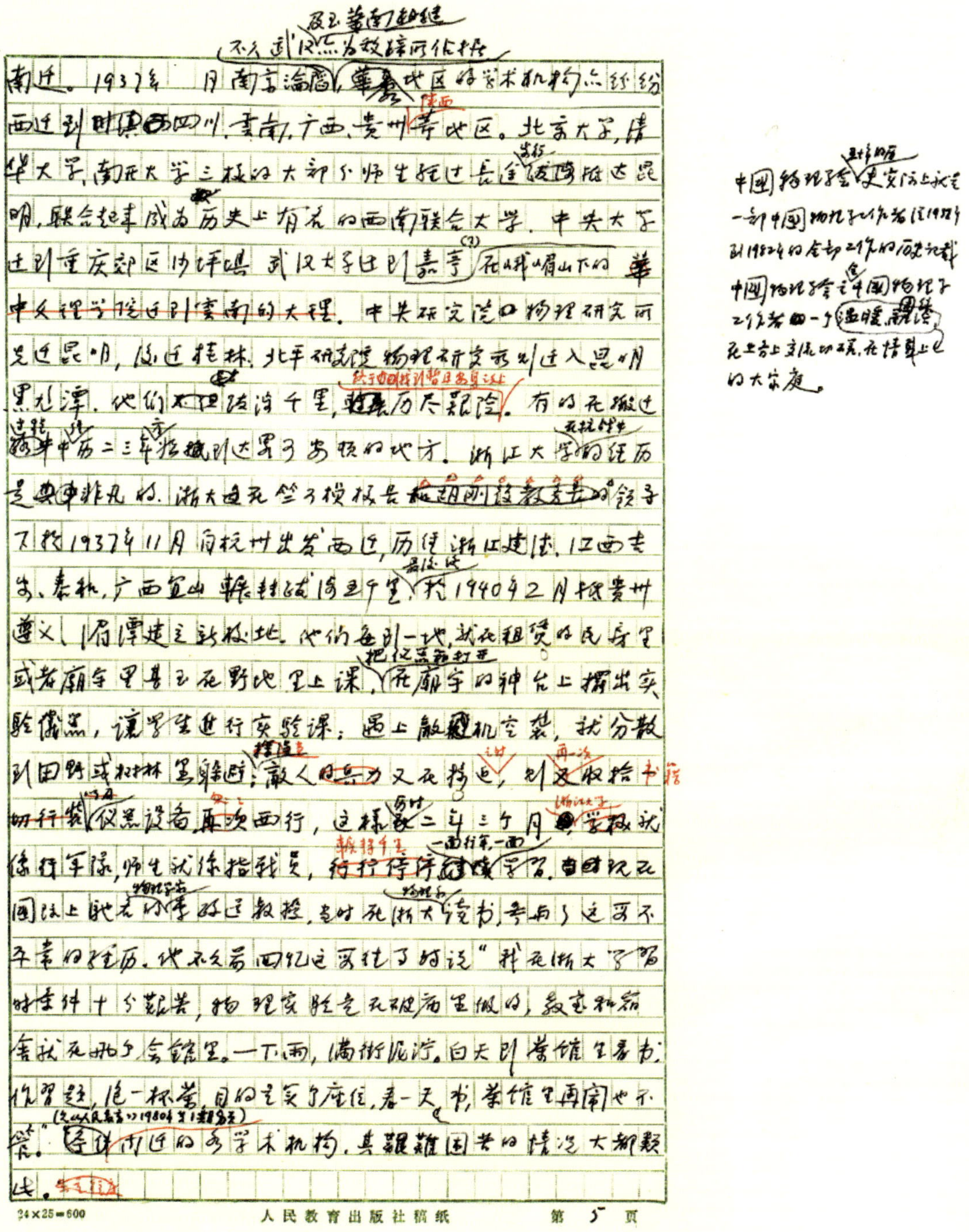

南迁。1937年 月南京沦陷，华东地区的学术机构也纷纷西迁到四川、云南、广西、贵州等地区。北京大学、清华大学、南开大学三校的大部分师生经过长途跋涉抵达昆明，联合起来成为历史上有名的西南联合大学。中央大学迁到重庆郊区沙坪坝，武汉大学迁到嘉定，在峨嵋山下的。华中大理学院迁到云南的大理。中央研究院物理研究所先迁昆明，后迁桂林。北平研究院物理研究所则迁入昆明黑龙潭。他们跋涉千里，历尽艰险。有的在搬迁途中历二三年始找到比较安顿的地方。浙江大学的经历是非凡的。浙大在竺可桢校长领导下于1937年11月自杭州出发西迁，历经浙江建德、江西吉安、泰和，广西宜山，辗转跋涉五千里，于1940年2月抵贵州遵义、湄潭建立新校址。他们每到一地，就在租赁的民房里或者庙宇里甚至在野地里上课，在庙宇的神台上摆出实验仪器，让学生进行实验课；遇上敌机空袭，就分散到田野或树林里躲避；敌人的兵力又在构迫，则又收拾行装仪器设备再次西行，这样历时二年三个月，学校就像行军队，师生就像指战员，行行停停地学习。当时现在国际上驰名的物理学家好些教授，当时在浙大读书，参与了这段不平常的经历。他不久前回忆这段往事时说："我在浙大学习时条件十分艰苦，物理实验是在破庙里做的，教室和宿舍就在几个会馆里。一下雨，满街泥泞。白天到茶馆里看书、做习题，泡一杯茶，目的是买个座位，看一天书，茶馆里再闹也不管。"（见《人民教育》1980年第1期）这些内迁的学术机构，其艰难困苦的情况大都类此。

中国物理学会五十年的历史实际上就是一部中国物理工作者从1932年到1982年的全部工作的历史记载。中国物理学会是中国物理工作者的一个温暖、团结，在学术上交流切磋，在情感上……的大家庭。

24×25=600　人民教育出版社稿纸　第 5 页

图为钱临照《纪念中国物理学会成立五十周年》手稿。

郭永怀

（1909 — 1968）

力学家、应用数学家。生于山东荣成。1935年毕业于北京大学物理系，1945年获美国加州理工学院博士学位。1957年被选聘为中国科学院学部委员（院士）。曾任中国科学院力学研究所副所长、第二机械工业部第九研究院副院长等职。1999年被追授“两弹一星”功勋奖章。

我作为一个中国人，有责任回到祖国，和人民一道，共同建设我们美丽的山河。

我们回国主要是为国家培养人才，为国内科学事业打基础，做铺路人。我们这一代，你们以及以后的两三代，要成为祖国力学事业的铺路石子。

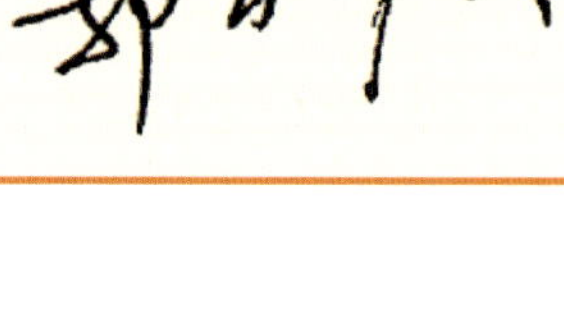

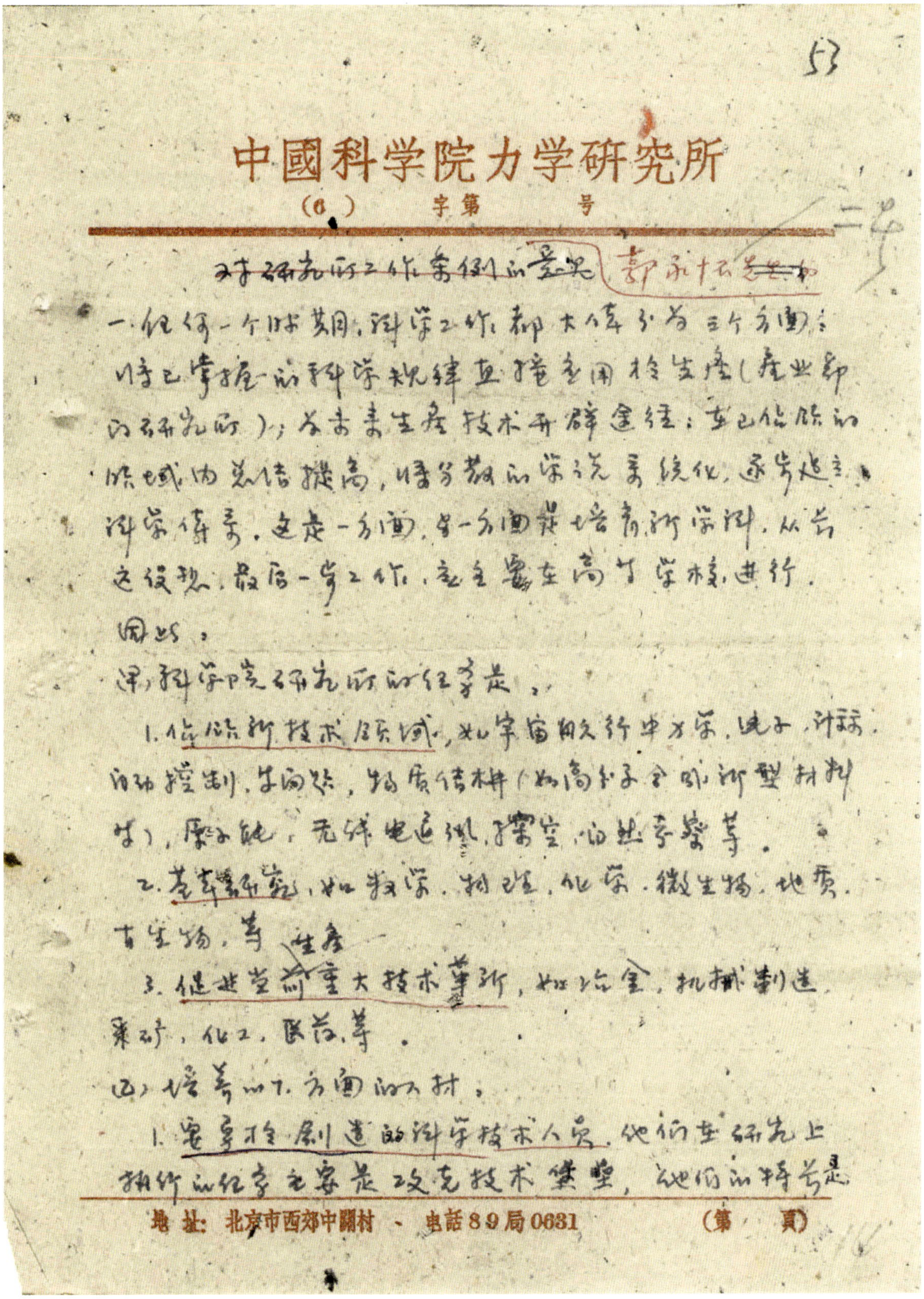

53

中國科学院力学研究所

（6）字第 号

对研究所工作条例的意见 郭永怀

一、任何一个时期，科学工作都大体分为三个方面：将已掌握的科学规律直接应用于生产（产业部门的研究所）；为开辟生产技术新途径，或已经有的领域内显著提高，将分散的学说系统化，逐步建立科学体系。这是一方面。另一方面是培育新学科，从事这一段较长期的工作，主要在高等学校进行。

因此，

四）科学院研究所的任务是：

1. 尖端新技术领域，如宇宙航行中力学、电子、计算机的控制、生物学，物质结构（如高分子合成新型材料等）、原子能、无线电遥测、探空、白热等离子等。

2. 基本研究，如数学、物理、化学、微生物、地质、古生物、等

3. 促进当前生产重大技术革新，如冶金、机械制造、采矿、化工、医药等。

五）培养以下方面的人材：

1. 要多培养创造的科学技术人员，他们在研究上执行的任务主要是攻克技术堡垒，他们的特点是

地址：北京市西郊中關村 · 电話89局0631 （第 頁）

图为郭永怀1961年撰写的《对（中国科学院）研究所工作条例的意见》手稿，共5页。

（来源：中国科学院档案馆）

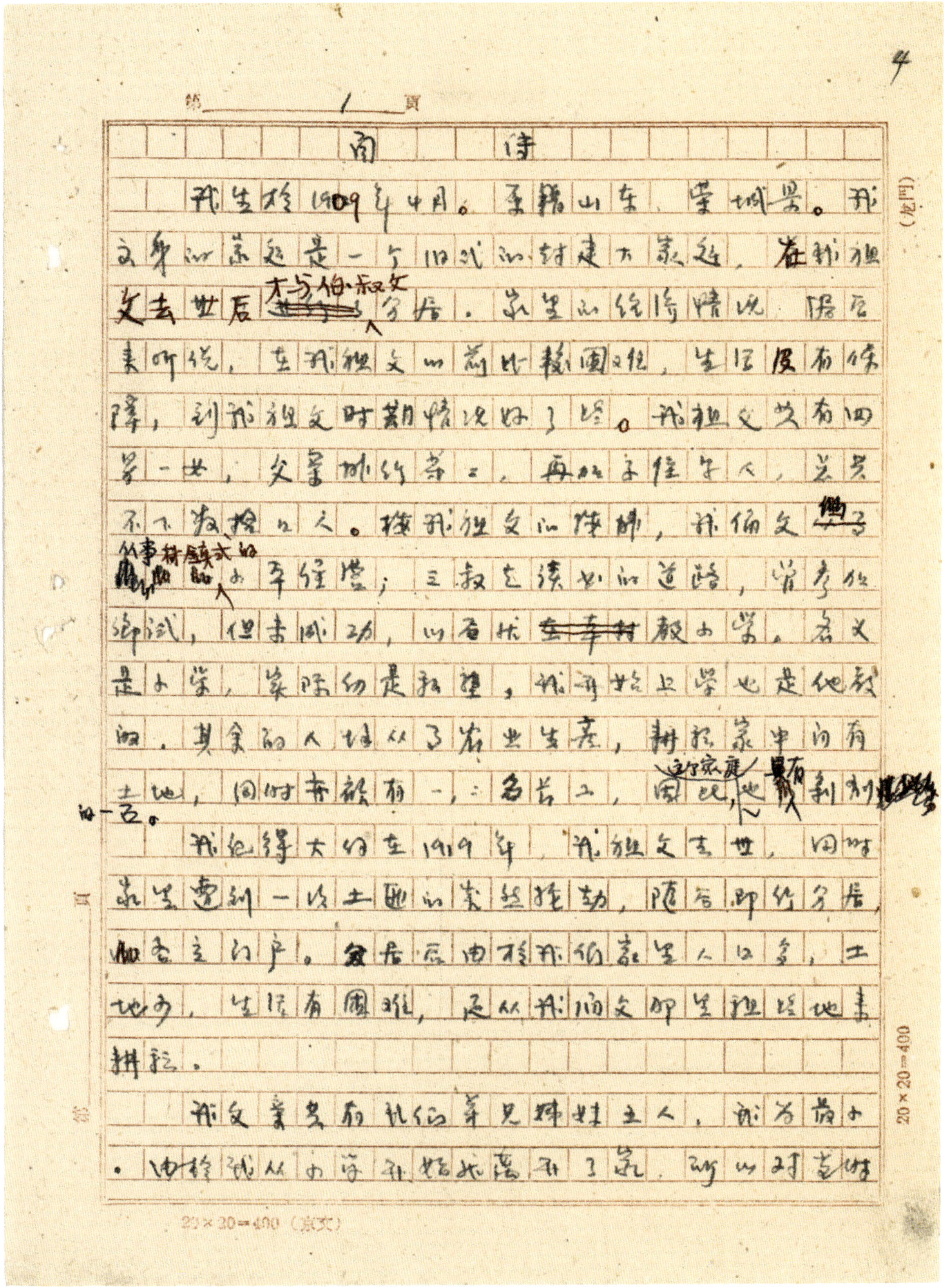

4

第 1 頁

自传

我生于1909年4月。原籍山东 荣城县。我父亲的家庭是一个旧式的封建大家庭，在我祖父去世后大与伯叔父分居。家里的经济情况，据后来所说，在我祖父以前比较困难，生活没有保障，到我祖父时期情况好了些。我祖父共有四弟兄一共，父辈排行第二，再加子侄等人，总共不下数拾口人。按我祖父的安排，我伯父继续从事封建式的小本经营；三叔走读书的道路，曾考取乡试，但未成功，以后就教小学。我父是小学，家除务是私塾，我开始上学也是他教的。其余的人都从事农业生产，耕种家中所有土地，同时并雇有一、二名长工，因此，这个家庭是有剥削的一员。

我记得大约在1919年，我祖父去世，同时家里遭到一次土匪的袭扰搬动，随后即分居，自立门户。分居后由于我们家里人口多，土地少，生活有困难，是从我伯父那里租些地来耕种。

我父亲共有兄弟姊妹五人，我为最小。由于我从小学升学就离开了家，所以对当时

20×20=400（京文）

图为郭永怀《自传》手稿，共43页。（来源：中国科学院档案馆）

手稿

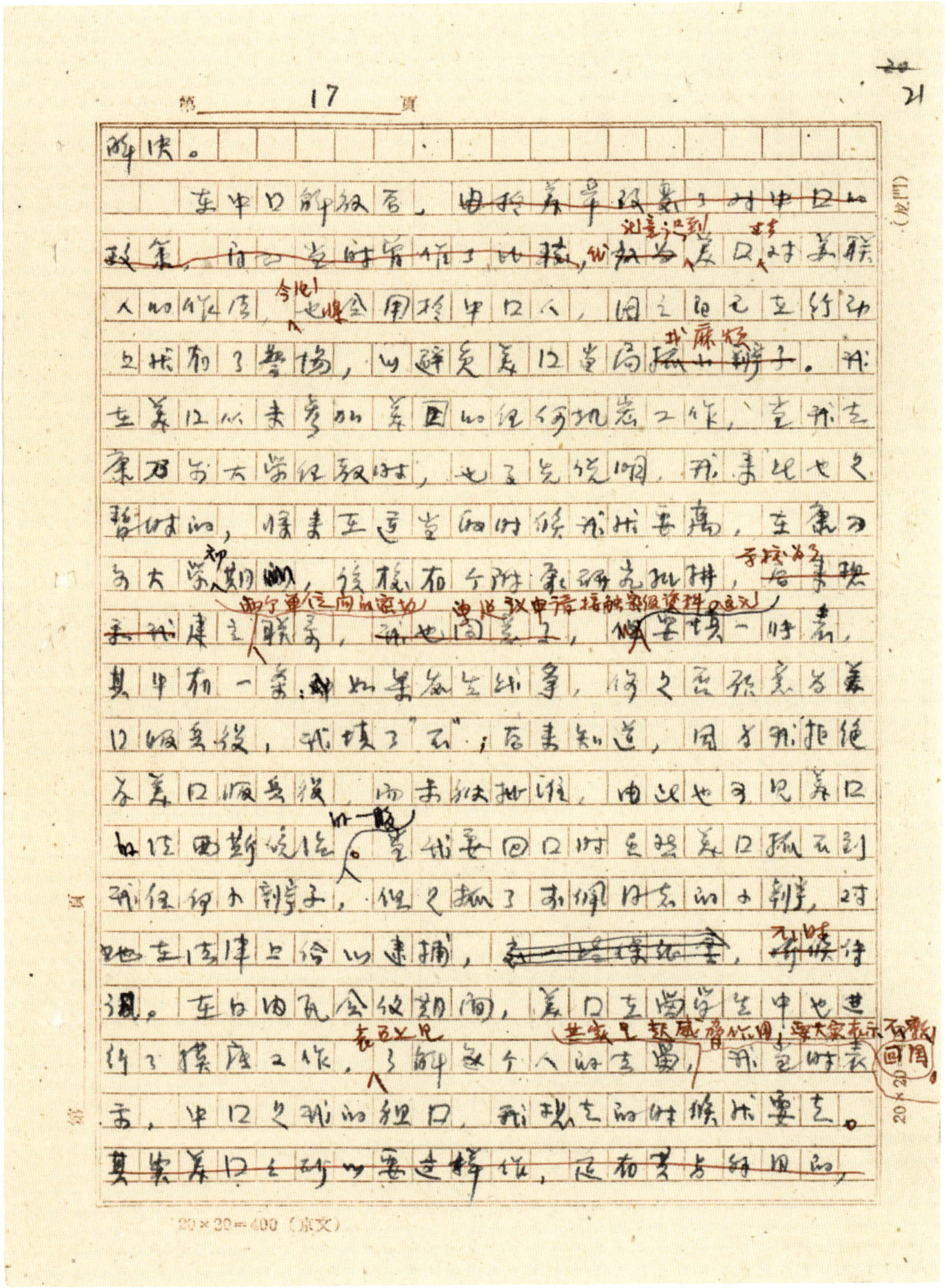

第 17 页　　21

解决。

在中国解放后，我注意到美国对美籍人的信任，今后也将会用于中国人，因之自己在行动上就有了警惕，以避免美国当局找麻烦。我在美国从未参加美国的任何机密工作，在我去康乃尔大学任教时，也事先说明，我来此是暂时的，将来至适当的时候我将要离开。在康乃尔大学初期，该校有个附属研究机构，希望我建立联系，要我填一份表，其中有一条：如果发生战争，你是否愿意为美国服兵役，我填了"否"；后来知道，因为我拒绝为美国服兵役，而未被批准，由此也可见美国的传统的一般情况。当我要回国时，美国当局找不到我任何小辫子，但又抓了我以前的小辫子，对我在法律上给以逮捕，不时传讯。在日内瓦会议期间，美国在留学生中也进行了摸底工作，表面上是了解每个人的去留，我当时表示：中国是我的祖国，我想去的时候就要去。

20×20=400（京文）

图为郭永怀《自传》手稿。

郭沫若

（1892 — 1978）

文学家、历史学家。生于四川乐山。1923年毕业于日本九州大学医科。1948年当选为中央研究院院士，1955年被选聘为中国科学院学部委员。曾任中央人民政府委员、政务院副总理兼文化教育委员会主任、中国科学院首任院长、中国科学院哲学社会科学部主任、中国科学技术大学首任校长等职。

世界的科学技术水平是在不断提高的，我们也必须不断提高。我们要在不太长的时期中赶上世界的科学水平，使中国科学的新的发明发现，不愧于我们的祖先，对于世界和平和人类幸福，能够有不断的贡献。

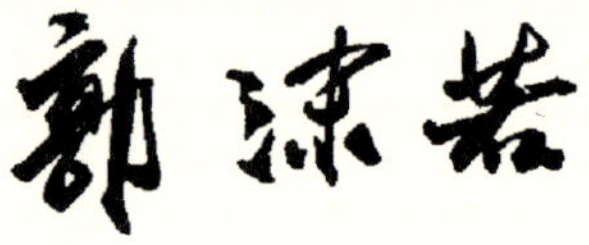

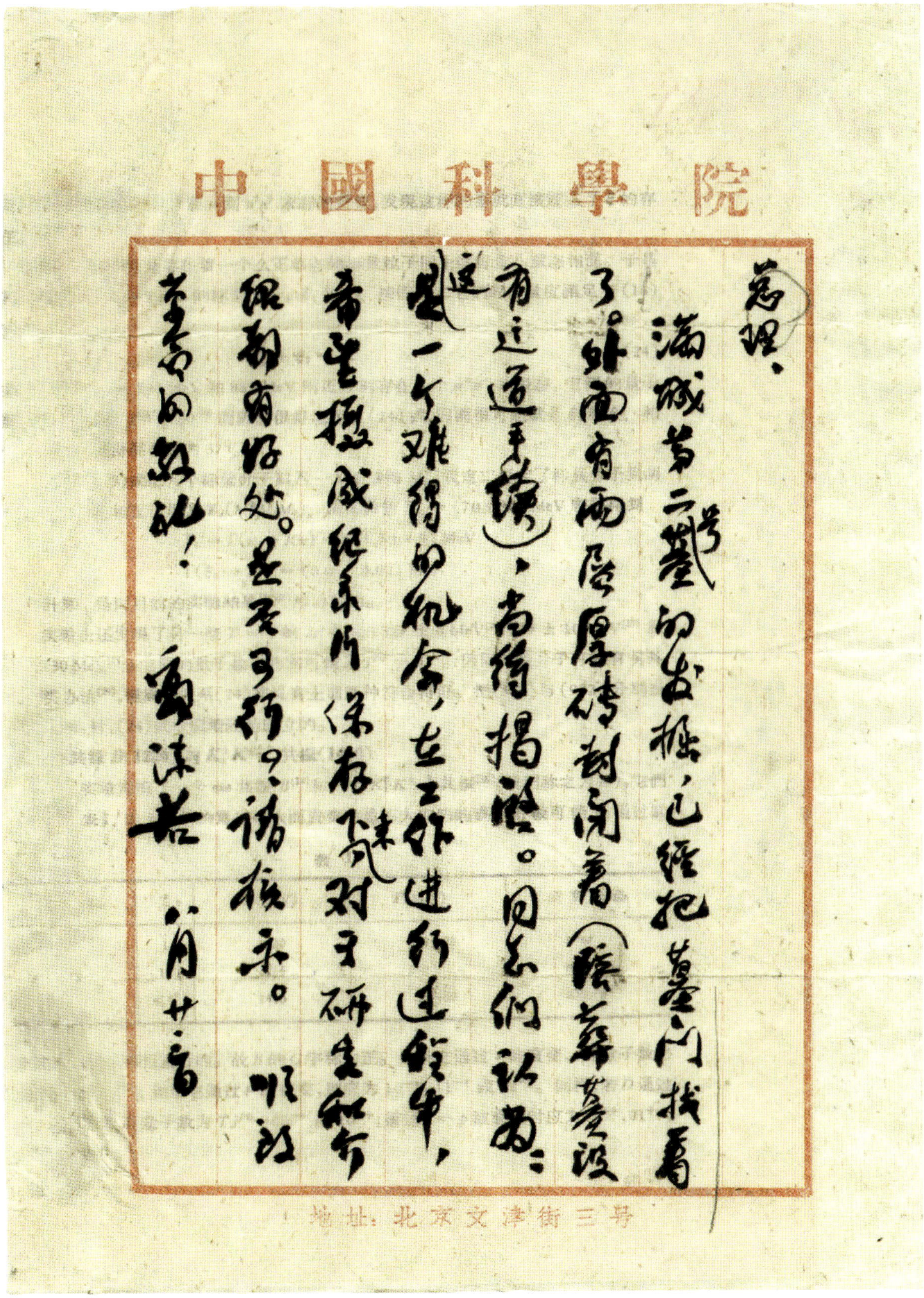
中國科學院

总理，

满城第二号墓的发掘，已经把墓门找着了。外面有两层厚砖封闭着（殡葬时设有这道手续），尚待揭启。同志们认为：这是一个难得的机会，在工作进行过程中，最好要拍摄成纪录片保存下来，对于研究和介绍都有好处。是否可行？请指示。 此致

敬礼！

郭沫若

八月廿三日

地址：北京文津街三号

图为郭沫若1968年8月23日关于拍摄满城汉墓发掘纪录片致周恩来的信。

（来源：中国科学院档案馆）

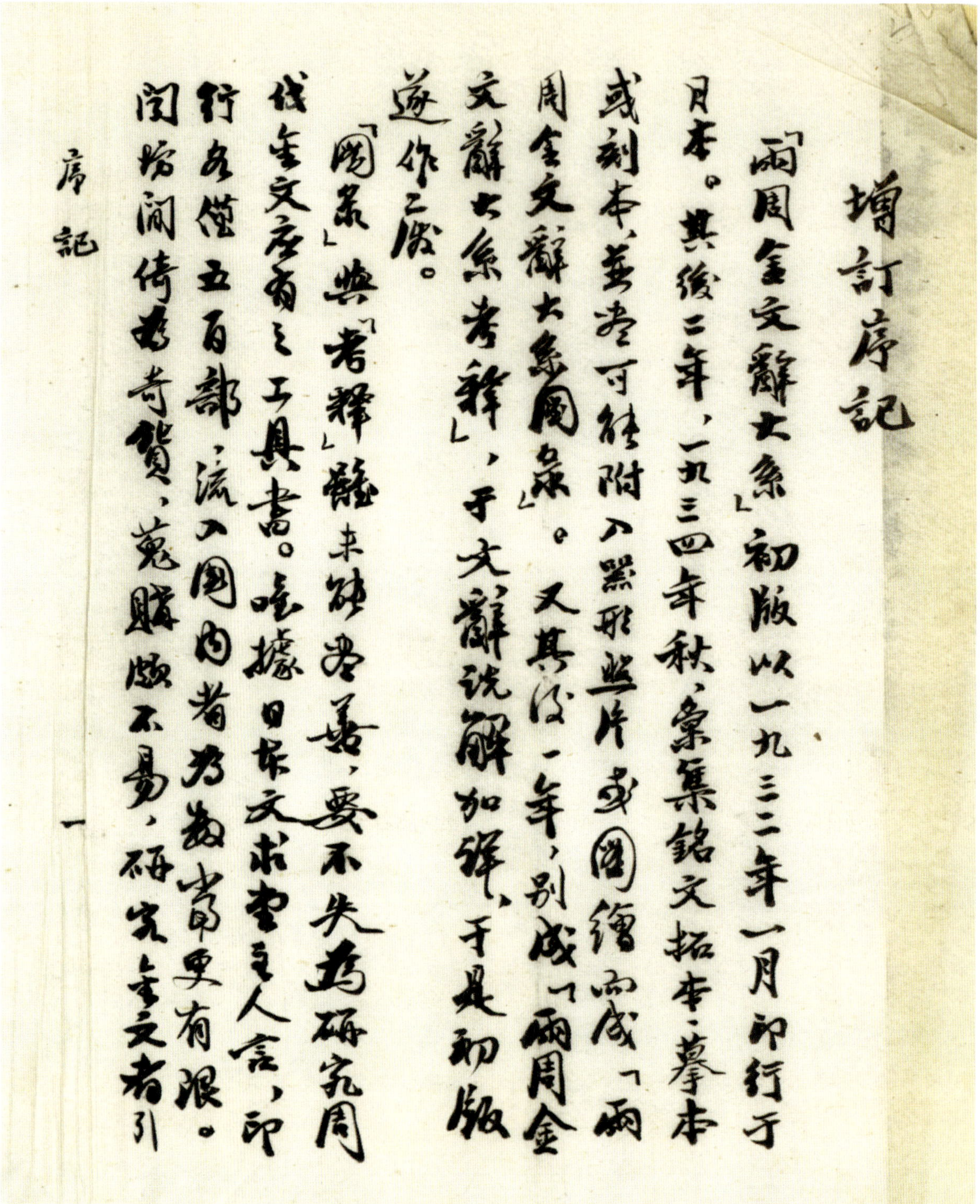
增訂序記

「兩周金文辭大系」初版以一九三二年一月印行于日本。其後二年，一九三四年秋，彙集銘文拓本、摹本或刻本，並盡可能附入器形照片或圖繪，而成「兩周金文辭大系圖錄」。又其後一年，別成「兩周金文辭大系考釋」，于文辭說解加詳，于是初版遂作廢。

「圖錄」與「考釋」雖未能盡善，要不失為研究周代金文者之工具書。曩據日本文求堂主人言，印行只僅五百部，流入國內者為數當更有限。閱坊間倚為奇貨，蒐購頗不易，研究金文者引

序記 一

图为郭沫若1956年10月30日撰写的《两周金文辞大系图录考释》“增订序记”手稿，共3页。《两周金文辞大系》1932年由日本文求堂书店影印出版，后增补相关资料编为《两周金文辞大系图录考释》，1957年由科学出版社出版。

（来源：中国社会科学院郭沫若纪念馆）

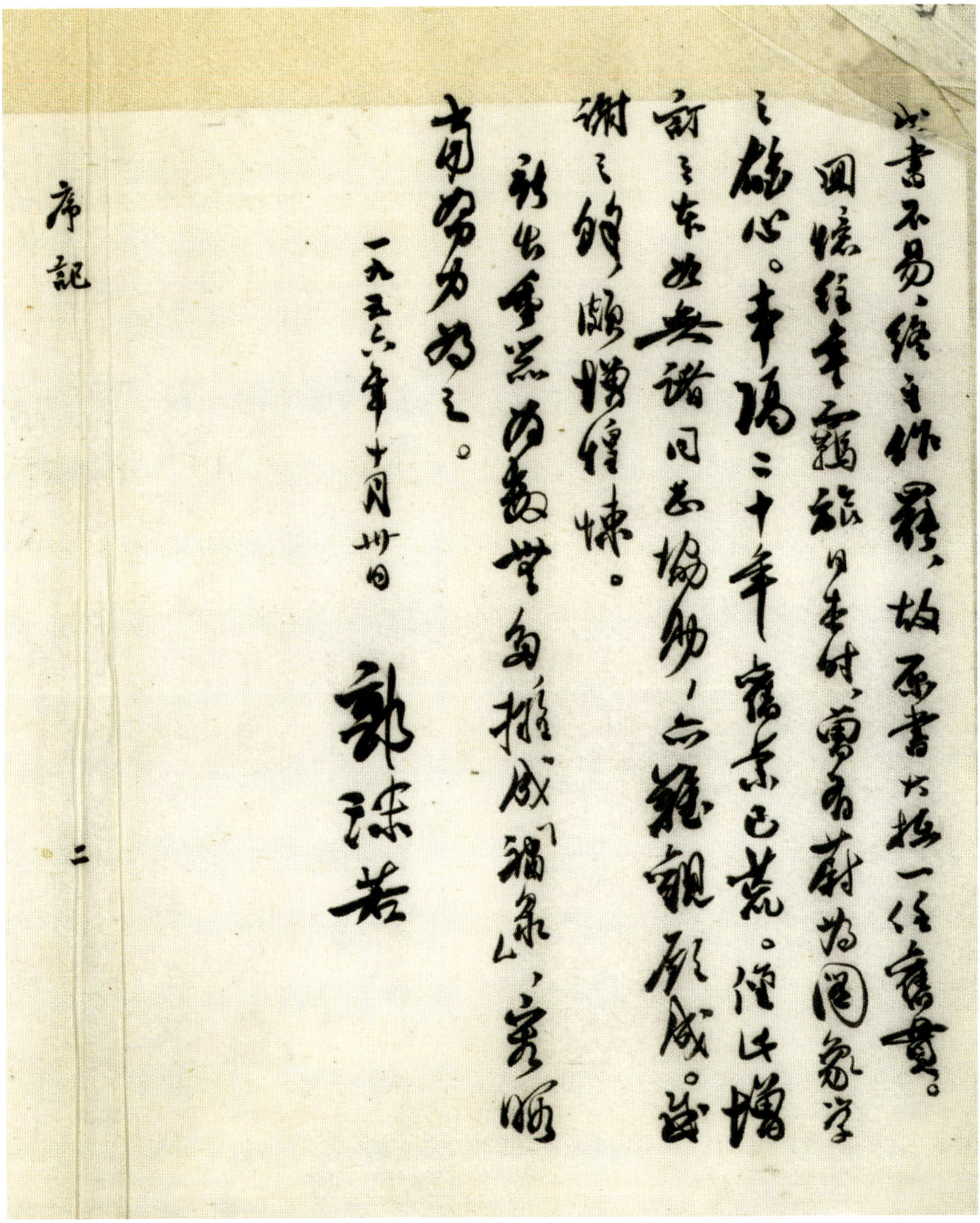
此書不易，終于作罷，故原書大抵一仍舊貫。
回憶往年羈旅日本時，曾有蔚為圖象學
之雄心。事隔二十年，舊業已荒，僅任增
訂之責，如無諸同志協助，亦難觀厥成。誌
謝之餘，頗增惶悚。
新出金器為數甚多，擬成「補編」，容俟
有暇當努力為之。

一九五六年十月卅日

郭沫若

序記

二

图为郭沫若《两周金文辞大系图录考释》“增订序记”手稿。

唐稚松

（1925 — 2008）

计算机科学与软件工程专家。生于湖南长沙。1950年毕业于清华大学哲学系，1952年该系研究生毕业。1991年当选为中国科学院学部委员（院士）。曾任中国科学院软件研究所研究员。1989年获国家自然科学奖一等奖。

志汇中西归大海，学兼文理求天籁。

唐稚松

手稿

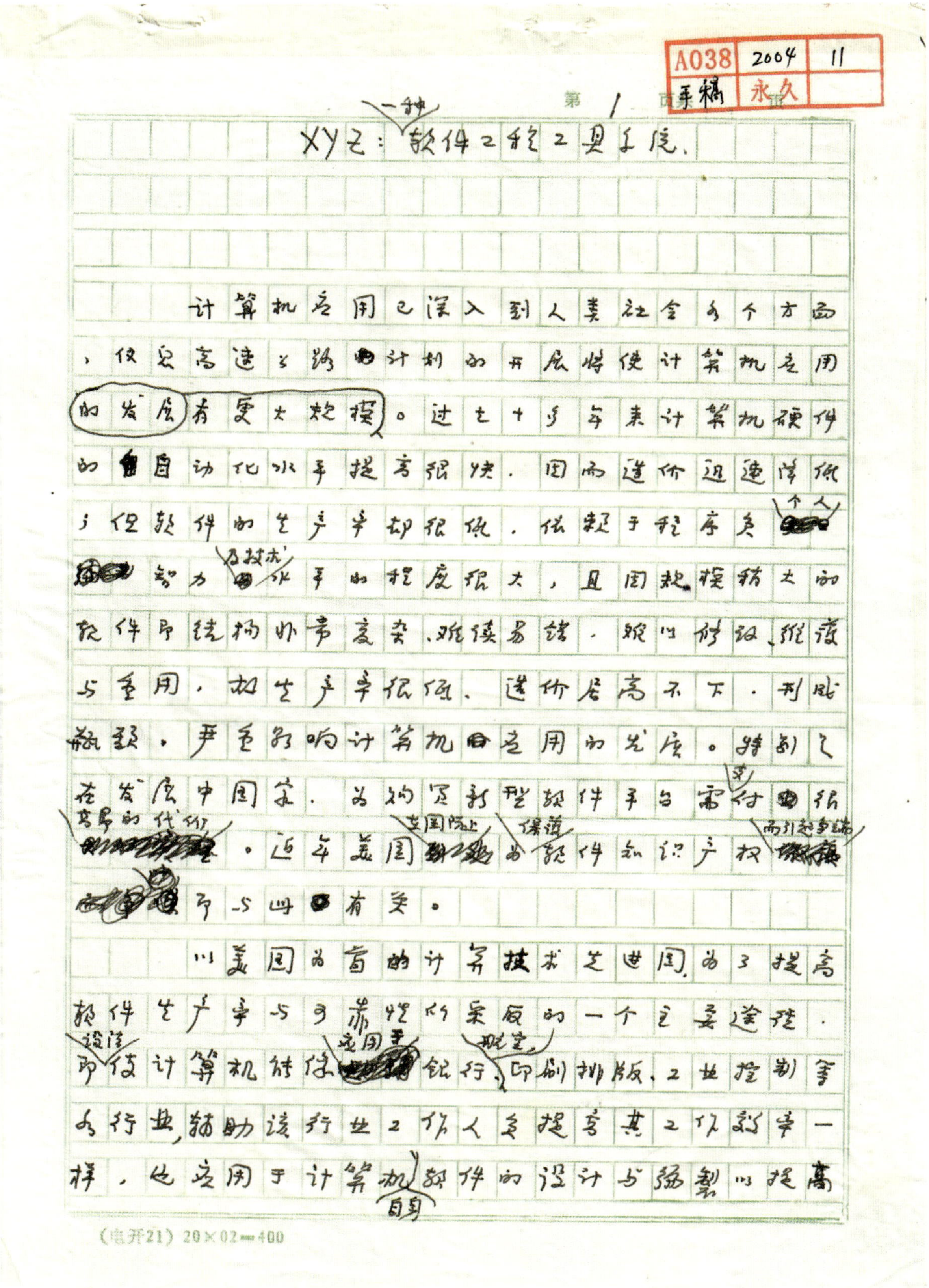

A038 2004 11
手稿 永久

第 1 页

XYZ：一种软件工程工具系统

计算机应用已深入到人类社会各个方面，信息高速公路计划的开展将使计算机应用的发展有更大的推动。过去十多年来计算机硬件的自动化水平提高很快，因而造价迅速降低了，但软件的生产率却很低，依赖于程序员个人智力及技术水平的程度很大，且因规模越来越大而软件的结构非常复杂，难读易错，难以修改、维护与重用，加之生产率很低，造价居高不下，形成瓶颈，并且影响计算机应用的发展。特别是在发展中国家，为购买新型软件产品需付出很高昂的代价。近年美国在国际上保护其软件知识产权而引起争端，更与此有关。

以美国为首的计算技术先进国为了提高软件生产率与可靠性所采取的一个主要途径，即使计算机能像应用于银行、印刷排版、工业控制等各行业，辅助该行业工作人员提高其工作效率一样，也应用于计算机自身软件的设计与编制以提高

(电开21) 20×20=400

图为唐稚松《XYZ：一种软件工程工具系统》论文手稿，共7页。

（来源：中国科学院软件研究所）

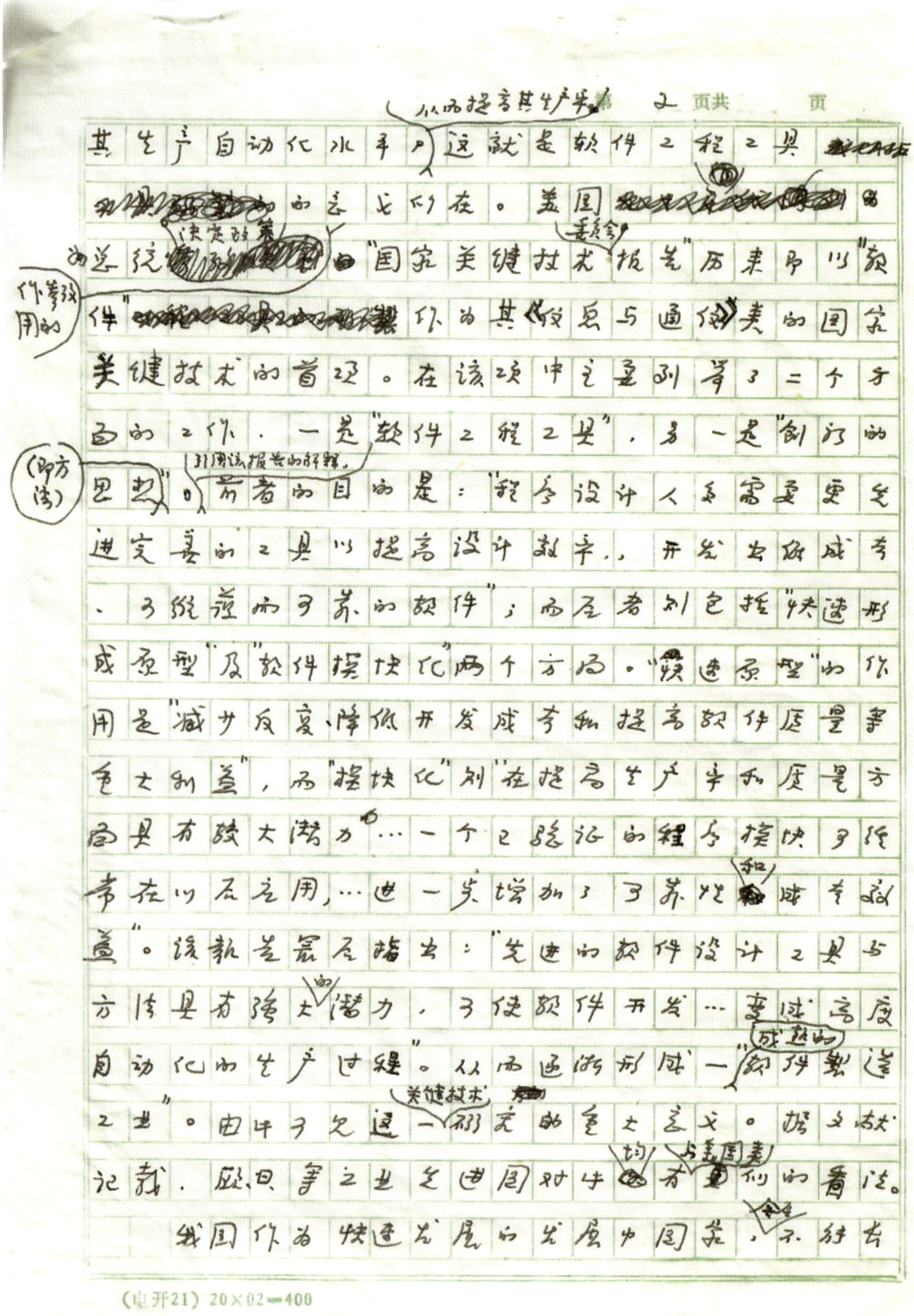

第 2 页共 页

其生产自动化水平，从而提高其生产率，这就是软件工程工具[illegible]的出发点所在。美国[illegible]的总统[illegible]委员会《国家关键技术报告》历来以"软件"作为其《信息与通信》类的国家关键技术的首项。在该项中主要列举了二个方面的工作，一是"软件工程工具"，另一是"创新的思想"（即方法）。引用该报告的解释，前者的目的是："程序设计人员需要更先进完善的工具以提高设计效率，开发出低成本、可维护而可靠的软件"；而后者则包括"快速形成原型"及"软件模块化"两个方面。"快速原型"的作用是"减少反复、降低开发成本和提高软件质量等重大利益"，而"模块化"则"在提高生产率和质量方面具有极大潜力……一个已经证明的程序模块可以常在以后应用，……进一步增加了可靠性和效益"。该报告最后指出："先进的软件设计工具与方法具有极大的潜力，可使软件开发……变成高度自动化的生产过程"。从而达到形成一个成熟的软件制造工业"。由此可见这一关键技术研究的重大意义。据文献记载，欧、日等工业先进国家对此均有与美国类似的看法。

我国作为快速发展的发展中国家，不能不……

(电开21) 20×20=400

图为唐稚松《XYZ：一种软件工程工具系统》论文手稿。

手稿

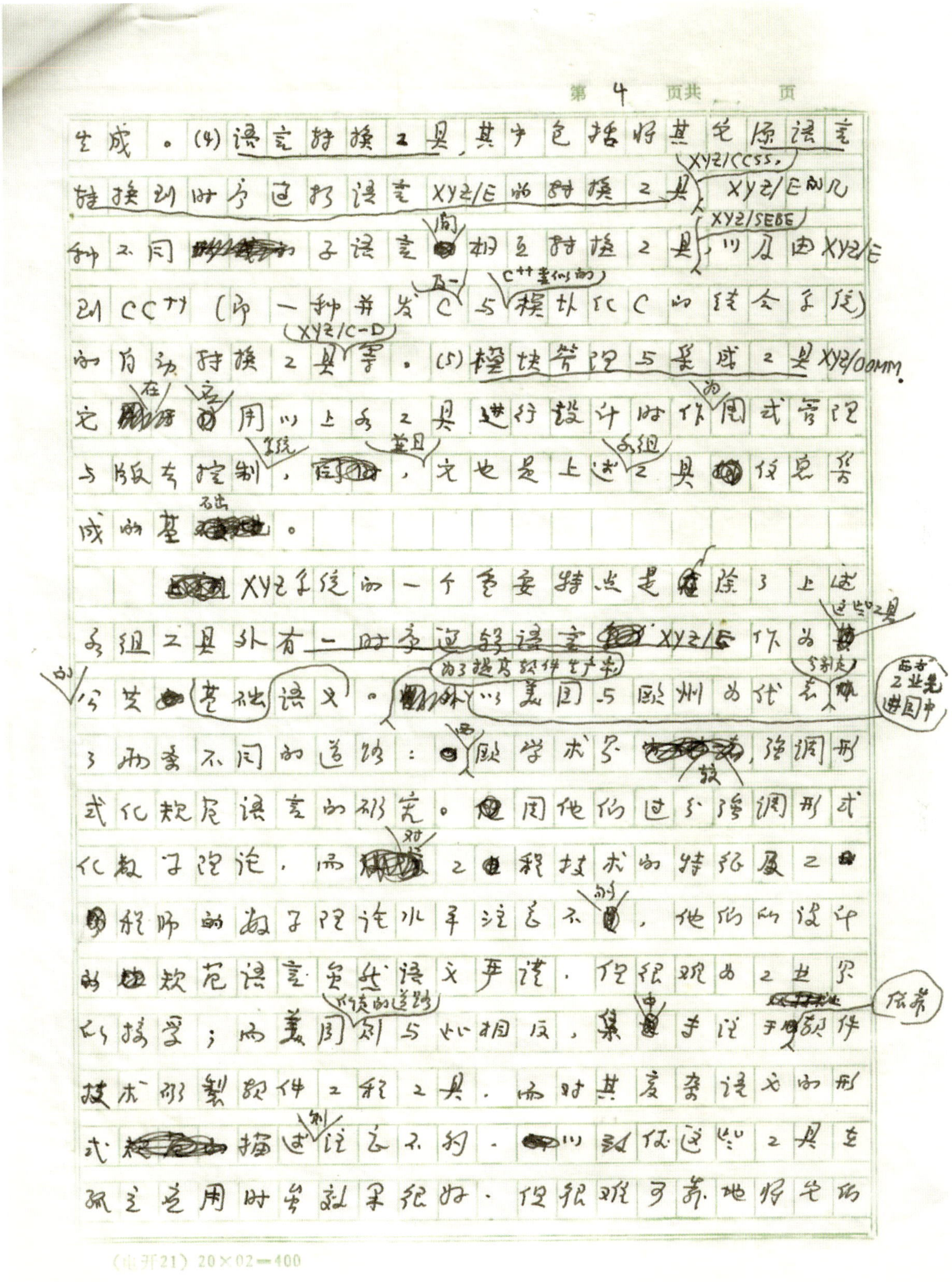
第 4 页共 页

生成。(4)语言转换工具，其中包括将其它源语言转换到时序逻辑语言XYZ/E的转换工具（XYZ/CCSS，XYZ/E的几种不同子语言间相互转换工具XYZ/SEBE），以及由XYZ/E到CC++（即一种并发C与C++类似的模拟C的系统）的自动转换工具（XYZ/C-D）等。(5)模块管理与集成工具XYZ/OOMM。它在用以上各工具进行设计时作为图式管理与版本控制系统，并且，它也是上述各组工具集成的基础。

XYZ系统的一个重要特点是除了上述各组工具外有一时序逻辑语言XYZ/E作为这些工具的公共基础语义。[illegible]为了提高软件生产率，美国与欧洲的代表（西方工业先进国中）了两条不同的道路：欧洲学术界较强调形式化规范语言的研究，因他们过分强调形式化数学理论，而对工程技术的特征及工程师的数学理论水平注意不够，他们所设计的规范语言虽然语义严谨，但很难为工程界所接受；而美国则与此相反，集中于依靠软件技术研制软件工程工具，而对其复杂语义的形式[illegible]描述注意不够。以致使这些工具在推广应用时效果很不好。但很难于替他将它们

（京开21）20×02—400

图为唐稚松《XYZ：一种软件工程工具系统》论文手稿。

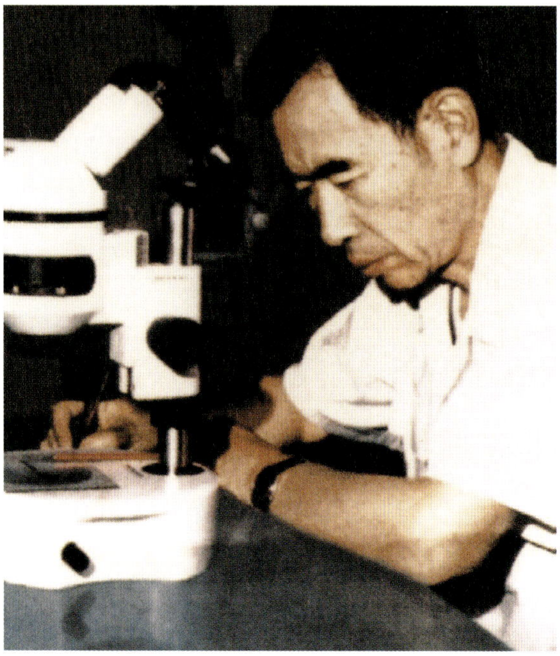

涂光炽

（1920 — 2007）

矿床学及地球化学家。生于北京。1944年毕业于西南联合大学地质系，1949年获美国明尼苏达大学博士学位。1980年当选为中国科学院学部委员（院士）。曾任中国科学院地球化学研究所所长。1987年获国家自然科学奖一等奖。

设想要海阔天空，观察要全面细致，实验要准确可靠，分析要客观周到，立论要有根有据，推论要适可而止，结论要留有余地，文字要言简意赅。

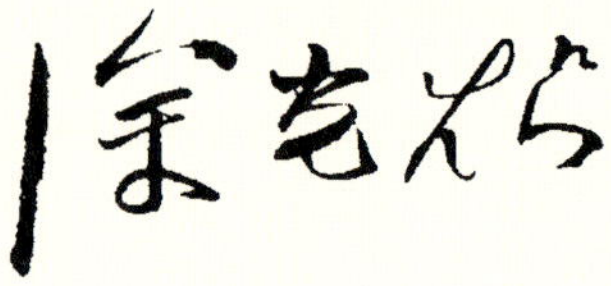

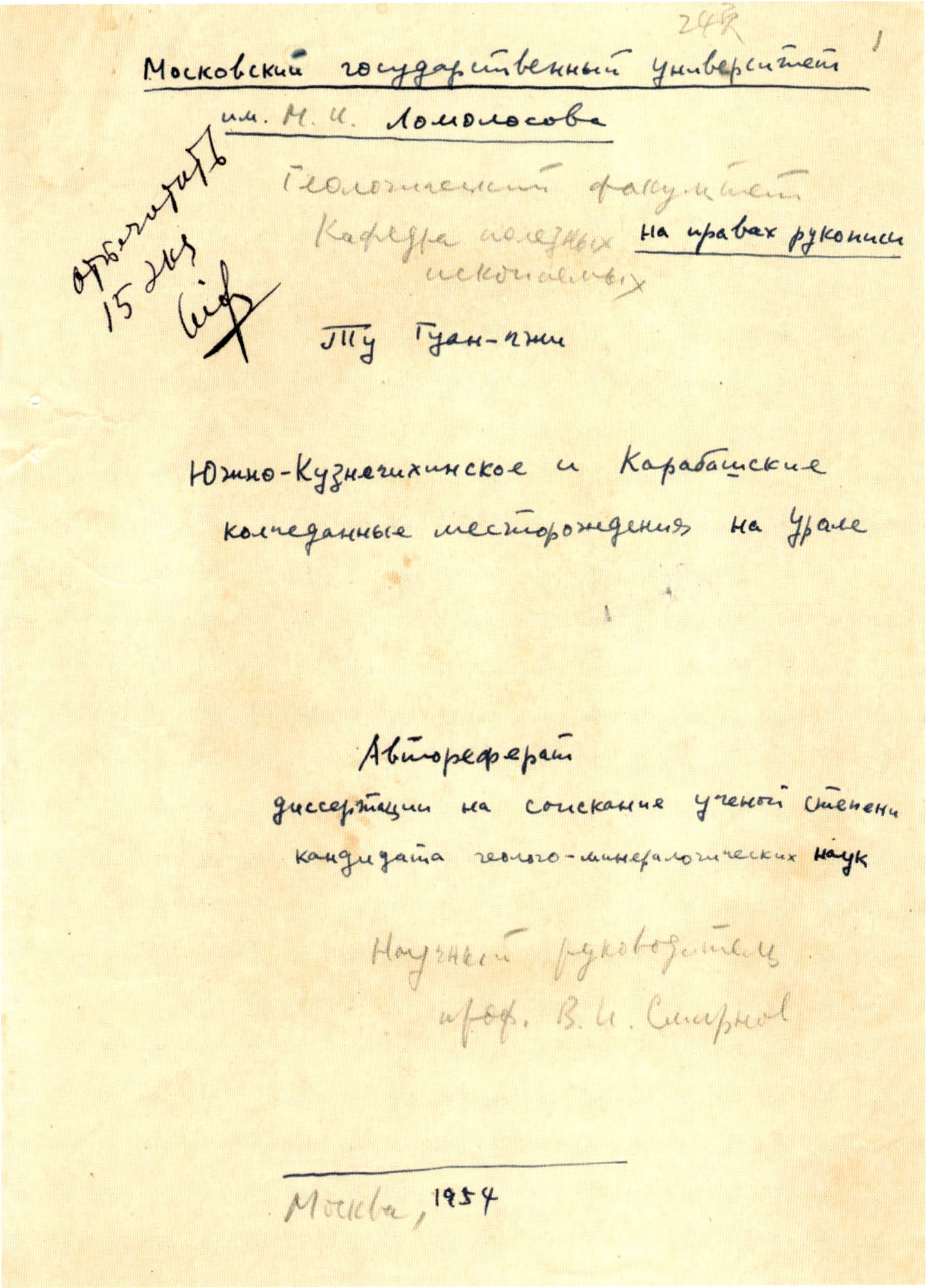

Московский государственный университет
им. М. И. Ломоносова

Геологический факультет
Кафедра полезных ископаемых

На правах рукописи

Ту Гуан-чжи

Южно-Кузнечихинское и Карабашские колчеданные месторождения на Урале

Автореферат
диссертации на соискание ученой степени кандидата геолого-минералогических наук

Научный руководитель
проф. В. И. Смирнов

Москва, 1954

图为涂光炽1954年在苏联莫斯科大学就读时撰写的副博士论文《乌拉尔山脉南部库兹涅奇哈和卡拉巴什黄铁矿矿床》俄文手稿，共222页。

（来源：中国科学院地球化学研究所）

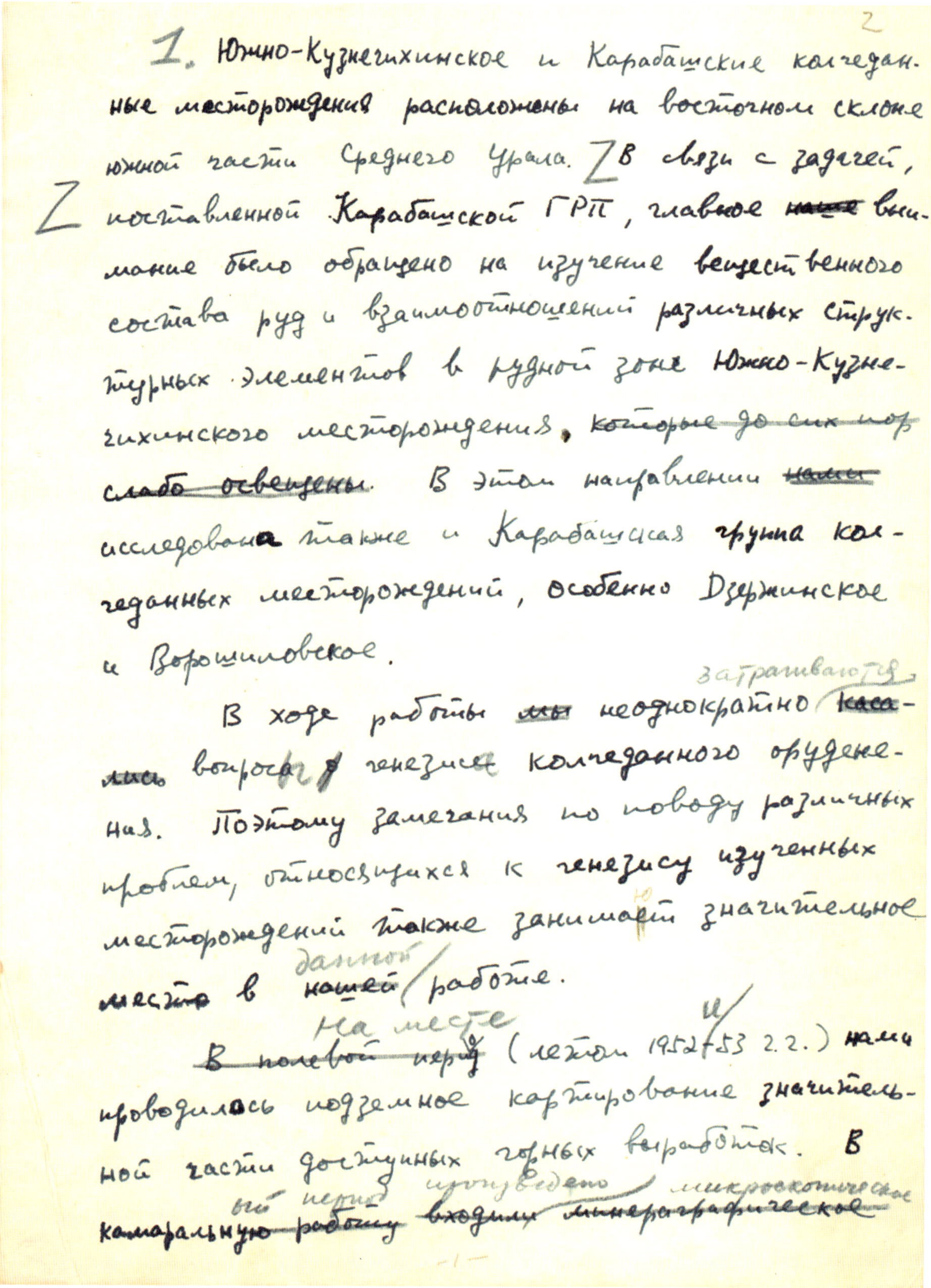
2

1. Южно-Кузнечихинское и Карабашские колчеданные месторождения расположены на восточном склоне южной части Среднего Урала. В связи с задачей, поставленной Карабашской ГРП, главное ~~наше~~ внимание было обращено на изучение вещественного состава руд и взаимоотношений различных структурных элементов в рудной зоне Южно-Кузнечихинского месторождения, ~~которые до сих пор слабо освещены~~. В этом направлении ~~нами~~ исследована также и Карабашская группа колчеданных месторождений, особенно Дзержинское и Ворошиловское.

В ходе работы ~~мы~~ неоднократно затрагиваются ~~касались~~ вопросы генезиса колчеданного оруденения. Поэтому замечания по поводу различных проблем, относящихся к генезису изученных месторождений также занимают значительное место в данной ~~нашей~~ работе.

На месте ~~В полевой период~~ (летом 1952-53 г.г.) нами проводилось подземное картирование значительной части доступных горных выработок. В ... ого периода произведено микроскопическое ~~камеральную работу входили минераграфическое~~

-1-

图为涂光炽副博士论文《乌拉尔山脉南部库兹涅奇哈和卡拉巴什黄铁矿矿床》俄文手稿。

32

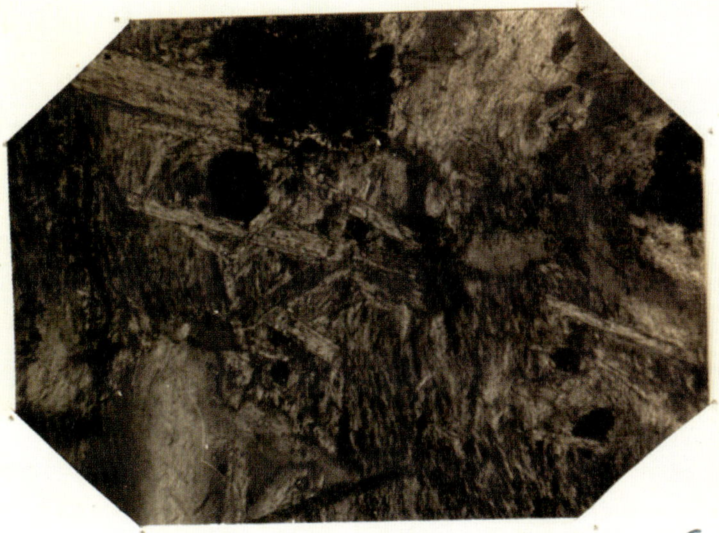

фиг. 9 Пересечение чешуйками серицита сланцеватости, обусловленной параллельной ориентировкой мелких чешуек серицита и зерен кварца. Южно-Кузнечихинское месторождение. При скрещенных николях. Ув. 40.

фиг. 10 Редкий реликт зональности роста в пирите. Южно-Кузнечихинское месторождение, колчеданная жила. Ув. 60

图为涂光炽副博士论文《乌拉尔山脉南部库兹涅奇哈和卡拉巴什黄铁矿矿床》俄文手稿。

陶诗言

（1918 — 2012）

气象学家。生于浙江嘉兴。1942年毕业于重庆中央大学地理系。1980年当选为中国科学院学部委员（院士）。曾任中国科学院大气物理研究所研究员。1987年获国家自然科学奖一等奖。

我认为搞科研必须具备三个素质，第一是发现问题的能力，第二是找到解决方法的能力，第三是要有不怕失败、不怕困难的勇气。

陶詩言

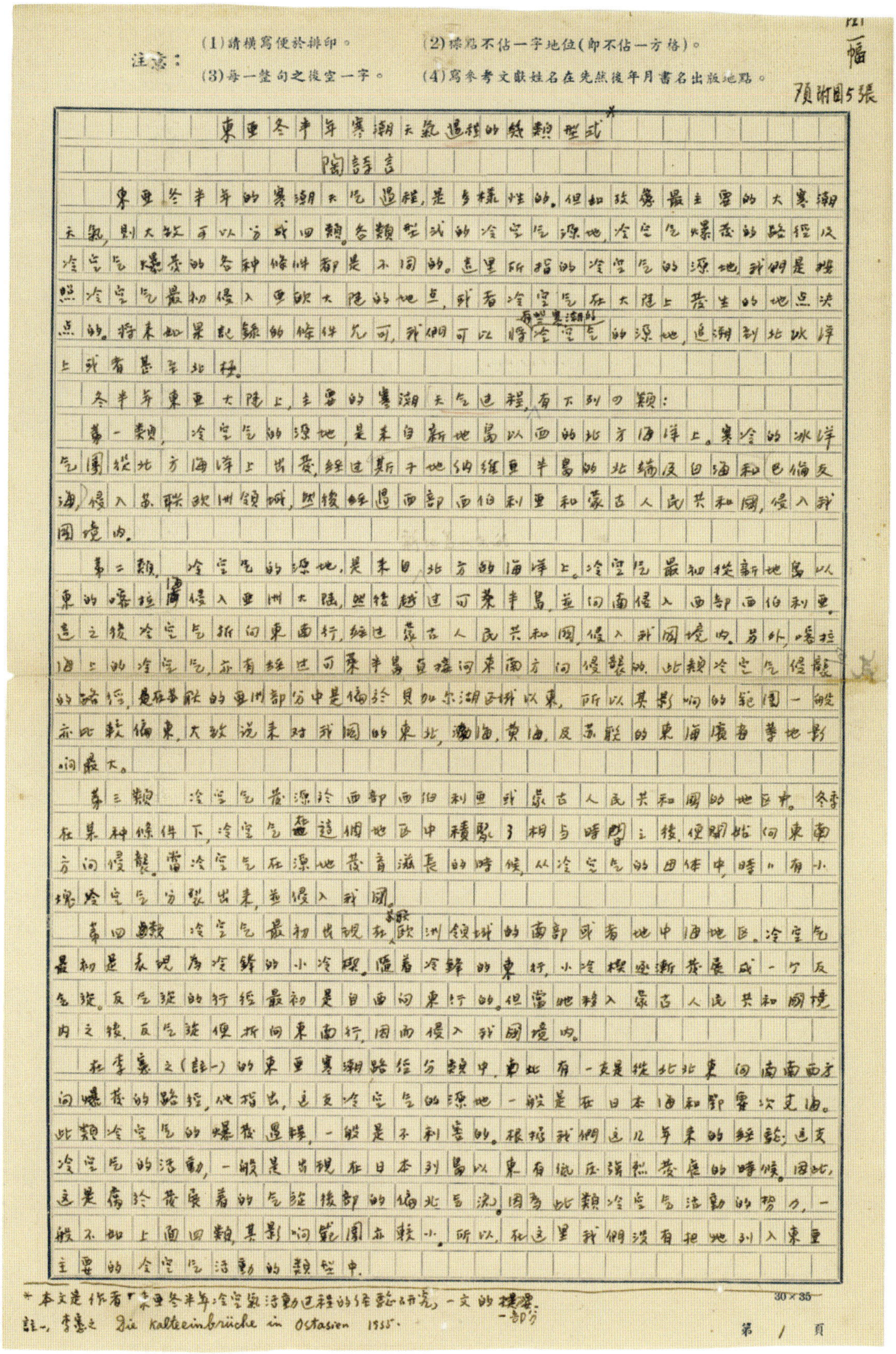

注意：(1)請橫寫便於排印。(2)標點不佔一字地位(即不佔一方格)。(3)每一整句之後空一字。(4)寫參考文獻姓名在先然後年月書名出版地點。

附幅
7頁附圖5張

東亞冬半年寒潮天氣過程的幾類型式*

陶詩言

東亞冬半年的寒潮天气過程，是多樣性的。但如致象最主要的大寒潮天氣，則大致可以分成四類。各類型式的冷空气源地，冷空气爆发的路徑以及冷空气爆发的各种條件都是不同的。这里所指的冷空气的源地，我們是按照冷空气最初侵入亞欧大陆的地点，或者冷空气在大陆上发生的地点決定的。將來如果記錄的條件允可，我們可以將有些寒潮的冷空气的源地，追溯到北冰洋上或者甚至北極。

冬半年東亞大陸上，主要的寒潮天气过程，有下列四類：

第一類，冷空气的源地，是来自新地島以西的北方海洋上。寒冷的冰洋气團從北方海洋上出發，經过斯干地納維亞半島的北端及白海和巴倫支海，侵入苏联欧洲領域，然後經過西部西伯利亞和蒙古人民共和國，侵入我國境内。

第二類，冷空气的源地，是来自北方的海洋上。冷空气最初從新地島以東的喀拉海侵入亞洲大陸，然後越过可萊半島，並向南侵入西部西伯利亞。這之後冷空气折向東南行，經过蒙古人民共和國，侵入我國境内。另外，喀拉海上的冷空气，亦有經过可萊半島直接向東南方向侵襲的。此類冷空气侵襲的路徑，是在苏联的亞洲部分中是偏於貝加尔湖區域以東，所以其影响的範圍一般亦比較偏東。大致说来对我國的東北，渤海，黄海，及苏联的東海濱省等地影响最大。

第三類 冷空气发源於西部西伯利亞或蒙古人民共和國的地区中。冬季在某种條件下，冷空气在這個地区中積聚了相当時間之後，便開始向東南方向侵襲。當冷空气在源地发育滋長的時候，从冷空气的母体中，時時有小塊冷空气分裂出来，並侵入我國。

第四類 冷空气最初出現在蘇聯欧洲領域的南部或者地中海地區。冷空气最初是表現為冷鋒的小冷槽。隨着冷鋒的東行，小冷槽逐漸發展成一个反气旋。反气旋的行径最初是自西向東行的。但當她移入蒙古人民共和國境内之後，反气旋便折向東南行，因而侵入我國境内。

在李憲之(註一)的東亞寒潮路徑分類中，東北有一支是從北北東向南南西方向爆發的路徑，他指出，这支冷空气的源地一般是在日本海和鄂霍次克海。此類冷空气的爆发過程，一般是不剧烈的。根據我們这几年来的經驗，这支冷空气的活動，一般是出現在日本列島以東有低压強烈发展的時候。因此，这是屬於發展着的气旋後部的偏北气流。因为此類冷空气活動的勢力，一般不如上面四類，其影响範圍亦較小。所以，在这里我們沒有把她列入東亞主要的冷空气活動的類型中。

* 本文是作者「東亞冬半年冷空氣活動過程的經驗研究」一文的一部分

註一、李憲之 Die Kälteeinbrüche in Ostasien 1935.

30×35

第 1 頁

图为陶诗言《东亚冬半年寒潮天气过程的几类型式》论文手稿，共14页。

（来源：中国科学院档案馆）

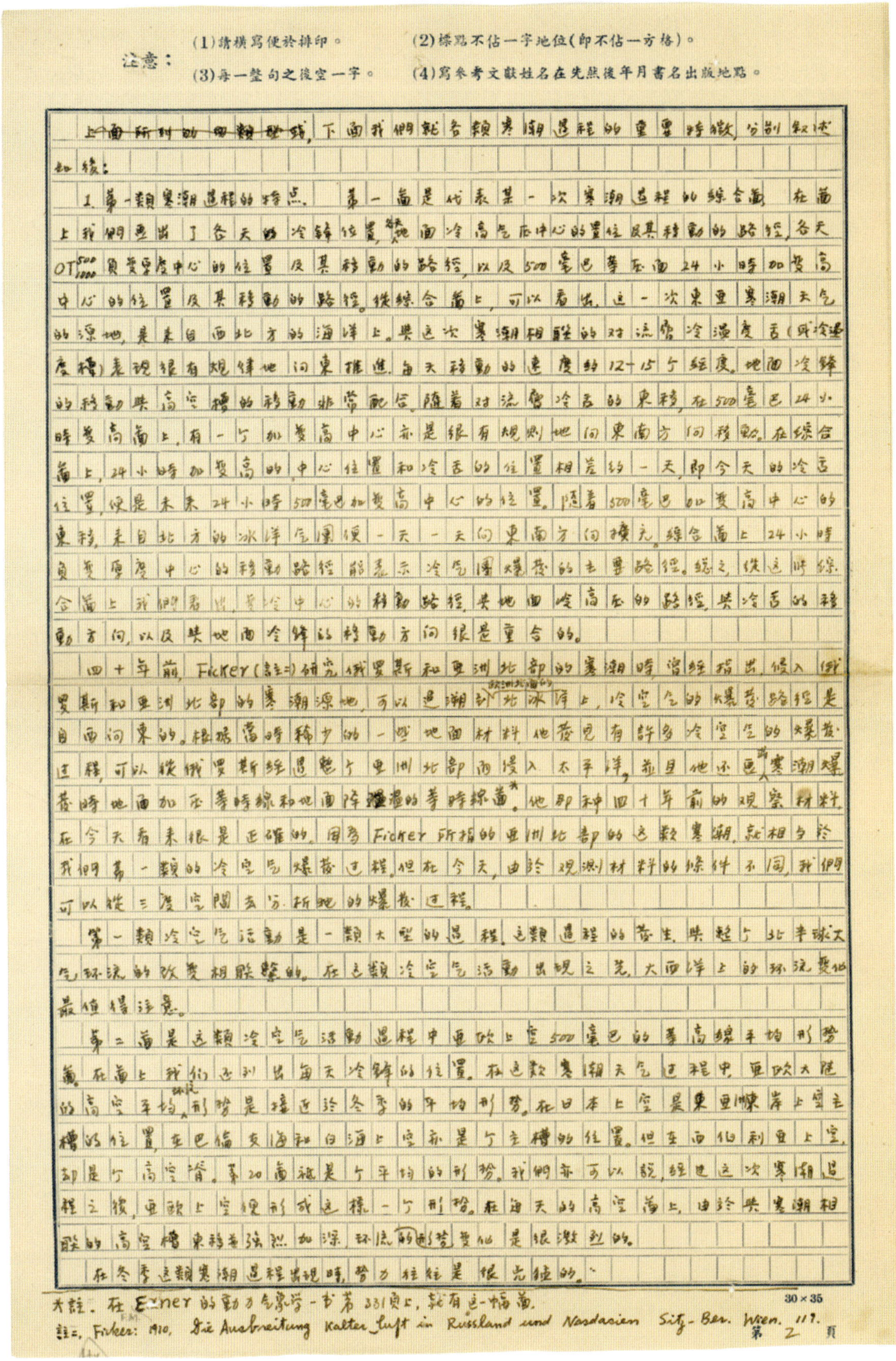

注意：(1)請橫寫便於排印。(2)標點不佔一字地位(卽不佔一方格)。(3)每一整句之後空一字。(4)寫參考文獻姓名在先然後年月書名出版地點。

~~上面所列的四類型式~~，下面我們就各類寒潮過程的重要特徵分別敘述如後：

1. 第一類寒潮過程的特点。第一圖是代表某一次寒潮過程的綜合圖，在圖上我們画出了各天的冷鋒位置，各天地面冷高气压中心的位置及其移動的路徑，各天OT^{500}_{1000}負变厚度中心的位置及其移動的路徑，以及500毫巴等压面24小時加变高中心的位置及其移動的路徑。從綜合圖上，可以看出，这一次東亞寒潮天气的源地，是來自西北方的海洋上。與这次寒潮相联的对流層冷温度舌(或冷温度槽)表現很有規律地向東推進，每天移動的速度約12—15个經度。地面冷鋒的移動與高空槽的移動非常配合。隨着对流層冷舌的東移，在500毫巴24小時变高圖上，有一个加变高中心亦是很有規則地向東南方向移動。在綜合圖上，24小時加变高的中心位置和冷舌的位置相差約一天，即今天的冷舌位置，便是未來24小時500毫巴加变高中心的位置。隨着500毫巴加变高中心的東移，來自北方的冰洋气團便一天一天向東南方向擴充。綜合圖上24小時負变厚度中心的移動路徑能表示冷气團爆發的主要路徑。總之，從这時綜合圖上我們看出，負变冷中心的移動路徑與地面冷高压的路徑與冷舌的移動方向，以及與地面冷鋒的移動方向很是重合的。

四十年前，Ficker(註二)研究俄羅斯和亞洲北部的寒潮時曾經指出，侵入俄羅斯和亞洲北部的寒潮源地，可以追溯到歐洲北面的北冰洋上，冷空气的爆發路徑是自西向東的。根據當時稀少的一些地面材料，他發見有許多冷空气的爆發過程，可以從俄羅斯經過整个亞洲北部而侵入太平洋，並且他还画了寒潮爆發時地面加压等時線和地面降溫的等時線圖*。他那种四十年前的觀察材料在今天看來很是正確的，因為Ficker所指的亞洲北部的这類寒潮，就相當於我們第一類的冷空气爆發過程。但在今天，由於觀測材料的條件不同，我們可以從三度空間去分析她的爆發過程。

第一類冷空气活動是一類大型的過程，这類過程的發生與整个北半球大气环流的改变相联繫的。在这類冷空气活動出現之先，大西洋上的环流变化最值得注意。

第二圖是这類冷空气活動過程中亞歐上空500毫巴的等高線平均形勢圖。在圖上我們还列出每天冷鋒的位置。在这類寒潮天气過程中，亞歐大陸的高空平均环流形勢是接近於冬季的平均形勢。在日本上空是東亞洲東岸上空主槽的位置，在巴倫支海和白海上空亦是个主槽的位置。但在西伯利亞上空，却是个高空脊。第20圖祇是个平均的形勢，我們亦可以說，經过这次寒潮過程之後，亞歐上空便形成这樣一个形勢。在每天的高空圖上，由於與寒潮相联的高空槽東移並強烈加深，环流的形勢变化是很激烈的。

在冬季这類寒潮過程出現時，勢力往往是很充强的。

*註。在Exner的動力气象学一书第331页上，载有这一幅圖。

註二. Ficker: 1910, Die Ausbreitung kalter Luft in Russland und Nordasien. Sitz.-Ber. Wien. 119.

30×35

第2頁

图为陶诗言《东亚冬半年寒潮天气过程的几类型式》论文手稿。

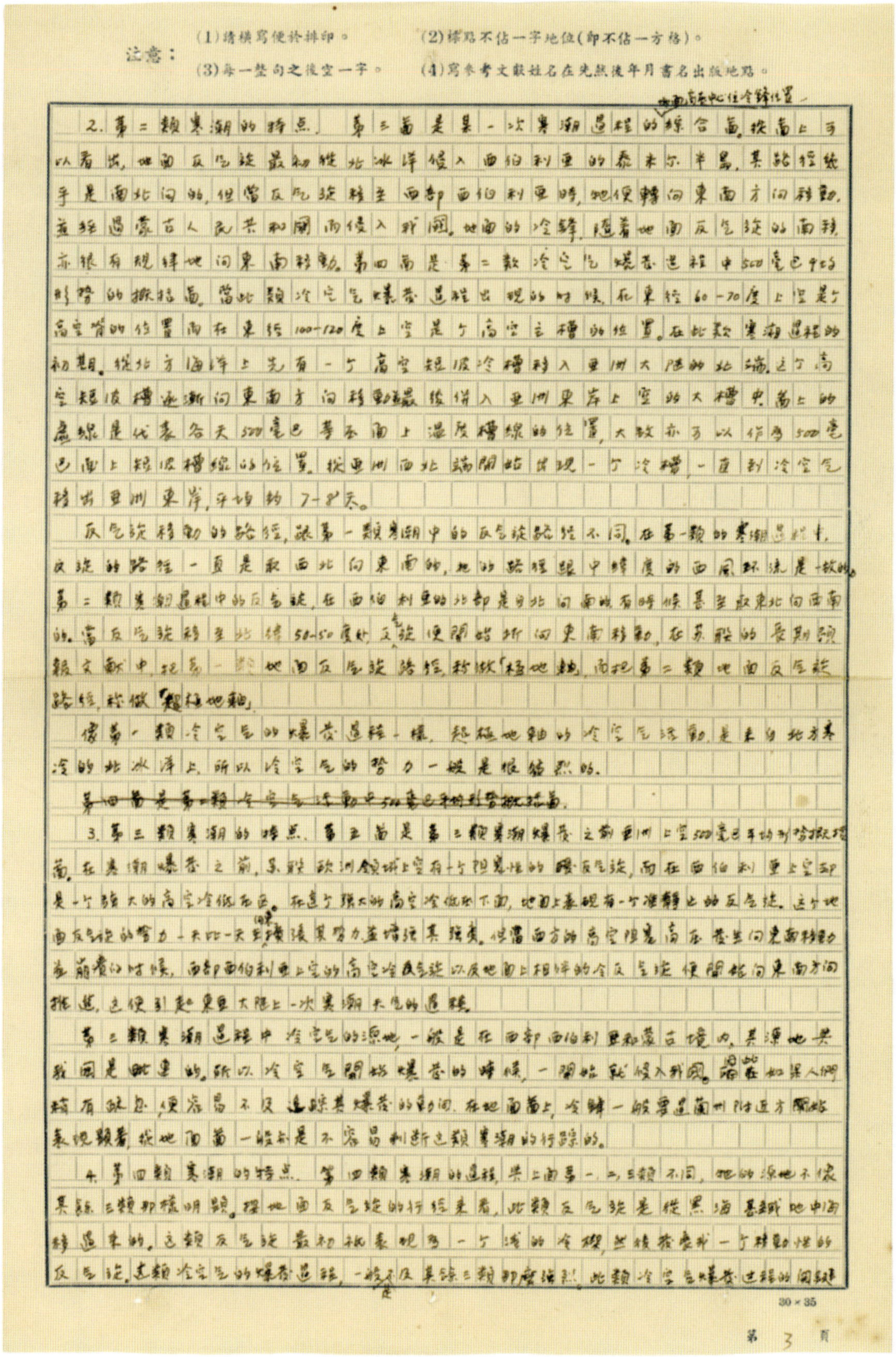

注意：(1)请横写便於排印。(2)标点不佔一字地位(即不佔一方格)。(3)每一整句之後空一字。(4)写参考文献姓名在先然後年月書名出版地点。

2. 第二類寒潮的特点　第三图是某一次寒潮過程的综合图(地面高气压中心位置冷锋位置)。從图上可以看出，地面反气旋最初從北冰洋侵入西伯利亚的泰米尔半島，其路程幾乎是南北向的，但當反气旋移至西部西伯利亚時，她便轉向東南方向移動，並經過蒙古人民共和国而侵入我國。地面的冷鋒，隨着地面反气旋的南移，亦很有規律地向東南移動。第四图是第二類冷空气爆發過程中500毫巴平均形势的概括图。當此類冷空气爆發過程出現的时候，在東經60—70度上空是个高空脊的位置，而在東經100—120度上空是个高空主槽的位置。在此類寒潮過程的初期，從北方海洋上先有一个高空短波冷槽移入亚洲大陆的北端，这个高空短波槽逐漸向東南方向移動，最後併入亚洲東岸上空的大槽中。图上的虛線是代表各天500毫巴等高面上温度槽線的位置，大致亦可以作為500毫巴面上短波槽線的位置。從亚洲西北端開始出現一个冷槽，一直到冷空气移出亚洲東岸，平均約7—8天。

反气旋移動的路徑，跟第一類寒潮中的反气旋路徑不同。在第一類的寒潮過程中，反旋的路徑一直是取西北向東南的，她的路徑跟中緯度的西風环流是一致的。第二類寒潮過程中的反气旋，在西伯利亚的北部是自北向南的，有時候甚至取東北向西南的。當反气旋移至北緯50—50度处，反气旋便開始折向東南移動。在蘇联的長期预報文献中，把第一類地面反气旋路徑，称做「极地軸」，而把第二類地面反气旋路徑，称做「超极地軸」。

像第一類冷空气的爆發過程一樣，超极地軸的冷空气活動，是来自北方寒冷的北冰洋上，所以冷空气的势力一般是很强烈的。

~~第四图是第一類冷空气活動中500毫巴平均形势概括图~~。

3. 第三類寒潮的特点　第五图是第三類寒潮爆發之前亚洲上空500毫巴平均形势概括图。在寒潮爆發之前，蘇联歐洲领域上空有一个阻塞性的暖反气旋，而在西伯利亚上空却是一个強大的高空冷低压区。在這个強大的高空冷低压下面，地面上表現有一个準靜止的反气旋。这个地面反气旋的势力一天比一天地继续增强其势力並增強其強度。但當西方的高空阻塞高压發生向東南移動或崩潰的時候，西部西伯利亚上空的高空冷反气旋以及地面上相伴的冷反气旋便開始向東南方向推進，这便引起東亚大陸上一次寒潮天气的過程。

第三類寒潮過程中冷空气的源地，一般是在西部西伯利亚和蒙古境内，其源地與我國是很近的。所以冷空气開始爆發的時候，一開始就侵入我國。因此如果人們稍有疏忽，便容易不及追踪其爆發的动向。在地面图上，冷锋一般要到蘭州附近才開始表現顯著。從地面图一般亦是不容易判断这類寒潮的行踪的。

4. 第四類寒潮的特点　第四類寒潮的過程，與上面第一、二、三類不同，她的源地不像其餘三類那樣明顯。探地面反气旋的行徑来看，此類反气旋是從黑海甚至地中海移過来的。这類反气旋最初祗表現為一个淺的冷槽，然後發展成一个移動性的反气旋。這類冷空气的爆發過程，一般不及其餘三類那麼強烈。此類冷空气爆發過程的關鍵

30×35

第 3 頁

图为陶诗言《东亚冬半年寒潮天气过程的几类型式》论文手稿。

黄 昆

（1919—2005）

固体物理、半导体物理学家。生于北京。1941年毕业于燕京大学，1948年获英国布里斯托尔大学博士学位。1955年被选聘为中国科学院学部委员（院士）。曾任北京大学教授、中国科学院半导体研究所所长等职。获2001年度国家最高科学技术奖。

学习知识不是越多越好、越深越好，而是应当与自己驾驭知识的能力相匹配。

黄昆

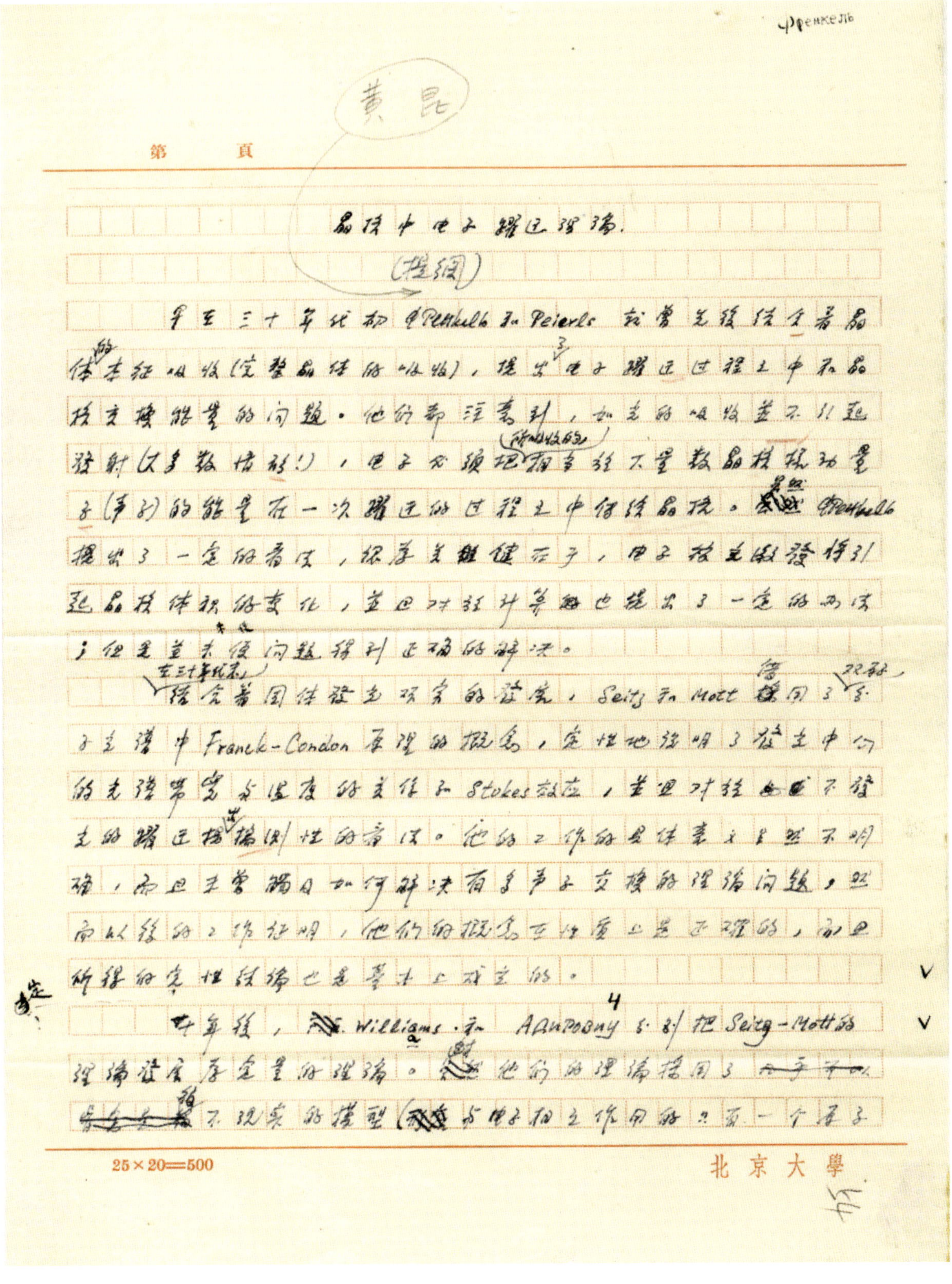
晶格中电子跃迁理论.

(提纲)

早在三十年代初 Френкель 和 Peierls 就曾考虑过完善晶体的本征吸收(完整晶体的吸收), 提出了电子跃迁过程中不和晶格交换能量的问题。他们都注意到, 如果的吸收并不引起发射(大多数情形!), 电子必须把有多的大量数晶格振动量子(声子)的能量在一次跃迁的过程中传给晶格。Френкель 提出了一定的看法, 根据关键在于, 电子被激发将引起晶格体积的变化, 并且对能计算也提出了一定的方法; 但是并未使问题得到正确的解决。

(在三十年代末) 结合着固体发光的研究, Seitz 和 Mott 采用了分子光谱中 Franck-Condon 原理的概念, 定性地说明了发光中的的光谱带宽与温度的关系和 Stokes 效应, 并且对于不发生的跃迁提出规则性的看法。他们的工作的具体意义并不明确, 而且未曾涉及如何解决有多声子交换的理论问题, 然而从后的工作证明, 他们的概念在性质上是正确的, 而且所得的定性结论也是基本上正确的。

十年后, Williams 和 Антонов 等分别把 Seitz-Mott 的理论发展为定量的理论。他们的理论采用了 不现实的模型(……只有和最邻近作用的一个原子

25×20=500 北京大學

图为黄昆1958年在中国科学院数理化学部固体电子理论进展学术讨论会上的《晶格中电子跃迁理论（提纲）》报告手稿，共4页。 （来源：中国科学院档案馆）

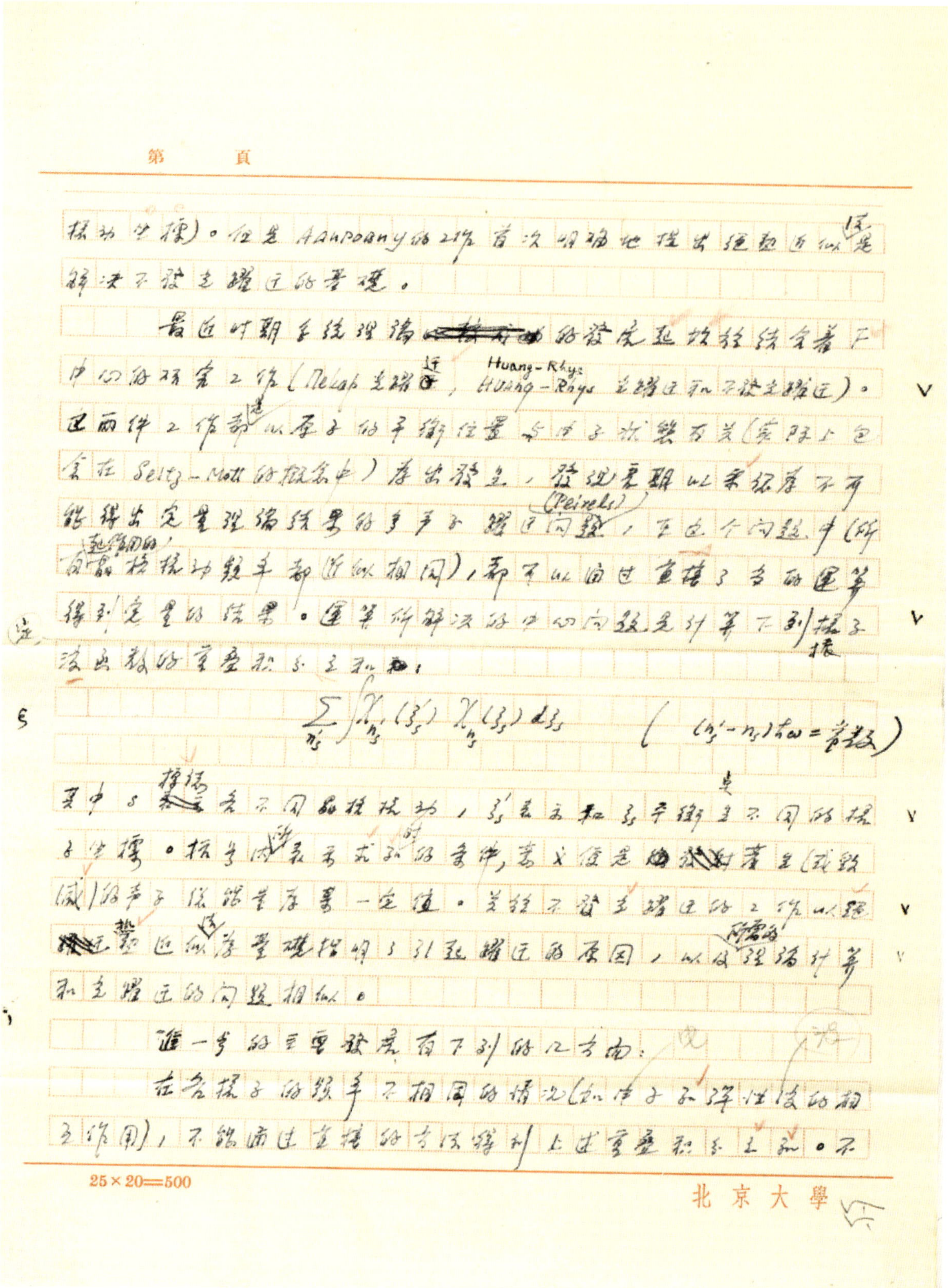

图为黄昆《晶格中电子跃迁理论（提纲）》报告手稿。

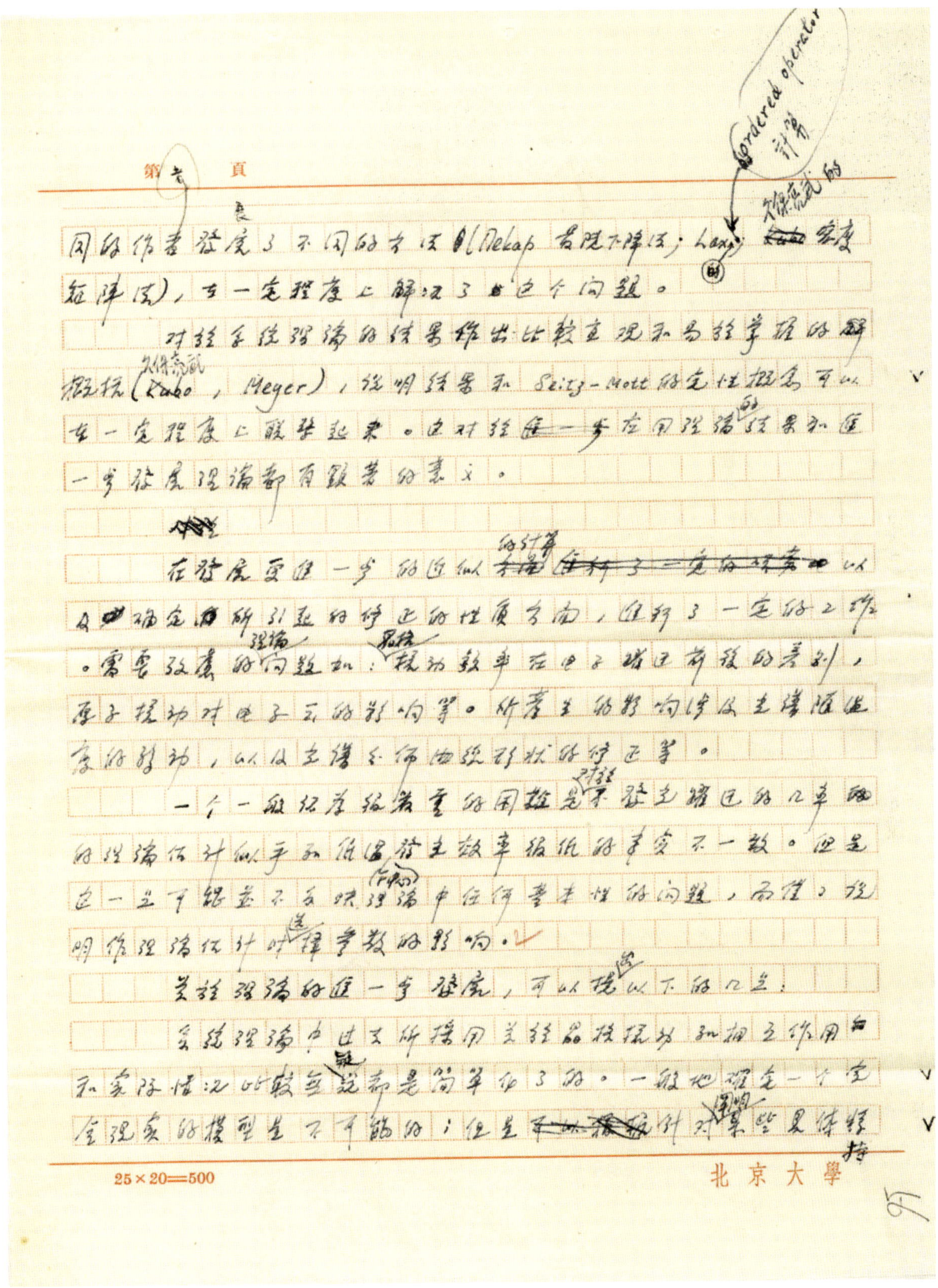

图为黄昆《晶格中电子跃迁理论（提纲）》报告手稿。

（右二为黄鸣龙）

黄鸣龙

（1898 — 1979）

有机化学家。生于江苏扬州。1918年毕业于浙江公立医药专门学校药科，1924年获德国柏林大学哲学博士学位。1955年被选聘为中国科学院学部委员（院士）。曾任中国人民解放军军事医学科学院研究员、中国科学院上海有机化学研究所研究员等职。

一个人不能为科学而科学，应该为人民为祖国做出贡献。

做研究工作须按部就班向前进行，否则有欲速则不达之患。遇到困难须设法克服，得不到预期结果须追求原因，切莫怕费时间急于求成或急于完成目前某种任务，否则决不能迎头赶上国际学术水平。

黄鸣龍

手稿

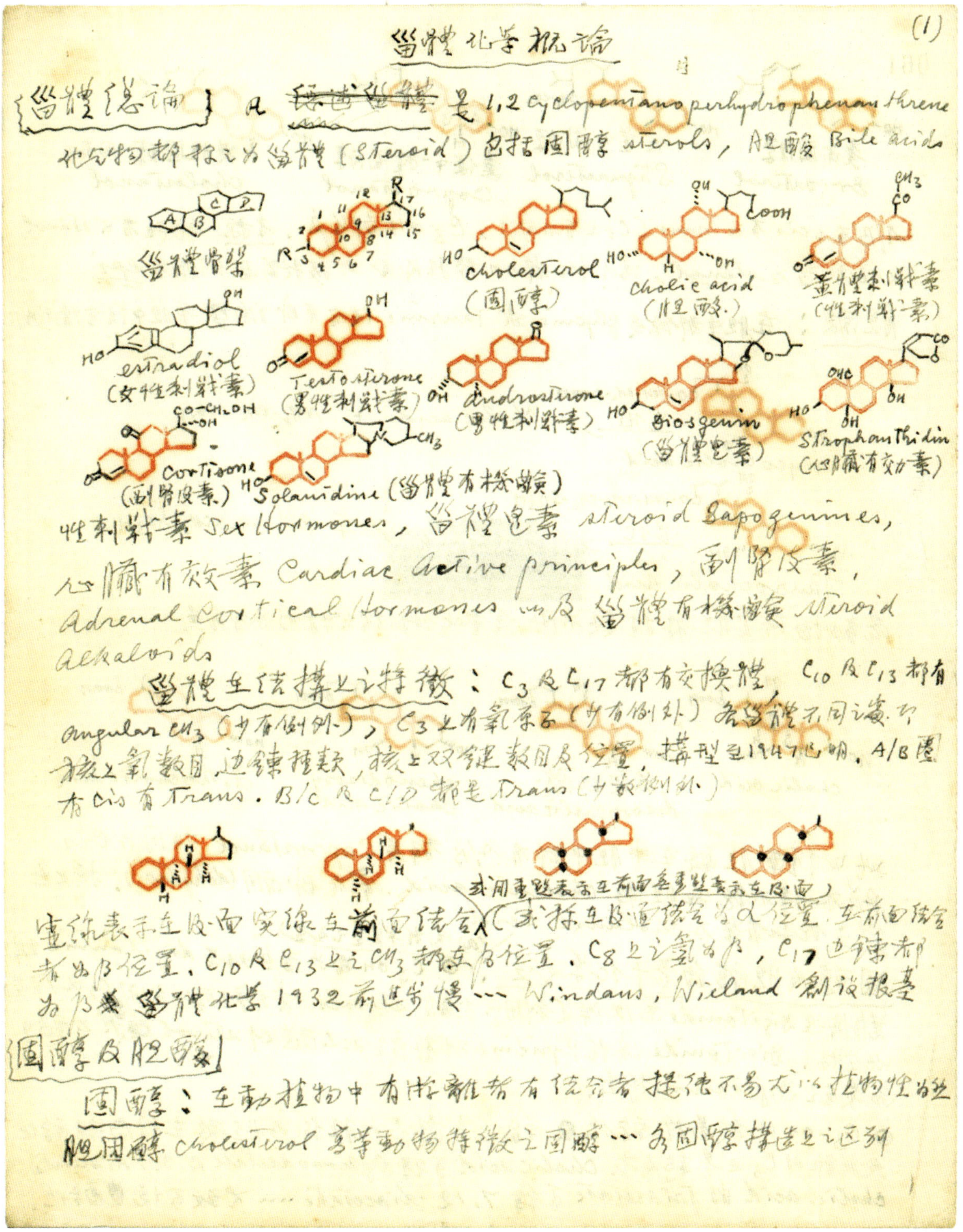

甾體化學概論 (1)

[甾體總論] A ~~環戊甾體~~ 是 1,2 cyclopentanoperhydrophenanthrene 化合物都稱之為甾體(Steroid)包括固醇 sterols，胆酸 Bile acids

甾體骨架　cholesterol (固醇)　cholic acid (胆酸)　黄體刺戟素 (性刺戟素)

estradiol (女性刺戟素)　Testosterone (男性刺戟素)　androsterone (男性刺戟素)　Diosgenin (甾體皂素)　Strophanthidin (心臟有效素)

Cortisone (副腎皮素)　Solanidine (甾體有機鹼)

性刺戟素 Sex Hormones，甾體皂素 steroid Sapogenines，心臟有效素 Cardiac active principles，副腎皮素，Adrenal Cortical Hormones 以及甾體有機鹼 steroid alkaloids

甾體在結構上之特徵：C_3 及 C_{17} 都有交換體　C_{10} 及 C_{13} 都有 angular CH_3 (少有例外)，C_3 上有氧原子 (少有例外) 各甾體不同處在核之氧數目、邊鏈種類，核上双鍵數目及位置，構型至1947已明．A/B 環有 cis 有 trans．B/C 及 C/D 都是 trans (少數例外)

或用重點表示在前面虛點表示在後面

虛線表示在後面 實線在前面結合 (或稱在後面結合為α位置，在前面結合為β位置．C_{10} 及 C_{13} 上之 CH_3 都在β位置．C_8 上之氫為β，C_{17} 邊鏈都為β．甾體化學1932前進步慢…… Windaus，Wieland 創設根基

[固醇及胆酸]

固醇：在動植物中有游離者有結合者 提純不易尤以植物性為然

胆固醇 cholesterol 高等動物特徵之固醇…… 各固醇構造之區別

图为黄鸣龙《甾体化学概论》讲义手稿，共10页。

（来源：中国科学院上海有机化学研究所）

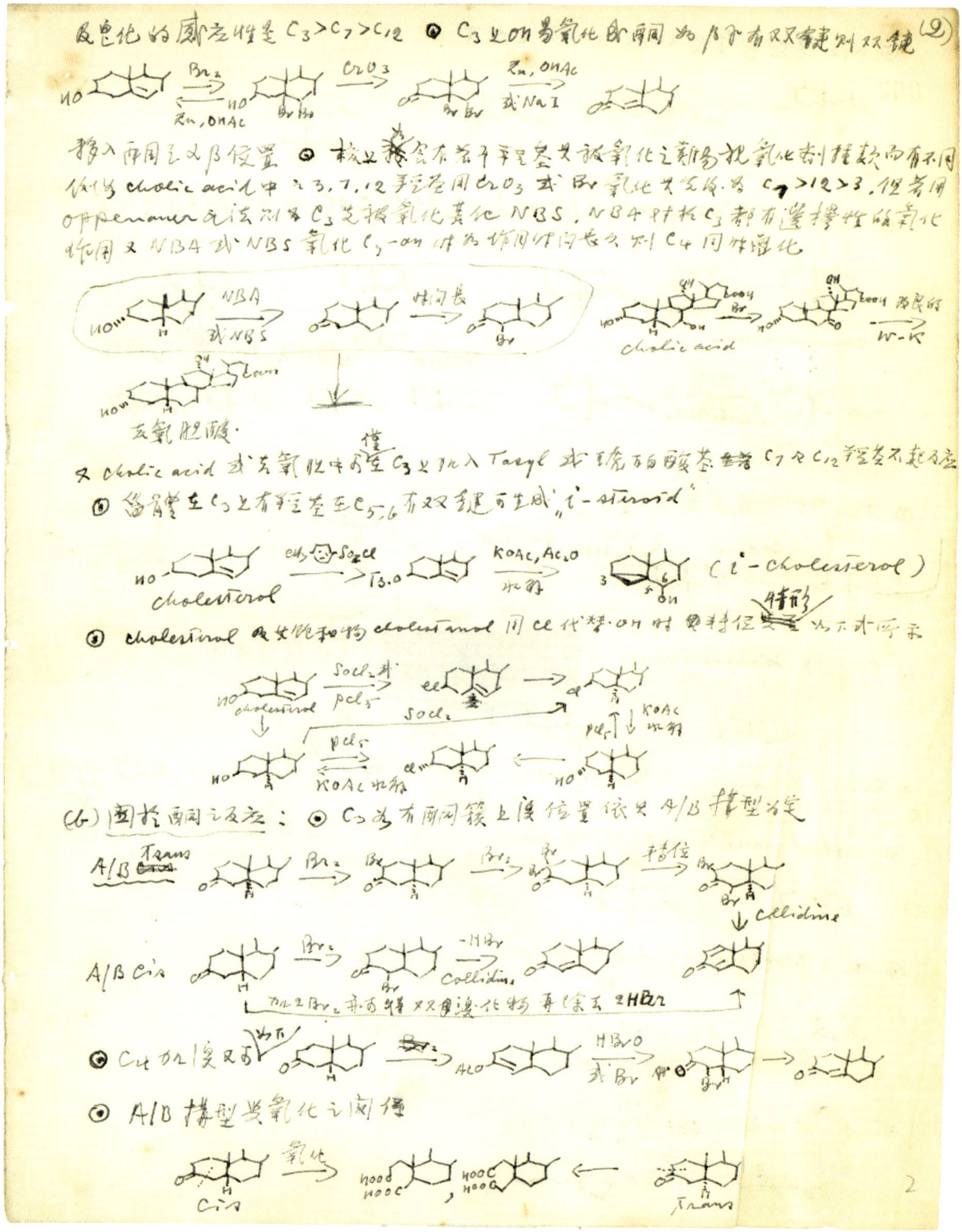

图为黄鸣龙《甾体化学概论》讲义手稿。

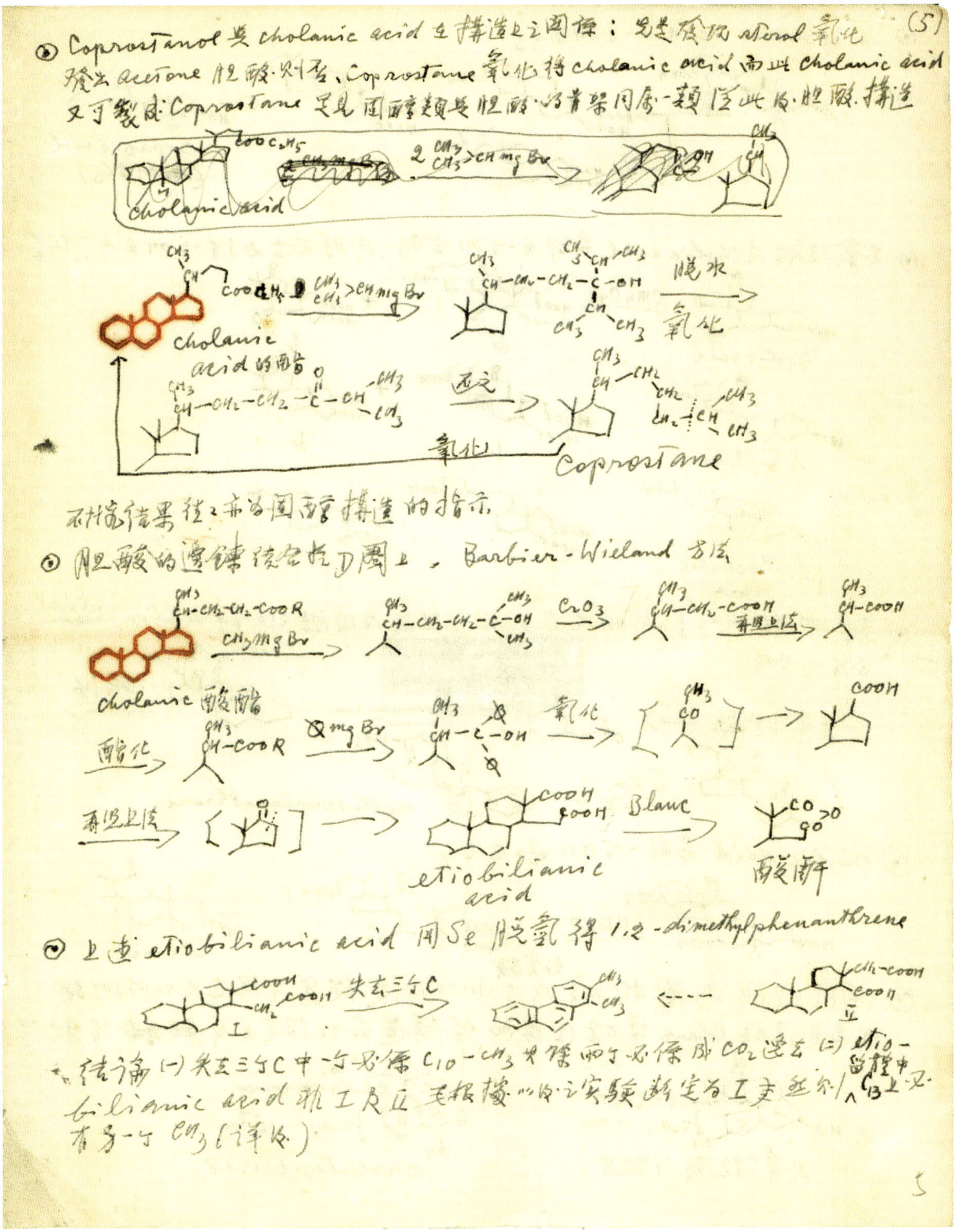

图为黄鸣龙《甾体化学概论》讲义手稿。

黄秉维

（1913 — 2000）

地理学家。生于广东惠阳。1934年毕业于中山大学地理系。1955年被选聘为中国科学院学部委员（院士）。曾任中国科学院地理研究所所长。

行所当然而不惑于偶然。

手稿

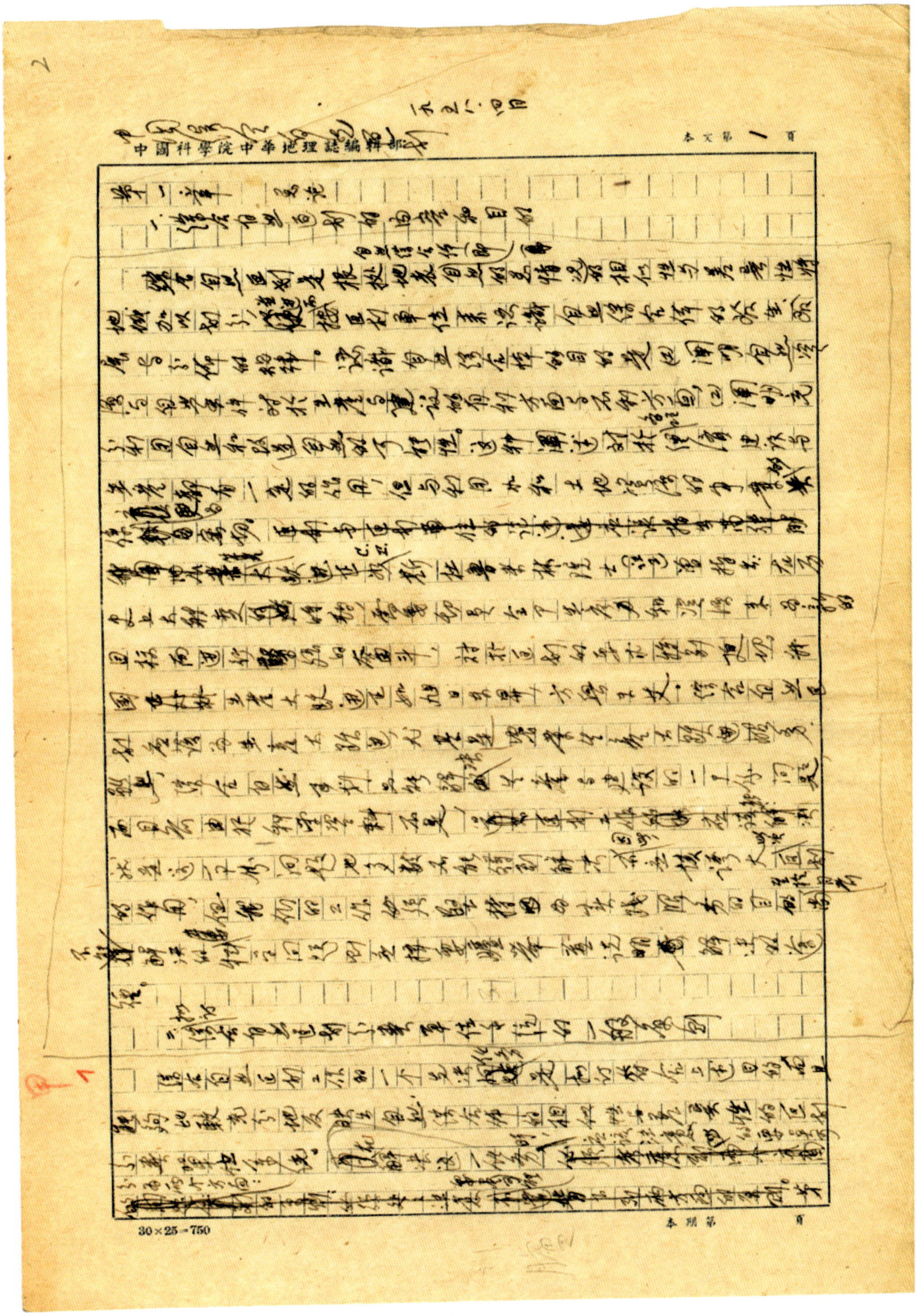

图为黄秉维1958年撰写的《中国综合自然区划（说明书）》手稿，共28页。他主持编著的《中国综合自然区划（初稿）》1959年由科学出版社出版。

（来源：中国科学院地理科学与资源研究所）

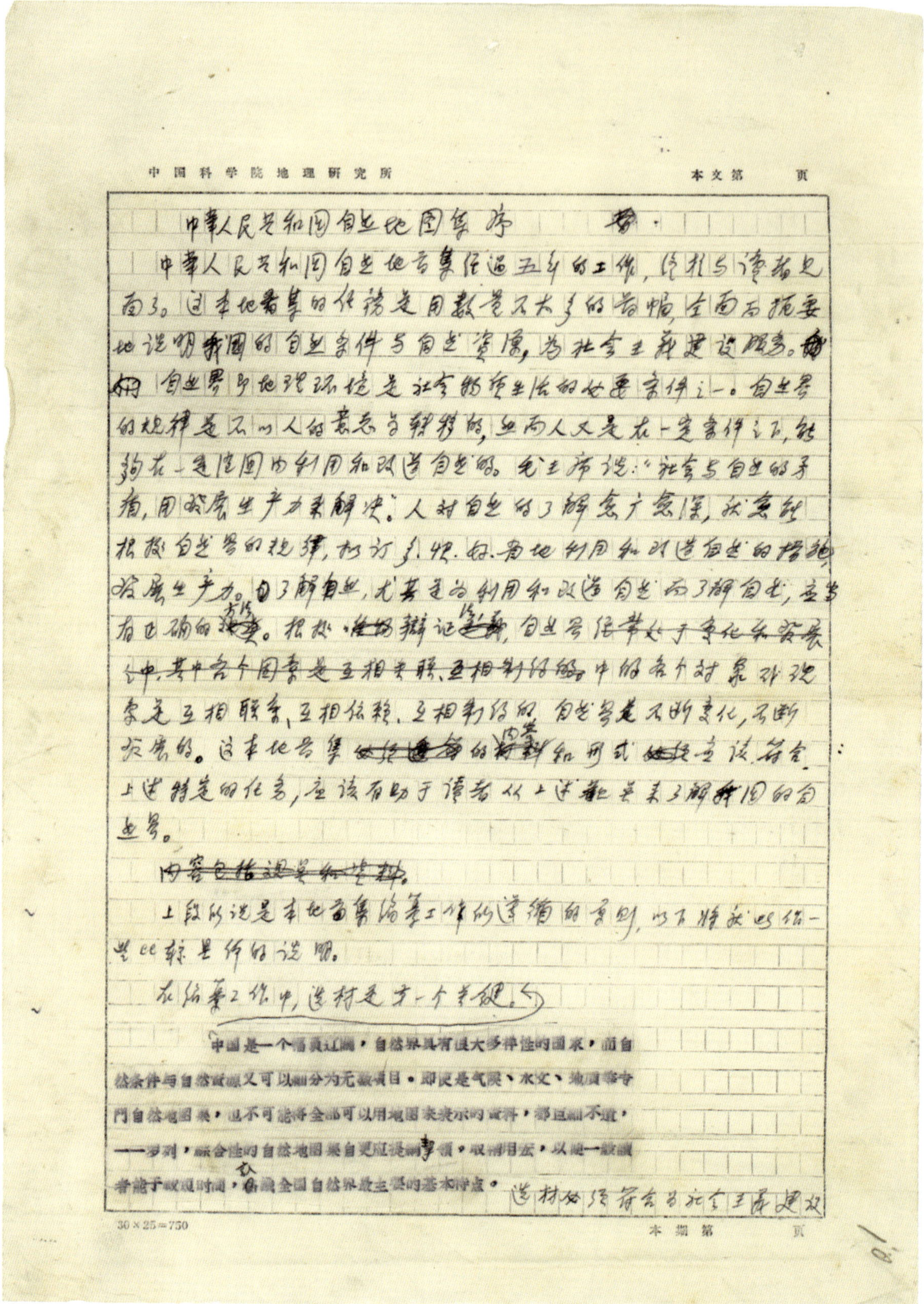
中国科学院地理研究所　　本文第　页

中华人民共和国自然地图集序

中华人民共和国自然地图集经过五年的工作，终于与读者见面了。这本地图集的任务是用数量不太多的篇幅，全面而扼要地说明我国的自然条件与自然资源，为社会主义建设服务。自然界与地理环境是社会物质生活的必要条件之一。自然界的规律是不以人的意志为转移的，然而人又是在一定条件下，能够在一定范围内利用和改造自然的。毛主席说："社会与自然的矛盾，用发展生产力来解决。"人对自然的了解愈广愈深，就愈能根据自然界的规律，订出切实可行的利用和改造自然的措施，发展生产力。为了解自然，尤其是为利用和改造自然而了解自然，应当有正确的方法。根据辩证法，自然界中的各个对象和现象是互相联系、互相依赖、互相制约的，自然界是不断变化、不断发展的。这本地图集的内容和形式应该符合上述科学的任务，应该有助于读者从上述观点来了解我国的自然界。

上段所说是本地图集编纂工作所遵循的原则，以下将就此作一些比较具体的说明。

在编纂工作中，选材是第一个关键。

中国是一个幅员辽阔，自然界具有很大多样性的国家，而自然条件与自然资源又可以细分为无数项目。即使是气候、水文、地质等专门自然地图集，也不可能将全部可以用地图来表示的资料，都巨细不遗，一一罗列，综合性的自然地图集自更应该删繁就简，取精用宏，以使一般读者能于较短时间，认识全国自然界最主要的基本特点。选材必须符合为社会主义建设

30×25=750　　本期第　页

图为黄秉维《中华人民共和国自然地图集》"序"手稿，共5页。该书是我国第一部综合性大型自然地图集。

（来源：中国科学院档案馆）

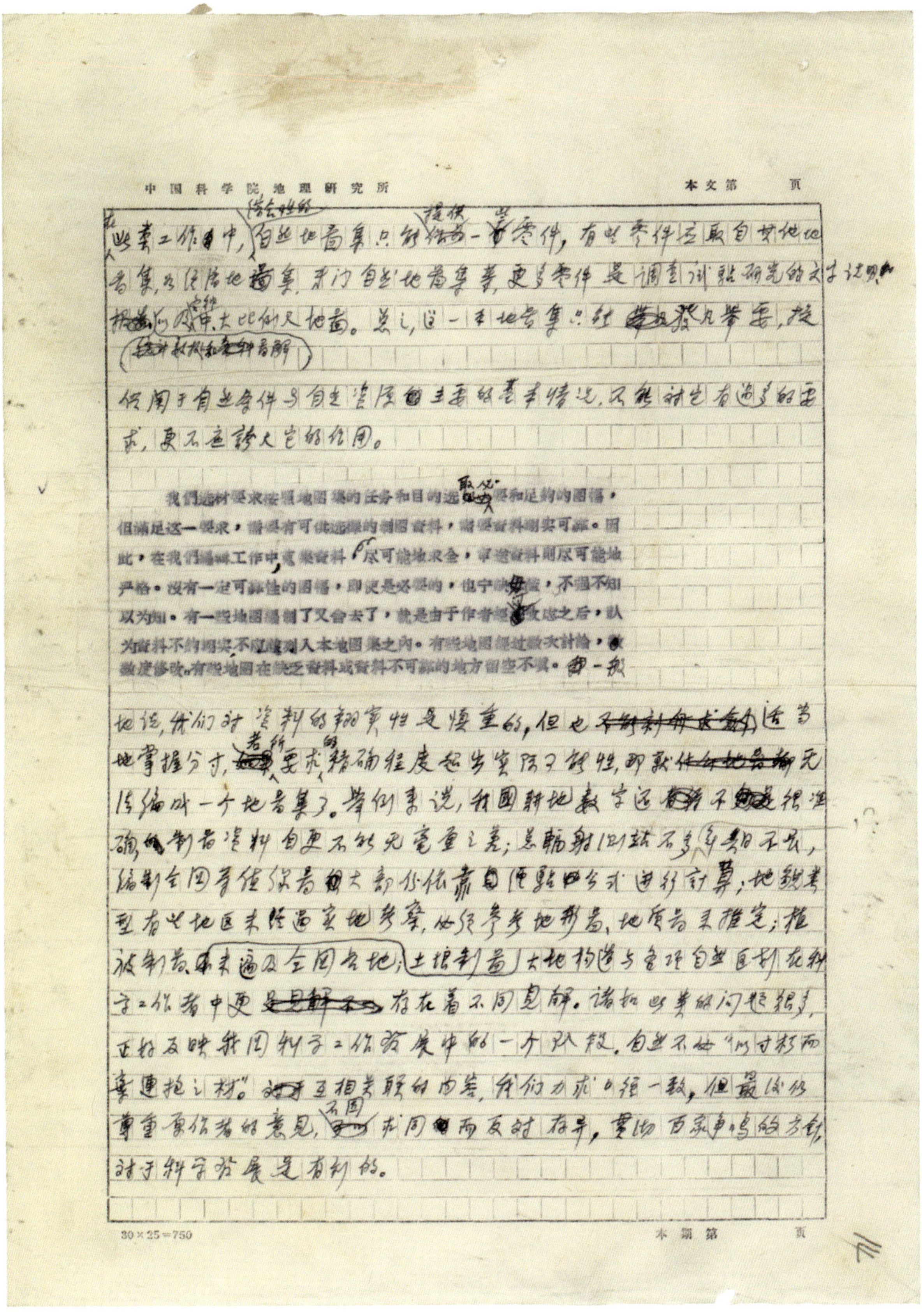

图为黄秉维《中华人民共和国自然地图集》“序”手稿。

彭桓武

（1915 — 2007）

物理学家。生于吉林长春。1935年毕业于清华大学，1940年获英国爱丁堡大学哲学博士学位。1955年被选聘为中国科学院学部委员（院士）。曾任云南大学、清华大学教授，中国科学院近代物理研究所、高能物理研究所副所长，中国科学院理论物理研究所所长，第二机械工业部第九研究所副所长、第九研究院副院长等职。1999年被授予“两弹一星”功勋奖章。

回国不需要理由，不回国才需要理由！学成回国是每一个海外学子应该做的。

彭桓武

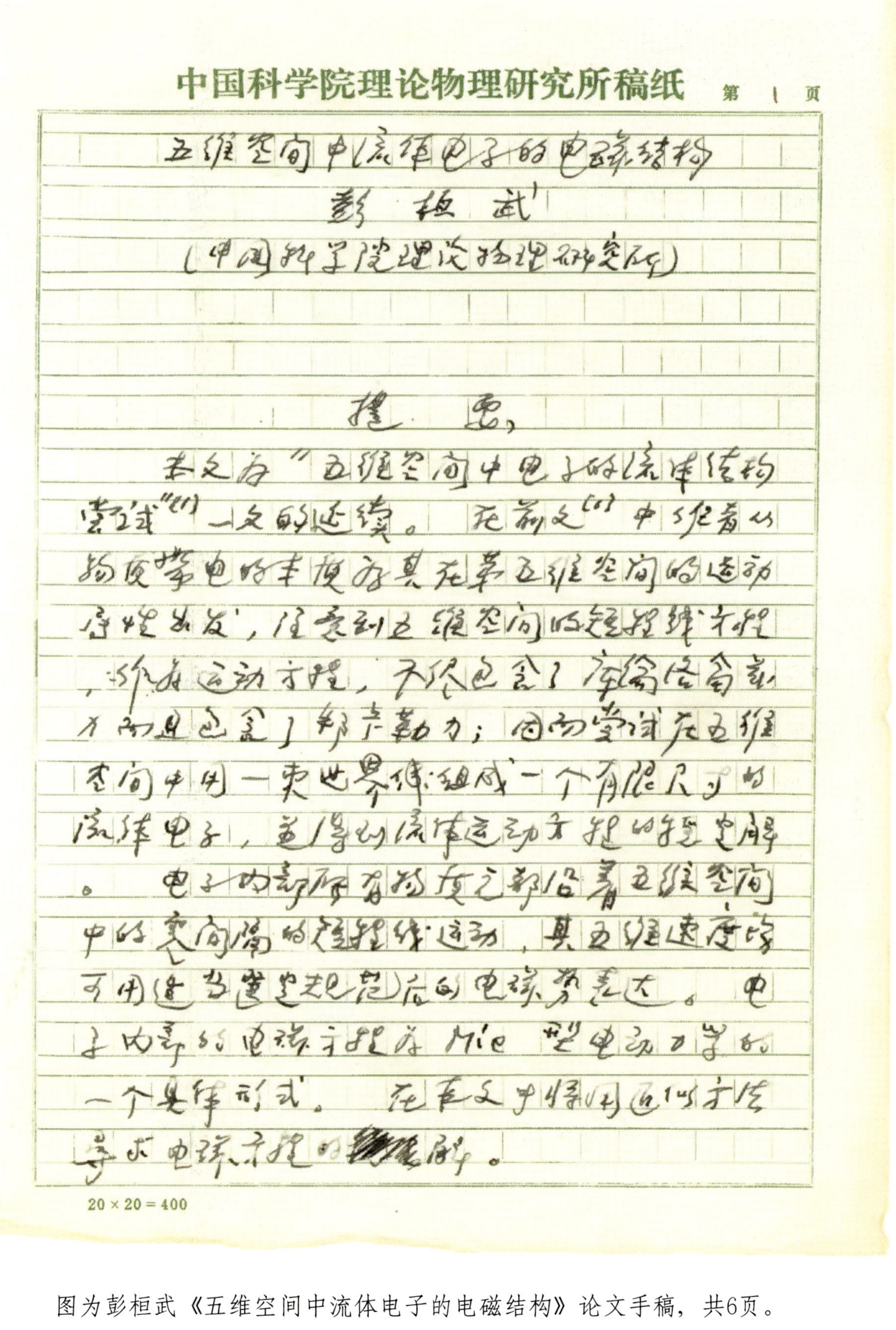
中国科学院理论物理研究所稿纸 第 1 页

五维空间中流体电子的电磁结构

彭桓武

（中国科学院理论物理研究所）

提要

本文为"五维空间中电子的流体结构尝试"[1]一文的延续。在前文[1]中从物质带电的本质为其在第五维空间的运动分量出发，得到五维空间的短程线方程，作为运动方程，不仅包含了洛伦兹力，而且包含了郎之万力；因而尝试在五维空间中用一束世界线组成一个有限尺寸的流体电子，并得到流体运动方程的稳定解。电子内部所有物质全部沿着五维空间中的类空间的短程线运动，其五维速度场可用适当选定规范后的电磁势表达。电子内部的电磁方程为 Mie 型电动力学的一个具体形式。在本文中将用近似方法导出电磁方程的解。

20×20=400

图为彭桓武《五维空间中流体电子的电磁结构》论文手稿，共6页。

（来源：中国科学院理论物理研究所）

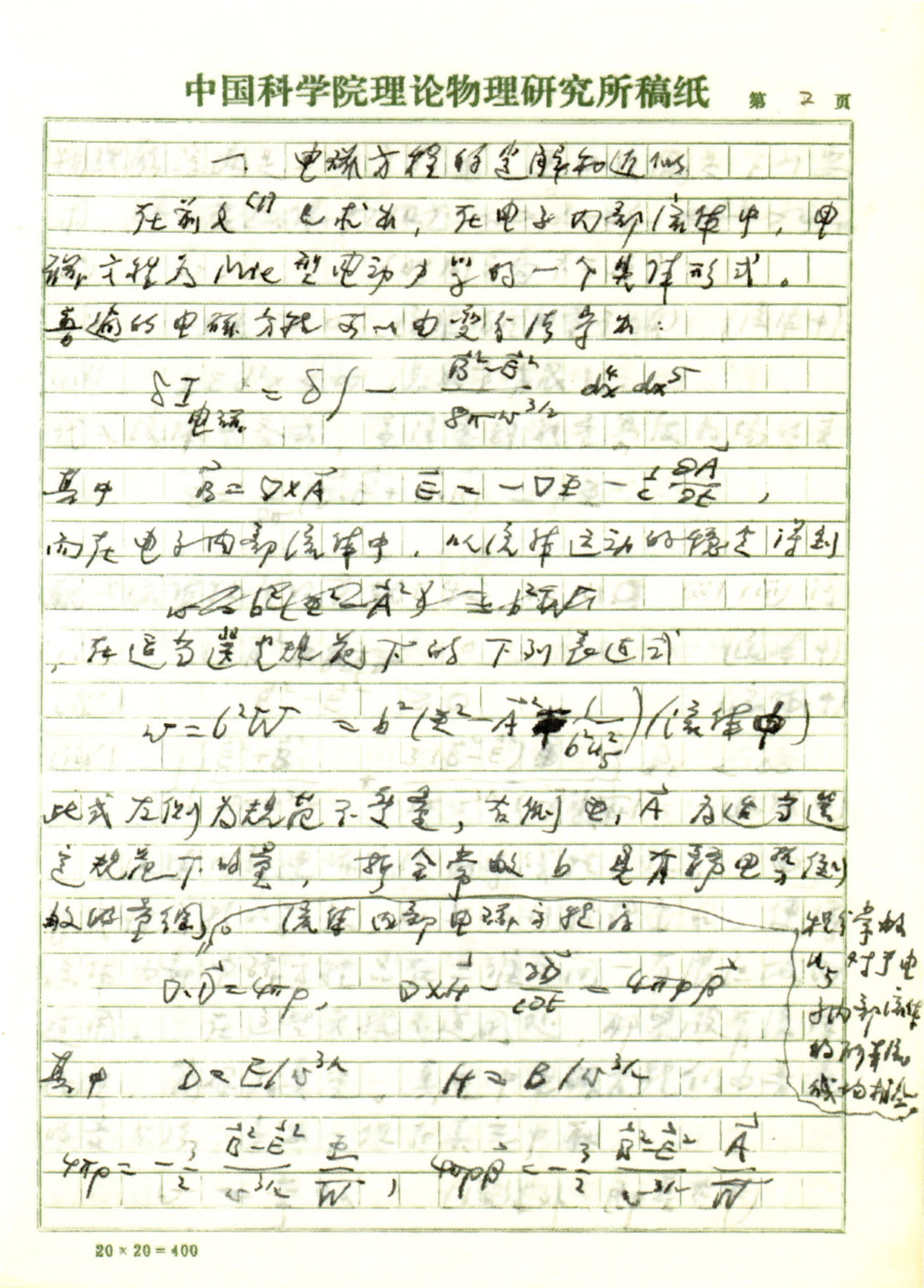
中国科学院理论物理研究所稿纸 第 2 页

20 × 20 = 400

图为彭桓武《五维空间中流体电子的电磁结构》论文手稿。

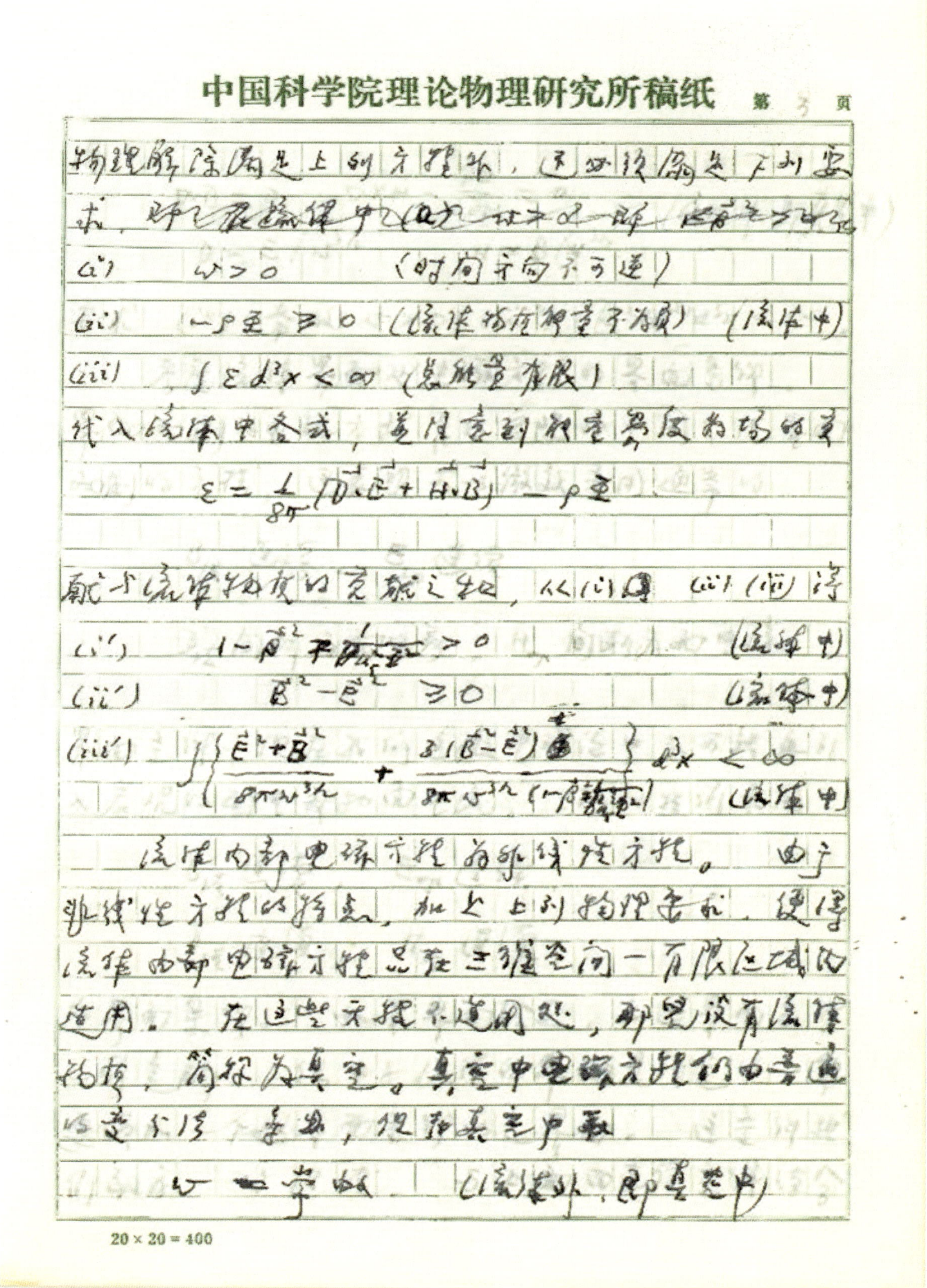
中国科学院理论物理研究所稿纸 第 页

物理解除满足上列方程外，还必须满足下列要求，即在流体中(及)其外的一部，必须是：

(i) $\omega > 0$ （时间方向不可逆）

(ii) $-\rho\Phi \geq 0$ （流体物质能量不为负）（流体中）

(iii) $\int \varepsilon \, d^3x < \infty$ （总能量有限）

代入流体中各式，并注意到物质密度为场的函数

$$\varepsilon = \frac{1}{8\pi}(\vec{D}\cdot\vec{E} + \vec{H}\cdot\vec{B}) - \rho\Phi$$

(i') $1 - \vec{B}^2 \ldots > 0$ （流体中）

(ii') $\vec{B}^2 - \vec{E}^2 \geq 0$ （流体中）

(iii') $\int \left\{ \frac{\vec{E}^2 + \vec{B}^2}{8\pi\omega^{3/2}} + \frac{3(\vec{B}^2 - \vec{E}^2)}{8\pi\omega^{3/2}(\ldots)} \right\} d^3x < \infty$ （流体中）

流体内部电磁方程为非线性方程。由于非线性方程的特点，加上上列物理要求，使得流体内部电磁方程只在三维空间一有限区域内适用。在这些方程不适用处，那里没有流体物质，简称为真空。真空中电磁方程仍由普通的麦克斯韦方程，但在真空中取

ω = 常数 （流体外，即真空中）

20 × 20 = 400

图为彭桓武《五维空间中流体电子的电磁结构》论文手稿。

蒋锡夔

（1926 — 2017）

有机化学家。生于上海。1947年毕业于上海圣约翰大学化学系，1952年获美国华盛顿大学博士学位。1991年当选为中国科学院学部委员（院士）。曾任中国科学院上海有机化学研究所研究员。2002年获国家自然科学奖一等奖。

科学家的价值在于追求真理、追求科学，而不是追求名利。科学的思想方法，就是根据全面可靠的事实，运用所有已知的、正确的概念去寻求客观真理之正确答案。

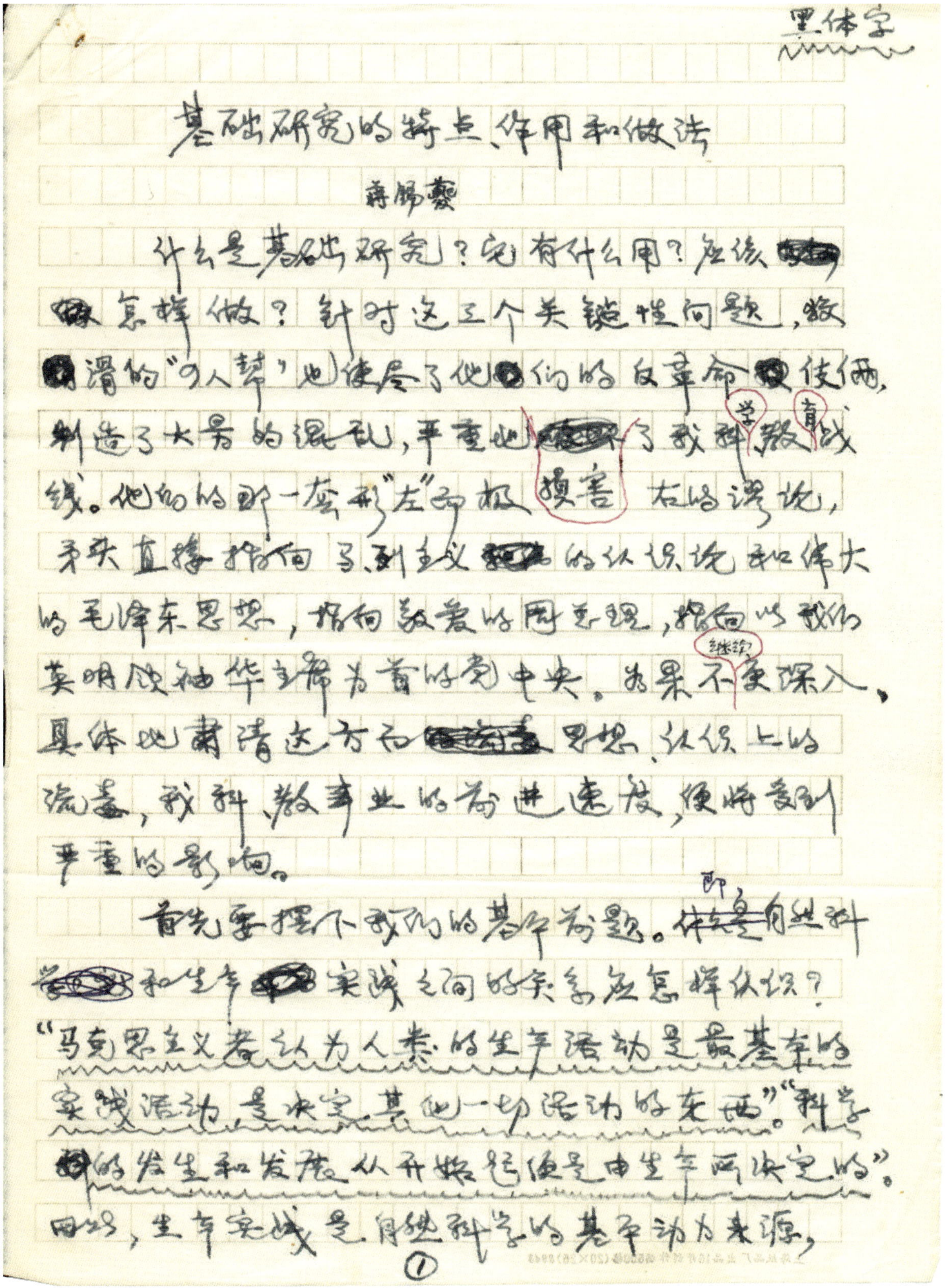
黑体字

基础研究的特点、作用和做法

蒋锡夔

什么是基础研究？它有什么用？应该怎样做？针对这三个关键性问题，狡猾的"四人帮"也使尽了他们的反革命伎俩，制造了大量的混乱，严重地损害了我科学教育战线。他们的那一套形"左"而极右的谬论，矛头直接指向了马列主义的认识论和伟大的毛泽东思想，指向敬爱的周总理，指向以英明领袖华主席为首的党中央。如果不继续深入、具体地肃清这方面思想认识上的流毒，我科、教事业的前进速度，便将受到严重的影响。

首先要提一下我们的基本前题。即自然科学和生产实践之间的关系应怎样认识？"马克思主义者认为人类的生产活动是最基本的实践活动，是决定其他一切活动的东西"。"科学的发生和发展从开始就是由生产所决定的"。因此，生产实践是自然科学的基本动力来源，

①

图为蒋锡夔《基础研究的特点、作用和做法》论文手稿，共10页。

（来源：中国科学院上海有机化学研究所）

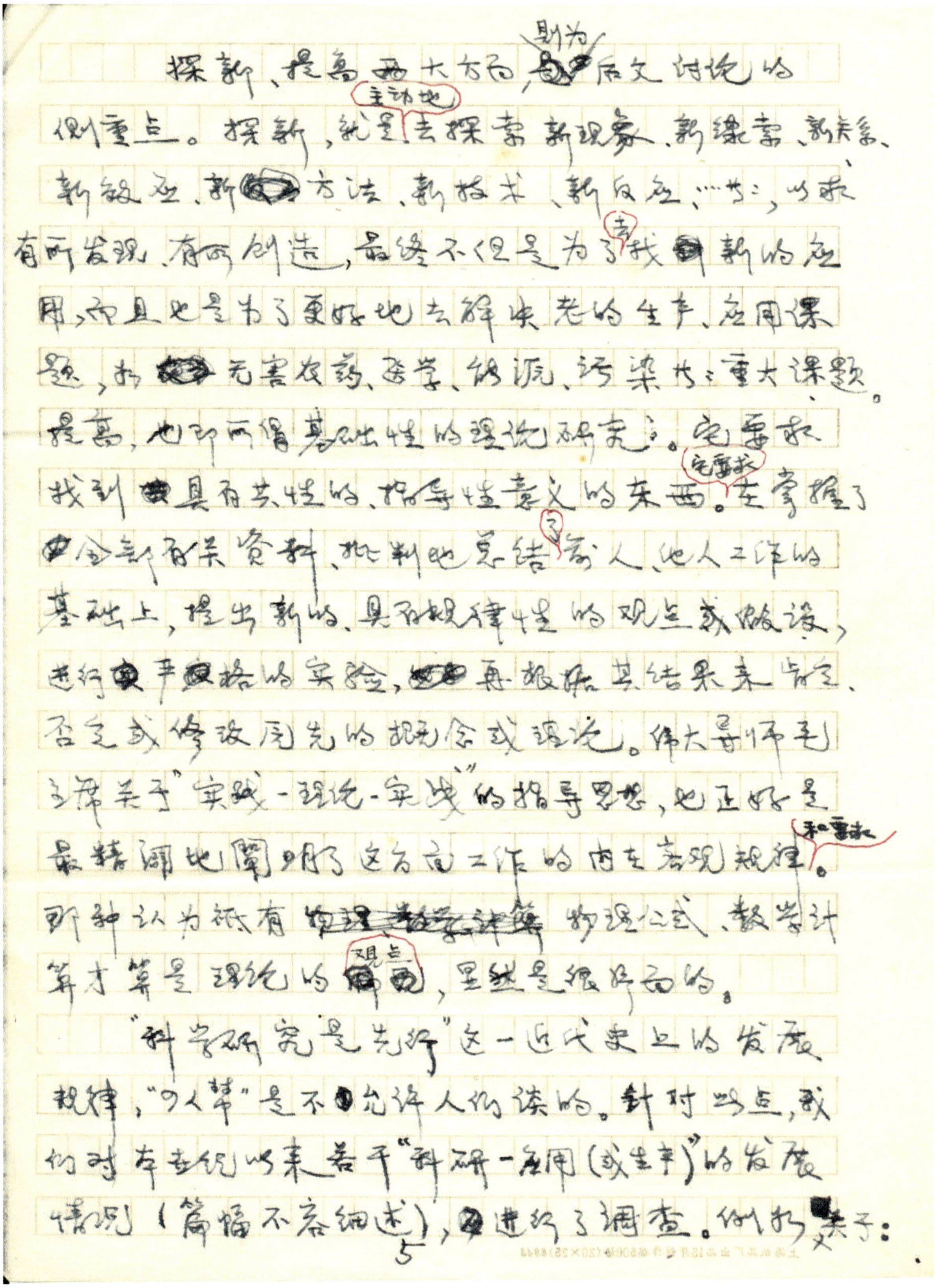

探新、提高两大方面，则为后文讨论的侧重点。探新，就是主动地去探索新现象、新线索、新关系、新领域、新方法、新技术、新反应……等等，以求有所发现，有所创造，最终不但是为了去找新的应用，而且也是为了更好地去解决老的生产、应用课题，如无害农药、医学、能源、污染等等重大课题。提高，也即所谓基础性的理论研究。它要求找到具有共性的、指导性意义的东西。在掌握了全部有关资料，批判地总结了前人、他人工作的基础上，提出新的、具有规律性的观点或假设，进行严格的实验，再根据其结果来肯定、否定或修改原先的概念或理论。伟大导师毛主席关于"实践-理论-实践"的指导思想，也正好是最精辟地阐明了这方面工作的内在客观规律和重要性。那种认为只有物理公式、数学计算才算是理论的观点，显然是很片面的。

"科学研究是先行"这一近代史上的发展规律，"四人帮"是不允许人们谈的。针对此点，我们对本世纪以来若干"科研-应用（或生产）"的发展情况（篇幅不容细述），进行了调查。例如关于：

5

图为蒋锡夔《基础研究的特点、作用和做法》论文手稿。

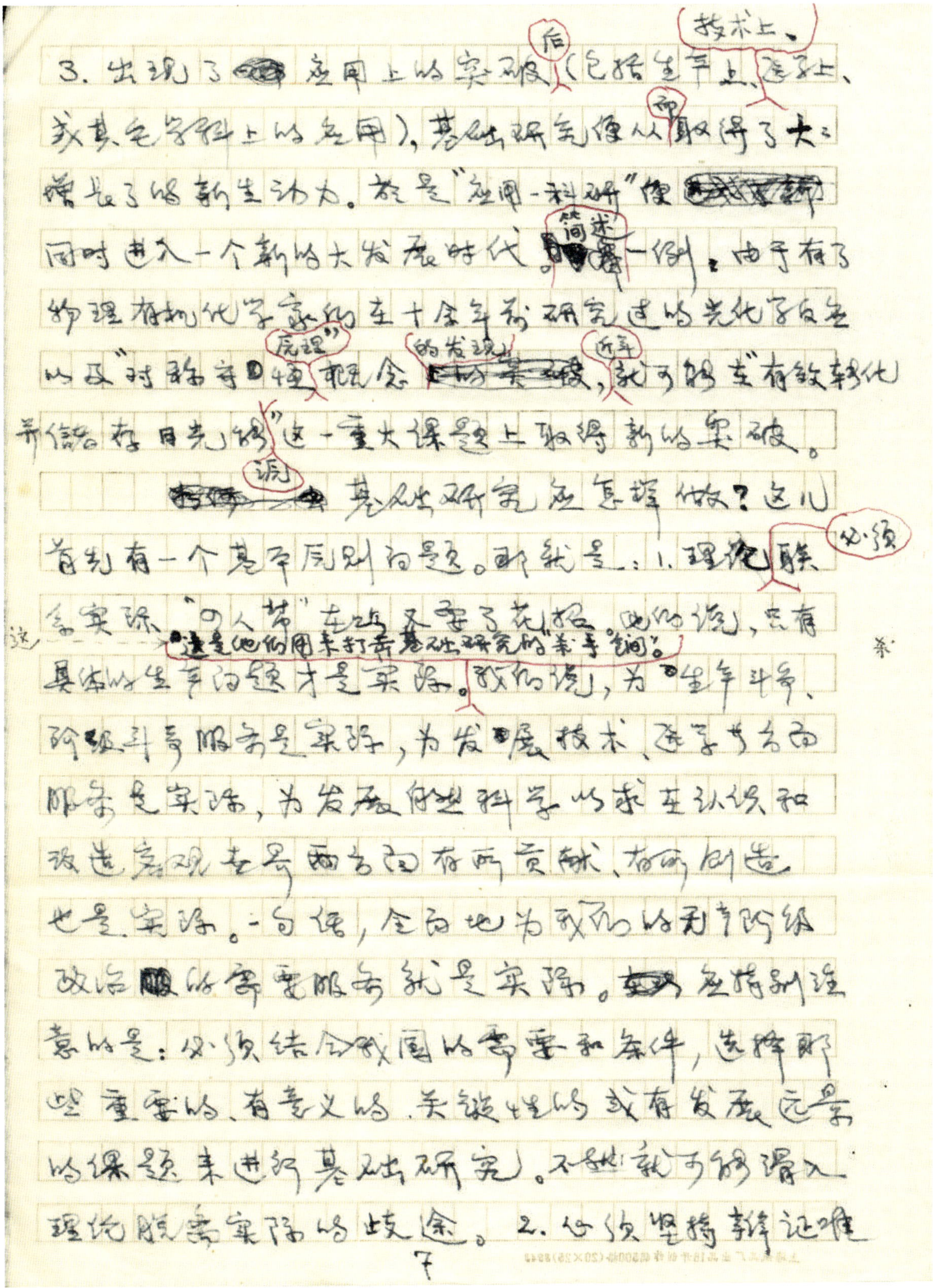
3. 出现了应用上的突破后（包括生产上、技术上、社会上或其它学科上的应用），基础研究便从而取得了大大增长了的新生动力。于是"应用-科研"便同时进入一个新的大发展时代。简述一例。由于有了物理有机化学家们在十余年前研究过的光化学反应以及"对称守恒原理"概念的发现，所以就可能在"有效转化并储存日光能"这一重大课题上取得新的突破。

基础研究应怎样做？这儿首先有一个基本原则问题。那就是：1. 理论必须联系实际。"四人帮"在这方面玩弄了花招。他们说，只有具体的生产问题才是实际。这是他们用来打击基础研究的杀手锏。我们说，为生产斗争、阶级斗争服务是实际，为发展技术、医学等方面服务是实际，为发展自然科学以求在认识和改造客观世界两方面有所贡献、有所创造也是实际。一句话，全面地为我们的无产阶级政治服务就是实际。应特别注意的是：必须结合我国的需要和条件，选择那些重要的、有意义的、关键性的或有发展远景的课题来进行基础研究。不然就可能滑入理论脱离实际的歧途。2. 必须坚持辩证唯

7

图为蒋锡夔《基础研究的特点、作用和做法》论文手稿。

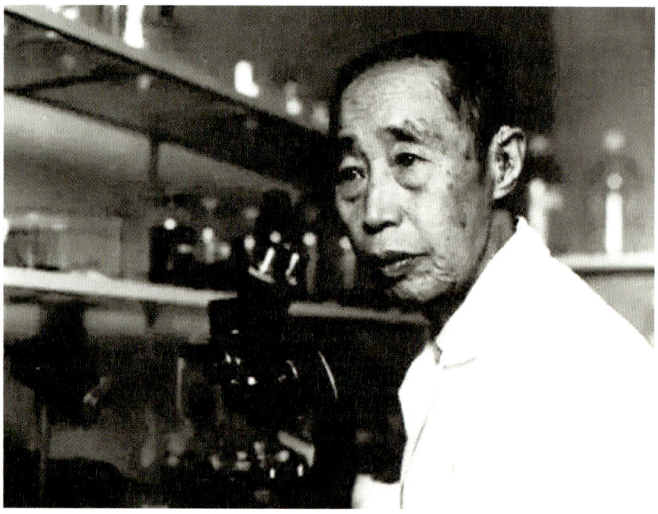

童第周

（1902 — 1979）

实验胚胎学家。生于浙江鄞县。1927年毕业于复旦大学，1930年获比利时比京大学科学博士学位。1948年当选为中央研究院院士，1955年被选聘为中国科学院学部委员（院士）。曾任山东大学副校长，中国科学院海洋研究所、动物研究所所长，中国科学院副院长等职。

科学上的许多重大突破都是由一点点细微的成绩积累起来的。

一分时间、一分成果，对科学工作者来说，就不是一天八小时，而是寸阴必珍，寸阴必争。

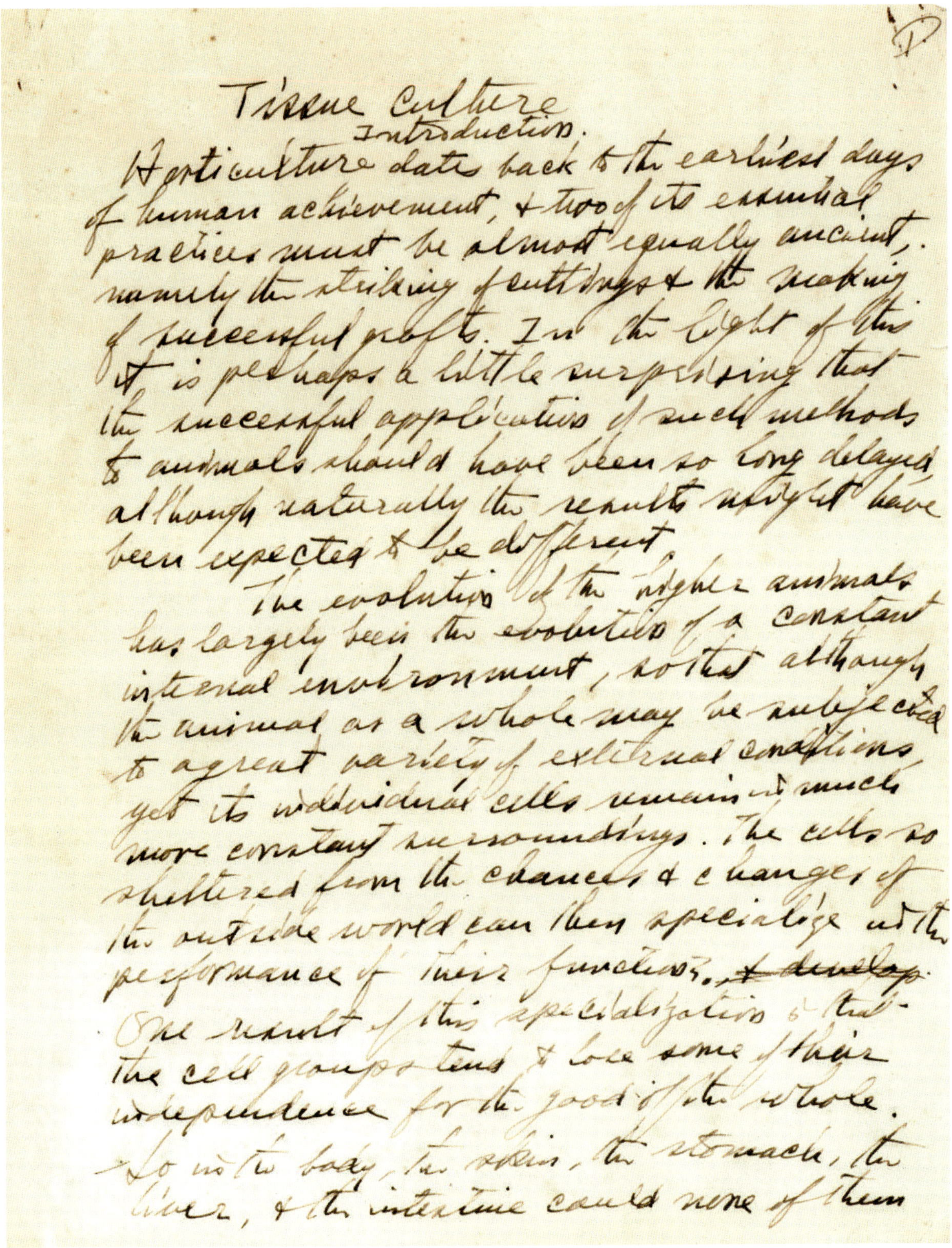

Tissue Culture

Introduction.

Horticulture dates back to the earliest days of human achievement, & two of its essential practices must be almost equally ancient, namely the striking of cuttings & the making of successful grafts. In the light of this it is perhaps a little surprising that the successful application of such methods to animals should have been so long delayed although naturally the results might have been expected to be different.

The evolution of the higher animals has largely been the evolution of a constant internal environment, so that although the animal as a whole may be subjected to a great variety of external conditions yet its individual cells remain in much more constant surroundings. The cells so sheltered from the chances & changes of the outside world can then specialize in the performance of their functions. ~~& develop~~ One result of this specialization is that the cell groups tend to lose some of their independence for the good of the whole. So in the body, the skin, the stomach, the liver, & the intestine could none of them

图为童第周《生物组织培养》论文英文手稿，共14页。

（来源：中国科学院海洋研究所）

(6)

Unorganized Growth

I) Culture Methods.

(a) Hanging-drop Technique

Tissues, when removed from the animal and placed in suitable media such as blood plasma, serum, lymph & physiological salt solutions, such as those known as Ringer-Locke, Tyrode, or Pannet & Compton solutions, display varying degrees of activity.

In the simplest technique, a fragment of tissue, generally less than one millimetre in diameter, is placed in a drop of medium on a coverslip, which is then inverted over a hollow-ground microscope slide & sealed off with vaseline or paraffin-wax before being placed in an incubator to maintain the tissue at the normal temperature of the animal body. This is the standard hanging-drop technique & has perhaps been the most widely used, although it is beset with many serious limitations.

~~b) Flask Technique.~~

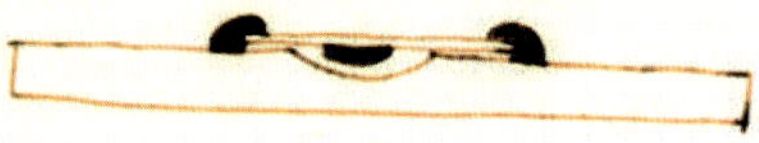

图为童第周《生物组织培养》论文英文手稿。

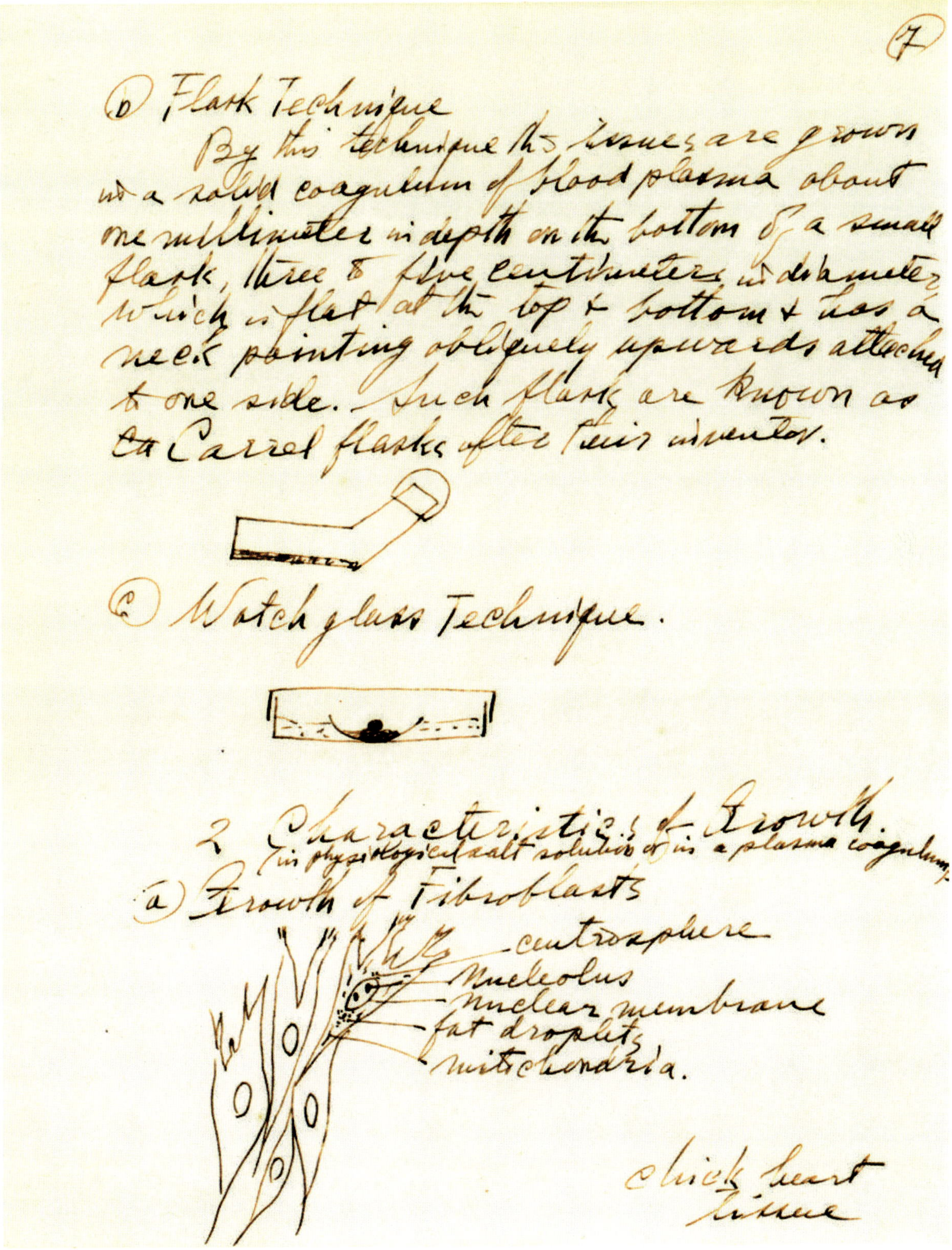

(7)

b) Flask Technique

By this technique the tissues are grown in a solid coagulum of blood plasma about one millimeter in depth on the bottom of a small flask, three to five centimeters in diameter which is flat at the top & bottom & has a neck pointing obliquely upwards attached to one side. Such flask are known as Ca Carrel flasks after their inventor.

c) Watch glass Technique.

2 Characteristics of Growth.
(in physiological salt solution or in a plasma coagulum)

a) Growth of Fibroblasts

图为童第周《生物组织培养》论文英文手稿。

谢家麟

（1920 — 2016）

加速器物理学家。生于黑龙江哈尔滨。1943年毕业于燕京大学物理系，1951年获美国斯坦福大学博士学位。1980年当选为中国科学院学部委员（院士）。曾任中国科学院高能物理研究所研究员、副所长，北京正负电子对撞机工程经理等职。获2011年度国家最高科学技术奖。

科学王国大公无私。人的能力有高低，成就有大小，但一分耕耘一分收获，一分努力一分成果，这是永远如此的。

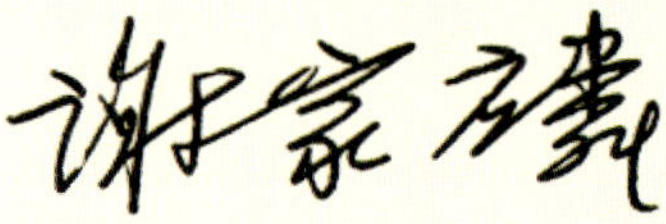

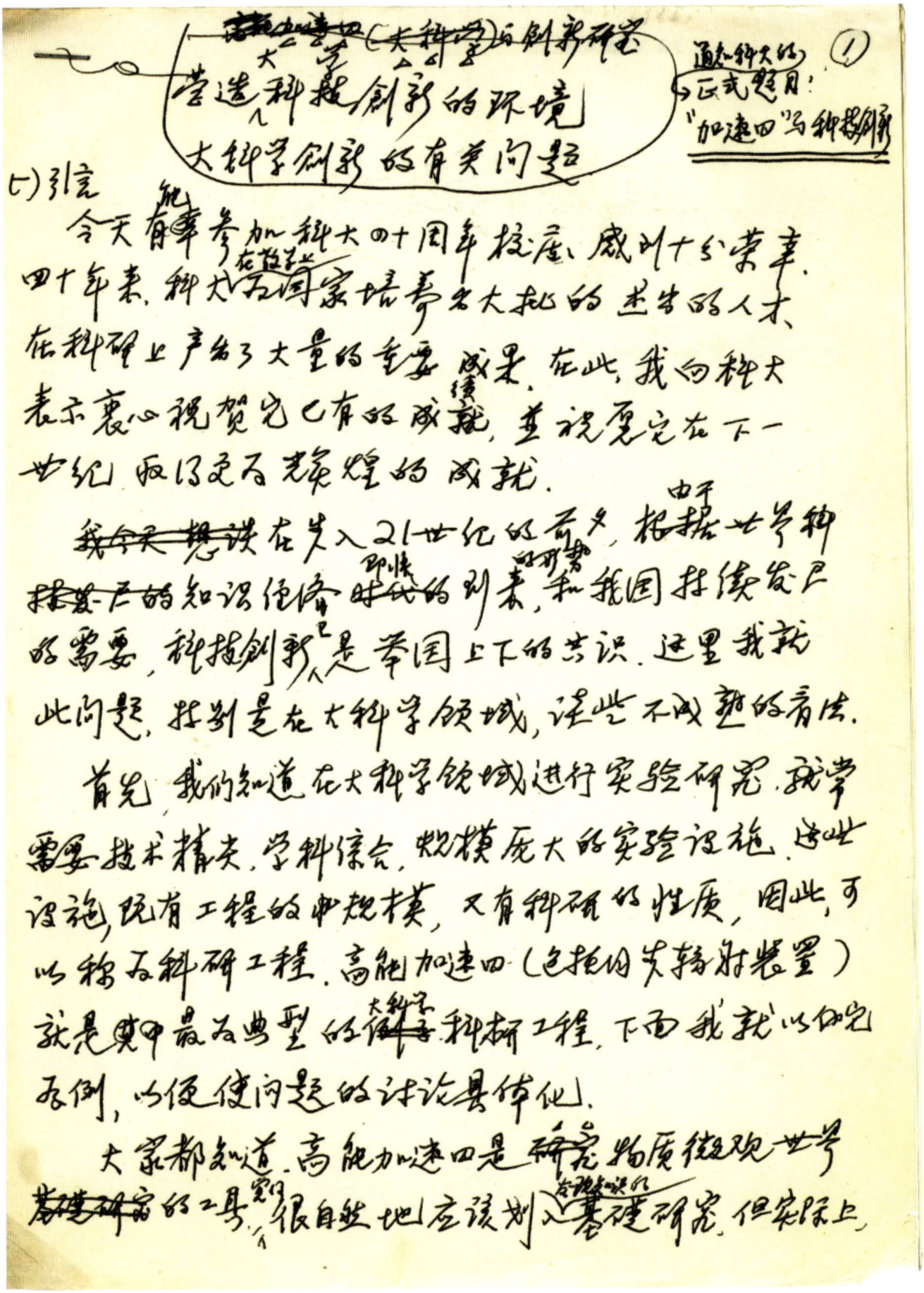

图为谢家麟1998年参加中国科学技术大学四十周年校庆时所作的《加速器与科技创新》报告手稿，共7页。 （来源：中国科学院高能物理研究所）

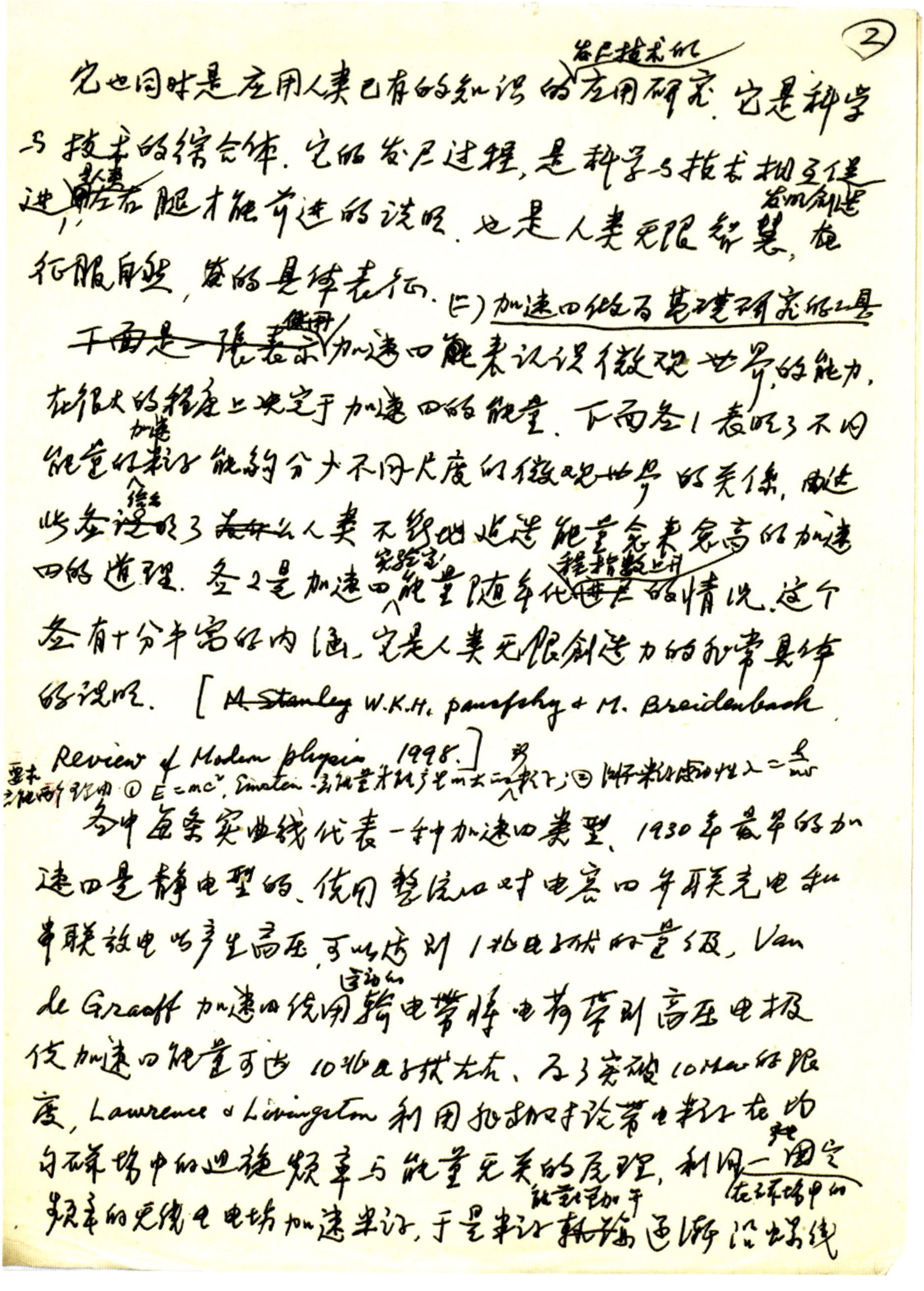

②

它也同时是应用人类已有的知识发展技术的应用研究。它是科学与技术的综合体。它的发展过程，是科学与技术相互促进，交替前进才能前进的说明。也是人类无限智慧发明创造，征服自然，发的具体表征。（二）加速器作为基础研究的工具

~~下面是一张表示~~使用加速器能来认识微观世界的能力，在很大的程度上决定于加速器的能量。下面表1表明了不同能量的加速粒子能够分辨不同尺度的微观世界的关系。这些表综合说明了~~人~~人类不断地追求能量愈来愈高的加速器的道理。表2是加速器实验室能量随年代~~发展~~的情况。这个表有十分丰富的内涵，它是人类无限创造力的非常具体的说明。[~~M. Stanley~~ W.K.H. Panofsky & M. Breidenbach. Review of Modern Physics 1998.]

要求高能的理由 ① $E=mc^2$，Einstein 当能量大…… ② 测不准原理 $\lambda=\frac{h}{mv}$

表中每条实曲线代表一种加速器类型，1930年最早的加速器是静电型的，使用整流器对电容器并联充电和串联放电以产生高压，可以达到1兆电子伏的量级，Van de Graaff 加速器使用运动的输电带将电荷带到高压电极，使加速器能量可达10兆电子伏左右。为了突破10MeV的限度，Lawrence & Livingston 利用拉摩尔旋带电粒子在均匀磁场中的回旋频率与能量无关的原理，利用一个固定在磁场中的频率的交变电场加速粒子，于是粒子能量逐渐加大沿螺线

图为谢家麟《加速器与科技创新》报告手稿。

手稿

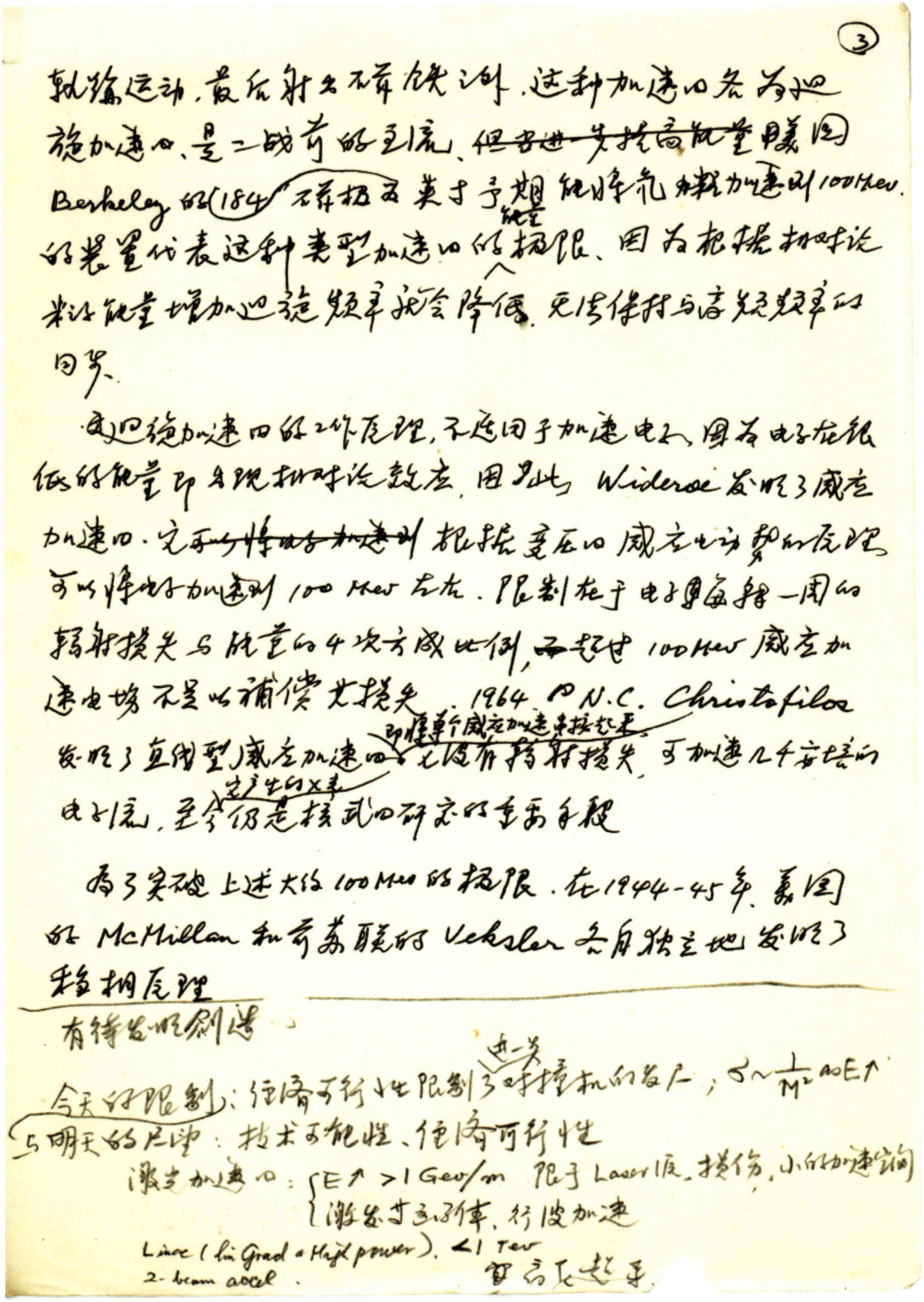
③

轨道运动，最后射出打靶使用。这种加速器名为回旋加速器，是二战前的主流。~~但要进一步提高能量~~ 美国 Berkeley 的磁极为(184")英寸的能将氘粒加速到100 Mev 的装置代表这种类型加速器的能量极限，因为根据相对论粒子能量增加回旋频率就会降低，无法保持与高频频率的同步。

回旋加速器的工作原理，不适用于加速电子，因为电子在很低的能量即出现相对论效应，因此 Wideroe 发明了感应加速器。它~~可以将电子加速到~~根据变压器感应电动势的原理可以将电子加速到 100 Mev 左右。限制在于电子每旋转一周的辐射损失与能量的4次方成比例，~~而~~超过 100 Mev 感应加速电场不足以补偿其损失。1964 年 N.C. Christofilos 发明了直线型感应加速器（即很多个感应加速串接起来），它没有辐射损失，可加速几千安培的电子流，至今仍是核武器研究的重要手段（它产生的X光）。

为了突破上述大约 100 Mev 的极限，在 1944-45 年，美国的 McMillan 和前苏联的 Veksler 各自独立地发明了稳相原理

有待发明创造

今天的限制：经济可行性限制了进一步对撞机的发展；$\sigma \sim \frac{1}{M^2}$ ∝ E↑

明天的尺度：技术可能性、经济可行性

激光加速器：{ E↑ >1 Gev/m 限于 Laser 源、损伤、小的加速空间；激光等离子体、行波加速 }

Linac (hi Grad & High power)，<1 Tev

2-beam accel.

留给后起者

图为谢家麟《加速器与科技创新》报告手稿。

路甬祥

（1942—　　）

流体传动与控制专家。生于浙江宁波。1964年毕业于浙江大学，1981年获德国亚琛工业大学工程科学博士学位。1991年当选为中国科学院学部委员（院士），1994年当选为中国工程院院士。曾任浙江大学校长、中国科学院院长等职。

求是系治学之本，创新乃科技之源。

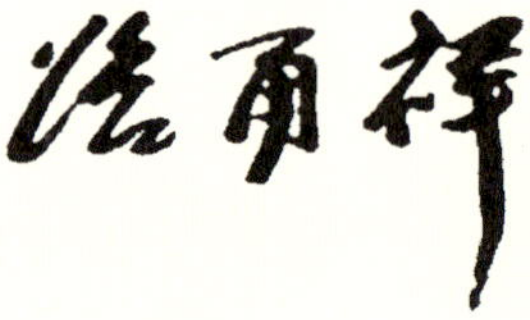

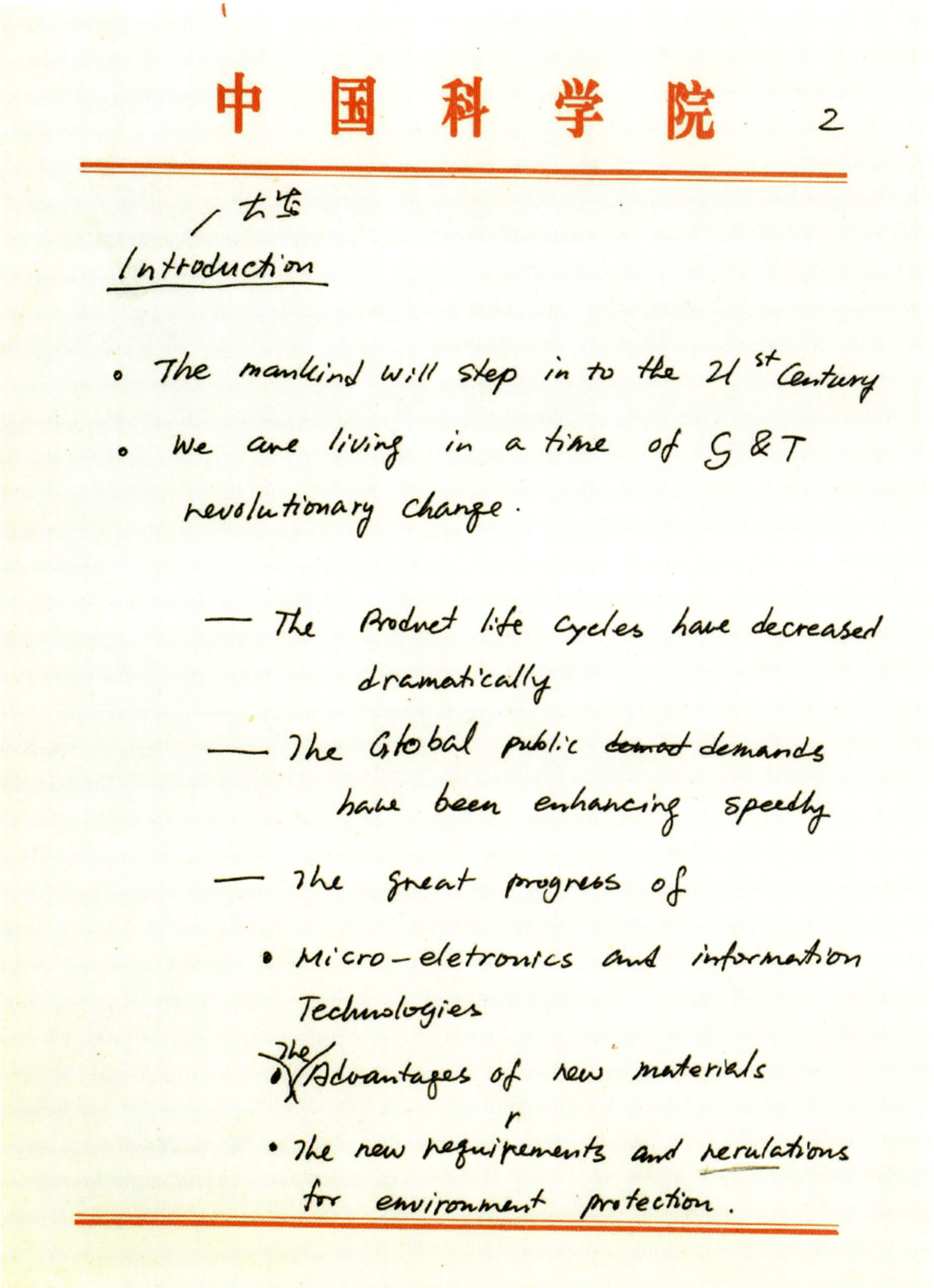

中国科学院 2

Introduction

- The mankind will step in to the 21st Century
- We are living in a time of S&T revolutionary change.
  - — The Product life cycles have decreased dramatically
  - — The Global public ~~demat~~ demands have been enhancing speedly
  - — The great progress of
    - Micro-eletronics and information Technologies
    - The Advantages of new materials
    - The new requirements and rerulations for environment protection.

图为路甬祥参加1997年杭州第四届流体传动及控制国际学术讨论会的《流体动力工程新成就与展望》论文手稿，共30页。

（来源：中国科学院档案馆）

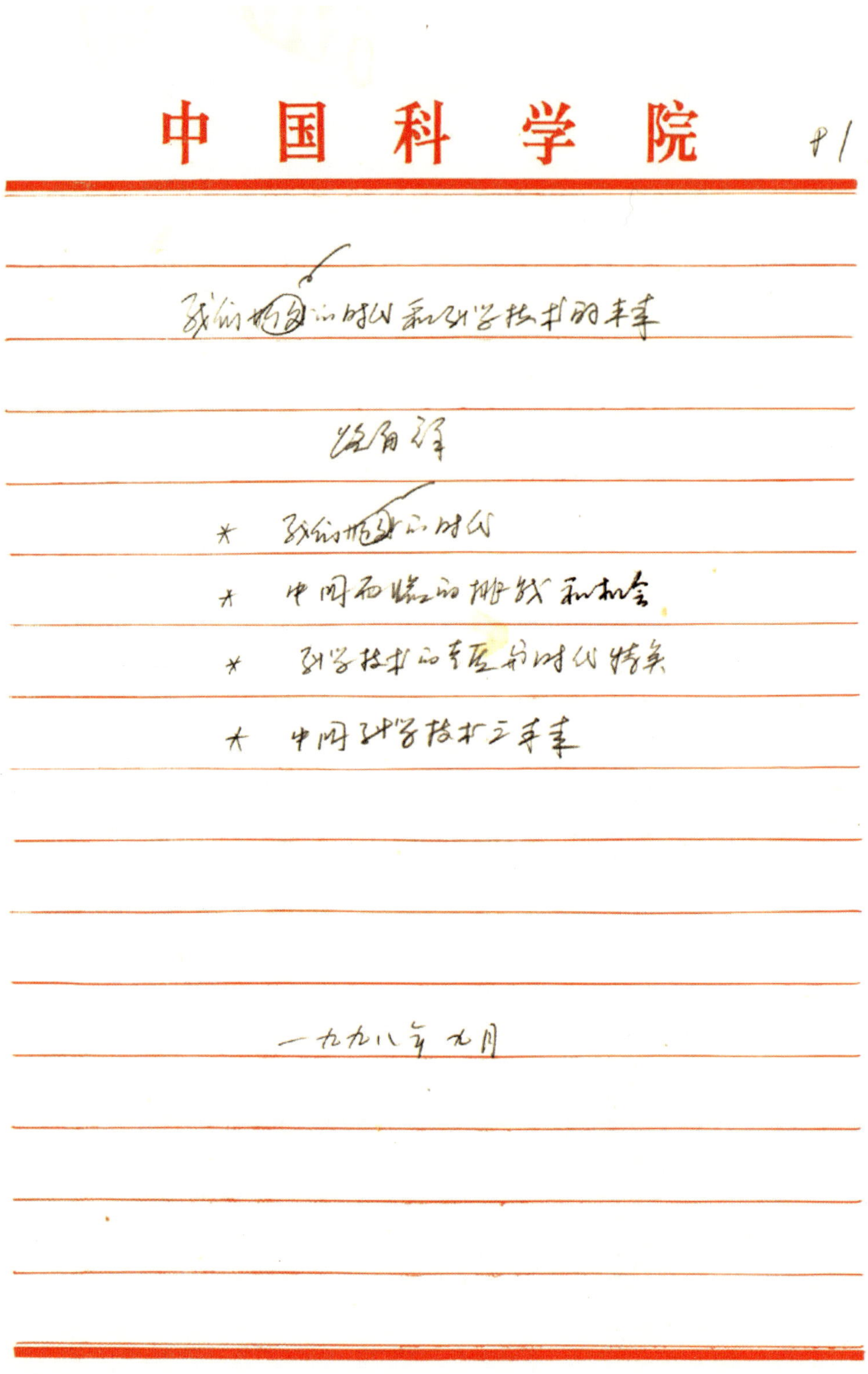
中国科学院 81

我们的时代和科学技术的未来

路甬祥

* 我们的时代
* 中国面临的挑战和机会
* 科学技术的走向与时代特点
* 中国科学技术之未来

一九九八年九月

图为路甬祥1998年9月撰写的《我们的时代和科学技术的未来》手稿，共26页。该文是纪念中国科协成立40周年“科学技术面向新世纪学术年会”特邀报告。

（来源：中国科学院档案馆）

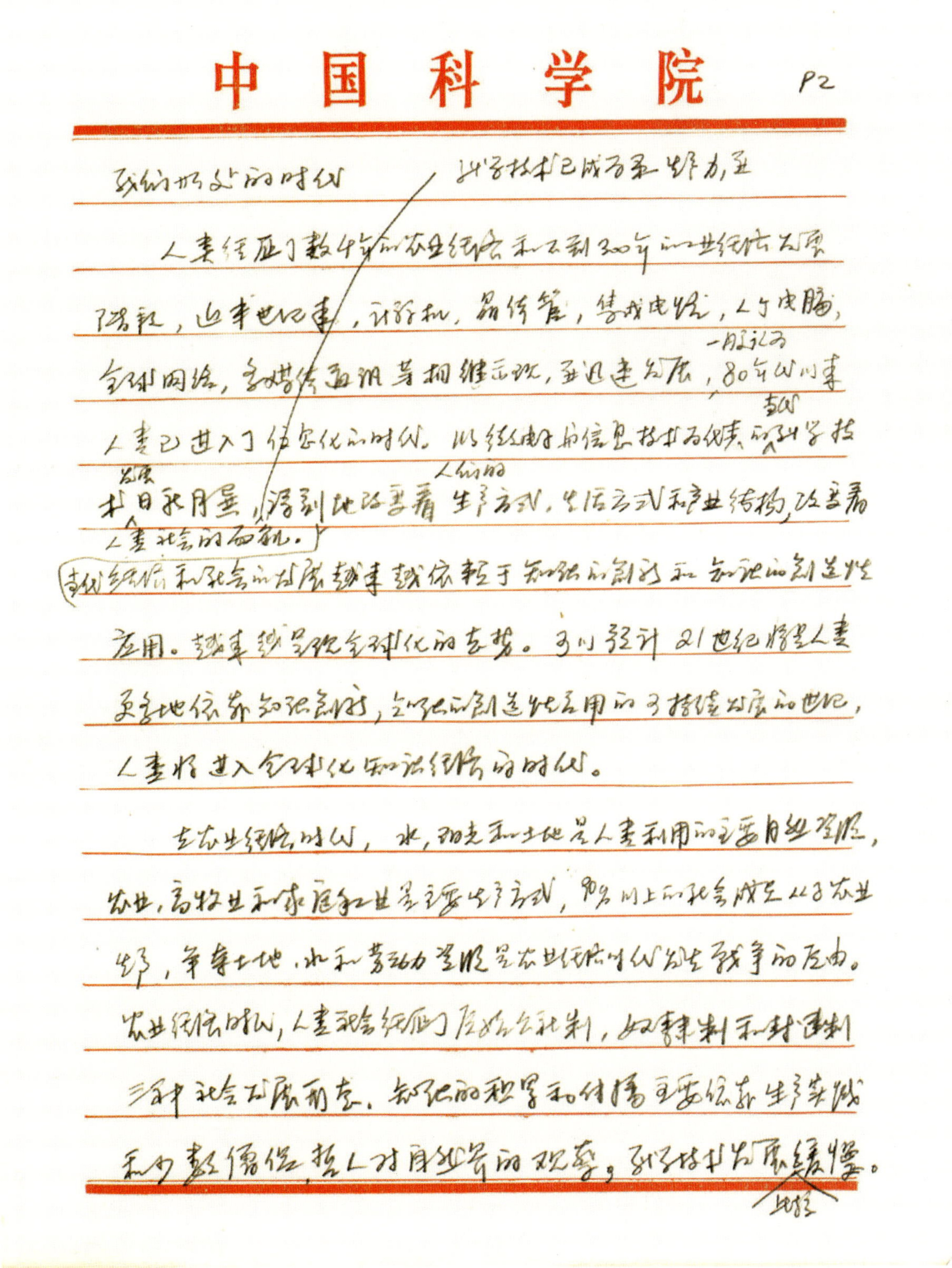
中国科学院 P2

我们所处的时代 ——科学技术已成为第一生产力，至

人类经历了数千年的农业经济和不到300年的工业经济后，

阶段，近半世纪来，计算机，晶体管，集成电路，个人电脑，全球网络，多媒体通讯等相继出现，迅速发展，80年代以来一般认为人类已进入了信息化的时代。以微电子和信息技术为代表的高新科学技术日新月异，深刻地改变着人们的生产方式、生活方式和产业结构，改变着人类社会的面貌。

当代经济和社会的发展越来越依赖于知识的创新和知识的创造性应用。越来越呈现全球化的趋势。可以预计21世纪将是人类更多地依靠知识创新，知识的创造性应用而持续发展的世纪，人类将进入全球化知识经济的时代。

在农业经济时代，水、阳光和土地是人类利用的主要自然资源，农业、畜牧业和家庭手工业是主要生产方式，90%以上的社会成员以从事农业生产，争夺土地、水和劳动力资源是农业经济时代发生战争的原由。农业经济时代，人类社会经历了原始公社制，奴隶制和封建制三种社会发展形态。知识的积累和传播主要依靠生产实践和少数僧侣、哲人对自然界的观察，科学技术发展比较缓慢。

图为路甬祥《我们的时代和科学技术的未来》手稿。

蔡邦华

（1902 — 1983）

昆虫学家。生于江苏溧阳。1923年毕业于日本鹿儿岛高等农林学校动植物科。1955年被选聘为中国科学院学部委员（院士）。曾任浙江大学农学院院长，中国科学院动物研究所研究员、副所长等职。

正确地了解和鉴定昆虫的种类，是基本的科学工作之一。这项艰巨任务，尚有待于全体昆虫工作者的共同努力。

蔡邦華

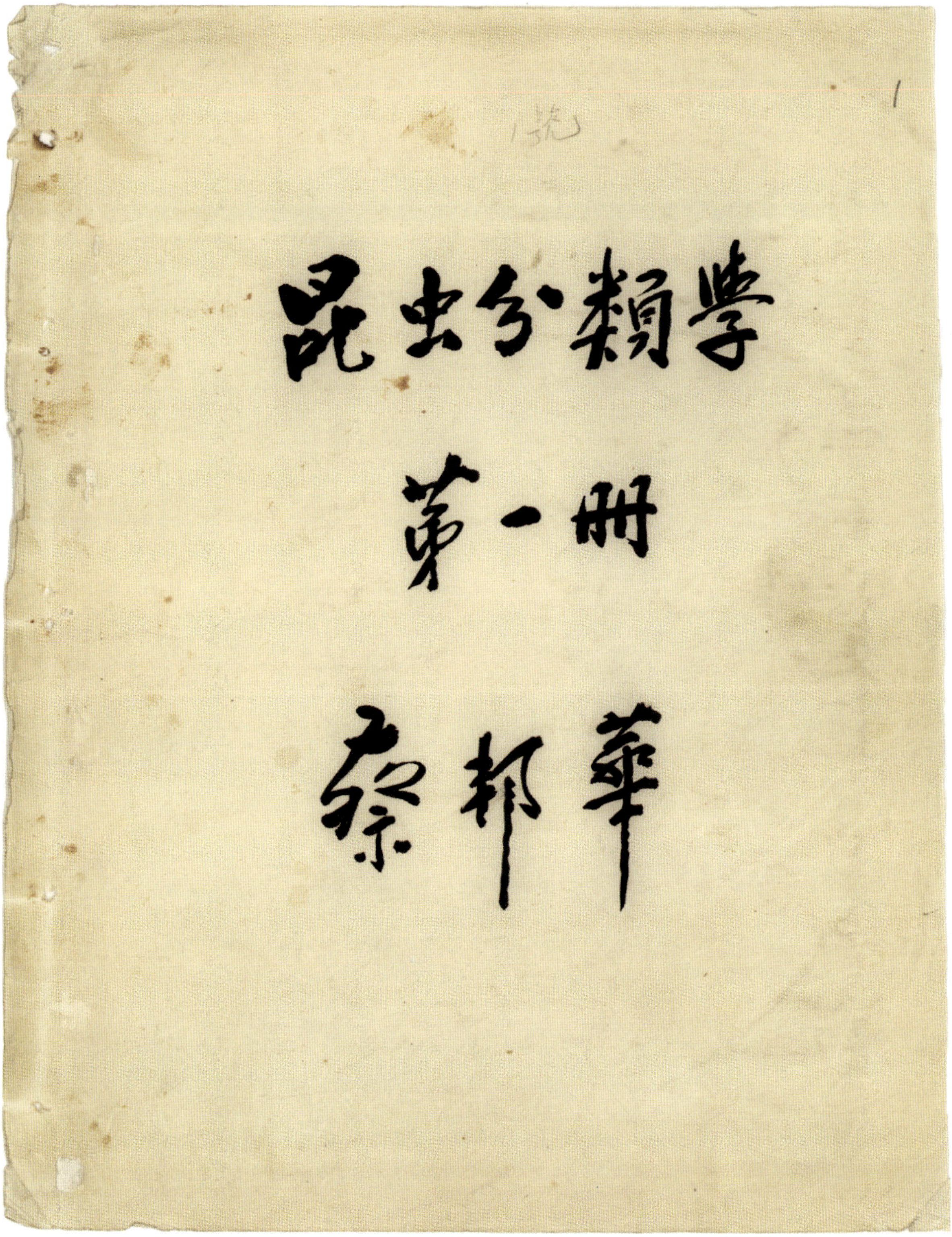

图为蔡邦华撰写的《昆虫分类学》著作手稿，共412页。该书是我国第一部昆虫分类学专著，共分为三册，分别于1956年、1973年和1985年出版。

（来源：中国科学院档案馆）

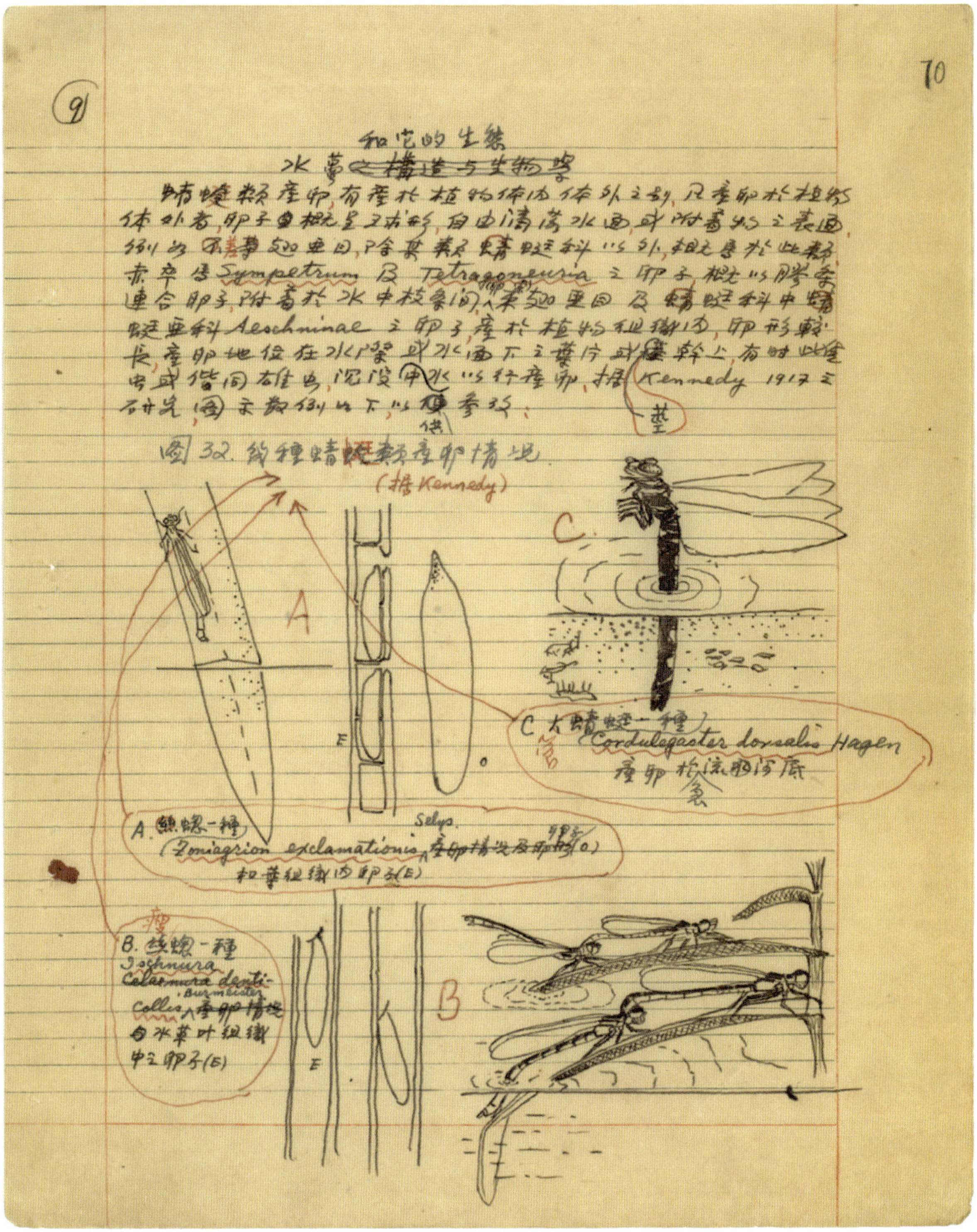

图为蔡邦华《昆虫分类学》著作手稿。

手稿

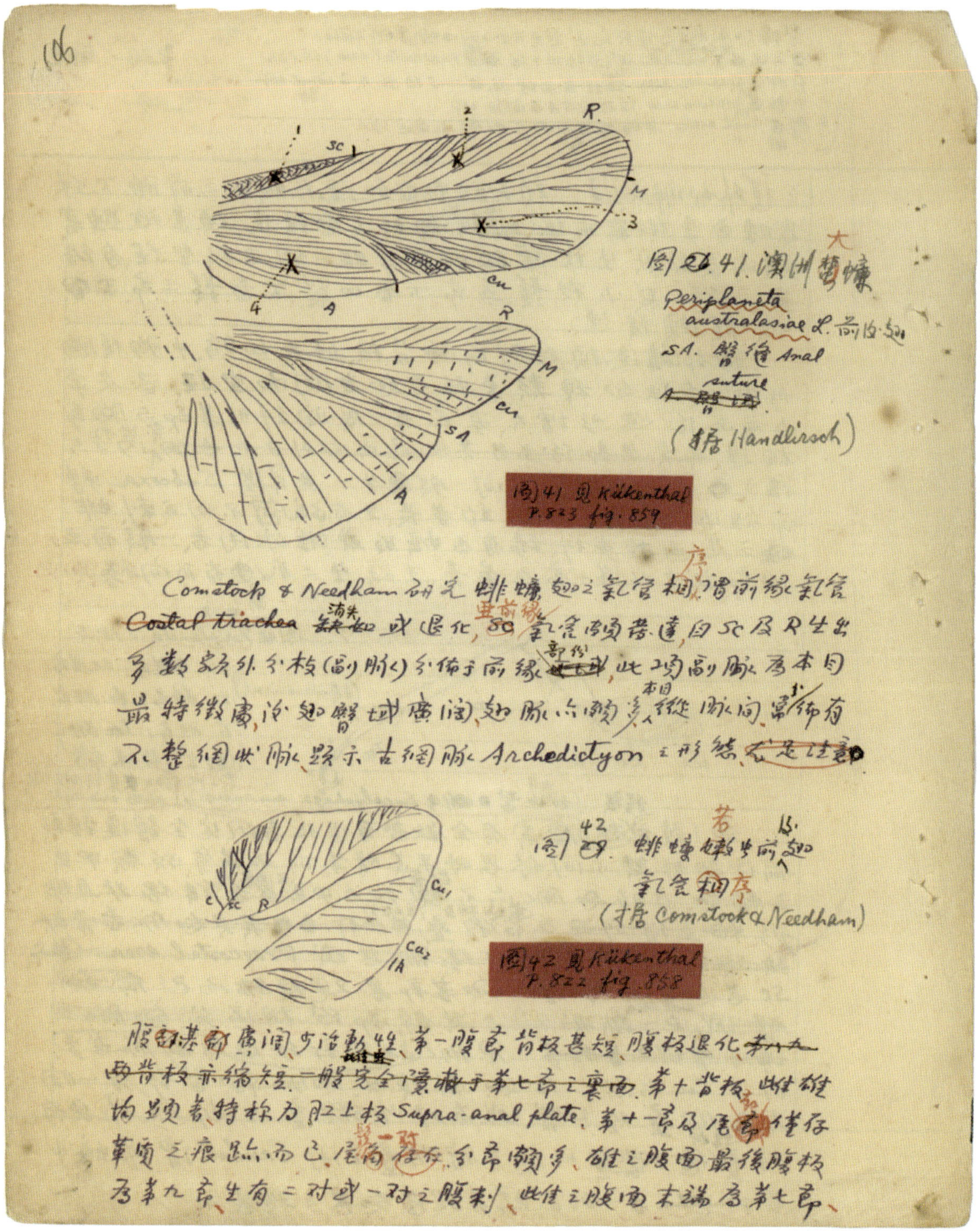

图为蔡邦华《昆虫分类学》著作手稿。

裴文中

（1904 — 1982）

史前考古学、古生物学家。生于河北丰南。1927年毕业于北京大学地质系，1937年获法国巴黎大学博士学位。1955年被选聘为中国科学院学部委员（院士）。曾任中国科学院古脊椎动物与古人类研究所研究员、北京自然博物馆馆长等职。1929年12月2日发现了中国猿人第一个头盖骨化石。

热情不能代替科学，有干劲但不能蛮干，只有把革命干劲和科学态度结合起来才会有成效。

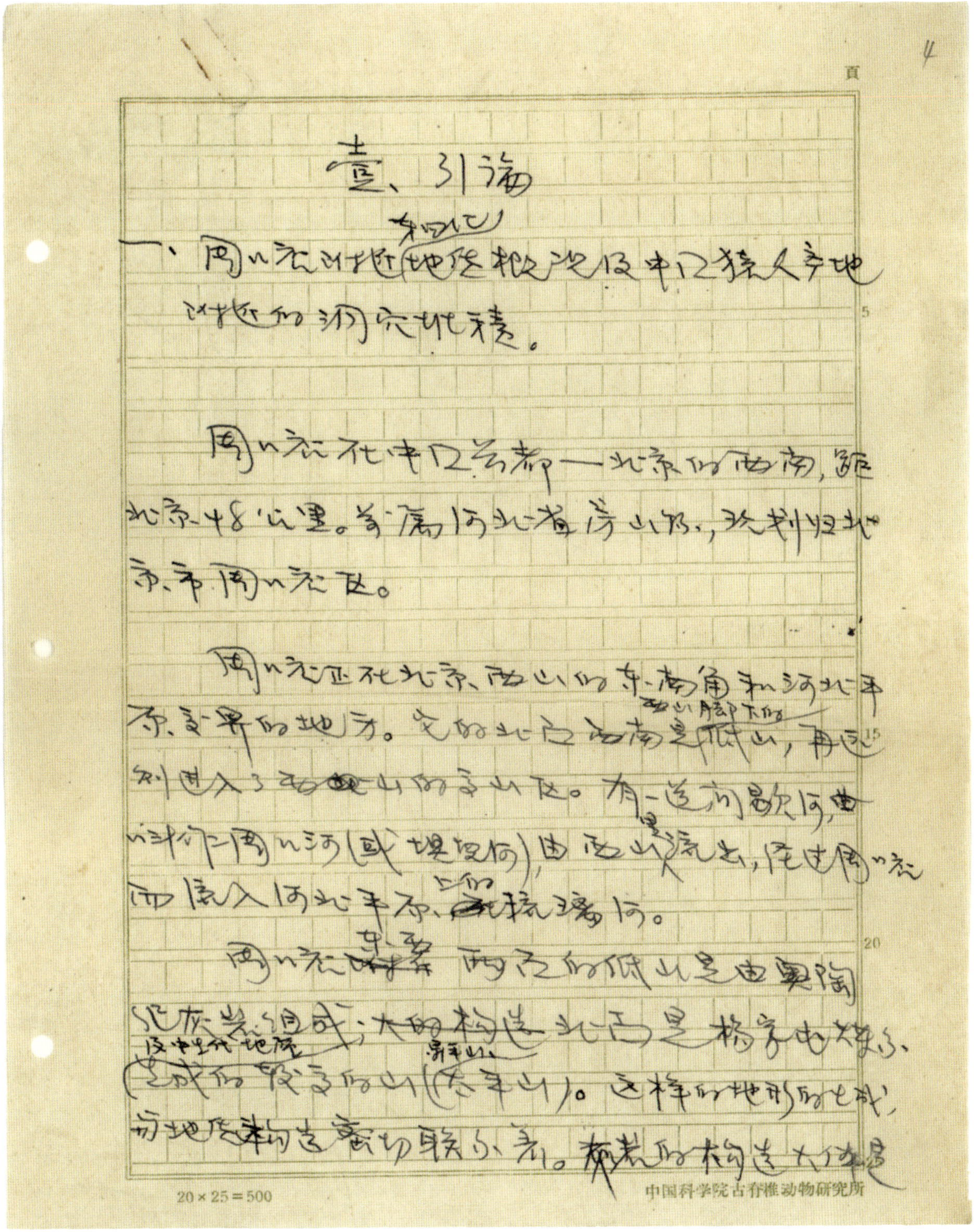
页 4

壹、引論

一、周口店附近地理和地质概况及中国猿人产地附近的洞穴堆积。

周口店在中国首都——北京的西南，距北京48公里。前属河北省房山县，现划归北京市周口店区。

周口店正在北京西山的东南角和河北平原交界的地方。它的北面和西面是西山脚下的低山，再远则进入了西山的高山区。有一道河流，曲折的流——周口河（或坝儿河），由西山里流出，经过周口店而流入河北平原上的琉璃河。

周口店东面和西面的低山是由奥陶纪灰岩组成；北面是燕山运动造成的较高的山（太平山）。这样的地形的生成，与地质构造密切联系着。较老的构造大体是

20×25=500 中国科学院古脊椎动物研究所

图为裴文中《中国猿人石器研究》“引论”手稿，共13页。该书由裴文中与张森水合著，1985年由科学出版社出版。

（来源：中国科学院档案馆）

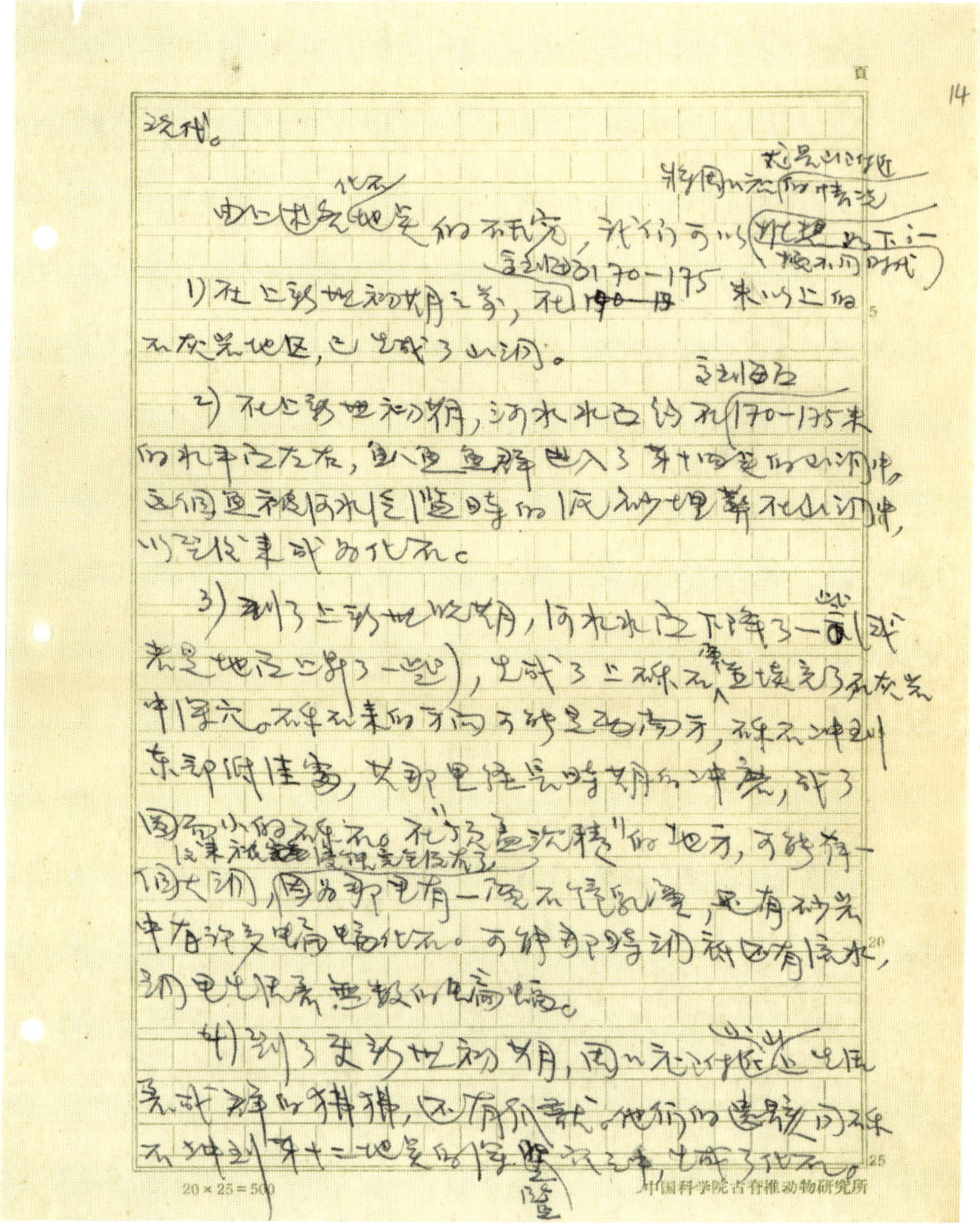
頁 14

说明。

由以上化石地点的研究，我们可以将周口店附近的情况（或是以往地质历史）[illegible]如下：

1）在上新世初期之前，在高出[illegible]170—175米以上的石灰岩地区，已生成了山洞。

2）在上新世初期，河水水面约在[illegible]170—175米的水平面左右，[illegible]鱼群游入了第十四地点的山洞中。这个鱼被河水[illegible]时的泥沙埋葬在山洞中，以后变成为化石。

3）到了上新世晚期，河水水面下降了一些（或者是地面上升了一些），生成了上[illegible]石[illegible]填充了石灰岩中洞穴。砾石来的方向可能是西南方，砾石冲到东部附近，在那里经长时期的冲磨，成了圆形的砾石。在[illegible]沉积的地方，可能有一个大洞（后来被[illegible]完全侵蚀了），因为那里有一层石[illegible]，还有砂层中有许多蝙蝠化石。可能那时洞内也有流水，洞里也住着无数的蝙蝠。

4）到了更新世初期，周口店附近[illegible]，[illegible]他们的[illegible]被砾石冲到第十二地点的[illegible]之中，生成了化石。

20×25=500　　中国科学院古脊椎动物研究所

图为裴文中《中国猿人石器研究》“引论”手稿。

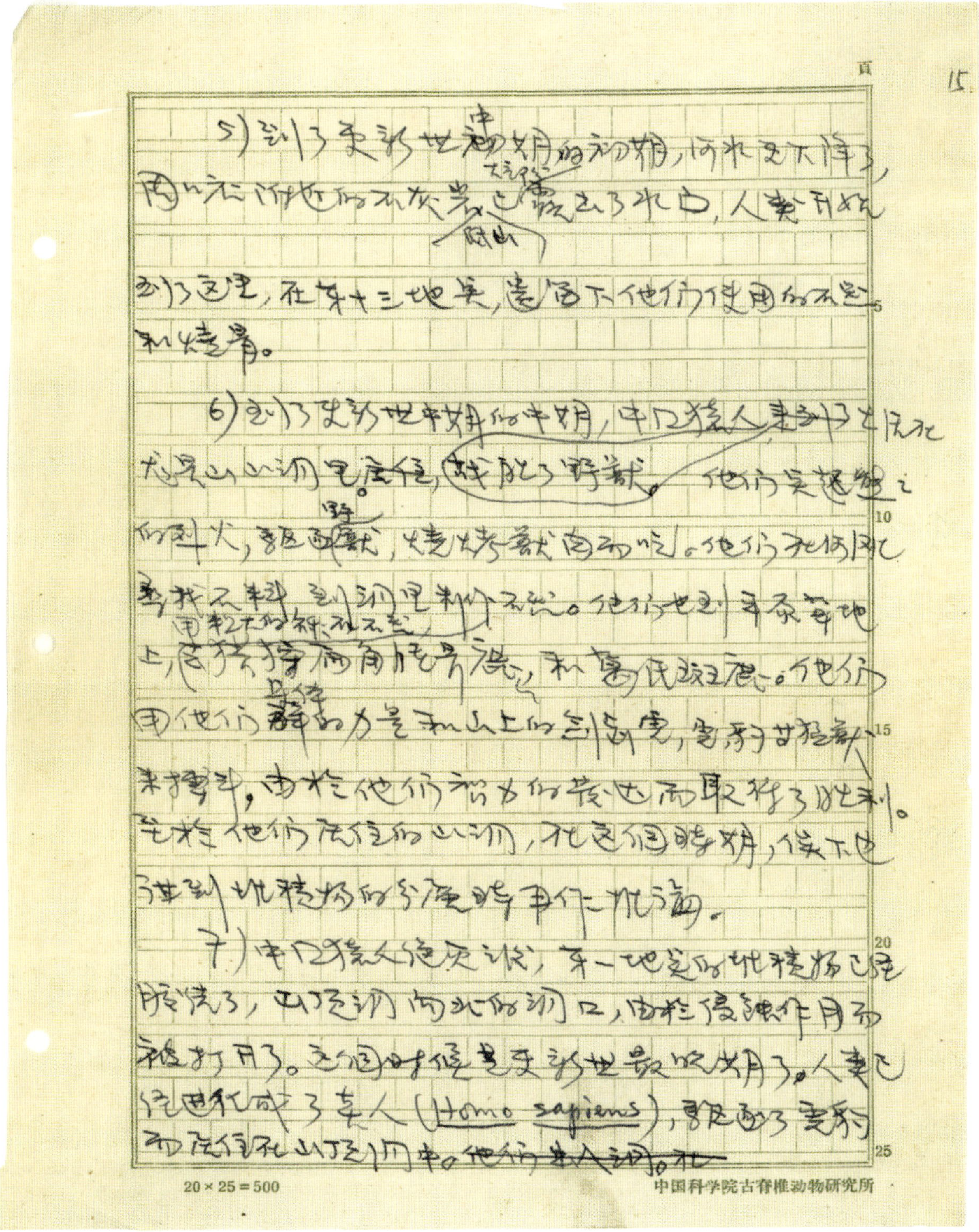

页 15

5）到了更新世中期的初期，河水更下降了，因此在附近的石灰岩洞穴露出了水面，人类开始到了这里，在第十三地点，遗留下他们使用的石器和烧骨。

6）到了更新世中期的中期，中国猿人来到了这里，住在龙骨山山洞里居住，战胜了野兽。他们实践过的利用火，驱逐野兽，烧烤兽肉而吃。他们把附近寻找石料（用粒大的砂粒石英）到洞里制作石器。他们也到平原草地上，追猎肿骨鹿和葛氏斑鹿。他们用他们集体的力量和山上的剑齿虎，鬣狗等猛兽来搏斗，由于他们智力的发达而取得了胜利。至于他们居住的山洞，在这个时期，从下也堆满到堆积物的分层时事作了描述。

7）中国猿人绝灭后，第一地点的堆积物已经胶结了，山顶洞向北的洞口，由于侵蚀作用而被打开了。这个时候是更新世最晚期了。人类已经进化成了真人（Homo sapiens），驱逐了豪猪而居住在山顶洞中。~~他们来入洞。在~~

20×25＝500 中国科学院古脊椎动物研究所

图为裴文中《中国猿人石器研究》“引论”手稿。

潘 菽

（1897 — 1988）

心理学家。生于江苏宜兴。1920年毕业于北京大学哲学系，1926年获美国芝加哥大学博士学位。1955年被选聘为中国科学院学部委员（院士）。曾任南京大学校长、中国科学院心理研究所所长等职。

求索日夕勤，所产苦太低。思以勤补拙，孜孜不多憩。老骥伏枥中，尚志在千里。

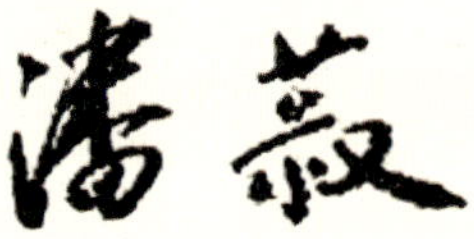

手稿

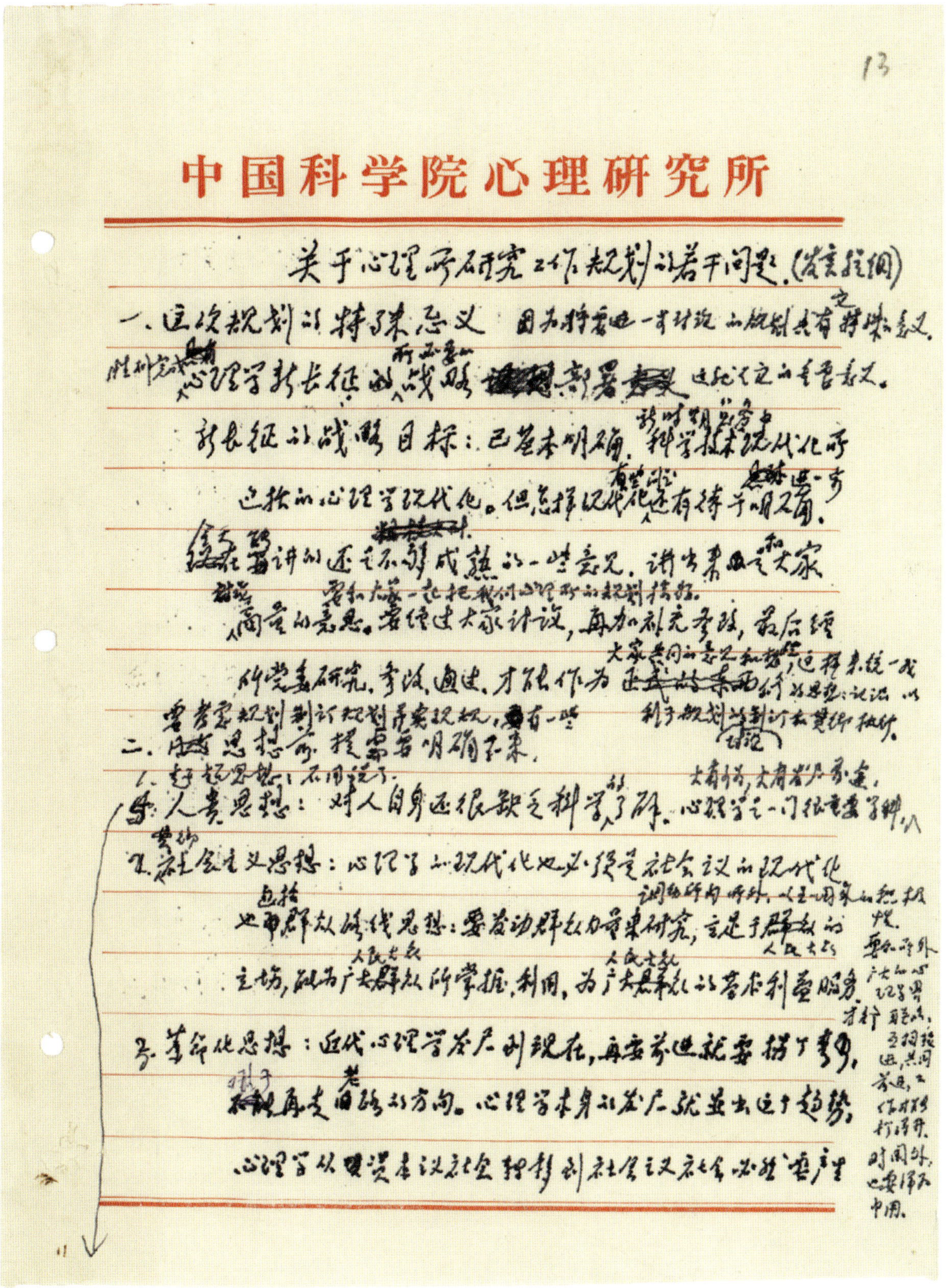
13

中国科学院心理研究所

关于心理所研究工作规划的若干问题.(发言提纲)

图为潘菽《关于心理所研究工作规划的若干问题（发言提纲）》手稿，共6页。

（来源：中国科学院档案馆）

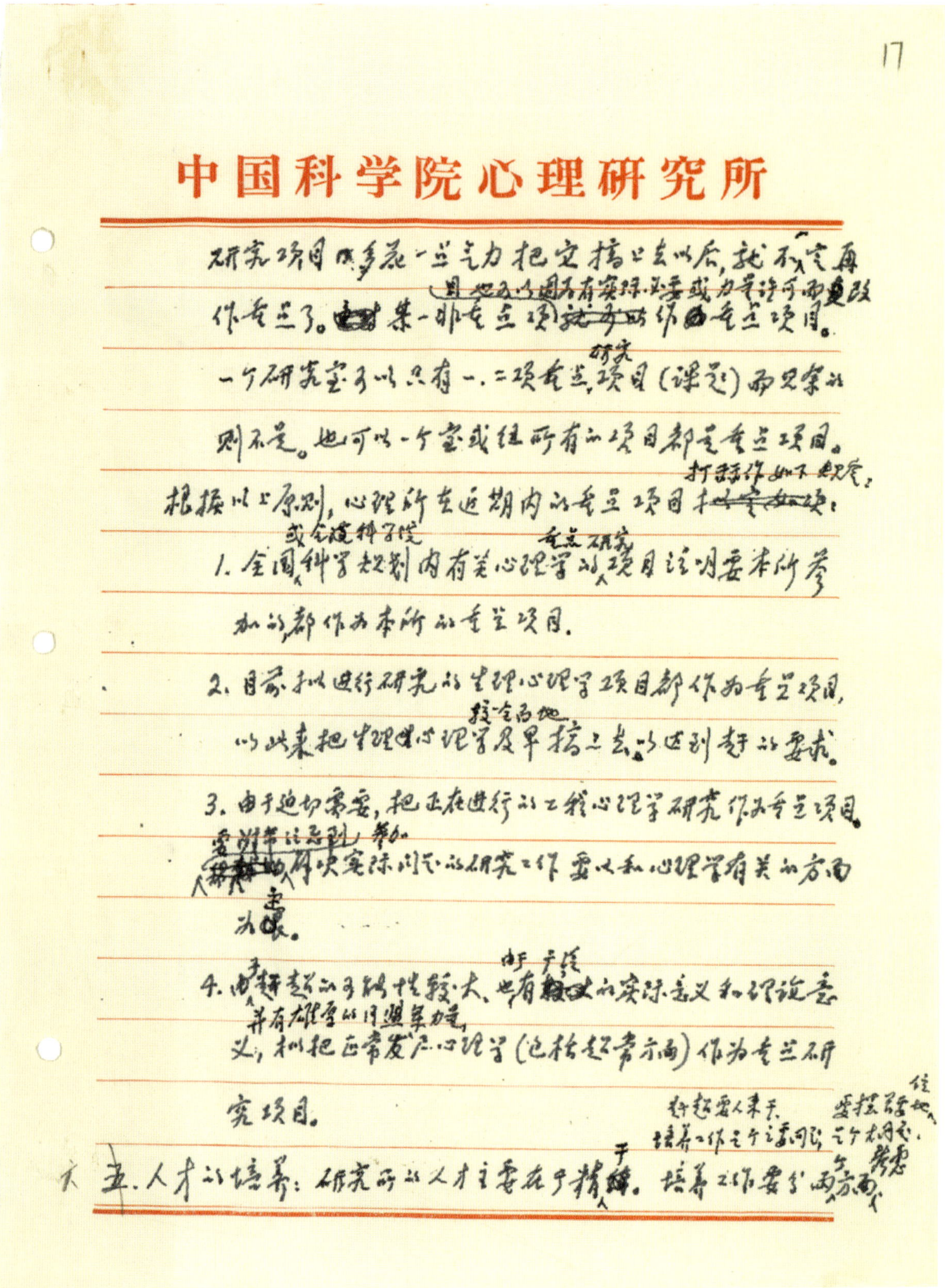

图为潘菽《关于心理所研究工作规划的若干问题（发言提纲）》手稿。

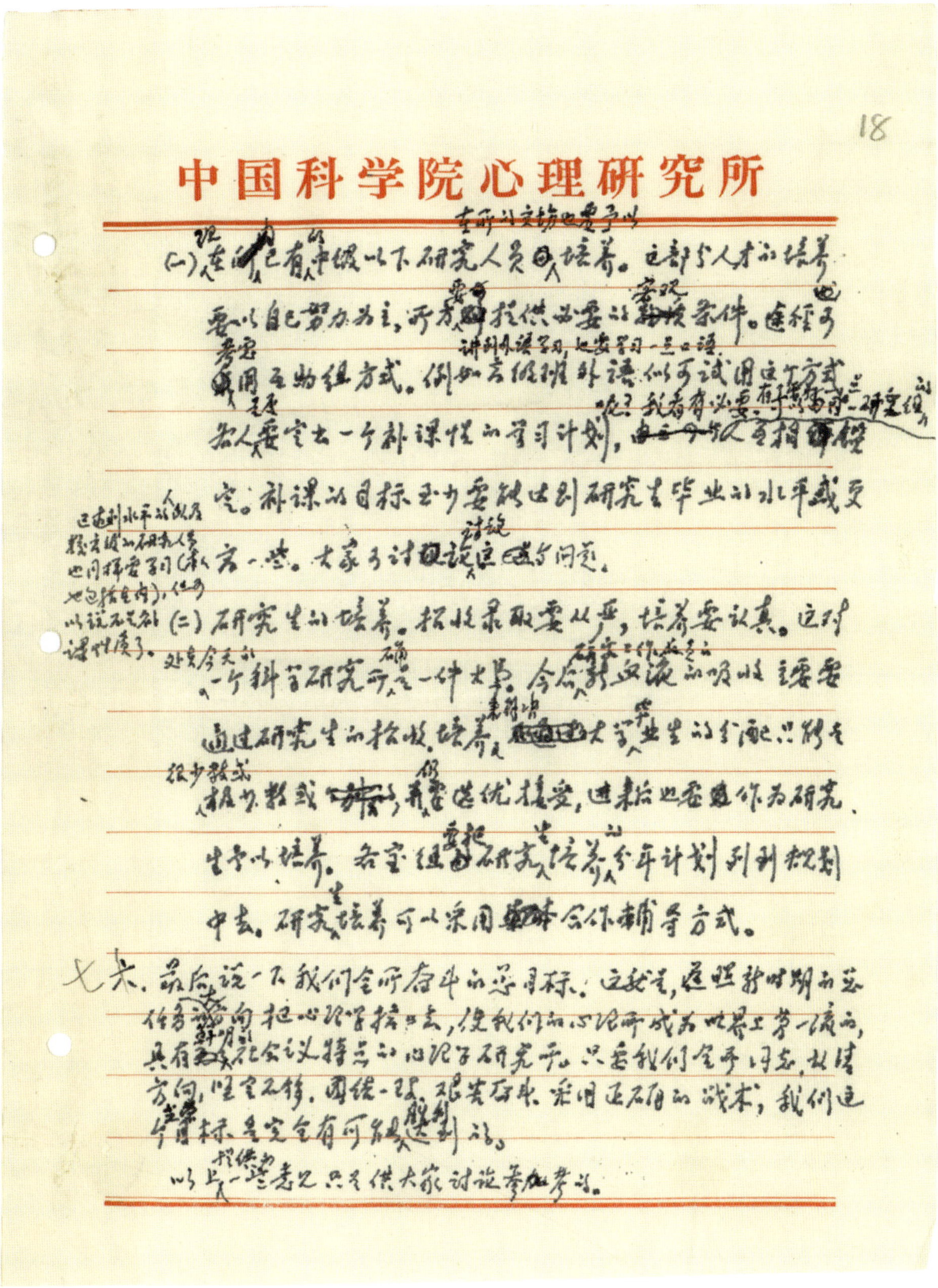
18

中国科学院心理研究所

(一) 对现已有中级以下研究人员的培养。这部分人才的培养要以自己努力为主，所方面提供必要的学习条件。这种可考虑采用互助组方式。例如英俄语外语似可试用这个方式……每人要定出一个补课性的学习计划，……研究。补课的目标至少要能达到研究生毕业的水平或更高一些。大家可讨论讨论这个问题。

(二) 研究生的培养。招收录取要从严，培养要认真。这对一个科学研究所是一件大事。今后新生力量的吸收主要要通过研究生的招收、培养。……大学毕业生的分配只能是很少数或……，并要选优择更，进来后也要当作研究生予以培养。各室组要把研究生培养分年计划列到规划中去。研究生培养可以采用集体合作辅导方式。

七. 最后谈一下我们全所奋斗的总目标。这就是，通过新时期的总任务，把心理学搞上去，使我们的心理所成为世界上第一流的，具有新时期社会主义特点的心理学研究所。只要我们全所同志，坚持方向，坚定不移，团结一致，艰苦奋斗，采用正确的战术，我们这个目标是完全有可能达到的。

以上提供的一些意见只是供大家讨论参考的。

图为潘菽《关于心理所研究工作规划的若干问题（发言提纲）》手稿。

戴芳澜

（1893 — 1973）

真菌学家。生于浙江镇海。1914年至1919年在美国威斯康星大学、康奈尔大学和哥伦比亚大学研究院留学。1948年当选为中央研究院院士，1955年被选聘为中国科学院学部委员（院士）。曾任北京农业大学教授、中国科学院微生物研究所所长等职。

常看到不足之处，学问便有进无退。

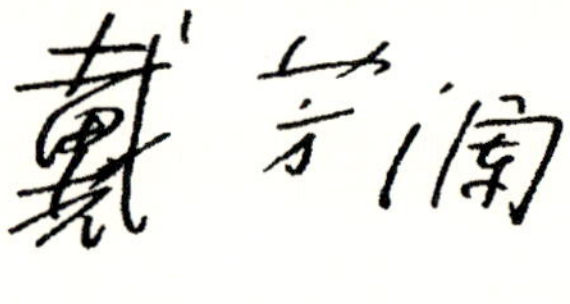

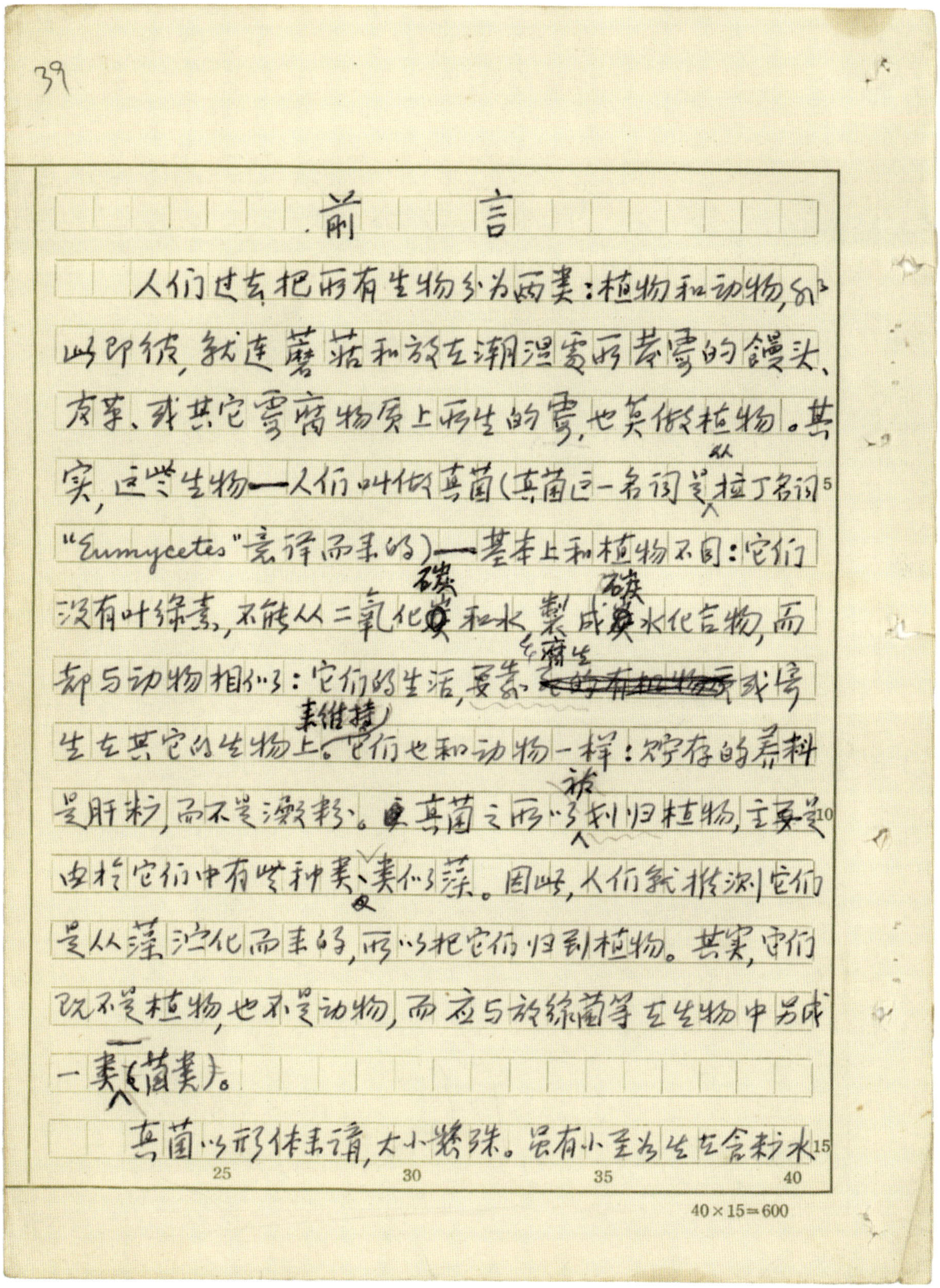
39

前言

人们过去把所有生物分为两类：植物和动物，如此区分，就连蘑菇和放在潮湿处所发霉的馒头、剩菜、或其它霉腐物质上所生的霉，也算做植物。其实，这些生物——人们叫做真菌（真菌这一名词是从拉丁名词"Eumycetes"意译而来的）——基本上和植物不同：它们没有叶绿素，不能从二氧化碳和水制成碳水化合物，而却与动物相似：它们的生活，要靠腐生或寄生在其它的生物上；它们也和动物一样：贮存的养料是肝糖，而不是淀粉。真菌之所以被列归植物，主要是由于它们中有些种类类似于藻。因此，人们就推测它们是从藻演化而来的，所以把它们归到植物。其实，它们既不是植物，也不是动物，而应与放线菌等在生物中另成一类（菌类）。

真菌以形体来讲，大小悬殊。最有小至为生在含粉水

40×15=600

图为戴芳澜《中国真菌总汇》“前言”手稿，共12页。该书1979年由科学出版社出版。

（来源：中国科学院档案馆）

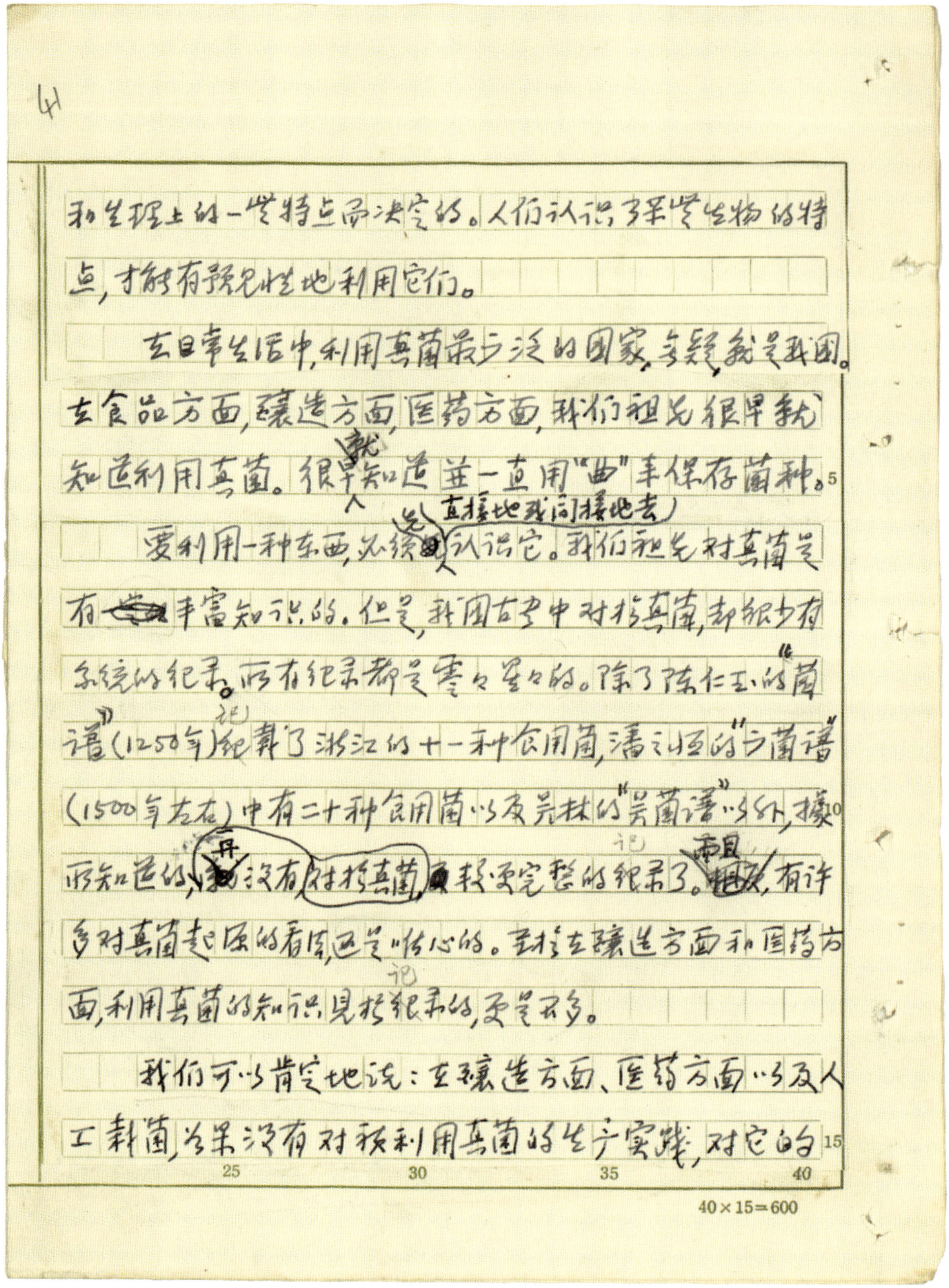
4

和生理上的一些特点而决定的。人们认识了这些生物的特点，才能有预见性地利用它们。

在日常生活中，利用真菌最广泛的国家，无疑就是我国。在食品方面，酿造方面，医药方面，我们祖先很早就知道利用真菌。很早就知道并一直用"曲"来保存菌种。

要利用一种东西，必须先直接地或间接地去认识它。我们祖先对真菌是有丰富知识的。但是，我国古书中对于真菌，却很少有系统的记录。所有记录都是零零星星的。除了陈仁玉的"菌谱"（1250年）记载了浙江的十一种食用菌，潘之恒的"广菌谱"（1500年左右）中有二十种食用菌以及吴林的"吴蕈谱"以外，据所知道的，再没有对于真菌更好更完整的记录了。而且，有许多对真菌起源的看法，还是唯心的。至于在酿造方面和医药方面，利用真菌的知识见于记录的，更是不多。

我们可以肯定地说：在酿造方面、医药方面以及人工栽菌，如果没有对于利用真菌的生产实践，对它的

图为戴芳澜《中国真菌总汇》"前言"手稿。

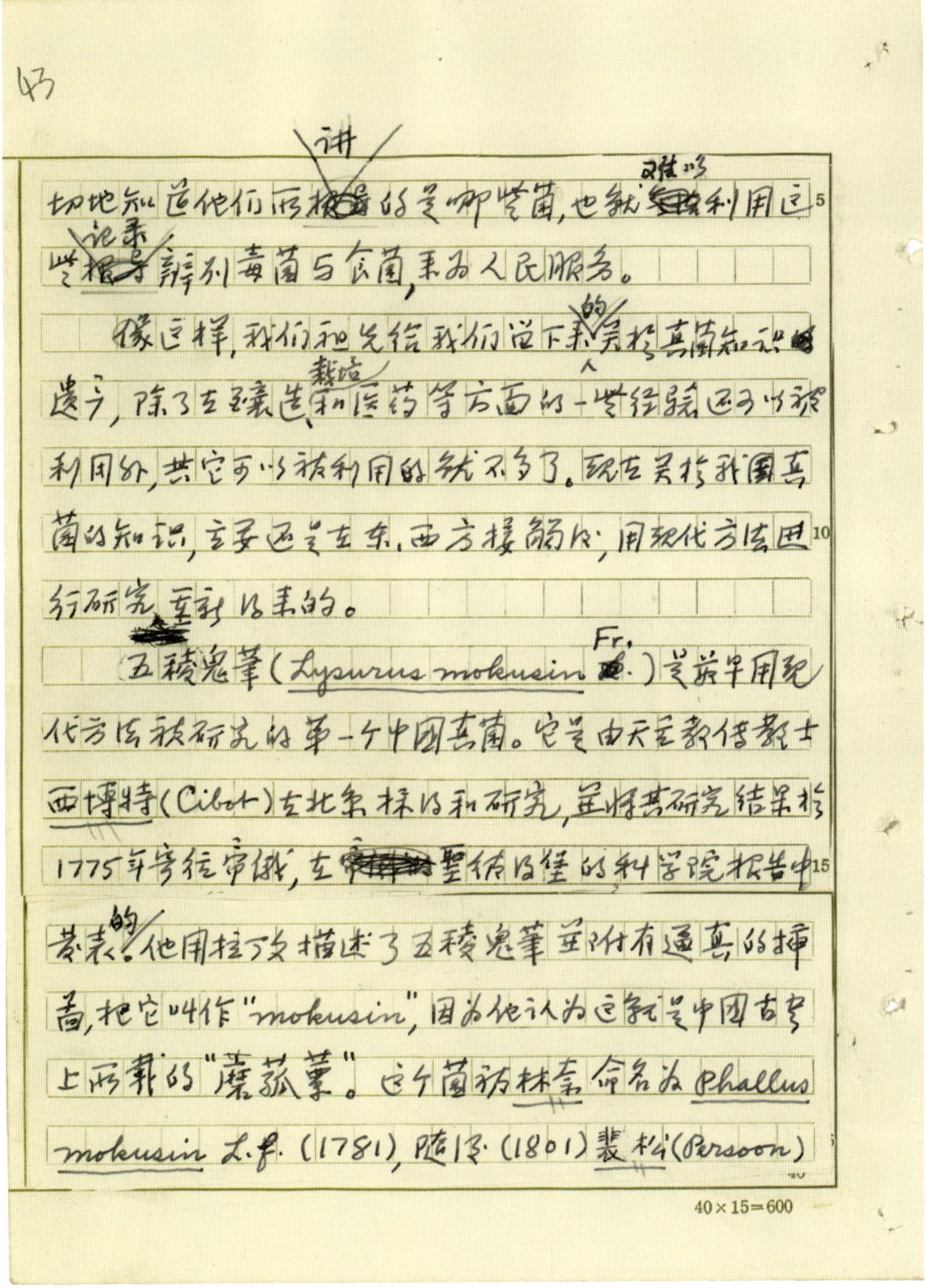

43

切地知道他们所讲的是哪些菌，也就难以利用这些记录辨别毒菌与食菌，来为人民服务。

象这样，我们祖先给我们留下来的关于真菌知识的遗产，除了在酿造、栽培和医药等方面的一些经验还可以被利用外，其它可以被利用的就不多了。现在关于我国真菌的知识，主要还是在东、西方接触后，用现代方法进行研究逐渐得来的。

五棱鬼笔（*Lysurus mokusin* Fr.）是最早用现代方法被研究的第一个中国真菌。它是由天主教传教士西博特（Cibot）在北京采得和研究，并将其研究结果于1775年寄往帝俄，在圣彼得堡的科学院报告中发表的。他用拉丁文描述了五棱鬼笔并附有逼真的插图，把它叫作"mokusin"，因为他认为这就是中国古书上所载的"蘑菰蕈"。这个菌被林奈命名为*Phallus mokusin* L.f.（1781），随后（1801）裴松（Persoon）

40×15=600

图为戴芳澜《中国真菌总汇》"前言"手稿。

致谢

感谢中国科学院白春礼院长在百忙之中悉心指导并为本书题签！

感谢为本书提供手稿和素材等珍贵资料的中国科学院内外各单位！

感谢对本书的手稿鉴定和内容编辑等工作给予大力支持的科学家及其家人、学生和同事等！

感谢在本书征求意见过程中提出宝贵意见和建议的各位专家和同仁！

感谢广东教育出版社为本书的出版给予大力支持！

中国科学院档案馆